传播力大讲堂

访谈

Interviewing:
Principles and Practices

原理与实践

（第14版）

(14 EDITION)

［美］查尔斯·J.斯图尔特　威廉·B.凯什　著

张建敏　译

清华大学出版社
北京

北京市版权局著作权合同登记号 图字：01-2015-1598

Charles J. Stewart; William B. Cash, Jr.
Interviewing: Principles and Practices, 14e
ISBN: 9780078036941
Copyright © 2010 by McGraw-Hill Education.

All Rights Reserved. No part of this publication may be reproduced or transmitted in any form or by any means, electronic or mechanical, including without limitation photocopying, recording, taping, or any database, information or retrieval system, without the prior written permission of the publisher.

This authorized Chinese translation edition is jointly published by McGraw-Hill Education and Tsinghua University Press Limited. This edition is authorized for sale in the People's Republic of China only, excluding Hong Kong, Macao SAR and Taiwan.

Copyright © 2010 by McGraw-Hill Education and Tsinghua University Press Limited.

版权所有。未经出版人事先书面许可，对本出版物的任何部分不得以任何方式或途径复制或传播，包括但不限于复印、录制、录音，或通过任何数据库、信息或可检索的系统。

本授权中文简体字翻译版由麦格劳-希尔（亚洲）教育出版公司和清华大学出版社有限公司合作出版。此版本经授权仅限于中华人民共和国境内（不包括中国香港、澳门特别行政区和中国台湾地区）销售发行。

版权 ©2010由麦格劳-希尔（亚洲）教育出版公司与清华大学出版社有限公司所有。

本书封面贴有McGraw-Hill公司防伪标签，无标签者不得销售。
版权所有，侵权必究。举报：010-62782989，beiqinquan@tup.tsinghua.edu.cn。

图书在版编目（CIP）数据

访谈：原理与实践：第14版 /（美）查尔斯·J. 斯图尔特，（美）威廉·B. 凯什著；张建敏译. —北京：清华大学出版社，2021.8
（传播力大讲堂）
书名原文：Interviewing: Principles and Practices
ISBN 978-7-302-53882-0

Ⅰ. ①访… Ⅱ. ①查… ②威… ③张… Ⅲ. ①新闻采访 Ⅳ. ① G212.1

中国版本图书馆 CIP 数据核字（2019）第 227836 号

责任编辑：纪海虹
装帧设计：崔浩东
责任校对：王荣静
责任印制：宋　林

出版发行：清华大学出版社
　　　　　网　　址：http://www.tup.com.cn, http://www.wqbook.com
　　　　　地　　址：北京清华大学学研大厦A座　　　　　邮　　编：100084
　　　　　社 总 机：010-62770175　　　　　　　　　　　邮　　购：010-62786544
　　　　　投稿与读者服务：010-62776969, c-service@tup.tsinghua.edu.cn
　　　　　质量反馈：010-62772015, zhiliang@tup.tsinghua.edu.cn
印 装 者：三河市铭诚印务有限公司
经　　销：全国新华书店
开　　本：188mm×260mm　　　　　　印　张：26.5　　　　　字　数：579千字
版　　次：2021年8月第1版　　　　　　　　　　　　　　　　印　次：2021年8月第1次印刷
定　　价：98.00元

产品编号：061970-01

前言 Preface

第 14 版的《访谈：原则与实践》延续了 1974 年第 1 版开创的传统。本版融合了人际交往理论、科技及社交媒体的运用、访谈中道德的作用、影响招聘式和绩效式访谈的平等雇佣法等领域的最新研究成果，聚焦于可应用于各种访谈类型的基础理论。在结合了最新的研究发现和进展的同时，我们继续把重点放在探讨如何在访谈者和受访者之间构建访谈的技巧上。本书的几个章节探讨了美国社会结构的日益多样性和对全球化的参与，因为这深刻影响了我们参加的访谈。

为了方便读者阅读，我们做出了持续的努力。本版加强了写作技巧，去除了不必要的材料和冗言，精确地陈述和解释概念，减少了列表的出现频率，使用了多种打印风格以突出重要词汇、术语和概念。我们重新安排了几个章节的比例，便于读者以一种更清楚自然的顺序阅读每一章。页边注释提供了指引、注意事项和见解。每章末尾都附有关键术语表，本书最后还附有重要术语表。

第 14 版做出的改变

每章都包含更新或修改过的事例及说明、学习活动、阅读推荐和研究发现，还设有一个供学生把所学的理论和原则应用于实践的访谈环节。在每个访谈中，某方会表现突出，而另一方则失利。我们想让学生们认识到自己的优势和弱点，以便做出改变，使面试对双方来说都有成效。

主要的改变包括：

- 第一章中我们对访谈的定义进行了重组和升华，以便于帮助学生理解访谈与其他人际交往的共性和差异。其重点放在了双方的协同合作上。这一章也增加了对科技与访谈发展的更为翔实的讨论，其中包括了对 Skype 和 Webinars 的应用。
- 第二章中我们更新、拓展了研究范围，涉及人内传播理论、信任、自我概念、自我认识、自尊、自我表露、主动倾听以及男人和女人对地点概念的理解分歧。
- 第三章以更尖锐、简练的语言说明了问题的类型，以及对问题的使用和误用。本章通过正式、专业的面试和日常会话的对照，讨论了面试中的问题使用及其误区。

- 第四章对访谈指导和访谈日程安排进行了更加清楚和深入的解释。领地概念被拓展了，尤其深入讨论了男人和女人对该概念的理解分歧。
- 第五章经过重新梳理组织，重点探讨学习访谈场景，认识访谈者与受访者的关系，以及选择最佳地点和环境。本章也将讨论拓展到了新闻发布会和广播访谈。
- 第六章增加的内容涉及定性访谈、定量访谈、概率抽样、非概率抽样、任意抽样、覆盖偏差以及使用现金激励或非现金激励提高调查参与率。本章也拓展讨论了电话访谈和手机访谈。
- 第七章考察如何发现和吸引合格的应聘者，举办招聘会，挑选猎头公司，运用软件搜索简历，应对应聘者简历作假，使用标准化测试，核查应聘者使用社交媒体的得失。其他领域的新增研究重点包括招聘式访谈的气氛与场地、访谈双方的类型、团队、顾问小组、组别、研讨会和会议型面试。
- 第八章重新梳理并强调如何运用品牌概念使自己有别于其他申请人，以及恰当的面试礼仪和运用 STAR 和 PAR 方法组织答案。本章也包含更多细节，如研究职位与组织架构，如何更好地利用人脉和社交媒体，如何提升传统简历和电子简历，如何拥有得体的衣着及外表。
- 第九章的重点是如何把绩效考核访谈当作训练机会来进行。该方法经过拓展包括符合公平就业原则，以及选择合适的考核模型，同时明确问题绩效访谈的出现原因。
- 第十章聚焦说服式访谈中的访谈者和受访者，以及如何更连贯地处理说服式访谈。本章还拓展讨论了与访谈双方相关的劝导伦理和道德规范。
- 第十一章的新重点是道德伦理与咨询性访谈，着重于建立并维系信任，代表受访者的最大利益，理解自己的局限，不把自己的信仰、态度和价值观强加于受访者，尊重多样性，保持关系边界，不伤害受访者。讨论如何组织咨询性访谈时，我们纳入了由 Hartsough、Echterling 和 Zarle 创造的子序列相位模型。本章还拓展讨论了自我表露及其对心理访谈的重要性。
- 第十二章包含的新重点是医疗健康访谈中的伦理，强调医疗工作者和患者之间关系的重要性。贯穿全章的焦点是以患者为中心的护理。本章对自我表露的探讨把重点放在了如何建立和维系信任上。本章的一个新话题是"健康素养"及其对信息提供和处理的影响。

章节教学法

在每章最后我们都提供了一个访谈样板，不是作为访谈的完美案例，而是用来说明访谈类型、场景、方法和误区，并使学生懂得区分有效的和无效的访谈做法。我们相信，通过把每章讨论的研究方法和原则运用到实际的访谈中，学生们将学会辨别访谈双方何时切中要害，何时偏离目标。自第五章到第十二章，每章篇末都提供了一个角色扮演案例。这给学生提供机会自己设计和进行实际访谈，并观察其他同学如何运用书中讨论过的访谈原则。每章末的学生活动给课上和课外活动提供了思路、经验和信息收集。我们简化了很多资料，使操作变得简单省时。篇末最新的阅读资料会协助有兴趣的学生和导师深入钻研更具体的话题、理论和访谈类型。术语表给学生提供了整个文本中介绍过的关键词和概念的定义。

适用的课程

本书可供演讲、传播学、新闻学、商科、管理、教育、政治、护理、犯罪学和社工学等系部作为课程教材，也可以作为多个学科领域的研习班教材。我们相信本书对刚入门的新手和经验丰富的老将都具有价值，因为很多学科领域的原则、研究、技巧都变化迅速。我们在恰当的地方都引入了理论和研究发现，但是我们最关注的是那些在课堂内外都能马上付诸实践的原则和技巧。

目录 Contents

第一章	访谈导论	1
第二章	人际沟通过程	17
第三章	提问及其应用	50
第四章	架构访谈	72
第五章	信息访谈	101
第六章	调查性访谈	145
第七章	招聘式访谈	186
第八章	求职访谈	223
第九章	绩效评估访谈	272
第十章	说服性访谈	297
第十一章	咨询性访谈	347
第十二章	医患交谈	376
译者后记		411

CHAPTER 1
第一章

访 谈 导 论

> 访谈每天都在发生。

当你参加一个访谈的时候,你参与的是一种最常见的、有目的的、有计划的、严肃的交流形式。访谈可以是正式的或非正式的、开放性的或结构性的、简单的或复杂的、支持性的或带有威胁性的,可以只有几分钟,也可能持续数小时。访谈的目的可以是提供或获取信息、求职或招聘,试图说服别人或接受别人的劝导,也可以提供或寻求咨询。访谈与简短交流、社交会谈、小组讨论和现场报告等其他交流形式有共同点,但是它们之间的区别也是很明显的。

本章将明确访谈的本质特征,把访谈与其他交流形式区分开来,同时探讨访谈的传统形式,以及新世纪以来技术在实施访谈时日渐增长的作用。

■ 访谈的基本特征

访谈双方

> 双向意味着访谈包含双方。

访谈是一种双向的、二元的交流过程,一般包含双方两人,如竞选者与投票人、律师与委托人、医护人员与患者、销售代表与顾客。当然一次访谈也可能包含两人以上,但是只能是访谈双方。比如,三个大学招聘人员可以和一个想报考他们学校的学生进行面谈,一个计算机销售人员和一对夫妻交流访谈,或者四个大学生与宿舍管理员正在为下学期的住宿问题进行交涉。每种情况下都有两个明显的参与方——访谈的一方和接受访谈的一方。如果只有一方参与交流(如三个好朋友讨论田野调查计划),或者三方以及更多的参与方,那就是多方参与的小组交流而非访谈了。

目的

参与的一方或双方必须抱有预设的、严肃的目的进行访谈，这也是访谈区别于其他社交性谈话以及非正式、无计划的交流的特征之一。我们在聊天或者偶然巧遇时很少事先组织，但是访谈必须有计划和条理性。访谈方一般要计划好如何开场和结束、选定主题、准备问题以及收集信息。

> 访谈具有一定的结构。

互动

访谈是互动性的，因为在访谈过程中交换与分享贯穿始终，双方互换角色、分担责任，并分享感受、信仰、动机，以及信息。如果只有一方滔滔不绝地说话，而另一方只做听众，那么这就成了针对单一听众的演讲而非访谈了。约翰·斯图尔特（John Stewart）撰文指出，交流是一种"连续的、复杂的，以语言或非语言方式建构意义的协作过程"。[1] 协作意味着共同创造和分享意义，通过碰触、拥抱、握手和面部表情这一系列语言符号或非语言符号来表达我们的兴趣、关注和反应，以及愿意承担密切的人际互动如访谈可能带来的风险。

交流互动不是静止的。角色变换、信息互换、情感与动机的流露会引发反应和洞见，其通向全新的、未知的领域。访谈作为一种过程，具有一定的系统或结构，其中变量之间进行着动态的、持续的、不断变化的互动。"人类在交流时总是同时传递和接收信息的，因此每个交流者都有机会在这个过程中的任何时候改变事情的发展走向。"[2] 像大多数过程一样，访谈一旦开始，"我们不能不交流"[3]。我们可能做得不够好，但是我们可以交流一些事情。

> 一次访谈可以包含两个以上的人，但是永远不会超过两个参与方——访谈的一方和接受访谈的一方。

> 访谈双方交换和分享。

问题

在所有访谈中提出问题和回答问题都是非常重要的。某些访谈，比如市场调查和新闻采访就全部由提问和回答构成。而另一些访谈，比如招聘、咨询和医患交谈，则是由提问和信息分享混合组成的。还有一些访谈，比如销售、培训，以及绩效考核，包括访谈双方策略性的提问，以获取和阐明信息，并且改变对方的思路、感受或者行为。

提问是一种工具，访谈双方用以获得信息，检验发送和接收的信息的精确性，验证印象和假设，激发感情与思考。第三章将介绍提问的各种类型及其在访谈中的使用和误用的情况。

因此，访谈是当事双方互动交流的过程，至少其中一方有预设的、

> 提问在访谈中扮演着多种角色。

严肃的目标，并包含询问和回答问题。

以此概念为导引，确定以下互动过程是否构成访谈。

练习 1　什么是或不是访谈？

1. 一位教授正在课堂向学生询问有关游戏在经济活动中的实际应用。
2. 一个排球运动员因为韧带撕裂与她的两个外科医生会面。
3. 一位记者正在和一个驾车枪击案的目击证人交谈。
4. 一家律师事务所的两位律师正在讨论如何处理一个知识产权案。
5. 教师委员会正在审查学校董事会关于在全校 1 年级至 12 年级的所有班级强制推行师生评估制度的提议。
6. 一名学生正在与他的学业导师讨论他的成绩评定等级。
7. 一名汽车销售人员正在与一对夫妻讨论一款混合动力车型。
8. 一个助理在走廊里碰到他的主管，想起要向他申请星期五早些离开去参加一个家庭聚会。
9. 调查研究团队的一名成员给登记选民打电话，调查他们对于州长提出的"工作权"法案的态度。
10. 一位大学招生人员正在和杰克的家庭会面，商量给他申请足球奖学金的事宜。

访谈的传统类型

我们关于访谈的定义包括访谈的各种类型，其中许多访谈都需要专业培训和专门技能。大约 30 年前，普渡大学的教授查尔斯·雷丁（Charles Redding）提出了一套根据访谈功能进行类型划分的情境图示。我们就以雷丁教授的图示为路径，介绍一下访谈的诸多类型及其应用，包括正式访谈与非正式访谈。

信息给予型访谈

当事双方参加诸如引导、培训、指导、教练以及简介会时，他们就是在践行信息给予型访谈。信息给予性访谈的主要目的就是尽可能准确、有效、高效地交换信息。与其他访谈类型相比，信息给予型访谈看似简单——只需转达事实、数据、报告和意见，但是事实上这种访谈类型很难。正是因为这种访谈类型在医患访谈中常见并且关键，第十二章将分析信息给予型访谈的原则、问题和技巧。

> 信息给予很常见也很困难。

信息收集型访谈

> 信息收集在全世界都是普遍的。

当事双方参加诸如调查、离职谈话、学术报告会、疾病会诊、记者采访、简短信息查询等活动时,他们就是在践行信息收集型访谈。访谈者的主要目的是通过对于提问的技巧性使用,获得精确的、有见地的、有用的信息。访谈之前就要准备好很多措辞严谨的问题,其他问题则现场发挥以刺探被访谈者的反应、态度和感受。本书第五章将探讨适度结构化的非正式访谈,如新闻采访和调查的原则与实践,第六章将向读者介绍高度结构化的访谈和民意调查的原则与实践,第十二章将讨论在医患访谈中如何收集信息。

焦点小组访谈

焦点小组访谈通常是由 8 个至 12 个相似的受访者和 1 个访谈者组成。访谈内容是围绕一个具体议题而设计的,而议题是围绕一组精心选择的问题而展开。不同于只有一个受访者的访谈,焦点小组访谈的受访者之间通过相互作用产生一系列信息和意见碰撞。[4] 梅林达·李维斯(Melinda Lewis)撰文指出,焦点小组访谈可以"深入了解人们的倾向,其中人们的态度和认知是通过与他人的互动发展而来"。[5]

选择性访谈

> 选择在个人生活和组织中都至关重要。

选择性访谈最常见的形式发生在一个面试官和一个应聘者之间,这个面试官想为本机构的某个职位找到一个最称职的应聘者,而这个应聘者则很想获得这个职位。还有一种形式是安置性访谈。访谈组织者希望通过安置性访谈来为本机构的成员安置一个理想的岗位。此类访谈可能包括升职、机构重组、从销售人员到经理的调任等。选择性访谈或招聘式访谈在我们个人生活和职业生涯中扮演着如此重要的角色,因此本书的第七章将聚焦于招聘式访谈的一些细节问题,第八章则讨论求职访谈。

绩效式访谈

> 绩效式访谈对于雇员和雇主都必不可少。

当访谈双方关注受访者的技能、绩效、能力或行为时,他们是在参加定期的或不定期的绩效考核(曾经指通常为期半年或一年进行一次的考核面谈)。绩效访谈的重点是指导学生、员工或团队成员继续保持既有的良好态势,同时设定未来的绩效目标。第九章侧重于讨论进行绩效考核的模型,以及绩效问题访谈的基本原则。

咨询

如果受访者有个人或职业问题，当事方可以参加咨询访谈。在咨询访谈中，面试官努力帮助受访者获得对于问题的洞察力，以及处理这个问题的可能途径。本书第十一章将论述实施和参与咨询访谈的原则与实践。

劝导

劝导式访谈发生在访谈一方试图改变或加强另一方的想法、感受或行为时。据此我们首先想到的是销售访谈，在销售访谈中一个人努力向另一个人售卖产品或服务。我们每天都在参与一对一的劝导式访谈。劝服式访谈可能是非正式的，就好像一个朋友劝说另一个朋友去参加音乐会；同时它也可能是正式的，如同一个售楼人士向一对夫妇兜售一个湖边度假屋。本书第十章讨论了劝导式访谈的高度复杂性。

> **劝导不只是销售产品和服务。**

科技与访谈

科技发展肇始于1876年电话的发明，在20世纪和21世纪随着电子媒体和互联网进入爆发阶段，改变了我们实施和参与访谈的模式。访谈双方不必亲自出席面对面的交流，而是可以通过耳对耳、键盘对键盘，或者屏幕对屏幕等其他形式。

电话访谈

电话访谈已经变得如此司空见惯和令人厌烦，以至于许多州政府和联邦政府创建"禁止拨打"名单以保护隐私和保持头脑清醒。一些组织机构利用电话来进行首次就业筛选面试、资金筹集活动和民意调查，以此节约时间、减少花费。他们运用电话会议使一个机构的几个成员能够提出问题，并听到来自分散在广泛的地理区域多个地点的员工和客户的答复。访谈者和受访者可以同时和几个人对话，直接回答或者阐明问题，在回应的同时也被倾听，并收到及时的反馈。

> **电话访谈便利且廉价。**

电话访谈的最主要的问题就是当事方的不在场，只是听声音，却不能观察到访谈者和受访者的外表、衣着、举止、目光接触、脸上表情、手势和姿势等。通过对电话访谈和面对面访谈的一些比较研究发现，两种访谈方式产生相似的传播效果，电话访谈的受访者给出了更少的符合社会规范的回答，并更倾向于匿名。[6] 而其他的研究则呼吁人们要慎重，不要过快转向电话访谈。其中一个研究发现访谈者不喜欢电话访谈，这种态度可能会影响受访者的回答。而另一个研究揭示较少的受访者（尤其是年龄较大者）喜欢接受电话访谈，这会降低受访者的合作度。[7] 当和看不见的陌生人谈论敏感事件时，人们可能会觉得不舒服，而且当没有面对面时，难以做到令人信服的保密保证。另一方面，受访者如求职者可能需要电话面试，一种所谓"毛绒拖鞋"的访谈，不像面对面访谈那样正式，或者根本不能称之为访谈。[8] 这些态度可能会导致着装不够正式，言谈举止和措辞过于随意，会使用俚语和直言不讳的口头语，如"你知道""我的意思""那还用说"等。

手机的广泛使用已经创建了一个全新的"谈话"世界，我们认为，这种谈话似乎到处都在发生，从宿舍到厨房，从花园到洗手间，从停车场到教室，无处不在。当我们在早晨7点钟穿过校园时，会看到很多学生在使用手机，我们好奇他们这么早在给谁打电话。现在只有十分之一的家庭仅仅依靠固定电话，年轻人和单身一族是完全放弃固定电话的最大群体。要谨慎参加只用手机进行的访谈，因为这会受到电话掉线、服务质量良莠不齐、电池没电等固定电话不存在的因素影响。[9]

双向视频技术的日益成熟，可能会减少由于电话采访丢失关键的非语言线索所造成的问题和顾虑。手机技术允许当事人在说话时发送彼此的视觉图像是一个重要的发展。当然，只是小小的大头照，远非面对面的访谈，但这些是在电子采访过程中向前迈出的一步。

在前几年，当我们拨打私人电话或业务电话时，会寻找一个电话亭来保护隐私，并采取预防措施，防止我们被人听到。时代变了，如今人们对隐私越来越关心，不仅是针对访谈当事人，也包括那些无可避免会成为访谈一部分的人。手机用户对电话另一端的人大声说话，显然足以让我们75英尺范围内的所有人都能听到。今天你可以去任何一个餐厅、休息区，或机场登机区，你能够听到完整的对话，而那些对话应该在紧闭的门后进行，以确保机密性。我们已经听过高管讨论合并、利润率和人事变动；患者与医务工作者讨论他们的诊断和处方；以及学生要求获得课业、成绩调整和个人问题等方面的帮助。

为避免激怒被公共场所使用手机所困扰的81%的美国成年人，[10] 建议轻声说话，保持通话简短，转身离开别人，或者寻找一个更合适的地方，如一个电话亭，或者在一个没有核心区域的地方，如商店或人行道接打电话。在剧院、教堂、教室、餐厅和人群拥挤的等候区如机场打电话是最让人恼怒的。

视频会议

视频会议技术，包括 Skype 的使用，使访谈各方可以实现远距离的、点对点或点对多的、速度更快的、花费更少的视觉互动。例如，在新泽西州医生正在使用"远程精神治疗"以更及时地治疗病人，同时，应对全国精神科医生短缺的问题，尤其是儿童精神病学家。[11] 虽然这项技术似乎达到了身临其境的效果，但是与面对面的访谈还是有显著差异。

> 访谈双方必须把注意力集中在互动上。

由于视线仅限于参与者的脸部或上半部分，或者在多人参与面试的情况下变成集体照，因此只能提供较少的非语言线索。其结果之一是较少的干扰导致一位参与者的发言时间更长，从而减少了交流的参与者。在屏幕上与他人自由、自然地互动是更困难的事。也许这就是为什么参与者给那些在面试过程中占主导地位的其他应聘者更多负面评价的原因。一项研究表明，面试官喜欢视频会议，因为他们可以"悄悄地记笔记、看手表、参阅简历而不破坏面试的进程"，或者被对方发现。另一方面，他们在"观察非语言行为，如面部表情、目光接触和坐立不安"时遇到了麻烦，而且他们也很难判断出"暂停是由于技术，还是申请人被难住了"。虽然大部分面试官（88%）表示愿意使用视频会议进行面试，但是绝大多数（76%）表示，他们更喜欢面对面访谈。[12]

在电话访谈中受访者应该对其答案的长度有清醒的认知，以增加其他访谈参与者轮流发言的机会，避免出现试图主导面试的情况出现。他们也可以检查他们问题的清单、记笔记、看时间而不被发现。最重要的是，受访者应该意识到上身动作的重要性，手势、眼神和面部表情会吸引有利或不利的关注。在技术的支撑下，电子访谈没有传统的握手，受访者单独待在一个房间里，这些因素可能会使某些人产生紧张的情绪。遵循以下这些建议，以进行一个更有效和更愉快的访谈：大声说出来，这样使你话语易于被听到，穿着保守的纯色衣服，整张脸都看向镜头，限制自己的动作，尽量忘记镜头，在提问和回答之间预计缓冲时间。[13] 一项研究表明在招聘面试中，如果面对面访谈是低度结构化的，求职者一般对自己的表现更满意；相反，在高度结构化的视频面试中，求职者对自己的表现更满意。[14] 这是由于在高度结构化的面试中，问题往往需要较短的答案，受访者可能会感到较少的压力来确定答案的长度、内容和话轮转换。

电子邮件

> 互联网欠缺访谈中关键的非语言线索。

随着互联网的引入，许多访谈从面对面的形式发展到耳朵到耳朵，再到手指到手指。它使大量的人可以查询、发送和接收信息，并且能够在白天或夜晚的任何时间，在世界上几乎任何地方探讨问题。但是，这些相互作用的电子邮件不是访谈吗？如果双方使用互联网进行实时交互，那么就是真正的互动，它符合我们对于访谈的定义。安装在电脑上的小型摄影机发送访谈双方的现场图片和声音，使得电子技术下的访谈互动优于电话访谈，而且更接近面对面访谈。但是电子互动要克服的一个障碍是，双方不愿意给问题输入冗长的答案，而他们在面对面访谈或是电话访谈时就可以轻松地提供长答案。互联网的潜力似乎是无限的。随着它变得更加直观和互动，它可以呈现传统访谈的更多的特征，即访谈双方不仅可以提问回答，也可以进行非语言沟通和交流。

虽然以往电子邮件的使用主要集中在就业选择过程中，但是电子邮件访谈正在其他领域获得使用。例如，医生发现在与患者互动方面互联网高效、及时和有效，这就是电子时代的上门诊疗服务。[15]美国医学协会最近发布了医患电子通信指南，并警告说技术不能取代与患者面对面的交流互动。为了确保隐私和安全，一些医生正在使用语音识别软件。

目前，研究主要集中于如何使用电子邮件进行复杂的研究型访谈。研究者指出电子邮件访谈不利的一面，比如开启访谈的困难（错误的开场很频繁），与受访者建立融洽关系，判断对方的情绪反应，以及翻译受访者所使用的不常见的符号和缩写等诸多困难。但是其优点明显大于弊端。电子邮件访谈降低了开支和时间成本，实现了地域的广泛性和个体的多样性，因其更大程度的匿名性而增加了自我表露，减少了对访谈的干扰，更便于探讨问题答案和抄录应答，而且简化了数据分析。[16]一位研究人员总结道："在可能的情况下，应该考虑采用混合模式的访谈策略，半结构化的电子邮件采访可以是一个可行的替代面对面采访和电话采访的方式，尤其是当调查受时间、资金约束，或地理边界阻碍时。"[17]

■ 互联网能够提供有关职位和组织机构的重要信息，以及关于访谈者和受访者的背景信息

Mike Harrington/Getty Images

网络研讨会

在举办会议、讲座、培训班、研讨会和工作坊时,所谓的网络研讨会正成为越来越受欢迎的形式。[18] 当一个网络研讨会是由主持人在网络上面对观众来进行的,那它就不是一个面试,而是演讲、讲座,或网络直播。然而,如果一个网络研讨会通过电话或语音技术实现了提问与回答,从而变得更具协作性,且存在两个截然不同的访谈双方,那它可能是访谈,是比电子邮件采访更自然、更具有实时性的访谈。

虚拟访谈

术语"虚拟访谈"的含义根据使用它的组织不同而变化,但它通常指的是一个选拔面试,真实的或模拟的,涉及某种形式的电子手段——计算机、互联网,或数字视频。[19] 即使面试是模拟的(假定是真实的),受访者也必须认真对待这些访谈,严格注意外表,并正确、流利、自信地回答问题。

一些组织开展虚拟招聘会,因为它们更便宜,而且招聘人员不必花时间前往全国各地。[20] 在电子游戏模式下,面试官和求职者可以以化身的形式参加。那些组织报告说,求职者以化身的形式出现时似乎更放松,但他们警告说,求职者还是需要知道如何穿着、表现以及反应。面试是以即时通讯聊天的形式进行的。

> **网络资源**
>
> 研究处于增长中的不同环境下的电子访谈的形式,查阅至少两个关于电话访问、电话会议、视频电话的数据库。可以通过例如 ComAbstracts(http://www.cios.org)、Yahoo(http://www.yahoo.com)、Infoseek(http://www.infoseek.com),以及 ERIC(http://www.indiana.com)这样的搜索引擎进行搜索。电子访谈最通常的环境是怎样的?电子访谈的优势和劣势在哪里?新的技术发展对于电子访谈的未来发展会产生什么样的影响?电子访谈的增长将对我们传统的面对面形式的访谈产生什么样的影响?

一些组织机构使用虚拟招聘面试代替面对面的互动交流,在筛选过程中可能进行上百场面试。一位消息人士警告说,在这个视频游戏时代,虚拟面试的一方或双方可能不是100%认真地对待面试;这似乎是一个游戏,而不是现实。[21] 有消息称,在虚拟面试中可以使用一种创新的"异步"的方式,其中面试官不需要实时出席。有人建议将此方法应用于市场营销、销售、客户服务,以及其他需要良好的沟通和表达能力的职位,即人们需要看到他们的职位。[22]

维克森林大学已经试验了虚拟招生面试,申请人可以坐在自家装有摄像头、麦克风和互联网的客厅里,与招生面试官进行远程面对面的访谈。招生人员报告说,他们可以用这个方法面试那些无法前来北卡罗来纳州温斯顿塞勒姆校园的学生,"这使我们能够和每一个申请人都有个人接触。这样我们可以了解申请者的学术能力以外的素质。面试有助于决定学生是否适合维克森林大学"[23]。申请者积极回应,维克森林大学计划扩大虚拟面试范围,提供给更广泛的申请学生。

与游戏最相似的虚拟访谈,正在尝试在医疗行业中应用,可以在模拟手术室和其他选定的场所进行。这个软件曾在伦敦应用过一次,大部分学生都对"特定对象"实现的逼真程度感到非常惊讶。[24] 目前的重点在于,是否可以将虚拟访谈技术应用于培训医生和护士的教学上。

▍本章总结

访谈是在双方之间进行的一种互动交流过程,其中至少有一方是带着预定和明确的目标的,而这就包含了问题的提出和回答。这个定义把范围广阔的各种各样的访谈都囊括其中,这些访谈要求访谈人员训练有素、有备而来、人际交往技巧、灵活性,以及愿意承担亲密的、面对面的互动交流所产生的风险。访谈是需要后天学习的一种技巧和艺术,也许我们需要跨越的第一个障碍就是这样一种假设:我们谁都能做好访谈,因为我们如此频繁地在做这件事情。技术灵活性的增加,使得非面对面的访谈越来越多,这也将会给我们带来新的挑战和关注点。

在熟练和非熟练的面试官和受访者之间存在着巨大差异,熟练的人深知一个道理,就是只有当你知道你在练习什么,才能做到熟能生巧。比如,医疗行业所做的研究显示,医学专业的学生、医生和护士,如果在如何与患者交流方面没有接受正规训练,那么实际上随着时间的推移,他们将变成更低效的访谈者,而不是更有效的。

发展和提高访谈技巧的至关重要的第一步是理解看似复杂的访谈过程和其中诸多相互作用的变量。第二章通过建立一个包含访谈中所有互动基本要素的模型,来阐释访谈的整个过程。

▍关键术语和概念

在线学习中心基于以下概念和术语,为本章设计了颇有特色的**抽认卡**和**纵横填字游戏**。

信仰 Beliefs	信息提供 Information-giving
问题 Questions	协作的 Collaborative
访谈 Interviews	选择性访谈 Selection interview
对话 Conversation	相互作用 Interaction
严肃的目的 Serious purpose	咨询 Counseling
互联网 Internet	架构 Structure
二元的 Dyadic	人际关系 Interpersonal
系统 System	电子访谈 Electronic interviews
意义建构 Meaning making	技术 Technology
电子邮件采访 E-mail interviews	动机 Motives
电话采访 Telephone interview	交流 Exchanging
参与方 Parties	两方过程 Two-party process
感受 Feelings	绩效考核 Performance review
视频会议访谈 Videoconference interview	劝导 Persuasion
焦点小组访谈 Focus group interviews	虚拟访谈 Virtual interview
信息收集 Information-gathering	预设目标 Predetermined purpose
网络研讨会 Webinar	过程 Process

访谈案例及分析

新罗斯社区协会是几年前成立的,彼时坐落在它旁边的一所大学开始包围这个历史悠久的街区,几栋大的老房子也被改造成学生公寓。协会成立的目的是保护社区的特色及其传统的独栋住宅。但是多年下来,协会变得不活跃了,因为最初的一些问题已经得到解决,而且组建协会的成员们也陆续退休或搬到其他城市。斯坦斯伯里夫妇开始担心开发商提出的在他们居住的社区边修建高层公寓的计划。他们决定找该地区的居民谈话,以便获悉居民们对新罗斯社区协会的了解程度,以及他们作为这里的居民的主要关注所在。

当你阅读这则访谈的时候,请思考如下问题:这是一次访谈还是小组讨论?这种访谈互动与演讲或社交谈话有何异同?如果这是一次访谈,事实上也是如此,它采用的是什么样的传统形式?这次访谈的预设目标是什么?访谈双方听和说的大概比例是多少,什么比例是恰当的?如果有的话,访谈进行到什么时候,访谈者和受访者的主要角色进行了转换?是什么使得这个互动访谈成为协作的过程?访谈中每个提问的作用是什么?

1. **乔**：嗨，我是乔·斯坦斯伯里，这是我的妻子卡罗尔。我们住在伊顿大街612，在这里以东两个街区。
2. **卡罗尔**：我们是几年前成立的新罗斯社区协会的成员，协会的目的是保护社区的特色和传统的独栋住宅。这是齐默的家吗?
3. **艾达**：是的。我是艾达·齐默。我以为新罗斯社区协会不存在了。我们的一些老邻居偶尔提起过。
4. **卡罗尔**：这个协会这几年是变得不活跃了，现在我们还有我们的一些朋友正在跟大家讨论如何使它成为一个更积极的声音，为我们所有人就影响我们的问题而发声。
5. **弗兰克**：我是弗兰克·齐默。是关于新罗斯社区协会的事吗？这是一个过去的名字了。
6. **乔**：嗨，弗兰克。我是乔，这是我的妻子卡罗尔。你不是有一个女儿在练体操吗？我想我们在运动会上见过你。
7. **弗兰克**：是的，我们见过。我的女儿希瑟是一名七级体操运动员，在与明星城市体操俱乐部进行比赛。
8. **卡罗尔**：我女儿温迪是明星城市体操俱乐部的五级体操运动员。很遗憾，协会被认为是过去式了，而我们正面临着许多问题。
9. **艾达**：关于协会你们有什么计划？
10. **弗兰克**：我们希望恢复协会，使其能够为居住在本社区的所有人发出有组织的声音。首先，协会可以帮助我们发现邻居们关注什么问题。其次，可以帮助我们思考什么样的协会对我们来说是最好的。
11. **艾达**：非常有道理。我们不是协会成员，通常是做我们自己的事情，但是有时候作为个人我们没有多少影响力。
12. **乔**：这也正是我们的感受。如果是由你来确定作为新罗斯社区居民最关注的事情，那会是什么事情？
13. **艾达**：在家庭橄榄球和篮球比赛期间，人们把车辆停放在你家院子里，之后经常会留下一片惨不忍睹的狼藉。
14. **弗兰克**：是啊，这也让我很恼火。但是我最关注的是开发商试图在我们的后院为学生建高层公寓。一位开发商提出，他们将在两英里远的地方为学生提供一个停车场。但是学生们不可能将车停在距离他们居住地两英里远的地方。
15. **卡罗尔**：这些问题就是我们最常听到的。你们有其他关注的问题吗？
16. **弗兰克**：在每学期上课期间，日间停车总是一个问题。喧闹的音乐和派对往往仅限于春天和秋天。

17. 艾达：是啊，但是大学最近宣布了一项计划，要在未来几年内推行每年三学期制，停车和噪音可能会在每年的大部分时间伴随我们。
18. 乔：你们有其他关注的问题吗？
19. 艾达：啤酒罐被随意丢在我们的草坪上。
20. 弗兰克：我担心的是越来越多的本区房屋主人任由自己的房子越来越糟糕。租房者在冬天不打扫院落，也不清扫人行道。
21. 乔：你们希望看到新罗斯社区协会未来可以发展成什么样子？
22. 弗兰克：我想让你回答这个问题，因为你现在是协会的成员，并正在与我们罗斯社区的人交谈。
23. 艾达：是啊，你们是怎么想的呢？
24. 卡罗尔：哦，首先我们要确定居民最关心的问题。然后，我们想在高中召开一次会议，让所有有兴趣加入协会的人参加，以壮大协会。
25. 乔：我不认为我们居民在直接影响我们的事务上有多大的发言权，比如大学计划在我们社区边上建造高楼。
26. 弗兰克：很有道理。协会由谁来管理？
27. 乔：我们有一个章程和细则要求每两年选举一次有任期限制的官员。
28. 卡罗尔：新罗斯社区协会旨在让每个人都参与社区的决策和行动，避免少数人主导我们做什么。
29. 艾达：听起来不错，我们为生活在这一历史悠久的社区感到很自豪。
30. 卡罗尔：今天晚上能有时间和您一起聊聊太好了。在收集居民的一些信息和意见之后，我们希望在高中召开一次会议共同规划未来。我们的电子邮箱地址是 nrossassoc@hood.org。如果你用电子邮箱地址和电话号码和我们联系，我们就会将您加到我们的地址列表中，这样我们下次会面时就会提前和您联系。
31. 弗兰克：听起来很不错。我们期待你们的回复。
32. 乔：谢谢今晚和我们交谈，我们希望你们的女儿本赛季取得好成绩。
33. 艾达：谢谢。希望你们有一个愉快的夜晚。

学生活动

1. 记录你一周内所参加的访谈。多少是传统的面对面的访谈？又有多少是电子访谈？哪种访谈类型倾向于是传统访谈，哪种倾向于电子访谈？二者有怎样的相同点和不同点？互动是如何变化的？

不在场，缺乏眼神交流、外表形象、面部表情和手势会影响电子访谈吗？你和访谈的另一方是怎样尝试弥补这些缺陷的？

2. 请列出你认为好的访谈应该必备的特征，然后通过电视收看两次访谈。这些访谈者和受访者在多大程度上符合你的标准？他们哪些方面做得最好？他们哪些方面做得不好？访谈时的背景和情况如何影响二者的互动？如果访谈的一方或双方是我们一般所谓的"知名人士"，那么这个因素是怎样影响双方互动、所扮演的角色、每一方提问和回答的时间、回答的内容的？

3. 挑选一位你交往不深的人士（同学、同事、同一健身俱乐部的成员），对方愿意对你进行访谈或者愿意接受你的访谈。参与两次七分钟的访谈，努力发现你所能发现的关于对方的一切。访谈涵盖了哪些主题，又回避了哪些主题？提问的措辞是如何影响问题的答案的？你和访谈另一方的关系是如何影响你们双方共享和披露信息的开放性的？你在接受访谈时有没有切换采访者和受采访者的角色？

4. 参加一个在你的校园或附近举行的传统招聘会和一个虚拟校园招聘会。在你参加之后，列出你喜欢和不喜欢的每一件事。与未来的雇主通过面对面的接触可以提供什么电子访谈不能提供的？而电子访谈又可以提供什么面对面访谈不能提供的？如果你在虚拟招聘会中化身出现，你对化身的角色感觉舒服吗？你怎么为每一次的不期而遇做准备？如果在虚拟招聘会中需要进行模拟面试，你如何应对这些会面？

注释

1. John Stewart, ed., *Bridges Not Walls,* 11th ed. (New York: McGraw-Hill, 2012), p. 16.
2. Stewart, p. 20.
3. Michael T. Motley, "Communication as Interaction: A Reply to Beach and Bavelas," *Western Journal of Speech Communication* 54 (Fall 1990), pp. 613–623.
4. "Effective Interviewing: The Focus Group Interview," Virtual Interviewing Assistant, http://www2.ku/~coms/virtual_assistant/via/focus.html, accessed October 12, 2006; Program Development and Evaluation, *Focus Group Interviews, Quick Tips #5,* University of Wisconsin-Extension, Madison, WI, 2002; "Focus Group Approach to Needs Assessment," Iowa State University Extension, 2001, http://www.extension.iastate.edu/communities/tools/assess/focus.html, accessed December 2, 2008.
5. M. Lewis, "Focus Group Interviews in Qualitative Research: A Review of the Literature," *Action Research E-Reports,* 2 (2000). Available at http://www.fhs.usyd.edu.au/arow/arer/002.htm.
6. Theresa F. Rogers, "Interviews by Telephone and in Person: Quality of Responses and Field Performance," *Public Opinion Quarterly* 39 (1976), pp. 51–65; Stephen Kegeles, Clifton F. Frank, and John P. Kirscht, "Interviewing a National Sample by Long-Distance Telephone," *Public Opinion Quarterly* 33 (1969–1970), pp. 412–419.

7. Lawrence A. Jordan, Alfred C. Marcus, and Leo G. Reeder, "Response Style in Telephone and Household Interviewing," *Public Opinion Quarterly* 44 (1980), pp. 210–222; Peter V. Miller and Charles F. Cannell, "A Study of Experimental Techniques in Telephone Interviewing," *Public Opinion Quarterly* 46 (1982), pp. 250–269.
8. Martin E. Murphy, "The Interview Series: (1) Interviews Defined," The Jacobson Group, http://www.jacobsononline.com.
9. David J. Critchell, "Cell Phones vs. Landlines: The Surprising Truths," http://www.mainstreet.com/print/4130, accessed January 10, 2012.
10. Scott Campbell, "Perceptions of Mobile Phone Use in Public: The Roles of Individualism, Collectivism, and Focus of the Setting," *Communication Reports* 21 (2008), pp. 70–81.
11. "Videcconferencing," http://en.wikipedia.org/wiki/videoconferencing, accessed January 6, 2012; Lorraine Ash, "Doctors Turning to Telepsychiatry," Lafayette/West Lafayette, Indiana *Journal & Courier*, C6, 1 January 2012; "Skype," http://en.wikipedia.org/wiki/Skype, accessed January 6, 2012.
12. Derek S. Chapman and Patricia M. Rowe, "The Impact of Videoconference Technology, Interview Structure, and Interviewer Gender on Interviewer Evaluations in the Employment Interview: A Field Experiment," *Journal of Occupational and Organizational Psychology* (2001), p. 279–298.
13. Carole Martin, "Smile, You're on Camera," Interview Center, http://www.interview.monster.com/articles/video, accessed September 30, 2006.
14. Derek S. Chapman and Patricia M. Rowe, "The Influence of Video Conference Technology and Interview Structure on the Recruiting Function of the Employment Interview: A Field Experiment," *International Journal of Selection and Assessment* (September 2002), p. 185.
15. Susan Jenks, *Florida Today*, "Forget the Office, the Doctor Will 'e' You Now," Lafayette, Indiana *Journal & Courier*, January 6, 2009, pp. D1–2.
16. Kay A. Persichitte, Suzanne Young, and Donald D. Tharp, "Conducting Research on the Internet: Strategies for Electronic Interviewing," U.S. Department of Education, Educational Resources Information Center (ERIC), ED 409 860.
17. Lokman I. Meho, "E-Mail Interviewing in Qualitative Research: A Methodological Discussion," *Journal of the American Society for Information Science and Technology* 57(10) (2006), pp. 1284–1295.
18. "Web Conferencing," http://wikipedia.org/wiki/web/webconferencing, accessed January 6, 2012.
19. "Interview Preparation: The Virtual Interview," Western State College of Colorado Career Services, http://www.western.edu/career/Interview_virtual/Virtual_interview.htm, accessed December 11, 2008; "Virtual Interview," 3M Careers: Virtual Interview, http://solutions.3m.com/wps/portal/3M/en_US/Careers/Home/Students/VirtualInterview/, accessed December 16, 2008. "Virtual Interviews," http://www.premierhealthcareers.com/1/434/virtualinterviews.asp?printview=21, accessed January 21, 2012; "Virtual Interviews," North Carolina Resource Network, 2008, http://www.soicc.state.nv.us/soicc/planning/virtual.htm, accessed January 21, 2012.
20. Eric Chabrow, "Second Life: The Virtual Job Interview," posted June 20, 2007, http://blogs.cioinsight.com/parallax_view/content/workplace/second_life_the_virtual_job, accessed December 16, 2008.
21. "Virtual Interviews Less Serious?" http://blog.recruitv.com/2008/09/virtual-interviews-less-serious/, accessed December 16, 2008.
22. "Interview Connect: The Virtual Interview Management Solution," http://www.interviewconnect.com/, accessed December 15, 2008.
23. "Wake Forest University offers virtual interviews for admissions," Wake

Forest University New Service, December 1, 2008, http://www.wfu.edu/news/release/2008.12.01.i.php, accessed December 11, 2008.
24. Bertalan Mesko, "Interview with Dr. James Kinross: Simulation in Second Life," *Medicine Meets Virtual Reality* 17, November 27, 2008, http://mmvr17.wordpress.com/2008/11/27/interview-with-dr-james-kinross-simulation-in ... , accessed December 16, 2008.

资料来源

Anderson, Rob, and G. Michael Killenberg. *Interviewing: Speaking, Listening, and Learning for Professional Life*. New York: Oxford University Press, 2008.

Gubrium, Jaber F., James A. Holstein, Amir B. Marvasti, and Karyn D. McKinney, eds. *The SAGE Handbook of Interview Research: The Complexity of the Craft*. Thousand Oaks, CA: Sage, 2012.

Holstein, James A., and Jaber F. Gubrium, eds. *Inside Interviewing: New Lenses, New Concerns*. Thousand Oaks, CA: Sage, 2003.

Martin, Judith N., and Thomas K. Nakayama. *Experiencing Intercultural Communication*. New York: McGraw-Hill, 2011.

Stewart, John. *Bridges Not Walls: A Book about Interpersonal Communication*. New York: McGraw-Hill, 2012.

Trenholm, Sarah, and Arthur Jensen. *Interpersonal Communication*. New York: Oxford University Press, 2013.

第二章

人际沟通过程

> 访谈不仅是提问和回答问题。

培养和提高访谈技巧的首要任务就是拓宽你对**看似复杂的访谈过程**和其中许多相互关联而又相互作用的变量的理解。你必须了解整个过程,而不仅仅局限于作为其最显著特征的问题和回答。**本章的目标**是逐步构建出一种模式来阐释复杂费解的访谈过程。唯有如此,当读者阅读到图 2.8 时,才会对其中所描绘的复杂的访谈过程有所预见,而不会感到惊讶。

访谈中的双方

> 每一方都是独特而又复杂的个体。

图 2.1 中的两个圆圈代表访谈过程中的双方。他们都受到独特的文化、环境、教育、培训和经历的影响,各自是不同的性格特征的混合体,可能会表现为乐观或悲观,轻信或怀疑,灵活或迟钝,合群或孤僻。他们各自秉持着特定的信念、态度和价值观,并为各种不断变化着的期待、愿望、需求和利益所驱动。他们也在自我层面上进行沟通,即跟自己说话。而说什么以及如何说,则影响着自身的言语模式和非言语模式以及对访谈的体验,这是因为"沟通总是涉及身份认知或自我"[1]。事实上,在我们称之为访谈的互动中是完整的自我在进行讲述和倾听。[2]

> 每一次访谈都有助于关系史的形成。

虽然访谈中的每一方都是独特的个体,但只有双方通力合作才能获得访谈的成功。任何一方都不可能**独挑大梁**。图 2.1 中两个圆圈重合的部分象征着访谈过程中的关系性质,在这个过程中访谈双方的关系建立在**互相配合**的基础之上,而**不是以任何一方为主导**。双方在人际关系上紧密相关,因为任何一方都与访谈的结果利害攸关。他们之间的关系或许就此拉开序幕,也或许他们之间本来就有着一段足以追溯到数小时、数天、数周、数月,甚至数年前的**关系史**。对于没有关

图 2.1 访谈双方

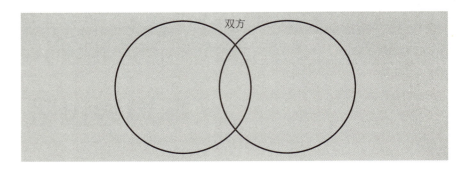

系史的双方，很难展开互动，因为他们不知道应该对彼此抱有怎样的期待，不知该如何开始互动，不知该何时说话或是倾听，也不知道哪些信息可以分享或是不可以分享。在一些文化中，"所有的陌生人都被视为潜在关系的来源；而在其他文化中，只有经过长时间的仔细考察才会开展一段关系"[3]。在没有关系史的情况下，双方对诸如年龄、性别、民族和种族等的刻板印象可能会对访谈产生巨大的负面影响，特别是在互动刚开始那令人焦虑的前几分钟。[4] 另一方面，如果双方以往有过互动不顺利的体验也可能导致其对当下的访谈存有消极的期待和态度。

人们与好朋友之间的关系往往是**亲密无间**的，与同事之间的关系是**随意自然**的，与销售人员之间的关系是**冷淡疏远**的，与学院院长之间的关系是**正式有礼**的，而与医生之间的关系则是**功能实用**的。这种关系可能会随着时间的推移或在互动过程中发生改变。最初纯粹的功能关系也可能演变成持续一生的亲密的、私人的友谊。约翰·斯图尔特（John Stewart）和卡罗尔·洛根（Carole Logan）撰文指出："每当他们进行沟通时，关系伙伴就会建立并修改相处模式，该模式会明确他们在访谈中的身份和所扮演的角色。"[5]

> 不同的情况可能导致关系发生改变。

人际关系随着情况的改变而改变。例如，你可能与主管之间保持着一种愉快互助的关系，但是一旦他给你一个不太理想的绩效评估时，这种关系就会发生改变。又或者，假如你是一名记者，只要你总是问一些常规的和容易回答的问题，你就可能与政客之间保持长期的友好关系；但是一旦你涉及一些可能引起尴尬和争议的问题，对方就会惊慌，这种关系就会迅速恶化。萨拉·特伦霍姆（Sarah Trenholm）和亚瑟·延森（Arthur Jensen）宣称，人们必须具备**关系能力**才能认识到"自身和合作伙伴在该段关系当中所扮演的角色"，才能制订出"具有可操作性的规则和规范"，并且才能意识到"何时该或者不该做出调整"[6]。

人际关系维度

所有的人际关系都是多维度的，以下五个维度对于人际访谈至关重要：相似性、融入、好感、主导和信任。

相似性

人际关系的建立往往是基于双方享有共同的准则和价值观，以及相似的教育、经历、性格特质、信仰和期望。人们会发现跟与自己同性或同种族的人，与自己有共同政治观点的人，与自己同学科专业的人，或是与自己一样热爱古典音乐的人互动起来更加容易。意识到这种相似性可以促使访谈双方互相了解，并达成共识，即不断扩大图 2.1 中两个圆圈的重合部分，直到体察到的个体相似性战胜体察到的个体差异性。然而，需要注意的是，对方可能仅在诸如年龄、着装和种族等方面和你有表面的相似性。朱迪思·马丁（Judith Martin）和托马斯·中山（Thomas Nakayama）撰文指出："相似性不是基于人们是否真的相似，而是基于对相似特征的感知（尽管不一定是真实的）或识别。"[7]

> 具有某些相似性并不等同于关系的建立。

融入

当访谈双方作为发言者和聆听者，或者提问者和回答者时，都有动力积极参与其中，他们之间的关系就会得到强化。双方参与得越多，分享得越多，就会越满意相互之间的关系，并期待着将来的互动。满意的程度可能会在双方的话语、手势、表情、眼神和动作中得到明显的体现。只有当采访者和受访者相互依存，当"双方都意识到有些事情"他们做与不做"会影响到另一方"，并开始真心实意地配合另一方时，才能形成有效的访谈关系。他们的行为不再是个人行为，而是约翰·肖特（John Shotter）所说的"**联合行动**"[8]。不要抱着过高或难以企及的期望来参加访谈，也不要怀着过低预期，或预设访谈收效甚微，难有建树。

> 积极参与可以促进合作。

好感

当访谈双方喜欢和尊重彼此，并表现出明显的温暖或友谊，访谈关系就培养起来了。当双方产生一种"我们"，而不是"我—你"的感受，并且找到一种愉快、高效和合理的沟通方式时，彼此之间的好感就得以产生。访谈中很重要的一点就是双方都清楚自己对另一方的感觉是更近于积极的、矛盾的抑或负面的。然而，访谈者们表达好感和敌意的方式往往各不相同。一项研究表明，访谈者通过降低音量来表现自己对另一方的厌恶和喜欢。另一些研究则表明，访谈者通过展现出极大的专注来表现对另一方的好感，或是通过脱离互动来表现对另一方的厌恶，二者都将导致访谈时间的缩短。[9] 有些人认为表现好感是很难的，特别是在正式或公共场合，他们更喜欢与熟人和陌生人保持一定的安全距离。

> 跟喜欢的人互动起来更自在。

访谈者在访谈过程中对另一方表现出矛盾或敌对的态度，既可能是由于关系史的缘故，也可能是基于杰姆斯·亨尼卡（James Honeycutt）所说的**关系记忆**。他撰文指出："尽管关系在不断发生变化，但是关系记忆结构能够为人们提供一种感知定位，个人就可以确定自己在一段关系中处于怎样的位置。"[10] 关系记忆可以帮助访谈双方处理研究人员所称的**辩证张力**，这种辩证张力要么来自"重要而又相互对立的需求或欲望"之间的冲突，要么来自"诉说着矛盾念头的各种'声音'之间的对立"。[11] 科里·弗洛伊德（Kory Floyd）写道，这种辩证张力并不一定是坏事，因为"研究人员认为"他们是"任何一种亲密无间的、相互依存的关系中正常的一部分，只有当人们未能做出妥善处理时，关系张力才会给他们造成不良影响"[12]。

控制

访谈是一个连续性过程，参加访谈的各方都影响着访谈的成功或失败。约翰·斯图尔特（John Stewart）介绍了他标榜的"延续"概念，并称其为"最最重要而又独一无二的沟通技巧"，因为无论何时"你遇到沟通挑战或问题，你能够问自己的最有用的问题就是：'我可以为沟通的延续做些什么？'"[13] 他声称："没有任何一方能够完全决定沟通过程的所有结果。即使一方感到几乎无能为力，也仍然可以对沟通的最终结果产生影响。没有任何一方应该受到百分之百的责怪，沟通中的各方都具备响应能力，任何一方的表现都会影响到整个沟通过程接下来的发展。"[14]

> 等级关系可能阻碍信息流通和自我表露。

哪方主导哪种内容，以及何时进行主导，都是访谈中避免不了的问题，因为访谈过程总是涉及组织中的等级关系或指挥体系：总统对副总统，教授对学生，指导老师对实习生。这种**向上**和**向下**的沟通可能会以这样或那样的方式阻碍沟通中的各方。爱德华·霍尔（Edward Hall）指出："一个人在社会体系中的地位也会影响其对待事物的眼界和视角。处于社会系统顶端的人与那些处于中端或底端的人所关注的东西往往是不一样的。"[15] 学生的追求和价值观可能与教授的追求和价值观是大相径庭的。

信任

费舍尔（Fisher）和布朗（Brown）认为信任是"良好的工作关系中最重要的因素"。[16] 信任之所以极其重要，是因为其潜在结果会从以下方面直接影响各方——收入、事业、购买力、利润、健康、理解。当各方都确信对方是诚实的、真诚的、可靠的、真实的、公正的、温和的和道德高尚的，换句话说，是安全的，他们之间的关系就能得以建立。威廉·古迪昆斯特（William Gudykunst）和杨·金（Young

Kim）写道："当我们信任别人时，我们会期待彼此之间的交往和互动产生积极的结果；当我们在与别人交往的过程中产生焦虑情绪时，我们就会害怕彼此之间的互动会带来消极的结果。"[17]

建立信任是一个微妙的过程，要想彼此之间的关系有所进展可能需要花上数月甚至数年的时间；但当你遭受朋友、同事或同僚背叛时，它却可以被瞬间摧毁。[18] "在彼此信任的情况下，人们之间的交往和互动往往更加诚实、自发、直接和坦诚。"[19] 自我表露是访谈成功的关键，而信任则是自我表露的前提和基础。对于难以捉摸的人和不可预测的结果，人们往往会小心翼翼地提问和回答，尽量避免透露过多的信息和发表自己的见解，因为风险太高了。不幸的是，在美国，人与人之间的信任程度大幅降低。上一代人中，三分之二的美国人表示，他们相信其他人；而现在三分之二的人表示不相信其他人。其结果势必导致人们在与人交往时将会尽更大的努力来保护自己。[20]

> 信任对访谈至关重要。

全球关系

随着社会、政治和工作环境的不断全球化，理解在不同国家和文化中关系是如何形成和巩固的显得至关重要。例如，马丁、中山和弗洛里斯（Martin, Nakayama and Flores）就曾警告说："在跨文化冲突的情况下，当我们对陌生的行为（例如，口音、手势、面部表情）感到高度焦虑时，我们就会自动拒绝给予别人信任。"[21] "（其实在任何一段关系的早期阶段就已经存在某种焦虑了。）这种焦虑源于我们对自身行为可能产生的负面后果的恐惧。由于我们不熟悉别人的语言和文化，我们就会害怕自己表现得很愚蠢或者会冒犯别人。"[22]

在美国，我们往往有许多友好的、非正式的人际关系，并且十分重视一个人的外表，特别是在建立关系的早期。[23] 我们时常建立关系之后又弃之不顾，而澳大利亚人则倾向于建立深厚而持久的人际关系。阿拉伯人跟美国人一样，建立关系很迅速，但又不像美国人那样讨厌利用人际关系来寻求帮助，阿拉伯人认为朋友之间有责任帮助彼此。

中国人倾向于建立深厚、长期的人际关系。像阿拉伯人一样，他们认为人际关系涉及责任和义务。[24] 在墨西哥，关系双方之间的信任培养进展缓慢，相互之间十分谨慎，只有付出努力才能赢得对方的信任。背叛信任的结果可能造成对人际关系最大程度的损害。[25] 德国人十分重视人际关系，因此与人建立关系时往往进展缓慢，在彼此之间关系发展成熟之前，直呼其名被认为是不礼貌的行为。日本人不喜欢与陌生人交往，渴望在建立关系之前尽可能多地了解对方的背景信息，他们更喜欢与相识多年的人做生意，并且乐于花时间建立人际关系。

> 人际关系在不同文化中的建立模式各异。

人际关系中的性别

研究者们普遍认为，男性和女性在沟通方式和人际关系方面的相似性大于差异性。比起男人来自火星、女人来自金星的说法，凯瑟琳·丁迪亚（Kathryn Dindia）认为，正如最近一本畅销书所言，一个更为准确的比喻是"男人来自北达科他州，女人来自南达科他州"[26]。例如，布兰特·伯利森（Brant Burleson）和艾德丽安·孔克尔（Adrienne Kunkel）就发现："实质性的相似——而不是差异——就在于两性都倾向于采取支持性的沟通技巧，如安慰和倾听。"[27]

> 性别差异在发生演变但是并没有消失。

然而，除了相似性以外，访谈双方的性别差异可能对建立和改善人际关系至关重要。男性说话往往是指示性和目标导向的，倾向于使用"使对方遵从、赞同和信任"的语句。女性说话可能会更加礼貌，表达能力更强，倾向于使用强度较低的词语、修饰语（也许，可能），和免责声明（"也许我错了，但是…""我可能还没有完全了解情况，但……"）。[28] 例如，女性主要通过交流来建立人际关系，而男性则通过交流"施加控制，保持独立性，提升地位"。女性更倾向于给予赞美和恭维，不愿意在工作中直接批评别人；而男性则倾向于在同事取得成就时保持沉默，犯错时直接批评。[30] 研究人员发现，女性往往表现出"比男性更高的人际交往满意度"[31]。另一方面，研究人员发现，"女性更容易背叛其他女性，也更容易被其他女性背叛"。男性则表示经常被与之相竞争的人背叛。[32] 所有这些差异都有可能对访谈关系产生影响。

访谈中的角色转换

> 袖手旁观不会促使访谈成功，只会导致失败。

尽管在访谈中某一方可能占据主导地位，但是双方都在不时地发言和聆听、提问和回答问题，并且扮演着采访者和受访者的角色。没有任何一方能够袖手旁观，指望另一方单方面地将访谈引向成功。约翰·斯图尔特写道："交流双方总是在同时发送和接收信息。因此，每一方都有可能在任何时候改变交流过程的走向。"图2.2中代表访谈双方的圆圈内部的小圈描绘了访谈过程中角色的转换。

角色转换和主导地位共享的程度往往是由双方的地位或专业技能决定的。谁发起的访谈、访谈的类型、发展情况，和互动的氛围——支持还是防御，友好还是敌意，这些因素决定了采访者对于两种基本方式的选择——**引导性的**或**非引导性的**。

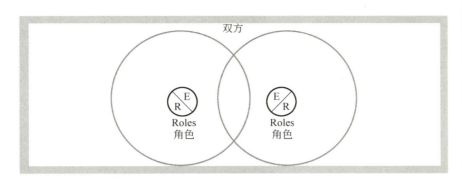

图 2.2　角色转换

引导性方式

在引导性方式下，**采访者**确定访谈目的，试图控制访谈的节奏、氛围和形式。在这种方式下，受访者往往给出简短、直接的回答。虽然随着访谈过程的深入，有些积极的受访者可能会拥有部分主导权，但是采访者往往会试图控制整个访谈过程。典型的引导性访谈主要包括信息提供、调查和民意测验、员工招募，以及诸如销售等说服性交谈。引导性方式很容易学习，时间花费少，还能使你占据主导权，并且容易复制。

> 引导性方式使采访者占据主导地位。

下面的交流方式是对引导性访谈方式的举例说明：
1. **采访者**：你在今天的选举中投票了吗？
2. **受访者**：是的，我投了。
3. **采访者**：你投票赞成还是反对学校的全民公投？
4. **受访者**：赞成。
5. **采访者**：你投票的主要原因是什么？
6. **受访者**：我认为全民公投对维持我们学校的品质是至关重要的。

非引导性方式

在非引导性方式中，受访者在访谈主题、答案长度、访谈氛围，和访谈形式等方面享有较大主导权。在这种方式下，问题往往是开放和中立的，能够留给受访者最大限度的自由和机会做出反应。典型的非引导性访谈主要包括新闻、口述史、调查、咨询和绩效评估。非引导性方式具备更大的灵活性和适用性，适宜使用试探性问题，并邀请受访者主动提供信息。

> 非引导性方式使受访者享有控制权。

下面是一个非引导性的访谈交流：
1. **采访者**：我知道你刚从海地回来，你去了海地的哪些地方？
2. **受访者**：我们去了太子港，在一个专为传教士设计的中转站里住了一晚。第二天早上我们在山路上开了近三小时的车到达位于博蒙特（Boudain）的姊妹教区。在那里我们参观了该地区的一些医疗诊所。
3. **采访者**：你做了什么？
4. **采访者**：我检查患者，分发各种药物，并帮助同行的医生消毒器械。
5. **受访者**：你对那里的印象如何？
6. **受访者**：那里贫困现象严重，但是令人惊讶的是，人们却非常快乐和友善。他们对我们所做的事情非常感激。我看见孩子们赤脚走了几英里的路去上学，甚至没有鞋穿。

方式的结合

> 选择方式时要灵活适宜。

你可以将引导性方式和非引导性方式混合使用。例如，作为面试官，你可以在面试开始时使用非引导性方式使应聘者感到放松，在提供机构和职位信息时切换到引导性方式，然后在回答应聘者的提问时又回到非引导性方式。

> 扮演的角色应该是向导或方式指导者。

选择最合适的方式时要灵活。访谈方式的选择通常为社会或机构的规则和期望所制约。例如，员工、应聘者、客户或病人"在进行访谈时通常会认为采访者对受访者访谈行为的引导和影响会远远大于受访者对采访者的影响"。事实上，正是因为访谈双方都存在这种心理，才使之成为现实。一味遵守社会角色和期望可能会招致访谈无效。

访问者和受访者的认知

> 四种认知驱动互动方式。

访谈时，双方事先都具备自我认知和对另一方的认知，而这些认知可能会随着访谈的进行发生积极的或消极的改变。我们的人际关系在很大程度上受到这些认识的影响，并以此来确定该如何沟通。图2.3中的双端箭头描述了四种重要的认知。

图 2.3　对自我和他人的认知

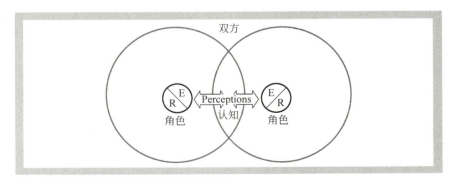

自我认知

自我认知——自我概念——来源于经历、活动、态度、成就和失败、人际互动，以及所扮演的上下级角色。自我认知就是对"我们是谁，我们想要别人如何看待和接受自己，自己如何看待自己，或者对自我有怎样的期待等方面的个人要求和主张"³⁵。自我概念是解读的双向创造——我们对别人的解读和看法同时也是对自己过去、现在及将来为人的诠释。正是通过这些诠释，我们创造了一种**自我认同**。约翰·斯图尔特写道，我们"与人交流时通常带有一个明确的'自我'，这个自我是在以往人际互动的过程中建立起来的；随着交流进行，我们会调整自己以适应当前的谈话主题以及与我们交谈的人，并且时常被交流过程中发生的事情所改变"[36]。

> 如何看待自己比自己实际是怎样更为重要。

来自家庭、社会、职业和组织的期待影响着自我概念和自我认同。当我们从一种情况或角色转换到另一种情况或角色时，自我概念可能会发生改变。

自尊——我们怎样看待自我价值——是自我概念和自我认同的一个关键因素。理论家们认为，我们常常花费大量心理和交际精力来试图获得和维持来自家庭成员、朋友、同事和其他人的认可和赞许，因为我们"不断地、无可避免地"需要给自己一个交代。[37] 如果我们感到受人尊重和被认真对待——具有高度的自尊——我们可能会更加敏锐、自信，并且更容易表达不受欢迎的态度和想法。另一方面，如果我们认为自己没有价值或意义——缺乏自尊——我们可能会强烈地自我批判以至于无法准确地解读他人的行为和交际。我们的自尊可能决定着访谈的成功或失败，或者访谈是否真实有效。我们之所以成功或失败，是因为我们相信自己会成功或者失败——这是一个**自我实现的预言**，影响着信息的发送和接收、所承担的风险、信心和自我表露。

> 自尊与自我价值紧密相连。

文化和性别差异

自我概念、自我认同和自尊是美国和西方文化的核心，因为他们强调个体意识。但是上述三种概念不是东方文化和南美洲国家的核心价值观。例如，日本人、中国人和印第安人奉行的是集体主义而非个人主义文化，他们更关心的是集体的形象、尊严和成就。在中国，将一次成功的谈判归功于个人被认为是自私、自我吹嘘而又极不礼貌的表现。成功应归因于集体或团队。缺乏对文化差异的认识，往往导致美国的采访者和受访者面临许多沟通障碍。

> 地球村的很多公民更在意集体而非个体。

科里·弗洛伊德（Kory Floyd）提醒我们说，性别在自我概念中至关重要，因为"性别角色是对女性和男性思维和行为的社会性观念建构"[38]。男性应该更有主见、有担当和自立，而女性则被教导要"具有女性气质"，要温柔顺从，并富有同情心和情感表现力。当然，不是所有的男性和女性都表现如此，但是我们不能忽视社会对性别和自我概念的作用，以及对访谈的潜在影响。

对另一方的认知

> 认知是一个双向的过程。

> 互动可以改变和强化认知。

如何看待另一方会影响你对访谈的处理和在访谈中的反应。例如，你可能会敬畏对方的名誉或地位——一名一流的记者、公司的首席执行官或一位外科医生。先前与对方的接触可能会导致你期待或害怕本次访谈。你的**认知**可能会受到对方年龄、性别、种族、民族、气势和个人魅力的影响——尤其是当这个人和你有明显差异时。第三方积极正面的背书可能会改变你对一个人的看法。如果你有足够的灵活性和适应性，你对另一方的认知可能会随着访谈的进行受以下因素的影响而发生改变。诸如访谈如何开始；另一方的举止、态度、服装和外貌；倾听和反馈；言语和非言语互动；提问和回答，以及访谈如何结束等。双方所表现出来的热情、理解和合作可以改善对彼此的认知。

交流互动

图 2.4 中连接双方的弯曲箭头象征着发生在访谈过程中言语和非言语互动的交流层级。这三个层级在关系距离、自我表露、承担的风险、认知的内容，以及信息交流的总量和类型等方面有所不同。

互动的层级

> 层级 1 的互动不涉及判断、态度和情感。

> 层级 1 的互动是安全的和表面的。

第一层级的互动是相对安全的，主要是围绕家乡、职业、体育赛事、大学课程和家人等主题所进行的没有威胁性的交流。这些话题往往会得到诸如"很好""不错"，以及"没什么可抱怨的"等安全的、为社会所接受的、舒适的和模棱两可的回答，这些回答往往不会表露评价、态度或感受。

每一层级都好比是一扇门，在第一层级的互动中这扇门微微打开，传达一般的观念、表层的感情和简单的信息，但是必要时任何一方都可能会迅速关上这扇门。箭头的厚度表示第一层级的交流在采访中是最普遍的，箭头的长度象征**关系距离**。当双方不具有关系历史，互不信任，谈论的问题具有争议性，或者双方的角色关系具有地位高低之分时，第一层级的互动会在访谈中占据主导地位。下面是一个典型的第一层级的交流：

1. **采访者**：您怎样看待为年长职员提供提前退休金？
2. **受访者**：它们似乎对一些计划提前退休的年长职员很有吸引力。
3. **采访者**：那您呢？

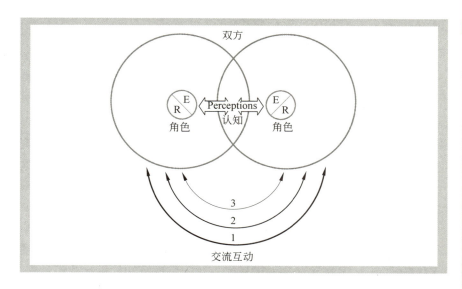

图 2.4 交流互动

4. **受访者**：我在看着他们。

　　第二层级的互动涉及私人或有争议的话题，包括对信仰、态度、价值观和地位的探讨。这些问题的回答往往是半安全、半透露的，因为双方有意寻求合作却又不愿透露太多。这时候，互动之门是半开的（乐观主义者的观点）或半闭的（悲观主义者的观点），更多具体而又袒露心扉的想法、感情和信息得到传递。虽然此时愿意承担更多的风险，但是双方仍然保留迅速关闭互动之门的选择。箭头的厚度表示第二层级的互动不如第一层级那样普遍；箭头的长度表示，双方要从表面的互动发展到坦诚的互动，还需要建立更加亲密的关系。下面是一个典型的第二层级的互动。虽然双方都趋于谨慎，但却更加具体和坦诚。

1. **采访者**：你觉得为年长职员提供提前退休金如何？
2. **受访者**：这也许有助于降低人事预算，但我担心这可能会使我们失去一些关键人才。
3. **采访者**：感谢你的关注。你对提前退休金意下如何？
4. **受访者**：我知道我们必须减少人事预算，但我不能肯定自己是否准备好提前退休了。

　　第三层级的互动涉及更加私人的问题，质询有争议的领域。受访者完全透露自己的感情、信仰，态度和看法。此时很少有隐瞒，并且有时候提问者实际得到的比预期的更多。此刻互动之门敞开，双方所承担的风险和获得的利益都是相当可观的。细小、简短的箭头表示第三层级的互动是罕见的，特别是在双方首次接触时，并且这时双方之间的关系必须是相互信任的并共享控制权的。下例是对第三层级互动的展示。

1. **采访者**：我设计了提前退休金计划，以减少年长员工的昂贵岗位费

> 层级 2 的互动需要信任和承担一定的风险。

> 层级 3 的互动就是全部信息的吐露。

> 良好的人际关系对于层级3的互动至关重要。

2. **受访者：** 我能理解退休激励措施的动机，但我相信这是一种目光短浅的行为，因为失去年长的关键人才可能会带来重大的长期影响。
3. **采访者：** 你作为一位年长职员这样认为无可厚非，但我们需要引进新的血液使公司更有活力。
4. **受访者：** 多年以前我也这样认为，甚至厌恶那些被戏称为"花白胡子"的年长职员，因为他们的年龄比我们大出很多。然而，这些年以来，我逐渐意识到自己从他们的经验和指导当中获益匪浅。

自我表露

> 在访谈的环境下我们的信息处于暴露状态。

在大部分的访谈中，你必须从1层级对话上升到2层级再到3层级来获得信息，比如侦查对方的感情变化，发现真知灼见，兑现承诺。要进行不同程度的**自我表露**才能达到以上目的，然而这并不是件易事。如果你是群体中的一员或者一位观众，你可以混迹于人群中。然而，在访谈中，你的社交、职业、财政、心理和物质福利信息将暴露在外。访谈将涉及你的行为、你的表现、你的名誉、你的决定、你的弱点、你的感受、你的薪酬或者你的未来。大卫·约翰逊（David Johnson）写道：

> 自我表露伴有不同程度的风险。因为对你了解得越多，你们的关系就越密切，但有时候因为对你了解太多，可能导致有些人不太喜欢你。为了建立一种深层级的关系，你必须将自己的信息公开给他人，并且承担起他人可能不喜欢你反而拒绝你的风险。[39]

因为自我表露伴有风险，所以交际理论家给出了一些降低风险的建议。要认清你和对方之间关系的本质，使用安全层级的剖白，确保表达相关切题并且得体，高度留意你的表达对对方和与访谈无关的人士的影响。如果你使用的对话层级经常得到对方的回应，请保持在这个对话层级。[40] 我们通常在网上交流时不那么拘谨，这样可能导致公开太多个人信息，即所谓的"超个人"披露。[41] 我们可能遇过到这种情况，人们经常在网上使用敌对性的词语或指责他人，但是你会发现他们不会当面或者在电话中这样做。

性别

> 女性比男性公开的信息更多。

总的来说，与男性相比，女性公开的信息更多，人们对女性表达除愤怒以外的情感（恐惧、悲伤和同情）表现得更加宽容。因为女性被认为是比男性更好的倾听者，并且比男性更擅长回应。通常女性与女性之间的对话质量最高（可能因为谈话是维系女性关系的核心），男性与女性之间的对话质量处于中等，男性之间的对话质量是最低的。⁴²

文化

文化可能会决定你公开了什么信息，向谁公开，以及以何种方式公开。例如，与日本人和中国人相比，欧裔美国人可能会公开相当大范围的信息，甚至包括私人信息。与加纳人相比，他们会公开更多自己的职业信息，但是比他们公开更少关于家庭的信息。与亚洲人相比，他们会公开信息给更多类型的人。亚洲人更愿意向那些专业人士和表现得诚实乐观的人公开信息，而非向那些善谈、容易表现感性情绪的人。研究表明，像中国和日本这样期望人们为了集体利益而努力、理解并遵守文化规范的高语境集体主义文化国家，比像美国和英国那样的追求个人成功、文化规范不广为人知但更加灵活的低语境个人主义文化国家公开的信息更少。如果我们过度公开信息、隐藏信息或者将信息公开给文化背景迥异的错误对象，可能会引起冲突。然而，姑且不论文化因素，很多重要因素都会影响自我表露的程度，诸如认知相似性、认知能力、感情投入和自我表达方式，这些都可能将双方关系提升到一个新的高度。⁴³

> 文化可能会指导我们吐露什么和向谁吐露。

文化的差异决定着如何表达，何时表达，向谁表达更合适。某些理论家提到过礼貌这个概念——保持积极而不是消极的表情——是普遍接受的。根据"**礼貌理论**"，人类都需要被理解和保护。利特尔·约翰（Little John）写道：

> 积极面孔表达了想要得到别人的理解、认可、喜爱和被尊重的强烈愿望。积极礼貌行为，例如表现出关心、称赞和使用尊重的表达形式，就是为了满足这种愿望而提出的。消极面孔表达了想要避免来自他人的强迫或干涉。消极礼貌行为是为了保护那些表现出消极面孔的人不受威胁而提出的。最常见的例子就是你必须承认当你提出请求时，这个行为是带有强迫性的。⁴⁴

> 积极的表情和消极的表情是全人类通用的。

使用礼貌原则不仅在你和其他文化族群的人打交道时很有必要，还有助于你面对质疑、抱怨、评估、训诫、劝告和咨询。格雷罗（Guerrero）、安徒生（Andersen）和阿菲菲（Afifi）撰文指出："人们在想任意为之（这让他们的消极面孔需求得到满足）和为了与人为善而为之之间（这让他们的积极面孔需求得到满足）不断地挣扎着。"⁴⁵ 他们将几种严重的行为视为"面子威胁行为"，比如侵犯一种重要的文化、社会和职业规则的行为；造成严重危害的行为；单方负直接责任的行为和冒犯者的权力或权威明显高于受害者的行为。想要做到礼貌——避免伤害他人或者不让他人失望，并且表示赞同、理解或者同意——是造成欺骗的最常见的原因之一。[46] 为了保持礼貌和维持访谈和谐，一段误导性的陈述或者回答似乎是被允许的。

语言互动

访谈中的互动包括复杂的、不可分离的、一些蓄意的和无意的、语言和非语言的符号组合。我们仅依据引导性目的来区分它们。

语言互动，即言语，仅仅只是字母之间的任意组合，用来象征人、事物、事件、观点和感觉。我们每天都能感觉到它们的不完美，因为看似平常或中性的语言在交流的过程中却造成了误解、困惑、尴尬、对立和冒犯。人类交流中的最大且唯一的问题就是假设交流是有效的，在访谈中使用或者误用语言制造了诸多问题。新闻业教授迈克·史酷比（Michael Skube）写到，许多大学生不熟悉那些通常能被理解的词语，包括煽动性的、明晰的、提倡性的、被废弃的和简明的词语。[47]

> 永远不要假设交流在有效进行。

如果我们都"正确"使用语言会怎么样？这样就不会产生误解了吗？答案是"错"，因为是语言任意性而非误用造成了大多数问题。

多义性

语言具有多义性。比如"争论"（argue）指提供理由和证据、意见不统一、需要劝说等。"游戏"（game）可能指的是篮球比赛、一只野生动物或者一个想要尝试新事物的人。"揭示"（reveal）可能意味着告知、揭露、通过直觉灵感来显示信息或违背信任。

> 一个词语很少有单一的含义。

模糊性

词语的模糊性很强，以至于双方可能对同一个语言有不同的释义。什么是一个"好"公寓？"负担得起"的教育？"小"大学？一套"简明的"指令？"维持生计"的工资？怎样的岁数算是"中年人"？你是如何知道有些东西是"最好之一"或者"最珍贵之一"的？

发音相似

> 注意发音相似的词。

发音相似的词语可能会给访谈造成困扰，因为有时候你听到的词语和你看到的词汇不一样。比如 See（看）和 Sea（海），Do（做）和 Due（因为），Sail（航行）和 Sale（销售），Two（二）和 Too（也）。发音和口齿不清可能会导致误解更严重。洛杉矶的一位银行家讲述了她遇到的例子。当时她正和芝加哥的一位银行经理聊天，她听到对方说"我们要解雇（axing）约翰（John）"。其实那位经理说的是"询问

(asking)约翰(John)"而不是要解雇他。

引申义

词语包括褒义和贬义。一件衣服是"不贵"还是"便宜",一辆车是"二手"的还是"旧"的,买电脑称为"花费"还是"投资"?说服意指启发抑或策动,执行意味着直接执行抑或是搁置?

行业术语

双方改变或者创造词语可能会造成交流问题。每个行业都有自己的专门术语:"汽车制动装置"是停止行进的标志;"舆论导向"指的是对相关问题进行解释或是辩解;军用术语中的锤子是指"手动紧固件驱动冲击装置"。注意在访谈中使用最简单、最清楚和最合适的词语。

俚语

每一代人都有一种非官方术语被称为俚语。在20世纪40年代到50年代,人们用"敏捷(keen)"来形容快速、威力强劲的汽车,到60年代和70年代人们用"酷(Cool)"和"激进(far out)"来表达,80年代变成了"体面(decent)"和"奇特(mean)",到90年代用的是"了不起的(awesome)",到今天人们用"正点(hot)"来形容这样的汽车。

> 俚语的使用与否决定着谁流行,谁过时。

委婉语

委婉语是用好听的词汇代替普通的词汇。与人造的圣诞树相比,你可能会买一棵栩栩如生的圣诞树而非一棵人造的圣诞树;你会询问化妆间在哪儿而不是厕所在哪儿;你会选择从店长那儿而不是职员那儿购买需要的器材。微创治疗会让人感到不适,而手术治疗让人感觉更加痛苦。

命名

你可以通过改变对某人、某地或者事物的命名,来改变自己和另一方对真实事物的认知方式。你可能会说买一罐减肥可乐而不是买一罐减肥啤酒,说经济低迷而不是萧条,订购一个四分之一磅汉堡而不说四盎司汉堡。当你用女孩代替女人,用消防战士来代替消防员,这样说不是为了政治上的正确性,而是在陈述一个事实,是男人和女人担当职业角色,而不是男孩和女孩。命名称呼至关重要。

强势话语

话语分为强势话语和弱势话语两种形势。[48] 强势话语包括肯定、质疑、命令、诱导发问、隐喻,以及像"听我说""让我高兴高兴""展示你的最佳状态"和"振作起来"这样令人印象深刻的短语。弱势话

> 言辞可能有力,或者相反。

语包括道歉、免责声明、借口、间接问题，以及像"唔"和"呃"等不流畅的言辞和"明白我的意思吧""你知道"等无意义的独白。这些弱势而没有意义的干扰暴露了一个人缺乏表达思想和语句的能力。

地域和角色差异

大部分美国人都说"英语"，但存在区域和角色上的差异。新泽西的人说去海岸边（shore），而加州人说去海滩（beach）。要一杯汽水，美国东北部地区的人用 Soda 表示，中西部的人用 Pop 表示，南部的人会用 Coke 表示。一项政府福利计划，比如社会保障，对一个 24 岁和 64 岁的人来说有不同的含义。员工和管理层对裁员和工作外包有不同的看法。

性别差异

> 性别不同可能导致话语权差异。

关于性别和交际的研究已经找到了男性和女性在语言使用上的差异。例如，在社会化的过程中，男性倾向于使用强势的言语形式，支配着相互之间的交流；而女性往往倾向于使用弱势言语形式，在交流互动中促进人际关系和相互交流。研究表明，女性说话更有礼貌，表达也更加丰富，包含更多限定词和免责声明，包含更多的第二和第三人称代词（如"我们"和"他们"而不是"我"），她们会对颜色区分更加细致，很少使用机械术语或者专门术语，并且比男性的谈话更具试探性。[49] 男性不仅比女性使用更激烈的语言，而且他们通常被期望这样做，因为这样显得比较有男子气概。如果一个女性也使用同样的语言，那么她就会被认为是犯贱、爱出风头或者自以为是。

> 对男女交流方式的刻板印象很危险。

注意不要刻板地认为男女之间使用的语言必定会有差异。朱莉娅·伍德（Julia Wood）撰文指出："虽然经常有人取笑女性爱说话，但研究表明，在大多数情况下，男性不仅一直说话而且还主导对话。"[50] 此外，比起和同性对话，男性更倾向于在对话中打断女性来陈述自己的观点；而女性更倾向于通过打断对话提问。近期研究也表明男性和女性在对话过程中都使用试探性语言。以下几种因素可能会影响男性和女性使用语言的方式，包括访谈语境、对话主题、交流时间（影响彼此交流的舒适度）、身份差异和对话中所扮演的角色。[51]

全球差异

即使各个语言地区都说同一种语言，在全球的语言环境下语言差异也会被放大。北美地区注重精确、直接、清楚，喜欢运用强势的语言形式，以"我"来开始句子，讲话直率。[52] 比起个人主义，其他文化更注重集体，他们几乎不会以"我"或者让自身引起关注。中国人教小孩要低调地表达自我。比起直接表达，日本人倾向于使用限定词和模棱两可的词汇来含蓄地表达自己。韩国人更喜欢避免使用否定或者说"不"来回应，或者用暗示来表达分歧以维持集体的和谐。阿拉伯语世界使用"甜言蜜语"或使用精巧的隐喻和微笑来表达自我。

习语如"bought the farm"（突如其来的不正常死亡），"get your feet wet"（开始学做），"wild goose chase"（徒劳无功的事），"stud muffin"（性感的男人），"hit a home run"（全垒打）等对我们来说是含义独特的短语，但是对那些缺乏语言和文化方面的专业能力的人士可能会带来很严重的问题。李文淑（Wen-Shu Lee）描写了她最初到美国读研究生时的经历。尽管她说着一口流利的英语，当她的同学看了她的中文笔记时说了一句"That's Greek to me"（我完全不懂）时，她吃了一惊。她说那是中文，不是希腊语，她的同学觉得她很搞笑。后来她才意识到她对这个美国的常见习语理解错了。她提醒有些人在听到这个习语的时候保持沉默，而不是冒理解错误的风险而表现得很愚蠢。同时她还建议，"对话双方需要一起合作建立一个对话礼仪机制，这样在对话的时候提出问题也是可以接受的"[53]。

> 词汇的通用用法比外来词汇的字面意思更重要。

减少语言问题的指南

著名语言学家欧文·李（Irving Lee）很多年前写道：我们经常只顾着表达自己的想法，却很少与对方互动交流。[54]

你可以通过以下方法来减少自顾自表达的概率。比如谨慎选词，扩大词汇量，清晰地表达，注意对方遣词造句的语境，注意区分一般术语和专业术语，跟上语言用法变化的潮流。同时，要时刻认识到双方性别、年龄、文化和民族的差异会导致语言的运用和诠释的不同。

> 语言问题是可以避免的。

非语言交际

因为访谈具有互动性，双方需要根据非语言信号来理解他人的语言表达，这样才明白何时应该说话，何时应该倾听。一个点头、停顿、声音变化或者身体向后倾斜就可能暗示着角色转换，因为我们根据非语言暗示来表达自己和理解他人表达的意思。[55] 由于访谈双方距离如此靠近，所以他们很可能会通过非语言行为来发现或者理解对方表达的"**是**"还是"**否**"，比如眼神交流、面部表情、眨眼、身体接触或者眼色。

单一的行为动作就可能传递信息。不进行眼神交流就可能表明你有什么瞒着对方，握手很无力就可能告诉对方你很胆小，一个严肃的面部表情就表明你很真诚，困惑的表情就表明你很迷惘。你的语速可能传递一种紧迫感（快速），表明情况的严重性（慢速），对话题缺乏兴趣（快速），缺乏准备（慢速），紧张（快速和呼吸急促），或者犹豫不决（声音暂停）。如果你沉默可能会鼓励他人开口说话，表明你不着

> 非语言信号也会传递诸多不同的信息。

急，对谈论的话题表示赞同，或是鼓励对方一直说话。[56]

多个非语言行为可能会增强信息的传递。比如你会用身体前倾、适度的目光接触，点头和严肃的面部表情来表明你对话题感兴趣。当你感觉烦躁的时候，你会不停交叉或伸开双臂和双腿，坐姿僵硬，眼睛盯着地面，紧皱眉头，说话音调高。这就向对方表明你非常焦虑、恐惧和躁动不安。身体下垂、皱眉和慢语速可能会表明悲伤和无奈。身体后倾，眼睛盯着别处，挑眉可能会暗示不赞成、愤怒或者厌恶。握手和眼神交流可以传递彼此的信任。肢体动作、手势和姿势可以表明充满活力或者缺乏活力。你的任何一个动作都有可能会向对方传递一种意义。不管是有意或者无意，准确或者不准确，这些动作都会被对方解读。

> 任何行为，或者行为的缺席，可以传达一定的讯息。

> 在信息混乱时，行为比语言更有力。

穿着和外表在最初的几分钟交流中尤其重要，你可以通过它们初步了解别人的态度，也可以表示相互的尊重。比起那些身材差、个子矮小、长相平庸、丑陋的人，人们更愿意去回应那些身材适中、个子高、帅气漂亮的人。他们觉得那些有魅力的人更加镇定、外向、有趣，也更善于交际。你对自己外表和着装的准备会暗示你如何看待自己、对方、当前形势和访谈的重要性。[57]

语言交际与非语言交际结合

尽管为了达到教学目的我们把语言交际和非语言交际分开解读，但是实际上把二者分开是不可能的。非语言行为通常起到**补充**语言行为的作用。比如我们经常通过语言着重符号来引起人们对重要词语或者句子的注意（在印刷版中使用下划线、斜体或者高亮文本）。我们也通过提高音调、语速、使用面部表情和眼神交流来加强语言的表达效果。非语言行为比如点头或者摇头会**加强**语言表达的效果，也可以**代替**语言表达，比如当我们指着一个椅子，但我们不说"坐这儿"，效果和语言表达说"坐这儿"一样。沉默虽然和说"不"意义一样，但是它比语言表达出来的效果更加巧妙。

> 在语言信息与非语言信息混杂的信息中，"怎样说"可能比"说什么"更重要。

研究表明，有时候非语言行为比语言交流更加有力量。非语言行为可以更加准确地交流感觉和情感，传递意图时更少引起猜疑和混乱。研究中的实验对象表示非语言行为比语言信息更加真实，如果语言行为与非语言行为冲突时，即信息混乱时，他们更愿意相信非语言行为。行为完胜言语。

> 语言信息与非语言信息是紧密交织的。

性别与文化差异

性别差异会影响交流，因为女性比男性更加擅长使用和依赖非语

第二章 人际沟通过程

■ 注意非语言交际中的文化差异

言行为。比如，与男性相比，女性的面部表情、停顿和肢体动作在交际的过程中显得更加重要，也许是因为女性比男性更加富有表达能力。女性更加倾向于凝视对方，而且在眼神交流被打破之后也没有男性那么不自在。男性低沉的音调被认为比女性高亢的音调更有可信度。女性站着或坐着交谈时比男性靠得更近。与女性相比，男性在交谈的时候会保持一定的距离。

> 女性更加擅长非语言交际。

虽然存在文化差异，但是世界人民享有很多相同的非语言信号。人们点头表示同意，摇头表示不同意，拇指向下表示反对，挥舞拳头表示愤怒，拍手表示赞同。然而，非语言交际在不同文化之间却有着明显的区别。

在美国，非裔美国人在交流的时候，说话时比倾听时保持更多的眼神交流。与欧裔美国人相比，他们在听对方讲话时有更多非语言的反馈。一般来说，非裔美国人更有活力、更亲近，而欧裔美国人更加沉默寡言。非裔美国人在和上级交流的时候会出于尊重而避免眼神交流，而这种特点经常被欧裔美国人误解为漠不关心、缺乏信心或者不诚实的行为。与欧裔美国人相比，在与人交流时非裔美国人倾向于站得更近，并有更多身体接触。[58]

> 美国黑人与白人使用不同的非语言信号。

在全球化交际场景中，美国人被教导与人交谈的时候要注视着对方的眼睛，而非洲人被教导当倾听对方说话时要避免眼神交流。西方人在交流时以"看着我的眼睛"表示真诚，而这对于亚洲人来说可能会表达一种不尊重。美国人在交流时会睁大眼睛来表示疑惑和惊讶，而中国人却通过这个动作表示愤怒，法国人是怀疑，西班牙人是缺乏理解。美国人被教导要以微笑来回应对方的微笑，而以色列人却不这样做。日本人被教导以微笑或者大笑来掩饰消极情绪。美国人被教导在与人交流的时候不能直接与对方有身体接触，而地中海和拉丁美洲的国家却鼓励交流时的身体接触。我们把说话音量划分为 1 到 10 的话，10 为高音，那么阿拉伯人接近 10，美国人处于中间，而欧洲人接近 1。阿拉伯人认为高音量是力量和真诚的象征，而声音柔和表示弱小和拐弯抹角。毫不意外，很多美国人和欧洲人认为阿拉伯人咄咄逼人和粗鲁。用力握手在美国的社交中显得很重要，而在日本却不能代表什么。

> 要注意世界上不同地区使用非语言信息的多样性。

我们所观察到的动作，在不同的文化与国家中代表着不同的含义。在美国，一个简单的挥手表示"你好"的意思，在阿尔及利亚表示"过来"的意思。在美国竖起大拇指表示"可以，好"的意思，在伊朗却表示"滚蛋"的意思。在美国，在耳朵周围转动手指表示发狂，而在荷兰表示"你有来电"的意思。在美国用手指围成一圈做出的 OK 手势，在巴西却是一个下流的手势。[59]

反馈

> 保持敏锐、易感和包容。

及时的反馈在交流之中无处不在，对确认交流内容及交流方式非常重要。如图 2.5 所示，连接双方的大号双箭头象征着交流双方进行的密集反馈。反馈包括语言反馈（问题与回答、辩论与抗辩、赞成与反对、怀疑与服从）与非语言反馈（面部表情、手势、挑眉、眼神交流、发声方式与姿势）。

图 2.5　反馈

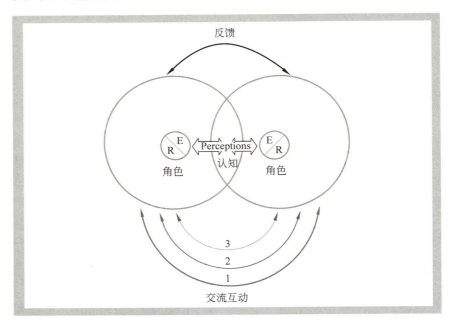

通过观察和倾听谈话内容以及有无非语言信号，我们会发现关键的反馈，并据此来评估对话的进展情况。在对话时对方是否选择了强势的话语？靠得近或者离得远？对方的口吻和注意力是否有变化？眼神交流、音量或者姿势是否改变？对方是否或多或少愿意公开信息、表达感情或者表明态度？

不要对细微的非语言行为和变化进行过度解读。有人可能会因为椅子太硬，而非你的问题或者回答而坐立不安；有些人注意力不集中是由于噪音或干扰，而非对谈话没有兴趣；有些人说话大声是因为习惯而非听力受损。眼神交流少可能是害羞或者文化差异而非虚伪或者怀疑。

倾听技巧对获取信息、洞察线索和生成第2层级和第3层级的反应至关重要。善于倾听的人只占少数。对美国上百家公司职员的调查显示，缺乏倾听技巧会给从入门级职员到首席执行官的所有岗位造成交流障碍。

受访者可能会没仔细听问题，访谈者也有可能会没仔细听受访人的回答。双方可能会专注于自己提问或者回答的角色而没听清楚。不幸的是，大多数的教育机构教我们如何说，而鲜有指导倾听技巧的。以下为四个提高倾听技巧的方法：理解、共情、评估和解决问题。每一项都在准确深刻地传达、接受和处理信息的过程中起着具体的作用。

> 心不在焉很难听懂别人在说什么。

理解性倾听

理解性倾听的目的是为了尽可能准确完整地接受、理解和记住交流的内容，并通过专注于问题、回答或者对方的反应来理解情况、保持客观、不做妄断。这种方法在传达和获取信息方面至关重要，同时也有助于你在交流的开头几分钟中决定该如何作出回应。请遵循以下指南来进行理解性倾听：仔细、耐心地倾听每一个问题和回答；在倾听内容和看法的时候也要注意语调和重音所传递的细微含义；通过提问来进行阐明或者核实交谈的内容。

> 理解性倾听，其目的是理解交流的内容。

共情性倾听

共情性倾听传递的是真诚的关心、理解和参与。共情性倾听可让对方安心交流，可安慰对方，表达你的热情以及表示尊重。共情并不是对对方表示同情或者歉意，而是一种站在对方的角度思考的能力。请遵循以下指南来进行共情性倾听：在交流中通过非语言行为表达你的兴趣和关注，同时又不会打断对方；对情感的流露泰然处之，不作评判；回应对方时要有技巧、理解对方，并给对方提供选择和指导意见。

> 共情性倾听，其目的是理解对方。

评估性倾听

评估性倾听，又称批判性倾听，是对你所听到的和观察到的信息进行评判。这一步会紧随理解和共情，因为当在理解语言和非语言的互动时，你就准备做出评判了。公开地评判可能会影响双方的交流和谈话质量。请遵循以下指南来进行评判性倾听：在仔细倾听内容和观察非语言暗示之后再做出评判；通过提问来阐明或者核实自己的理解是否正确；当对方对你的评判提出批评时，不要转向自卫。

> 评估性倾听，其目的是评判对方说话的内容和行为。

对话式倾听

> 对话式倾听目的在于解决问题。

约翰·斯图尔特开发了第四种倾听方法，称作**对话式倾听**，这种方法侧重我们之间的交流而不是你我个人的自说自话，并且坚信共同解决问题或者完成任务的议程超越于个人之上。[60] 当双方对话的目的是共同解决问题或者完成任务的时候，对话式倾听是解决问题的最合适的方式。为了看出他人如何作出反应，他人想要增加何种内容，及其怎样影响对话的形式和内容，斯图尔特把对话式倾听比作用黏土将模型粘在一起的过程。请遵循以下指南来进行解决式倾听：通过鼓励双方交流和信任对方来有效开展对话；在专注目前对话的同时，诠释对方的回应和观点，并进行补充；专注于正在进行的对话交流而非访谈的心理学。

> 倾听和说话一样，是一种习得的技巧。

积极的、富有洞察力的倾听对访谈非常关键，但是这是一种无形的、难以掌握的技巧。可能是因为我们从小到大作为孩子、学生、雇员和公司下属，所受到的教育和经历使我们成为了一个被动的倾听者。以下几点可以使你成为一个有效的倾听者：第一，像乐于做一个健谈者一样乐于成为一个倾听者；第二，注意观察和评判细微的语言和非语言信号，做一个积极的倾听者；第三，学会忽略环境、外表和干扰之类的分神因素；第四，你要懂得根据情况使用最有效的倾听方式。

访谈情境

每一个对话都是在具体的时间、具体的地点和具体的环境下发生的，这些变量——双方对这些因素的认知——影响着交流的每个方面。图 2.6 展示了交流情境，向内聚拢的箭头表示这些变量在影响内部的交流过程。

开始访谈

> 由谁先开始和怎样开始访谈，可能会影响访谈的控制、角色扮演和交流氛围。

访谈的任意一方都可以先开启谈话，正如**图 2.6 所展示的**上方出现的弧形箭头指向访谈双方。你可能会和招聘人员发起一段对话，招聘人员也可能对你发起一段对话。另外，所处的情境也可能决定由谁来或者与谁发起对话。比如，保险理赔人员可能会对公寓里电脑的失主发起对话。你可以通过直接告知来改善对话氛围，而不是通过第三方告知被访者你们信息交流的目的、本质和用途。

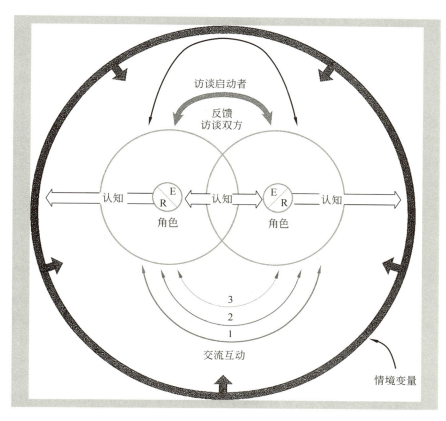

图 2.6 情境变量

认知

　　双方认知访谈情境的方式既有相似性也有差异，在图中用从访谈双方延伸到情境圈的箭头表示。例如，招聘人员和应聘者可能会同样看重访谈的目的、需求和时间。然而招聘人员可能会把访谈看成一个既不特别又不令人激动的日常事件，但是应聘者可能会把这个访谈看作获得职业提升、实现财务目标和取得职业资格的一生仅有一次的机会。一位内科医生可能会觉得检查室没有什么特别，也不会觉得害怕，但是病人看到里面的器材，周围无菌的环境和描绘的人体部位会感到威胁。他们双方都有不同的目的，内科医生是为了有效地完成常规检查，而病人是为了得到检查后的好消息，然后逃离这个地方。

　　如果访谈双方认为访谈情境是熟悉的而非陌生的，随意的而非正式的，温暖的而非冷冰冰的，私人的而非公开的，并且双方关系是亲密的，而不是生理上、社会上和心理上有距离感，访谈双方就会愿意进行第 2 层级和第 3 层级的交流。一些组织机构试图通过改善室内的光线，采用令人心情舒畅的颜色搭配，设计适中的房间尺寸，配置舒适的家具，保持舒适的温度和通风环境来提高职员的注意力和工作积极性。一些专业的情境设计模仿客厅、餐厅、家庭娱乐室和书房，以

> 情境很少是中立的。

> 认知对超越第 1 层级的对话很重要。

便让访谈双方感觉宾至如归,并更愿意交流。

时间(天、星期、年)

> 每个人都有访谈的最佳时间点。

> 要把访谈前后的因素都考虑在内。

我们可能在某天、某周,或者一年的某个时间达到最好的互动效果。比如,我们表现、思考、发挥创造力和处理重要问题的巅峰时刻可能会在早上、中午或者晚上。在午饭前或者在即将下班时讨论重要问题或者交流信息会起到反作用。星期一的早上、周五下午或者在沉闷的冬天,人的心情可能会很糟,积极性也不高。节假日对一些人来说是绝佳访谈时机,但是对其他人来说可能是很糟糕的时机。例如,心理咨询师指出,在感恩节、圣诞节和逾越节前后,与孤独的人面谈会导致效果更加不理想。警察列举了人们在满月期间的奇怪行为。访谈前后发生的事件,如学业考试、健康检查、可能的解雇和股票的下跌,可能会使双方难以集中注意力、聆听或者回答问题。

地点

> 不要低估场所的重要性。

考虑谁的地盘最适合访谈。例如,在自己的家、房间或办公室,抑或一个中立的场所比如酒吧或者餐馆,你可能会感觉更加舒适,更少感受到威胁。我们通常会保护自己的地盘。设想你走进你的房间或者是办公室时,发现另一个人坐在你的椅子或者桌子上的反应。朱迪·皮尔森(Judy Pearson)撰文指出:"女人在自己家没有特殊的、未受侵犯的空间,而很多男人则有洞穴(一般指男人活动的场所)、禁止他人入内的书房或者工作场所。"[61]

环境

> 周围环境有助于制造富有成效的交流氛围。

周围的物品和装饰可能会制造合适的氛围和访谈环境。精心展示的奖杯、奖状、学位和资格证书会传递个人成就、职业可信度和在某个领域的地位等信息。绘画、雕像、领导人或者名人的半身雕像会传递组织或者个人的历史、成就、认可度、受到的赞誉和社会关系。模型和样本可以展示最先进的产品和服务。墙壁的颜色、地毯的类型、墙上的挂件、墙纸和窗帘可以呈现一个温暖宜人的氛围。这种气氛有助于促进双方的有效交流。

在任何访谈中,**噪音**都是妨碍交流正常进行的祸首。它包括背景噪音、开关门的声音、音乐、他人的谈话、物体掉落的声音,以及交通噪音。手机来电或者短信铃声可能会打断访谈。人们进出房间、路过门口或者请求帮助都是常见的干扰。

我们可以通过选择没有背景噪音的地点或者采取简单的措施来消

除噪音带来的消极影响，比如关门、关窗，或者拉拢窗帘；关掉手机、电视或者 CD 播放器。告诉他人你不希望被打扰。通过让身心都集中于访谈来限制自己制造的噪音。在访谈过程中，通过专注于对方的问题、回答和非语言行为来屏蔽噪音。

> 控制噪音，使注意力集中在交流访谈上。

领域

你可能会战略性地选择一个座位、整理好书籍和文件，或者把外套和帽子布置在你的周围来标出你的身体空间和心理空间。你也可能会怨恨那些侵犯你精心设计的空间的人，他们选择的位置、物品、眼神、嗓音或身体都让你觉得备受侵犯。想想你对那些常见的领域入侵是如何反应的。比如另外一个学生走进教授办公室打扰了你们的讨论，旁边一位就餐者听着你和招聘人员的对话，或者当你正和客户交谈的时候，邻座的同事正在大声讲话。

访谈双方的**距离**会影响交流的舒适度。当他人坚持与你鼻尖碰鼻尖来交谈的时候你会感觉不舒服，你可能向后退，你可能会放一个办公器具在你们中间或者结束对话。特伦霍姆（Trenholm）和延森（Jensen）在他们的文章中提到过"**领域标记**"，并用术语"**个人空间**"来描述围绕我们周围的一种"**想象的泡沫**"，这种泡沫是"和自己身体一样重要"的私人空间。[62] 研究者给亲密距离的定义为 18 英寸之内，私人距离为 1.5～4 英尺，社交距离为 4～12 英尺。[63] 2～4 英尺大概为一个手臂的长度或者从桌子这边到另一边的长度，这是访谈的最佳距离。

双方的关系、地位、情境，以及对彼此的感觉都影响着泡沫的尺寸，而这个泡沫会让你交流时很舒适。地位高的人与地位低的人交流时站得或者坐得更近。而地位低的人更倾向与上司保持更远的距离进行交流。我们与亲近的伙伴、同龄人和朋友距离较小，与陌生人则保持更大的距离。一些人生气的时候会直接"给你脸色"看，而其他人生气的时候会在身体上、心理上和社交方面和你拉大距离。

年龄、性别和文化决定着双方保持空间距离的偏好。同龄的双方和年龄不同的双方相比，前者靠得更近，特别是当年龄差距很明显的时候，双方保持的距离很明显。双方都是男性的情况下，与全是女性或者两性都有的情况相比，前者倾向于跟对方拉开更远的距离。与中东人和拉丁美洲人相比，北美人倾向于保持更远的个人距离。阿拉伯人和拉丁美洲人认为美国人既疏远又冷淡，而美国人认为他们侵犯个人空间。与南欧人相比，北欧人倾向于保持更远的个人距离。[64]

> 年龄、性别和文化差异会影响领域划分的偏好。

地位、性别、家具的陈设、文化规范、双方关系和个人偏好决定了你坐哪儿和坐在什么上面。比如，如**图 2.7 场景 A** 所示，上司和下

> 座次安排会使控制变得均衡，有助于融洽访谈氛围。

■ 大多数采访人和受访人都比较喜欢靠桌角的座位

属可能会坐在桌子的两边，一方坐在一张大型皮制转椅上，而另一方则坐在一张简陋的椅子上。在一方职位高于对方的时候，这种正式布置将双方的距离展现出来了。两张椅子靠近同一张桌子的直角，图中场景 B 制造了一种非正式氛围，给双方一种极大的平等。大学的学生通常偏爱以这种方式与教授交流。

　　如图场景 C 和场景 D 所示，通过把椅子放在一个小咖啡桌的两边，或者不要桌子，你可以移开障碍物或者进一步减轻上下级的氛围。如图场景 E 所示，人们在咨询一群人或者采访两人以上的时候，越来越喜欢围绕圆桌而坐，这样可以避免产生首席位置，同时便于传递会议资料，提供桌面书写笔记，逐项审查复印材料，还可以放置点心。圆桌或者小圆桌加上几张椅子组成的访谈场所适合小组访谈。图中场景 F 最适合对话的一方或双方是由几个人组成的专题小组。

图 2.7　位置安排

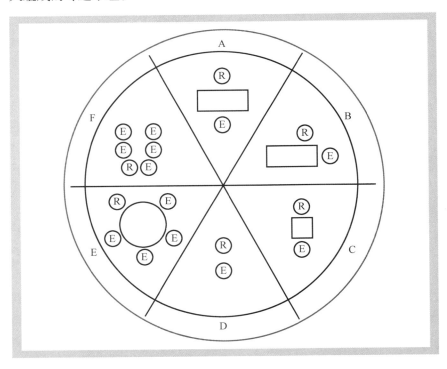

外部力量

图 2.8 中加上外力影响就完善了访谈的总结性模型，其中融合了访谈双方、角色转换、对自我和对方的认知、交流互动的水平、反馈、交流发起者、情境变量和情境认知。因为访谈本身就比较复杂，所以这个模型显得也非常复杂。你参加的每一个访谈都是一个复杂的过程。每次与对方开展一个有目的、有计划的严肃访谈时，你都需要理解互动中的变量，以及你扮演的角色。

模型里标注出来的这些**外力影响**显示或支配着何人、何时、何地参与了访谈，表现出的态度，包含的主题，遵循的结构模式，问题及作答。机构政策、工会合同、政治竞选压力、平等雇佣法和竞争对手都会影响认知、交流水平、自我表露和访谈方式。访谈之后，会涉及提交报告、媒体报道、投诉、诉讼和同事的反应，这可能会让双方变得谨慎、固执或者草率。需要讲述自己"遵守了规则""拼命地讨价还价"，最终"达成了协议"，或者告知对方该"在哪儿下车"，这些会让你倍感压力。但是请记住，交流过程是双方共同的事。

> 在多数访谈中，外部力量往往对角色起着决定性影响。

> 交流过程是双方共同的事。

本章总结

这一章主要是对所有访谈中出现的互动变量做一个总结性的流程模型：交流的双方、角色的转换、认知能力、交流水平、语言信息与非语言信息、双方关系、反馈、倾听、对话情境和外力影响。访谈是一个动态的过程，复杂的双方通过不完美的语言和非语言符号来进行交流，这个过程同时还受到认知能力和对话情境的影响和控制。倾听（理解、共情、评估和解决问题）和战略性地保持沉默通常比你要表达的东西更重要。

彻底理解这个过程是成功进行一次访谈的先决条件。注意你对自己和对方的认识、对方对你的看法和对话情境决定着访谈如何进行，以及是否达到了预期的结果。要承认外力影响的存在并适应它。

访谈双方应该灵活地选择并且适应交流方式（引导性的、非引导性的或者二者结合），不仅仅是因为双方都是独一无二的个体或者群体，每次的访谈情境也各异，还因为双方还受到年龄、性别、种族和文化等因素的影响和型塑。这一章试图让读者了解人口统计学变量和文化因素是如何影响自我评价、信息披露、交流层级、语言、非语言交流和私人空间的防卫的。在 21 世纪的地球村里，我们应该清楚不同的人和不同的文化之间是如何交流的。

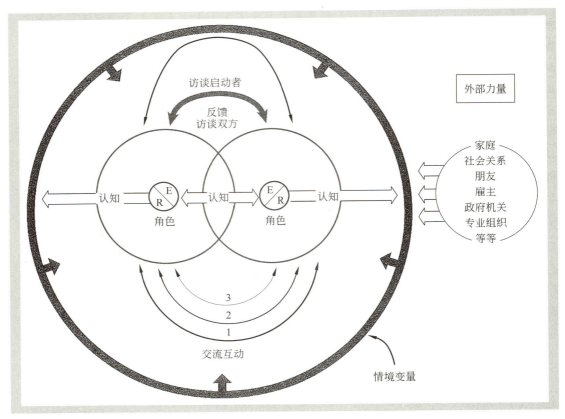

图 2.8　情境变量

关键术语和概念

复杂交流过程 Complex communication process	
互动水平 Levels of interactions	角色能力 Role competence
控制 Control	倾听 Listening
自我概念 Self-concept	文化 Culture
噪音 Noise	自我表露 Self-disclosure
防御性氛围 Defensive climate	非引导性方法 Nondirective approach
自尊 Self-esteem	辩证张力 Dialectical tensions
外部力量 Outside forces	自我预期 Self-fulfilling prophecy
对话式倾听 Dialogic listening	认知 Perception
自我认同 Self-identity	引导性方法 Directive approach
个人空间 Personal space	沉默 Silence
向下沟通 Downward communication	礼貌理论 Politeness theory
情境 Situation	反馈 Feedback

相似性 Proximity	支持性氛围 Supportive climate
性别 Gender	关系维度 Relational dimensions
领域标志 Territorial markers	全球关系 Global relationships
关系距离 Relational distance	领域性 Territoriality
俚语 Idioms	关系史 Relational history
向上沟通 Upward communication	发起对话 Initiating
关系记忆 Relational memory	语言互动 Verbal interactions

访谈案例及分析

乔伊是一个拥有20年工作经验和良好业绩的生产主管。[65] 车间经理正考虑提拔他，对他进行访谈是提拔的第一个环节。这一步是对他进行试探，而非直接作出决定。公司政策规定，如果把雇员作为提拔对象，则不能让其知晓提拔他/她的计划，所以乔伊并不知道他即将升职。公司政策允许对公司全体员工的情况做出综合考虑，以建立升职标准。访谈前两小时，乔伊接到经理秘书的电话，让他去向经理汇报情况，但并未说明原因。下午4:30乔伊走进了经理的办公室（他下午5:00换班），经理让他坐在桌子的对面。

乔伊和经理是如何认知自己、对方和访谈环境的？你怎样评价乔伊和经理之间的关系？如果有，双方何时进行角色互换？他们之间的大部分互动是哪一个水平？语言表达是如何影响访谈的？非语言行为是如何影响访谈的？乔伊和经理用的最多的倾听方法是什么？产生了什么影响？经理使用了什么访谈方法？情境变量是如何影响访谈的？外力影响在这场访谈起着什么样的作用？你会给经理和乔伊提供什么样的建议，以帮助他们有效地处理这种情况，并提高他们的访谈技巧？

1. **经理**：乔伊，请进。（面带微笑）请坐。我们很久没抽空一起聊天了。
2. **乔伊**：（坐在经理对面）谢谢你，经理。（轻声说道）
3. **经理**：（面部表情和口吻都很严肃）乔伊，最近情况怎么样？你的部门一切顺利吗？
4. **乔伊**：很好，经理。没有投诉。（语速很快）
5. **经理**：我很高兴听到没有投诉。（停顿）你觉得你做得好吗？
6. **乔伊**：我尽可能地做到很好，经理。（在椅子上转移了下重心）
7. **经理**：很好。（停顿；直接看着乔伊的眼睛）顺便提一下，你有没有想过（呃）做一下其他工作？
8. **乔伊**：（停顿，语速放慢）呃（停顿），唔，想又不想。我很喜欢我的工作。（语速很快）

9. **经理**：呃，你不想换一下你的工作吗？
10. **乔伊**：唔（停顿），不（停顿），我不想换。
11. **经理**：（近距离看着乔伊；组织着语言）好，你为什么不想换一下工作？
12. **乔伊**：我对我的工作很在行，而且大家好像都很喜欢我。
13. **经理**：好像都很喜欢你？（注视着乔伊）
14. **乔伊**：呃（停顿），可能有那么一两个不喜欢我，但我们最后相处很融洽。
15. **经理**：那么，有些人不喜欢你喽？（责问的语气）
16. **乔伊**：呃，我不是很确定。有时候有人心怀不满，因为我没让他们加班。
17. **经理**：这就是唯一的理由？
18. **乔伊**：是的，经理。这是我能想到的唯一的重要原因。（坚定的声音，注视着经理）
19. **经理**：好，（停顿）嗯，乔伊，你有没有想过（呃）提升一下自己？
20. **乔伊**：每个人都想做得更好。你懂我的意思吧？
21. **经理**：你想表达什么？
22. **乔伊**：呃，我想说，基本上所有人都能找到提高的机会。（向下看）
23. **经理**：嗯，你认为自己可以把手上的工作做得更好吗？
24. **乔伊**：呃，还有改进的空间。
25. **经理**：乔伊，你有没有想过（呃）到其他岗位上提升自己？
26. **乔伊**：我非常喜欢这个公司和自己的工作，先生！我很熟悉自己的工作，你和公司对我都很好。
27. **经理**：乔伊，我想你没有**仔细**听我的问题。你有没有想过到其他岗位上提升自己？
28. **乔伊**：嗯，每个人都想过去其他公司或者自主创业的事情。但是我真的没有认真考虑过换工作，真的。
29. **经理**：我懂了，你确实想一直待在你现在的工作岗位。
30. **乔伊**：是的，经理。（停顿）你有什么具体的指示吗？（快语速）
31. **经理**：呃，别担心，乔伊。我很高兴我们有时间坐在一起聊聊天。那我们找个时间再聚。祝你好运！（紧握乔伊的手，没有眼神交流）

学生活动

1. 在校园里采访四位学生：一位来自中非，一位来自南欧，一位来自近东，一位来自亚洲。请他们确认和描述他们自来到美国后遇到的语言和非语言交流问题。他们的经历有哪些相似性和差异？他们做了哪些尝试来解决这些问题和差异？
2. 看一段 10 到 15 分钟的电视访谈，其中一方被控犯罪或有不道德行为。访谈者是如何有效地进入第二层级和第三层级的互动的？受访者是如何试图避免泄露可能对他不利的信息的？
3. 研究显示不同性别的交流方式存在重大差异。观察两位男性、两位女性和一男一女的交流，看看你是否能发现他们在距离、眼神接触、姿势、身体动作和领域性等方面有何不同。你认为双方之前的关系史对这些非语言因素和情境因素有何影响？
4. 看一些 10 到 15 分钟的访谈。其中一方是体育节目主持人，另一方是一组专业运动员。其中一位运动员即将参加一场比赛，另一位刚赢了一场比赛，还有一位则刚刚经历了失败。这些访谈的参与者常常采用哪种形式的倾听？从表面看，情境对访谈参与者的倾听能力造成了怎样的影响？

注释

1. John Stewart, ed., *Bridges Not Walls: A Book about Interpersonal Communication* (New York: McGraw-Hill, 2012), p. 73.
2. Robert S. Goyer, W. Charles Redding, and John T. Rickey, *Interviewing Principles and Techniques: A Project Text* (Dubuque, IA: Wm. C. Brown, 1968), p. 23.
3. Judith N. Martin and Thomas K. Nakayama, *Intercultural Communication in Contexts* (New York: McGraw-Hill, 2007), p. 371.
4. Judith N. Martin and Thomas K. Nakayama, *Experiencing Intercultural Communication* (New York: McGraw-Hill, 2011), pp. 255–256.
5. John Stewart and Carole Logan, *Together: Communicating Interpersonally* (New York: McGraw-Hill, 1998), p. 277.
6. Sarah Trenholm and Arthur Jensen, *Interpersonal Communication* (New York: Oxford University Press, 2013), pp. 38–39.
7. Judith N. Martin and Thomas K. Nakayama, *Experiencing Intercultural Communication Experiencing* (New York: McGraw-Hill, 2011), p. 259.
8. Sarah Trenholm and Arthur Jensen, *Interpersonal Communication* (New York: Oxford University Press, 2013), p. 30.
9. George B. Ray and Kory Floyd, "Nonverbal Expressions of Liking and Disliking in Initial Interaction: Encoding and Decoding Perspectives," *Southern Communication Journal* 71 (March 2006), p. 60.
10. Trenholm and Jensen (2013), p. 31.
11. Kory Floyd, *Interpersonal Communication: The Whole Story* (New York: McGraw-Hill, 2011), p. 317; Trenholm and Jensen (2013), pp. 29, 276–277.
12. Floyd, p. 317.
13. Stewart, p. 18.
14. Stewart, p. 30.

15. Edward T. Hall, "Context and Meaning," in Larry A. Samovar and Richard E. Porter, eds., *Intercultural Communication: A Reader* (Belmont, CA: Wadsworth, 2000), p. 35.
16. R. Fisher and S. Brown in Judith N. Martin, Thomas K. Nakayama, and Lisa Flores, *Intercultural Communication: Experiences and Contexts* (New York: McGraw-Hill, 2002), p. 334.
17. William B. Gudykunst and Young Yun Kim, *Communication with Strangers* (New York: McGraw-Hill, 2003), p. 339.
18. Trenholm and Jensen, pp. 275–276.
19. Larry A. Samovar, Richard E. Porter, and Edwin R. McDaniel, *Intercultural Communication: A Reader* (Boston, MA: Wadsworth CENGAGE Learning, 2009), p. 391.
20. Stewart, p. 487.
21. Judith N. Martin, Thomas K. Nakayama, and Lisa A. Flores, *Intercultural Communication Experiences and Contexts* (New York: McGraw-Hill, 2004), p. 334.
22. Martin and Nakayama (2011), p. 255.
23. Donald W. Klopf, *Intercultural Encounters* (Englewood, CO: Morton, 1998), pp. 176–193; Carley H. Dodd, *Dynamics of Intercultural Communication* (New York: McGraw-Hill, 1995), pp. 21–24.
24. Martin and Nakayama (2011), p. 323.
25. Samovar, Porter, and McDaniel, p. 261.
26. K. Dindia and D. J. Canary, eds., *Sex Differences and Similarities in Communication* (Mahwah, NJ: Lawrence Erlbaum, 2006), pp. 3–20; Floyd, p. 58; Cynthia Burggraf Torppa, "Gender Issues: Communication Differences in Interpersonal Relationships," *FACT SHEET: Family and Consumer Sciences*, The Ohio State University, 2010.
27. Brant Burleson and Adrienne Kunkel, "Revisiting the Different Cultures Thesis: An Assessment of Sex Differences and Similarities in Supportive Communication," in K. Dindia and D. J. Canary, eds., *Sex Differences and Similarities in Communication* (Mahwah, NJ: Lawrence Erlbaum, 2006), pp. 137–159.
28. Trenholm and Jensen (2013), pp. 95–97.
29. Stewart and Logan, p. 84.
30. Trenholm and Jensen (2013), p. 315.
31. Stewart (2012), p. 293.
32. Stewart (2012), p. 334.
33. Stewart (2012), p. 20.
34. Stewart and Logan, p. 277.
35. Stewart (2009), p. 97.
36. Stewart (2012), p. 26.
37. Trenholm and Jensen (2013), pp. 85 and 270; Stewart (2012), pp. 455–457.
38. Floyd, p. 77.
39. David W. Johnson, "Being Open with and to Other People," in Stewart (2012), pp. 210–211.
40. Stewart (2012), pp. 214-215; Trenholm and Jensen (2013), pp. 193–194; Floyd, pp. 98–99.
41. Floyd, pp. 97–98.
42. Diana K. Ivy and Phil Backlund, *Exploring Gender Speak: Personal Effectiveness in Gender Communication* (New York: McGraw-Hill, 1994), p. 219; Floyd, p. 99.
43. Martin and Nakayama (2011), p. 268.
44. Stephen W. Littlejohn, *Theories of Human Communication* (Belmont, CA: Wadsworth,

45. Laura K. Guerrero, Peter A. Andersen, and Walid A. Afifi, *Close Encounters in Relationships* (New York: McGraw-Hill, 2001), p. 46.
46. Floyd, pp. 386–387.
47. Michael Skube, "College Students Lack Familiarity with Language, Ideas," Lafayette, IN, *Journal & Courier*, August 30, 2006, p. A5.
48. Sik Hung Ng and James J. Bradac, *Power in Language: Verbal Communication and Social Influence* (Newbury Park, CA: Sage, 1993), pp. 45–51.
49. Guerrero, Andersen, and Afifi, pp. 297–298; Ivy and Backlund, pp. 163–165.
50. Julia T. Wood, "Gendered Interaction: Masculine and Feminine Styles of Verbal Communication," reprinted in Kathleen S. Verderber, ed., *Voices: A Selection of Multicultural Readings* (Belmont, CA: Wadsworth, 1995), p. 24.
51. Trenholm and Jensen (2013), p. 96.
52. William B. Gudykunst, *Bridging Differences: Effective Intergroup Communication* (Newbury Park, CA: Sage, 1991), pp. 42–59.
53. Wen-Shu Lee, "That's Greek to Me: Between a Rock and a Hard Place in Intercultural Encounters," in Larry A. Samovar and Richard E. Porter, eds., *Intercultural Communication: A Reader* (Belmont, CA: Wadsworth, 2000), pp. 217–219.
54. Irving J. Lee, *How to Talk with People* (New York: Harper & Row, 1952), pp. 11–26.
55. Stewart (2012), pp. 152–153.
56. Stewart (2012), p. 113.
57. Floyd, pp. 283–284.
58. Trenholm and Jensen (2012), pp. 331–333; Donald W. Klopf, *Intercultural Encounters* (Englewood, CO: Morton, 1998), pp. 232–233.
59. Martin and Nakayama (2011), pp. 174–188.
60. Stewart (2012), p. 192–194.
61. Stewart (2012), p.118.
62. Trenholm and Jensen (2013), p. 55.
63. Trenholm and Jensen (2013), pp. 53–55.
64. Martin and Nakayama (2011), pp. 176–178.
65. This interview is loosely based on pp. 24–25 in *The Executive Interview* by Benjamin Balinsky and Ruth Burger. Copyright 1959 by Benjamin Balinsky and Ruth Burger. It is reprinted by permission of HarperCollins.

资料来源

Martin, Judith N., and Thomas K. Nakayama. *Experiencing Intercultural Communication*. New York: McGraw-Hill, 2011.

Samovar, Larry A., Richard E. Porter, and Edwin R. McDaniel. *Intercultural Communication: A Reader*. Belmont, CA: Wadsworth CENGAGE Learning, 2009.

Stewart, John, ed. *Bridges Not Walls: A Book about Interpersonal Communication*. New York: McGraw-Hill, 2012.

Trenholm, Sarah, and Arthur Jensen. *Interpersonal Communication*. New York: Oxford University Press, 2013.

Wood, Julia T. *But I Thought You Meant . . . Misunderstandings in Human Communication*. Mountain View, CA: Mayfield, 1998.

第三章

提问及其应用

> 提问就是一种能引出回答的行为。

在采访中，提问是双方交流的工具，和所有工具一样（锤子、螺丝刀、高尔夫会所、画刷），每种工具都有其名称、特性，发挥具体的作用，使我们得以高效完成任务。科技编辑杰米·麦克肯茨（Jamie McKenzie）写道，"提问可能是我们发明中最强大的技术"，因为通过引导，"我们便得以控制自己的生活，搞清楚这个让人困惑的世界"，"以获取洞察力和理解力"[1]。一个问题并不一定非得要以问号结束，它可以是任何能引起回答或回应的词语、词组、陈述，或非口头表达。

本章节的目的在于介绍多种提问方式，包括它们的具体用法和局限，以及我们经常容易犯错的提问陷阱。让我们从最基本的提问形式开始：开放式与封闭式。

开放式提问与封闭式提问

开放式提问和封闭式提问的区别在于，回答者提供信息量的多少和提问者对访谈的控制程度。信息量可以从一个简单的词到长篇描述、叙述和统计数据报告。控制程度则可能从最低（如开放式提问）到最高（如封闭式提问）。

开放式提问

> 开放式提问引出开放式的答案。

从某一话题或领域到更具体的主题，**开放式提问**又可以从开放的程度来细分。无论如何，受访者都在供给信息的量和种类上有相当大的自由度。

高度开放式提问

高度开放性提问对受访者不带有任何限定条件。

1978 年的大风暴，你还记得什么？
在阿富汗的山地里打仗是什么感觉？
跟我说说你在肯尼亚的旅行。

■ 开放式提问让受访者自由发表意见，采访者则可以边听边观察

中度开放式提问

这类提问有更多限制，但是也为受访者留有相当的回旋余地。上一类提问可以具化为：

1978 年大风暴后，你是怎么挖出你的车的？
告诉我你在阿富汗山地打仗时最惊心动魄的经历。
在肯尼亚旅行时，你对参观马塞村落有何感受？

开放式提问的优点

开放式提问有助于激发受访者表达的热情，自主决定所提供的信息量和性质。详细的答案表示受访者的重视，并能激发他们提供更多细节和描述。由于能引起受访者的兴趣和信任，开放式提问通常没有那么多压迫感，更容易回答。长时间的回答还可以全面考察受访者的知识水平、信息的不确定性、感情的强烈程度以及他们的洞察力和所持偏见等。

> 受访者可以在自愿的基础上详细解答。

开放式提问的缺点

由于受访者自主决定每个回答的长度和性质，对一个提问的回答就可能占用访谈的大部分时间。一方面，受访者可能给出不重要或不相关的信息；另一方面，还可能隐瞒他觉得不相干，或太明显、敏感、危险但其实很重要的信息。你必须正确引导受访者以防跑题，并巧妙地打断以控制局面推进采访。冗长的、漫无目的的回答不利于记录和

> 受访者可以挑选或剔掉提问，也可以坦诚或隐瞒答案。

推进。

封闭式提问

封闭式提问关注的范围较小,限制受访者提供的信息量和内容的自由度。

中度封闭式提问

这类提问意在引出具体的、精准的信息,比如:

你最喜欢去什么地方吃饭?
去年你坐过哪些航空公司的航班?
当校长在广播中宣布学校进入封锁状态时,你首先想到了什么?

> 限制性提问引出限制性答案。

高度封闭式提问

这类提问限制程度非常大,要求受访者确定一个单一信息点。

你乘坐哪条航线前往阿拉斯加?
你上网课每学分要付多少钱?
你的电子邮箱地址是什么?

> 高度封闭式提问可能要求受访者精挑细选出一个答案。

两极式提问

封闭式提问可能是**两极性**的,因为限定受访者在两个相对选项中做选择。有人会让你在完全相反的选项中选择一个答案。

你是周日下午去还是周日晚上去?
你通常上日班还是夜班?
你是民主党人还是共和党人?

> 两极式提问提供完全相反的答案。

其他两极式提问包括询问对方的态度或评价。
你支持还是反对强制性医疗保险?
你是否赞成图书馆新的闭馆时间?
你是否喜欢坎伯兰郡和肯特郡之间的新交通环路?

最常见的两极式提问只要求使用"是"或者"否"来回答。

你投票了吗?
今天下午你去员工大会吗?
你有过收费公路用的路卡吗?

> "是否"提问可能产生"是"或"不是"的答案。

封闭式提问的优点

封闭式提问使采访者得以控制对方答案的长度,引导受访者只提供所需的特定信息。封闭式提问使访谈双方都更轻松,而且可以在短时间内针对更多领域提出更多提问。另外,封闭式提问的答案容易被复制,并转换成表格进行分析,而且可以从一个访谈应用到另一个访谈。

> 封闭式提问可以控制访谈的全局与导向。

封闭式提问的缺点

封闭式提问的答案往往信息量太少,这就要求你多问几个问题,但可能一个开放式提问就能解决。封闭式提问也不解释为何受访者持某种态度、情感和认可的程度,或者为何做出某种选择。在用封闭式提问时,采访者比受访者说得还多,因此两者交换的信息量比较少。受访者也没有机会对答案做更多的解释或补充。受访者还可能在对某话题一无所知的情况下选择答案,或随意答"是"或"否"。

表 3.1 说明了开放式提问和封闭式提问的主要优点和缺点。一旦你提出的问题带有一定限制,你得到的信息量就会减少。信息量减少,又有益于你对采访的控制,不需要太多时间和技巧,你就可以获得更精确、更可靠和可复制的信息。另一方面,若使用开放式提问,得到的信息量增加,受访者可能展现出知识水平、理解能力、导致其感受或行为的原因,以及态度和潜在的动机。

很多采访者同时应用开放式提问和不同限制级别的封闭式提问,来得到他们期望的答案。比如,采访者可能在提问"你是否熟悉总统的工作议程?"这样的两极式问题后,紧随着问"关于工作议程你都知道些什么?"这样的开放式问题。在提出"告诉我你在波兰留学一学期的感受"这样的开放式问题后,也可能接上更封闭式的提问,如:"你对波兰的第一印象如何?"

表 3.1 提问的选择

提问的优点或缺点	提 问 类 型			
	高度开放式	中度开放式	中度封闭式	高度封闭式
潜在信息含量的广度与深度	10	7	4	1
精准性、可重复性与可信度	1	4	7	10
受访者对话题及回应的控制程度	1	4	7	10
对访谈者专业技能的要求	10	7	4	1
所得信息的可靠性	1	4	7	10
时间利用效率	1	4	7	10

续表

提问的优点或缺点	提问类型			
	高度开放式	中度开放式	中度封闭式	高度封闭式
受访者表达感受和披露信息的程度	10	7	4	1

10分 高　　7分较高　　4分一般　　1分低

引入型提问和探究型提问

> 引入型提问可以脱离语境独立存在。

引入型提问用于引出话题或同一话题之下的新的方面，这样的提问即使脱离当时的语言环境，也可以保持其独立性。

介绍一下你去加拿大西部的旅行。
在你的职业生活中谁是最有影响力的人？
你如何备战波士顿马拉松赛的？

前面用过的所有开放式及封闭式提问都是引入型提问。

> 探究型提问只有置于相关语境下才有意义。

有些提问用于深入挖掘那些看似不完整、流于表面、有暗示性、表述模糊、关联性差或不正确的答案，也被称作**探究型提问**。与可以单独拿出来的引入型提问相比，探究型（或尾随型）提问只有在和前面的提问或一系列提问结合在一起时才有意义。

探究型提问的类型

沉默式探究

> 需要耐心和安静。

如果答案不完整，或受访者有所迟疑，可以用伴有恰当非语言信号的**沉默式探究**形式来鼓励他，如眼神接触、点头或手势。采访者保持安静，表示对接下来的答案有兴趣，当双方交流有关不信任、不确定或困惑的事情时，保持安静，在技巧上来说，也是对答案和受访者的尊重。比如像下面：

1. **采访者**：你怎么看总统的国情咨文？
2. **受访者**：跟我预想的一样。
3. **采访者**：（沉默）
4. **受访者**：咨文里大部分东西都在新闻或过去两个月里的其他演说上讲过了，所以他说什么我都不感到惊讶。

推动式探究

如果保持安静没能鼓励受访者继续说，感觉到有必要再提问时，可以使用**推动式探究**，以推动受访者回应或继续此前的回答。这种提问通常很简短。

　　我懂了。　还有什么吗？
　　请继续。　然后呢？
　　是吗？　　就这样吗？

　　我们总是错误地认为所有提问都得用长长的词句支撑，但一个冗长的探究型提问可能反而阻碍交流或迁移到新话题去，造成与期望适得其反的结果，错失有价值的信息，以及有洞见的看法。

> 用一个词或词组代替沉默。

全面式探究

　　为了确认一系列提问是否充分展示了某话题或议题的重要性，**全面式探究**就很有必要了。它鼓励受访者主动思考是否有还没被问到的事项，或填充此前提问之间遗漏的细节。这种提问从字面上来看就像全面扫荡一个领域或话题，例如：

　　关于你对此事件的回忆，我还有什么没问到的吗？
　　你还有什么想让我知道的吗？

　　全面式探究的提问能够使你再进一步，确保你拿到所有重要信息。你不能期待或计划能问到的都是对方愿意说的，所以你没问的也许比已经问出的更重要。

情报式探究

　　借助于**情报式探究**提问方式可以获取额外的信息或解释。例如，如果一个回答过于肤浅，你可以提出一个探索性提问：

　　她具体要说什么？
　　告诉我更多你和议员交往的细节。

　　面对一个模棱两可或者模糊不清的回答，你可能需要不同的解释，你可以追问一个情报式探究问题，例如：

　　你说你来自一个小城，那里人口多少呢？

　　如果答案暗含着感受或态度，你也可以追问一个情报式探究问题，例如：

　　你似乎依然对那三次额外损失心有余悸。
　　你是否愿意接受学生在脸书主页上对你的评价？

> 进一步揭示模糊、肤浅或者暗示性的回答。

重申式探究

　　受访者可能不会回答你的提问。这时不必另外提问，可以整个或部分重申原来的提问，还可以用重读某些字眼以吸引对方的注意力。技巧性地重新组织原提问可以避免使受访者尴尬。下面的例子说明了**重申式探究**的用法：

> 重申或换一种问法以得到完满的回答。

1. **采访者**：你怎么看公司新的员工健康项目？
2. **受访者**：我对自己参保没兴趣；肯定的。
3. **采访者**：我知道，但你怎么看待公司新的员工健康项目？

如果受访者答案有错，技巧性地重申提问，可能要带语音重读，以免像在质疑对方的诚实度或智商。比如：

1. **采访者**：过去的五十年间，你认为谁是最好的民主党总统？
2. **受访者**：那肯定是罗纳德·里根啊。
3. **采访者**：你认为那段日子里最好的民主党总统是谁？

如果对方回答时显得很犹豫，可能是提问本身不清楚或不容易回答。这时你可以重新表述这个提问，使它变得更清楚、更便于回答。

1. **采访者**：作为一名政治顾问，你对电视上的负面政治广告持何种道德立场？
2. **受访者**：我想道德立场应该因人而异。
3. **采访者**：我明白，不过你的道德立场是什么？

如果你的提问包含不止一个小提问，受访者可能只会回答其中一个。你需要重新表述一下这个部分或者是没被回答的部分。

1. **采访者**：你对北京和中国的第一印象如何？
2. **受访者**：我对机场和城市在短时间内的改变印象深刻。交通发达，而且我对大街上有那么多美国产 SUV 汽车感到惊讶。人们都热情友善，北京大部分人似乎都住在很高的公寓里。
3. **采访者**：那么你对中国的第一印象如何？

确认式探究

> 确认式探究用于求证和澄清。

从字面上来说，**确认式探究**用于确认刚才你得到的答案，以核实并澄清事实，确保答案和受访者一致。当然，提问时要凸显出你是在确认答案，而不是误导受访者，制造陷阱，让他们给出你想要的答案，也不是用来质疑他们的智商或诚实度。要技巧性地运用语言或者非语言因素。如果答案听上去不正确（错误的日期或数字，不准确的引用，语言组织混乱等），建议提出一个确认式探究问题，例如：

事情是发生在火灾第一次被发现**之后**吗？

那是集资人的**大概**利润吗？

说到前总统布什，你指的是乔治·H.W. 布什总统吗？

如果对受访者说过的或暗示的话不太确定，确认式的探究提问也许可以解决，比如：

1. **采访者**：你相信候选人的妻子对于多数市民的生活很了解吗？
2. **受访者**：不，我不觉得。她从来没工作过。
3. **采访者**：你是说做四个孩子的妈妈也不算工作吗？

确认式提问和重申式提问差别在于，前者试图澄清或证实答案，而后者意在引入型提问后获取更多信息。

镜子式探究

和确认式探究提问不同，镜子式探究提问总结一系列答案以确保理解和记录是否正确。它可能将大部分或整个访问反映或总结成几个具体的元素、指定的条目、达成一致的步骤等等。例如，外科医生可能通过镜子式的探究式提问来确认病人症状。

> 如果我没理解错的话，你首先是在粉刷房子，长时间跪在地上工作时感到左膝疼痛的，不适感似乎在几天后消失，但在体育馆打篮球时又发作，这次疼痛在你开车回家的三个小时一直持续，而且更不舒服，非处方药也不起效了，是吗？

确认式和镜子式探究提问可以帮助你避免因错误预估、记忆力差和误解而导致的错误。

> 镜子式提问法以总结的方式确保答案正确。

有技巧地运用探究型提问

能否熟练运用探究型提问，是区分采访者水平高低的试金石。缺乏技巧的采访者会固守提问列表，预先设想答案，或表现得不耐烦。有技巧的采访者则仔细聆听每一个答案，从而判断答案是否令人满意。如果回答差强人意，提问者会暂停几秒钟，然后提出一个恰当的探究型提问。由于有技巧的提问者一直表现得饱含兴趣地聆听，所以他能挖掘出更相关、更精确和更完整的信息，也还能增强对方回答的兴致。

然而，探究型提问也可能有其缺点。如果受访者没有马上回应，你可能要带着提问先跳过。组织探究型提问时要小心并注意重读某些部分。斯坦利·佩恩（Stanley Payne）举例说明了一个简单的"为什么"可以通过不同重读获得多种意义改变。[2]

> 富有技巧的探究引发深刻见解。

你**为什么**总那样说？
你为什么**总**那样说？
你为什么总那样说？
你为什么总那样**说**？
你为什么总**那样**说？

这个"简单的"为什么疑问句可能不经意间表达了提问者的不认同、怀疑、误解，它使对方感觉受侵犯并不愿再多说。一个措辞不谨慎的探究型提问可能会改变探究型提问的原意，甚至歪曲回答者表达的意思。保持技巧而不是索要答案，不要胡乱引用或硬从对方口中扒答案。

练习 1　给出相应的探究型提问

为下列访问提供恰当的探究型提问，要确认新提问是针对答案提的，而不是一个介绍新层面的探究型提问。看受访者的回答，在此基础上有技巧地提出探究型提问。

1. **采访者**：超级碗杯比赛如何？
   受访者：棒呆了！
   采访者：

2. **采访者**：你教什么哲学？
   受访者：（沉默）
   采访者：

3. **采访者**：你从空军退役后回去上学吗？
   受访者：可能吧。
   采访者：

4. **采访者**：你闲暇之余都干什么？
   受访者：哦，我和朋友闲逛，玩视频游戏什么的。
   采访者：

5. **采访者**：你去新西兰旅游花了多少钱？
   受访者：很多钱。
   采访者：

6. **采访者**：你为什么加入和平队？
   受访者：我教练让我去的。
   采访者：

4. **采访者**：你怎么看牧师布道？
   受访者：很常见啊。
   采访者：

8. **采访者**：2012总统大选你投了谁的票？
   受访者：克里斯蒂州长。
   采访者：

9. **采访者**：你觉得哪部电影能赢得今年的学院奖？
   受访者：不知道。
   采访者：

10. **采访者**：我知道你觉得全球变暖是假的。
    受访者：你可以这么说。
    采访者：

中立型提问和诱导型提问

中立型提问可以让受访者在没有暗示和压力的情况下自由地发挥。例如，在回答一个开放性的中立提问时，受访者自己决定回答的长度、细节和性质。面对闭合性的中立提问，受访者面对的选项也是均等的。目前本章所有讨论过和说明过的提问都是中立型提问。

诱导型提问预示着采访者期待的答案，因为采访者会通过让提问"更容易倒向一边"[3]将受访者往特定答案上引导。

当受访者提供了他们认为采访者更愿意听到的答案，就出现了**提问者成见**（Interviewer bias）。这种成见可能是有意的或无意的。诱导型提问是引起提问者成见的主要原因，其他原因包括采访双方地位差异、受访者感知或预估、用语选择、着装、政治观点等象征信号或非语言信号。

诱导型提问的程度分级和中立/诱导型提问的区别如下：

中立型提问	诱导型提问
1. 你喜欢飞钓吗？	1. 你喜欢飞钓，不是吗？
2. 你是要去开会吗？	2. 你要去开会，不是吗？
3. 这个班和上一个比如何？	3. 这个班不是比上一个更好吗？
4. 怎样看待健身？	4. 你是不是不喜欢像大多数人一样去健身？
5. 你觉得新的调度系统如何？	5. 你觉得那个冒傻气的新的调度系统如何？
6. 你有没有喝醉过？	6. 你上次喝醉是什么时候？
7. 你有在班上作弊过吗？	7. 你在班上停止过作弊吗？
8. 你认为自己是保守党人还是自由党人？	8. 你认为自己是保守党人还是社会党人？
9. 你怎么看枪支控制法律？	9. 你怎么看那项侵犯我们第二修正案权利和将导致警察管制的枪支控制法律？
10. 你想喝软饮料吗？	10. 我觉得你想喝软饮料。

上述十个诱导型提问都使受访者更容易从具体角度作答。如果你和朋友在一起，身处无压迫感、非正式的舒适环境中，或在同样情形下置身于组织化或社会环境中，你可能会忽略或抵触诱导型提问。可如果你面对身份高一级的人，置身于有压迫感、正式的环境中，你可能会愿意朝采访者偏好的方向回答。也有可能，你出于不在乎、想合作、怕激怒某人或"不出洋相"而选择回答诱导型提问。如果对方想要某

> 中立型提问鼓励受访者诚实做答。

> 诱导型提问引导受访者给出特定的答案。

> 提问者成见倾向于得到其想要的回答。

个答案，你就给那个答案。

上述诱导型提问中，头四个和最后两个指向性较弱，每个提问都属于两极性的，然而它们的组织方式都促使受访者朝一极作答，所以它们事实上是单极提问。

如果提问 1、2、3 和 10 并不那么着重于"是"的答案，那么受访者很容易忽略它们的指向性。提问 4 运用了从众问法，受访者的回答可能取决于过去和提问者相处的经验，和他是否想随大流。提问 10 暗示受访者会想要喝软饮料，处于矛盾或低落心情的人就会给出提问者想要的答案。

> 看上去很明显的两极提问可能事实上只是单极提问。

暗示型提问

暗示型提问是诱导性的极端形式。提问 5 到 9 都带有强烈导向，事实上几乎已经告诉回答者提问的答案；它们被称为暗示型提问。提问 5 和 9 算作暗示型提问，是因为有专有名词和诉诸情感的字眼。在回答提问 8 时，受访者可能选择最轻松的选项，保守党人，因为很少美国人认为自己是社会党人。提问 6 和 7 给受访者设置了陷阱。提问 6 预设受访者曾喝醉。提问 7 认为受访者曾作弊。对提问回答"是"或"否"都可能置受访者于不利境地。

> 暗示型提问通过用语或设置陷阱来获取答案。

由于诱导型提问，尤其是暗示型的，很可能含有严重的采访者成见，除非你知道自己在做什么，否则一定要避免提出这类问题！当提问中附有此类词组时，如"依照相关法律""正如我们所知""据目击者证实"和"正如教练警告过的"可能会引导受访者给出可接受的答案，而不是真实感受。你可以通过非语言形式，将中立型提问转化为诱导型提问。比方说，你可能在需要某个特定答案时将身子前倾，直视对方眼睛，或抬眼皮。你还可以重读关键字，如：

你**喜欢**刚才那比萨吗？
你这周什么时候**能**来？
你要把票投给**她**？

尽管诱导型提问很可能导致失衡，它们依然有重要之处。征兵者可以用这种方式来测试受访者在压力下如何作答。销售代表也利用诱导型问题来提高业绩。警察会用暗示型提问来激发目击者做供。记者提诱导型问题则是为了刺激受访者做出回应。律师使用诸如"你上次使用甲安非他命（兴奋剂）是什么时候"这样的暗示型提问，来显示有许多答案是可接受的，没有什么能使发问者动摇。

不要把中立性质的镜子式和确认式深入提问与诱导型提问相混淆。镜子式提问和确认式提问可能会将受访者导向特定回答，但其目的在于澄清和确认，而非导向。如果它们无意中造成了导向，那么提问就是失败的。

表 3.2 比较了采访双方可用的几种提问，包括开放式和封闭式，引入型和探究型，中立型和诱导型提问。

表 3.2　提问的类型

	中立型提问		诱导型提问	
	开放式	封闭式	开放式	封闭式
引入型	你觉得新的核心要求如何？	你是否赞成新的核心要求？	大部分尖子生都赞成新的核心要求，你呢？	你是否和那些我面谈过的尖子生一样赞成新的核心要求？
探究型	你觉得那样如何？	你是较为赞成还是强烈赞成？	如果你赞成新的核心要求，为什么一开始反对？	我猜你会赞成新的核心要求，因为你两个月后就要毕业了。

练习 2　辨清提问

请按以下四个步骤检验下列十个提问：（1）该提问是开放式的还是封闭式的？（2）提问是引入型的还是探究型的？（3）是中立型的还是诱导型的？（4）该提问是否属于以下某种特殊提问类型：两极式、暗示型、推动性、全面式、情报式、重申式、确认式或者镜子式。

1. 你在实习期都做什么？
2. 你是说你参军是为了拿奖学金吗？
3. 你在上次初选中投票了吗？
4. 关于你在全国大学生体育协会（NCAA）中的职位，还有什么想告诉我的吗？
5. 在经济衰退时期辞职可太傻了，不是吗？
6. 我懂了。
7. 你很担心这个局面，不是吗？
8. 采访者：你遭遇这起事件时首先看到了什么？
   受访者：很多，相信我。
   采访者：我肯定。但你最先看到的是什么？
9. 好的，听起来这次讲座已经准备就绪了。就我所知，你主管宣传，简则负责车旅，费伦安排讲座前的晚餐，我则介绍主讲人和负责提问环节，扎克会在讲座结束后马上在中庭安排接待。这些都对吗？
10. 那之后发生了什么？

常见的提问陷阱

> 小心措辞，以规避常见陷阱。

采访通常是一项微观结构工作，我们必须在现场兼顾引入型提问和探究型提问，因此很容易不知不觉地走入常见的**提问陷阱**中。这些陷阱包括两极性陷阱、告知所有、设置闭合开关、双管齐下式探查、诱导式施压、猜谜游戏、"是"或"否"应答、好奇心探查、智力测验，以及那种不能问和无法答的提问。在和亲友同事的非正式互动中，对方也许会通过不同方式帮你摆脱陷阱，比如提供比封闭式或两极性提问原应引出的答案更多的具体信息，或忽略掉诱导型提问／原谅你提的暗示型提问，或尽管提问有两方面依旧完整回答。然而，在结构完善、目的明确的采访中，别人可能没有什么动力提示你掉入陷阱。他们可能只会提供很少信息，因为积极性不高（可能只会说是或否），或只回答双重提问的一个方面，或视诱导型／暗示型提问为一种侵犯。本书可能正是针对这些情况设计的，帮助你参与到被我们称为采访的正式的职业互动中，如果你想成为成功的采访者／受访者，就必须认识这些陷阱和规避方法。

两极性陷阱

> 规避无的放矢的两极提问。

你想得到详尽答案或具体信息，但是你却错误地提出一个只需要回答"是"或"否"的两极提问，这时你就掉进了**两极性陷阱**。这类陷阱在提问中很明显，是以某类用语开头的，例如，你平时是否、你过去是否经常、你是否正要、你是否已经、你过去是否、你现在能否、是否有、你是否愿意、那是否。如果你只需要对方"是"或"否"的回答，那这样的提问也许是令人满意的。但是，除此之外，回答者不会提供其他信息。

两极提问假设只有两个可能答案，且答案是对立的：保守—自由，喜欢—厌恶，赞成—反对，同意—不同意，高—低，是—否。

要想避免掉进陷阱，就将两极提问保留到只需要回答"是"或"否"的场合再用。以"是什么""为什么""怎么样""解释一下""告诉我"等词语或词组为提问开头，以获知详尽信息，感受或态度。

告知所有

告知所有与两极陷阱相对立。和简单回答"是""否"或"同意与否"不同，这种提问陷阱往往是因为采访者问了一个极度开放且毫无限制的问题。受访者可能会一时卡壳，不知从何说起，该说什么不该说什么，说到哪里为止。告知所有陷阱也常见于求职面试"介绍自己"

的提问，或记者采访时问"阿富汗是什么样子"，或在医疗场所问"讲一下你的治疗史"。

相比封闭式和两极式提问，可以使用开放式提问，但也别太开放。在上述例子中，要让受访者知道自己的哪部分、阿富汗人失业的哪个层面，或哪部分治疗史是你最感兴趣的。如果受访者直接回答提问，可能会滔滔不绝一个小时，你也很难技巧性地打断。

设置闭合开关

当你先提出一个开放式提问，但是抢在受访者回答前，你又重新措辞，抛出一个封闭式或两极式提问时，你就犯了**设置闭合开关**的错误。这种误区在采访中很常见，如：

说说你去西雅图的旅程。你看到新的波音梦幻客机了吗？

你这次为什么买了新的敞篷车？是因为打折吗？

设置闭合开关的错误常常发生在你正在头脑中措辞组织提问的时候。我们挖空心思找到的措辞往往会把一个本来很完美的开放式提问变成一个狭隘的封闭式提问。受访者可能只回答第二个提问，并且可能只用很简单的"是"或"否"回答。为了规避此类设置闭合开关的错误，需要在采访前准备提问，在提问前要考虑清楚。

> 提问前要考虑成熟，知道何时停止发问。

双管齐下式提问

当你一次提出两个或两个以上的提问，而不是一个单一且清晰的提问时，你就犯了**双管齐下式提问**的错误。例如：

你最常捐钱给哪些慈善机构，是怎么选出来的？

告诉我你在彭尼公司和梅西百货公司的职务。

受访者面对双重提问时可能有不同表现。可能两方面都详细回答，或都简单略过，或回答记得的部分，或选择想答的部分，或消极应对。你可能还得重复原提问的某部分以获知全部信息，或者自己也忘了有信息遗漏，转而问下一个引入型问题。

要想规避双管齐下式提问陷阱，就一次只问一个问题。如果你不小心问了两个问题，将受访者没回答的部分再重复一遍。

> 一次只问一个问题。

诱导式施压

诱导式施压就是在提问的同时，就已经给对方暗示该怎样回答这个提问。你可能是有意地向回答者施加压力（你想要左右答案），也可能是无意的（你意识不到形成了压迫）。通过语言符号或非语言符号，你可以很容易地把自己的感情或倾向性注入提问当中。

> 只在必要时施压。

你要去互助会，不是吗？

你选这所学校是因为女朋友去了那儿，对吗？

很多时候，你可能意识不到问了一个诱导式施压问题，即便抛出了自己满意、但实际并不客观的提问还浑然未觉。受访者可能就此只给出你想要的答案，尤其是如果你占主导地位时。为了规避诱导式施压提问的陷阱，你应该用中立客观的措辞来组织提问，同时也要仔细倾听你提的每一个问题的回答。

猜谜游戏

> 不要猜测，要问！

当你的提问不是询问信息，而是在猜测信息时，你就陷入了**猜谜游戏**式提问的陷阱，这在采访中也很常见。一连串封闭式的推测性提问还达不到一个简单开放式提问能得到的答案。观察下列提问是怎样没能问到详尽信息的：

1. **采访者**：你是第一个到现场的吗？
2. **受访者**：不是。
3. **采访者**：你和第一个回应者在一起吗？
4. **受访者**：不是。
5. **采访者**：你和第二个回应者在一起吗？
6. **受访者**：不是。
7. **采访者**：你在他们救出第一批孩子前就到了吗？
8. **受访者**：不是。

如果以"你何时到达现场"开头，这一长串猜测都是没必要的。**提问**而非**猜测**，以开放式提问代替封闭式提问可以帮助规避此类误区。

"是"或"否"应答

> 有明显答案的提问也会得到显而易见的答案。

所谓的"是"或"否"应答型提问，就是指那些显然只有一个明显答案的提问，只要一个"是"或"否"就可以回答了。例如，下列提问都可以得到一个可预测的回答：

（问学生）你想通过这门课吗？

（问病人）你想死吗？

要规避此类误区，就要拓展提问，令其可以自由回答，同时避免显而易见的提问。

好奇心探查

好奇心探查意味着你在问**不必要**的信息。要确定你的每个提问都与采访目的相关并且是重要的。如果觉得**受访者可能觉得**某个提问和

第三章　提问及其应用

采访不相干，要解释为什么它重要，你会如何运用这部分信息。比方说，类似年龄、收入、教育程度、婚姻状况这样的人口学数据，就只能在必要时才问，而且是在已经建立信任之后，通常在访谈的最后发问。

作为受访者，不要对提问的相关性持怀疑态度，提问者可能是基于某种合理的或者重要的原因才提出该问题。对你来说明显不相关的问题，在其他文化背景的国度中可能正好相反。例如，日本人可能在访谈一开始先问一些个人问题，以了解你的重要的性格秉性。比如，你是在哪里出生的？你在哪儿受的教育？你是否喜欢日本食物？你能讲日语吗？你有什么兴趣爱好？等等。

> 对采访者来说，好奇心有时是致命的。

智力测验

采访可不是参与双方的**智力测验**。你所采访的人应该有一定量的知识储备以从容应答。超出受访者知识水平的提问可能会引起尴尬或抗拒，因为没有人想显得无知、教育水平低或不聪明。受访者可能会伪造答案或回答得模棱两可，而不是承认自己不知道。另一方面，低于受访者知识水平的问题又可能造成冒犯。

> 关于提问与话题的相关性，受访者知道什么？

要规避此类陷阱，提问时涉及的信息的含义应该在常识性范畴或框架背景内，比如以"英镑"优于"盎司"，指咖啡时用"杯"比"壶"好，看电视的时间用"每天"多少小时来计算比以"月"或者"年"计算更为合理。要搞清楚对方是外行，新手还是专家。

复杂与简洁

提问要简洁明了，以获取切题的答案。不要问过分复杂的提问，否则受访者搞不清你到底要问什么。下面是电话采访中常见的调查性提问：

> 现在我需要您对一些洗涤剂领军品牌做出评价。用正五分到负五分为它们打分排序。如果你喜欢某个品牌，从正一分到正五分打分，越喜欢就打越高分。如果你不喜欢某个品牌，从负五分到负一分打分，越不喜欢就打越低分。如果你谈不上喜欢不喜欢，就给零分。

如果必须问复杂问题，就要向受访者解释提问的长度，给对方时机以判断自己能否理解问题，并且如何回答。如果是面对面采访，就给受访者一张小纸片，写明提问所含的信息点，这样他们就不用凭脑记问题了。小心措辞，避免造成贬义词、褒义词、或然词和不必要细节的含混。

不能问和无法答的提问

> 除非绝对必要,否则不能深入难以接近的领域去挖掘信息。

这类提问着重挖掘情报信息和感情提问,受访者受到社会、心理或环境的约束不能回答。举例来说,你从小就知道要保持谦虚而不要夸耀。如果有采访者让你评价一下你的美貌、才智、有创造力、慷慨或勇敢,你可能会报以"不说了,这没什么"的态度,或者嘴里说"是"的同时摆出夸张的姿态,把它当作一个玩笑来看待。你也懂得要在"合适的时间、地点讨论合适的话题",所以在混杂的人群中,在公共场合,在政治、宗教或者社交场合,你不会谈论某些特定的话题。有些话题通常是禁忌,如性、个人收入、宗教信仰以及某些疾病。

向受访者解释为何必须问某个问题,延缓提出"禁忌性"问题,直到你和对方建立起融洽积极的关系。小心措辞以减少受访者的社会约束和心理防范,同时也避免冒犯对方。

性别和文化差异可能会影响一个人社会和心理的可接近程度。研究表明,女性会透露更多自己的信息,使用较多描述心理或感情的动词,在社交场合谈论更多的是个人生活,更容易表达内心感受,更多地去谈论别人的成就而轻视自己的,在听到称赞时更自如。[4]当然,文化不同,导致谈话中可以接近的领域也有所不同。在决定什么能问,什么不能问,以及怎么问之前,在采访前尽可能地了解受访者才是明智之举。

> 多准备,多思考,规避误区。

通过采访前准备以规避常见提问误区,这样你就不用临场构思。提问前三思,提出好的开放式提问后不必再度组织,尽量少用两极提问,避免太开放式的提问,只问必要提问,问与受访者水平相当的提问,避免复杂提问,了解提问时可以问什么。充分了解常见提问陷阱,才可以在出错前就有所察觉。

练习3 这些提问的误区在哪儿?

以下每个提问都包含一个或多个常见提问误区:两极陷阱、告知所有、设置闭合开关、双管齐下式提问、诱导式施压、猜谜游戏、"是"或"否"应答、好奇心探查、智力测验、复杂与简洁、不能问和无法答的提问。辨认每个提问的误区,重新措辞改为好的提问,避免又走进另一个误区。

1. 说说你去阿拉斯加的旅程,和你设想的一样吗?
2. (大学招生面试)你注册为民主党人还是共和党人?
3. 说说你在巴黎留学和你上的课吧。
4. 你喜欢这出戏吗?
5. 你很担心自己的工作,不是吗?
6. 你觉得自己是个天才吗?

7. （问父母）你希望孩子受到良好教育吗？
8. 你是为了拿奖学金才加入空军后备军训练营（Air Force ROTC）的吗？
9. 说说福特汽车公司。
10. 你喜欢吃扇贝吗？

> **网络资源**
>
> 浏览一个网站，寻找那些程度不同的问答互动，从快乐到悲伤，从合作到抗拒，从友好到敌对，从理解到帮助。辨别这些问答中的引入型提问和探究型提问。你能辨别出哪些提问误区？哪些是无意造成的，哪些是有意为之？利用诸如奈特里德报（Knight Ridder Newspaper, http://www.kri.com）、国家广播公司（CNBC, http://www.cnbc.com）、全美广播网（CNN, http://cnn.com）的搜索功能。

本章总结

你有多种提问工具可以选择，每种都有其特点、用处和误区。知道选择何种提问，如何使用，对于高效采访至关重要。每种提问都有三种性质：（1）开放的或封闭的；（2）引入的或深入的；（3）中立的或诱导的。开放式提问用于获取大量信息，封闭式提问则用于获取具体信息。引入型提问用于打开局面拓展话题，深入型提问则在已有答案中继续挖掘、阐释、澄清和确信。中立型提问让受访者自由回答，而诱导型提问则推动受访者往特定方向回答。

提问措辞的方式对获取信息十分重要。如果你谨慎措辞，提问前做到三思而行，你就能避免提问误区，诸如两极陷阱、告知所有、设置闭合开关、双管齐下式提问、诱导式施压、猜谜游戏、"是"或"否"应答、好奇心探查、智力竞赛、复杂与简洁、不能问和无法答的提问。

关键术语和概念

两极提问 Bipolar question	情报式深入 Informational probe
引入型提问 Primary question	两极陷阱 Bipolar trap
诱导式施压 Leading push	探究式提问 Probing question
全面式探究 Clearinghouse probe	诱导式提问 Leading question
提问陷阱 Question pitfalls	封闭式提问 Closed question
暗示型提问 Loaded question	智力测验 Quiz show
复杂与简洁提问 Complexity vs. simplicity	镜子式深入 Mirror probe
确认式探究 Reflective probe	好奇心探查 Curious probe

中立型提问 Neutral question	重申性探究 Restatement probe
不能问和无法答的提问 Don't ask, don't tell	推进式探究 Nudging probe
沉默式探究 Silent probe	双管齐下式提问 Double-barreled inquisition
开放式提问 Open question	告知所有 Tell me everything
猜谜游戏 Guessing game	设置闭合开关 Open-to-closed switch
"是"或"否"应答 Yes（no）response	

访谈案例及分析

　　采访者正对新建造的历史街区居民做口述历史访谈，街区位于斯宾菲尔德（Springfield），一些房子已经超过150年。访谈对象是一名80岁的居民，他一辈子都住在当地人所称的"山居"中，访谈在他家中进行。

　　当你阅读这则访谈时，辨别提问是开放式还是封闭式，引入式还是深入式，中立的还是诱导的。并寻找具体提问类型如两极陷阱、暗示型提问、沉默式深入、推进型深入、全面式深入、情报式深入、重申性深入、确认式深入和镜子式深入。还要判断采访者是否陷入采访误区，如两极陷阱、告知所有、设置闭合开关、双管齐下式提问、诱导式施压、猜谜游戏、"是"或"否"应答、好奇心探查、智力测验、复杂与简洁、不能问和无法答的提问。

1. **访谈者**：您好，姆林斯先生，我是来自斯宾菲尔德历史研究所的杰克·李。
2. **受访者**：你好杰克，就叫我艾德吧。
3. **访谈者**：正如我在电话里提到过的，我正在和这个翻新古街区居民做口述史访谈，我们的访谈大概花一个小时。
4. **受访者**：很高兴你对我们这儿感兴趣，请进，请坐。
5. **访谈者**：这房子很漂亮，是什么时候建的呢？
6. **受访者**：它首建于1856年，是联邦式建筑
7. **访谈者**：您说"首建于"，是什么意思呢？
8. **受访者**：噢，最开始的格局只有一楼的起居室和厨房，还有二楼的四间卧室。
9. **访谈者**：那后来呢？
10. **受访者**：内战爆发后不久，大约1867年，房子北边一楼加盖了会客室和图书室。
11. **访谈者**：那边只有一层吗？

第三章 提问及其应用

12. **受访者**：不是的。
13. **访谈者**：还有二楼?
14. **受访者**：是的。
15. **访谈者**：跟我说说北边二楼还有夏日厨房吧。
16. **受访者**：那边第五间卧室是客人房，还附带我们后来称为现代浴室的房间，有水槽、浴缸，还有从阁楼水池流下来的自来水。
17. **访谈者**：那么您一家人第一次搬进来是什么时候?
18. **受访者**：我的祖父母1905年买下这座房子，那会儿我爸刚出生。
19. **访谈者**：那么您在这里住了多久?
20. **受访者**：一辈子了。
21. **访谈者**：一辈子（重读）都住在这里?
22. **受访者**：是的。
23. **访谈者**：你不是在这房子里出生的，对吧?
24. **受访者**：是在这里出生的。
25. **访谈者**：在哪间卧室?
26. **受访者**：我父母的卧室。
27. **访谈者**：那么您没在别的地方住过?
28. **受访者**：是的。
29. **访谈者**：你上大学时住哪儿?
30. **受访者**：我回家住。
31. **访谈者**：为什么这里的人称这所房子为"山居"，是因为在一座山上吗?
32. **受访者**：不是的。
33. **访谈者**：他们什么时候开始这样叫的?
34. **受访者**：我爸爸说当他还是孩子的时候，他们就这么叫这里了，下雪的时候全镇的人都会在街上滑雪橇。西边还举办了很多年的滑雪橇大赛。
35. **访谈者**：您认为我还有什么没问到，想告诉我的?
36. **受访者**：呃，我是在这房子里结婚的，我和妻子也在这里养大了五个孩子。
37. **访谈者**：这很有意思，那您有孩子还住在这儿吗?
38. **受访者**：没有，他们都住在其他州。
39. **访谈者**：您打算今后把房子转手给其他家庭吗?
40. **受访者**：可能吧。
41. **访谈者**：谢谢您接受采访，访谈很有意思。
42. **受访者**：不客气，有需要帮忙的就说吧。

学生活动

1. 观看美国有线电视台 C-SPAN 至少十五分钟的访谈节目。看看采访者用了哪些提问方法？哪种最有效？访谈双方的关系如何影响了提问类型和回应？访谈环境起到了什么作用？
2. 准备两份提问，每份十个，一份都是中立型提问，一份的其中四题改为引导型提问。进行六次访谈，三次全部用中立提问进行，三次将中立和引导提问混合起来进行。对比你得到的答案，看看提问类型如何影响了答案。为什么有些受访者会忽略你在提问中设置的导向，而有的不会呢？
3. 构思一份关于你自身重要性的封闭式提问，包括两极提问。采访四个人：朋友、家中长辈、熟人，和随机选择的陌生人。谁会给你最短最表层的答案？谁在任何情况下都会自动给出最多信息？这对于你运用封闭式提问和采访双方关系有何启示？
4. 听电视上的几段访谈，包括与政治家的，与公司代表的，与体育名人的，与灾难幸存者的。辨别这些提问中的提问误区以及它们是如何影响答案走向。最常见的误区是什么？你能否发现本书没讲过的误区？

注释

1. Joyce Kasman Valenza, "For the best answers, ask tough questions," *The Philadelphia Inquirer,* April 20, 2000, http://www.joycevalenza.com/questions.html, accessed September 26, 2006.
2. Stanley L. Payne, *The Art of Asking Questions* (Princeton, NJ: Princeton University Press, 1980), p. 204.
3. Robert L. Kahn and Charles F. Cannell, *The Dynamics of Interviewing* (New York: John Wiley, 1964), p. 205.
4. Lillian Glass, *He Says, She Says: Closing the Communication Gap between the Sexes* (New York: Putnam, 1993), pp. 45–59; Kory Floyd, *Interpersonal Communication* (New York: McGraw-Hill, 2011), p. 99.

资料来源

Barone, Jeanne Tessier, and Jo Young Switzer. *Interviewing: Art and Skill.* Boston: Pearson Education, 1995.

Devito, Joseph A. *Interviewing Guidebook*. Boston: Pearson Education, 2010.

Payne, Stanley L. *The Art of Asking Questions*. Princeton, NJ: Princeton University Press, 1980.

Powell, Larry, and Jonathan H. Amsbary. *Interviewing: Situations and Contexts*. Boston: Pearson Education, 2006.

第四章

架 构 访 谈

每一个访谈都有一定程度的结构，访谈的目的、时间长短及复杂程度决定了访谈的特征。虽然不同类型的访谈需要不同的结构，但其间会有一些共同的普适性原则和技巧。**本章的目标**是介绍结构的原则和技巧，并解释它们是如何被应用于访谈的开头、主体和结束部分的。本章从访谈的**主体**开始，因为这里是你应该开始做准备工作之所在。

访谈主体

> 访谈提纲包含的是话题，而不是问题。

准备访谈的第一步是要确定一个**明晰的目标**。在这次访谈中需要明确你想要什么，需要解决什么？这不需要很久，直到你具备了一个清晰且有说服力的目标。

访谈提纲

第二步是准备一个访谈提纲。一个精心设计好的关于访谈中可能设计的话题或子话题的大纲，而不仅仅是一张问题清单。一个访谈提纲能保证你的访谈涵盖所有要问的问题，避免在谈话气氛热烈时漏下某些重要话题，还能让你把相关资料与无关资料区分开来，这些都将有助于你改进提问措辞、记录答案，以及过后回忆信息。

大纲顺序

既然访谈大纲是一个纲要，回顾几年来学习的列提纲的原则，有助于在你的访谈中建立一个清晰的、系统的结构。**大纲顺序**对访谈而言是非常有用的。

话题顺序，是按照一个话题或是问题自然分段。例如，如果你计划访谈一批法律学校的律师，你的访谈计划应该包括以下话题：把法律学校分类、专门的领域、法律学校质量的评价、来大学招聘的法律公司的类型和数量。传统的记者导图包括了六个关键词，即 who、what、when、where、how、why。这在许多访谈设置中都适用。

时间顺序，是指话题或者话题的一部分按照时间先后顺序排列。例如，一场太阳能汽车会议报到时间为 8：30 至 9：30，介绍太阳能汽车历史的全体会议在 10：30 开始，太阳能在汽车行业的应用与发展会议在 11：30 开始。午餐时间为 12：30 至 13：30。从 13：30 至 15：30 是太阳能汽车在邻国露天赛道上的展示。闭幕式时间 15：30 至 16：30。

空间顺序，是根据空间划分来安排话题：从左到右，从首到尾，从南到北，从地区到地区。安排度假旅游应该从酒店和酒吧开始，然后到泳池、桑拿房、健身设施、高尔夫球场和游艇。

原因—结果顺序，探究事情的起因与结果。一个访谈者刚开始可能会讨论事件的一个或多个起因，再接下去讨论结果。也有可能先讨论一个显而易见的结果，再接下去讨论可能引发事件的原因。例如，如果你要调查一起暴风雨导致的舞台倒塌事件，你可以采访事发现场的人员，从而得知暴风雨产生的影响，然后，你可以采访舞台结构工程师，向他们询问事故的原因。

问题—解决顺序，包含问题和解决问题两个阶段。你可以采访招聘人员，跟他们讨论组织机构中劳动力多样性缺乏的严重问题，然后讨论并确定可能的解决方案。

细化访谈提纲

假如你的专业是健康科学，在跟你的教授和同学讨论后，你决定出国深造一个学期。在查看了几个国家的大学后，你决定安排一个访谈，访谈对象是来自新西兰克赖斯特彻奇的坎特伯雷大学的代表，她将于下个月初探访你的大学。当你开始构建你的访谈提纲，你要先确定你想了解哪些主要方面的信息，如下面所示：

Ⅰ. 与健康科学有关的课程

Ⅱ. 教学与学习设备

Ⅲ. 研究设备

Ⅳ. 住宿

在确定主话题下面添加一些可能的子话题，如下所示：

Ⅰ. 与健康有关的主修课程

    A. 心理科学

> 访谈提纲能确保考虑到所有的重要话题和子话题。

　　　　　　B. 言语听觉科学
　　　　　　C. 食品与营养
　　　　　　D. 生物学
　　　　　　E. 人体健康与运动机能学
　　　Ⅱ. 教学与学习设备
　　　　　　A. 学习和支持服务
　　　　　　B. 学习和教学计划
　　　　　　C. 教学与学习资源
　　　　　　D. 电子学习媒体
　　　　　　E. 技能学习中心
　　　Ⅲ. 研究设备
　　　　　　A. 实验室
　　　　　　B. 图书馆
　　　　　　C. 信息技术和计算机设备
　　　　　　D. 调查研究中心
　　　　　　E. 研究—教学环节
　　　Ⅳ. 住宿
　　　　　　A. 开销
　　　　　　B. 类型
　　　　　　C. 可用性
　　　　　　D. 与学校的关系
　　　　　　E. 交通

> 访谈可能包含多个顺序，也可能毫无顺序。

　　最后，在确定所有主要话题和子话题后，再确认这些子话题下是否还有重要的子话题。例如，你可能想了解不同类型的研究实验室，在图书馆或电子资源库可以借到的研究专著，信息技术与计算机设备对学生和健康科学研究的作用，以及全体教职工是如何进行教学和研究的。在访谈前你可能不太清楚这些，所以你可能没有再继续细化主要话题和子话题，或者你也可能等到在采访过程中才发现可以构建另外的子话题。访谈提纲能让你明确想要添加或者删除的内容。你在访谈中可能会采用多个大纲顺序。你选择的领域和分话题就能决定哪个顺序是最合适的。

访谈设计

无设计访谈

> 无设计访谈只是一份访谈提纲。

　　在完成访谈指南后，你要决定是否需要另外的建构或者准备。访谈指南可能足够应付一个没有提前准备任何问题的**无设计访谈**。当出现以下几种情况时，采用无设计访谈是最适合的。第一，简短的访谈；第二，被访谈者和信息层之间差异巨大；被访谈者不愿意回答或者记忆力不好，抑或者准备时间不足。

由于无设计访谈是访谈安排中最灵活的一种，无设计访谈能给你足够的自由去深入答案，适应不同的被访谈者和情况。但是，无设计访谈对技能有很高的要求，且每个无设计访谈内容各不相同，无法复制。另外，你可能无法很好地控制时间，还有可能将个人偏见掺进问题中。

适度的访谈设计

适度的访谈设计包含所有主要问题，每个主要问题下面还包含试探性问题。指南中的句子或短语变成了问题。同无设计访谈一样，适度的访谈设计也给你足够自由去深入答案以及适应不同的被访谈者。同时，适度的访谈设计提供了结构，也为记录答案提供了帮助，并且更容易实施和复制。你不需要在现场组织每一个问题，你仅需要有足够多的想法和提前组织语言表达。所以，这降低了访谈过程的压力。在无设计的访谈中，双方很容易离题，因此将问题列出来能更容易让双方回到正题以及回到原先的结构中。记者、医疗人员、招聘人员、律师、警官和保险调查员经常使用适度的访谈设计。一个适度的访谈设计看起来如下：

> Ⅰ. 为什么你决定将你的公司从伊利诺伊州迁移到印第安纳州？
>   A. 你是什么时候做的决定？
>   B. 什么对你的决定影响最大？
>   C. 什么人对你的决定影响最大？
> Ⅱ. 为什么你选择迁移到伦斯勒附近？
>   A. 选址在伊利诺伊州边界有多重要？
>   B. 与其他地方相比，伦斯勒的建设成本怎么样？
>   C. 你现有的公司员工在此次决定中充当什么样的角色呢？
>   D. 伦斯勒与芝加哥处于同一个时区，这有多重要？
> Ⅲ. 当你考虑把公司迁移到印第安纳州时，你最担心的是什么？
>   A. 当地有无可以胜任的工人？
>   B. 印第安纳州历史上和最近关于准许开设加盟店的政策是怎样的？
>   C. 当地的交通怎么样？

> 适度的访谈设计减少了临时编造问题。

精密的访谈设计

从字面上看，**精密的访谈设计**看起来和适度的访谈设计没有什么不同，事实上执行起来却有很大的不同。同适度的访谈设计不同，在精密的访谈设计过程中，所有问题都是原原本本地按照计划里已经列

> 精密设计的访谈牺牲了控制的灵活性和适应性。

出或者组织好的来提问。精密的访谈设计不允许未经筹划的问题试探，改变词组，或与访谈计划有偏差。其采用的问题可能是封闭形式的，以便受访者能够给出简短明确的答案。与无设计访谈和适度的访谈设计相比，精密的访谈设计比较容易复制和实行，花费时间较少，并且能够防止双方踏足无关领域或者在一两个话题上花费太长时间。即使失去灵活性和适应性，精密的访谈设计的试探问题必须经过精心策划。研究人员或者调查者经常使用精密的访谈设计。

精密的标准化访谈设计

精密的标准化访谈设计最具有计划性和结构性。所有问题和答案都以同样的文字表达，受访者只需从中挑选出答案即可。双方都紧紧围绕访谈计划，不会产生任何偏离。精密的标准化访谈设计是最容易实行、记录、制表和复制的访谈，所以，即便是新手记者也能应付。但是，信息的广度受到限制，无法对答案进行延展探究，也无法很好地解释问题和适应不同的受访者。受访者不能解释，放大或提问回答选项。比起无设计访谈和适度的访谈计划中的**偶然偏见**，访谈者的固有偏见可能更加糟糕。

研究人员和调查者使用精密的标准化访谈设计的原因在于他们的程序必须在重复的访谈中产生相同的结果。以下是一个精密的标准化访谈设计。

Ⅰ．以下列举的是经常被提及的引发高油价的因素，哪一个你觉得是最重要的呢？

　　A. 石油短缺

　　B. 国内产量过低

　　C. 石油公司为提高利润提高油价

　　D. 外国故意提高石油成本

　　E. 石油市场的投机者

　　F. 中国或印度等国家石油需求量增加

Ⅱ．下面哪一个解决方法你觉得最有可能降低油价？

　　A. 在阿拉斯加荒野地区增加石油钻探

　　B. 在美国大西洋沿岸、海湾和太平洋沿岸增加石油钻探

　　C. 建造一条从加拿大到得克萨斯州的管道，将含油砂运到精炼厂

　　D. 开放美国战略储备的石油

　　E. 增加电动汽车和混合驱动汽车的使用

　　F. 发展从玉米、甘蔗和废物中提取的可替代汽油

Ⅲ．你觉得有多大可能在接下来的三年内该解决办法会被

实施?

A. 非常有可能

B. 有可能

C. 不确定

D. 不可能

E. 基本不可能

Ⅳ. 如果汽油价格只涨不落,下面哪个结果你觉得会发生在今年夏天?

A. 在家度假

B. 驾驶人数急速减少

C. 公共交通使用急剧增加

D. 食物价格高涨

E. 经济恢复速度减缓

每个访谈设计都有利也有弊。所以,选择与自己的需求、技能和想得到的信息类型相符合的访谈设计至关重要。单一类型的访谈设计无法适应所有访谈类型和情况。一个为调查而设计的访谈设计可能不适合应用于应聘面试中。要注意每种访谈设计并决定哪一个或多个才真正适合你的访谈。图4.1总结了各种访谈设计的利与弊。

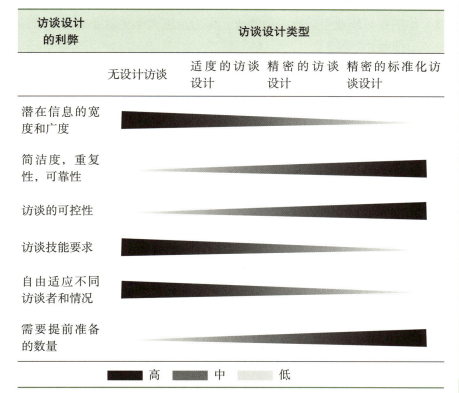

图 4.1　访谈设计选择

结合访谈设计

> 组合设计能满足访谈者的各种需求。

可以考虑将不同的访谈计划组合起来运用。例如，在访谈开始的几分钟内采用无设计访谈，在有必要追问或者需要进行调整以适应受访者的阶段采用适度的访谈设计，而精密的标准化访谈设计适用于处理易于量化的信息，比如年龄、宗教、受教育程度和婚姻状况等。访谈设计既可能是一个粗略的话题提纳，也可能是一分详细的采访手稿。比如，你可能会为一个说服性访谈列出主要的论据，为一个信息给予型访谈写份说明指南，又或者为一个调查性访谈写好开场白和结束语。

练习 1　访谈计划

有四种访谈设计，分别为无设计的访谈、适度的访谈设计、精密的访谈设计、精密的标准化访谈设计，哪种设计最适合以下的各个情况？请解释你选择这种设计的理由。

1. 假如你是一名记者，大学里面发生了一起肇事逃逸事件，事件致两位学生重伤，你准备访谈一位目击者。
2. 你是一家计算机软件公司的招聘人员，你准备在某个议会成员组织的招聘会上面试人。
3. 你正在对毕业生进行一项调查，作为全国大学生就业市场调研的一部分。
4. 你是大学附近一栋公寓大楼的开发商，你想尝试说服市政局的一名成员为你的提议投票。
5. 你是公园与康乐委员会的成员，你由于家庭紧急情况错过了上一个会议。你正在访谈另一名委员会成员，想要通过他了解会议上协商讨论了什么。

提问顺序

在这之前我们已经介绍了各种各样的问题设计，现在是时候来确定提问顺序了。常见的**提问顺序**有隧道式提问，漏斗式提问、倒置漏斗式提问、沙漏式提问、钻石式提问和五步提问法。

隧道式提问顺序

> 隧道式提问在非正式和简单访谈中发挥良好作用。

隧道式提问，或者也可以称串珠式提问，是指一种将开放式问题和封闭式问题组合起来的提问方式。其形状可参考图 4.2。在隧道序列中，每一个问题都可能涵盖一个特定的话题，为的是寻求特定的信息，或者确定态度和感受。隧道式提问的例子如下。

我知道您参加了引发2011年"占领运动"的"占领华尔街"游行示威活动。

1. 您是什么时候开始卷入这场运动的？
2. 您最初是在哪里加入这场运动的？
3. 什么因素对您的决定影响最大？
4. 最初的时候，您是组织者还是抗议者？
5. 在这场运动中，您承担的主要角色是什么？

图 4.2 隧道（串珠）式提问

隧道序列型常常用于民意测验、调查、新闻访谈和医学访谈中，这些访谈的目的是为了获取信息、态度、反应和意图。如果问题是封闭式的，信息便很容易被记录和定量。

漏斗式提问顺序

漏斗式提问以开放式问题开始一段访谈，接着提出受限性问题。详情请见图4.3。以下是典型的漏斗式提问。

1. 请讲述下您在罗利21世纪广告公司的招聘之旅。
2. 面试过程是怎么样的呢？
3. 经历这些面试后，您对21世纪广告公司的印象如何？
4. 面试在哪里进行的？
5. 您在公司待了多久呢？
6. 将来还会参加这家公司的面试吗？

漏斗式提问以开放式问题开始一段访谈，如果受访者对访谈话题很熟悉，愿意畅谈，想要表达他们的观点且有动力表明观点，那么采用漏斗式提问是非常合适的。开放式问题比较容易回答，且对受访者造成的威胁较小，让受访者能够畅谈无忧。所以，采用漏斗式提问可以很好地开始一段访谈。

漏斗式提问减少了后期反应的调节或偏见。例如，如果你用一个封闭式问题开始一段访谈，你可能会强迫受访者采取极端的立场，或者可能暗示你仅仅想要简短的答案。与此相比，以开放式问题开始一段访谈不仅不会使受访者偏于极端，还能让他们自由地描述和解释自己的立场。

> 漏斗式提问非常适用于积极的受访者。

倒置漏斗式提问顺序

倒置漏斗序列型以封闭式问题开始一段访谈，接着提出开放式问

> 倒置漏斗式提问给那些不想交谈的人提供了一个热身过程。

题。当你需要引导或激发受访者回答问题，或当受访者沉溺于某种情感之中无法立即回答开放式问题时，运用倒置漏斗序列型能产生很好的效果。详情见图 4.4。以下问题属于倒置漏斗式提问。

1. 您是从什么时候开始在美国铝公司工作的？
2. 您在公司的第一份工作是什么呢？
3. 您在那个职位待了多长时间呢？
4. 你当初的职位是如何让您晋升到更高职位的呢？
5. 请谈一谈您现在的职位。
6. 请聊一聊您在您现有职位上的某一天的经历。

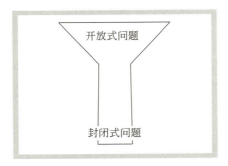

图 4.3 漏斗式提问顺序（左）

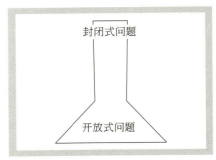

图 4.4 倒置漏斗式提问顺序（右）

当被访谈者对某个话题所知不多或者不愿讨论此话题时，倒置漏斗序列型是最适用的。受访者可能需要记忆或者思维方面的帮助，而封闭式问题可为接下来的问题预热，因为开放式问题可能会使受访者不知所措，进而导致组织混乱或产生令人迷惑的回答。这种倒置漏斗式提问可能会以清算型问题结束访谈，例如，可能会出现诸如"你还有什么想讲的吗？"这类问题。

组合式提问顺序

有一种情况可能需要各种提问顺序的组合形式。例如，**沙漏式提问**以开放式问题开始一段访谈，接着提出封闭式问题，最后以开放式问题结束。当你想要用漏斗式提问开始一段访谈，再用倒置漏斗式提问接着提问的时候，你便可以运用组合式提问顺序。这种组合式可以让你的主题先集中，然后再开放。详情请见图 4.5。

第二种组合式提问顺序是将两个沙漏序列的顶部相对，也被一些人称为钻石式提问顺序。[1] 在此种顺序中，访谈者以封闭式问题开始访谈，接着提出开放式问题，最后再以封闭式问题结束。见图 4.6。

每种结合顺序都为开放式问题和封闭式问题提供了不同的组合方式，让你能够灵活地应付不同的访谈场合和受访者。

五步提问法

著名的民意调查创始人乔治·盖洛普（George Gallup）创立了五

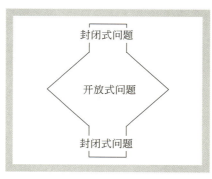

图 4.5 沙漏式提问顺序（左）

图 4.6 钻石式提问顺序（右）

步提问法，主要用来评估观点或态度的强度。² 这个五步提问法先是要了解受访者对相关问题的知晓程度，然后是未受访谈者影响的固有态度，具体态度，持此态度的原因，最后是态度的强度。例如：

1. 知晓程度：关于新颁布的国家法禁止在某些场合吸烟，你了解多少？
2. 未受影响的态度：这次禁烟对你有什么影响？
3. 具体态度：你赞不赞成全国性的禁烟？
4. 原因：为什么你这么觉得？
5. 态度强度：你的态度有多强烈？是强烈，或非常强烈，还是你绝对不会改变看法？

你可以直接使用这个提问法，也可以通过创造一些适合详细访谈的问题对其略作修改。

一旦你为你的访谈确定了一个明确的目标以及架构了一个适当的结构，你就已经为创造一个适合双方和当时场合以及符合你目标的开场白做好准备了。开场白的这小段时间非常重要，直接关乎你访谈的成败。

> 五步提问法是评估态度和信念的有效方式。

开始访谈

你在开始访谈的时间内做过和说过的事情，或者无法做和无法说的事情都会影响另一方对他自己、对你或者对整个场合的感知。访谈**开场白**为整个访谈奠定了基调，并且影响了进入深入交谈的意愿。整个访谈的氛围可能是严肃的或愉快的，乐观的或悲观的，专业的或非专业的，正式的或非正式的，有威胁的或者没有威胁的，轻松的或紧张的。一个糟糕的开场白可能导致谈话陷入某种**防御性氛围**之中，访谈对象会用一些表面化的、模糊的和不准确的回答来应付你。如果被访者对你一开始的接近方式感到不满，就可能会断然拒绝、转身走开、挂断电话或者把你拒之门外。

> 一个成功的访谈需要双方的通力合作。

开场白的主要作用是**促使**双方自愿参与访谈，并且能够自由准确地交流。这种动力是访谈者和被访谈者的**共同产物**。因此，每一次开场白都必须是一次**双方的交谈**，而不是一次**单方的独白**。它是由双方共同完成的，而不是一方为另一方做的。很多时候，在开场问题中，受访者很少有机会去做超过一个单词量的回答。受访者被打断的现象很常见。一项研究表明，医生跟病人交谈时，在 69% 的时间里医生都打断了病人的话。而当这种现象发生时，只有不到 2% 的病人尝试将话说完整。[3]

两个步骤

访谈的开场白过程分成两个步骤，第一步是建立友好关系，第二步是使对方熟悉情况，目的是鼓励受访者活跃地参与并自愿继续进入访谈的主体部分。要谈论什么以及怎么谈论，取决于访谈类型、情境、双方关系，以及谈话者的偏好。

建立友好关系

> 在闲聊或者赞美时要把握分寸，切忌做过头了。

建立友好关系指的是通过培养善意和信任的感觉来建立和维持访谈双方关系的过程。如果双方关系建立了，且伴随着一些非语言性的动作，例如握手、目光接触、微笑、点头，或者友好的发声，那么此刻你可以做自我介绍或者简单地打个招呼。建立友好关系的过程可能包含个人信息询问或者一些闲聊，比如讨论天气，相互认识的人，家人，运动，或者新闻消息。在这些环节中，可以考虑用一些适当的小幽默增加气氛。另外，不要拖延建立友好关系的过程，要知道适可而止。

在建立关系的过程中，每个访谈所采用的口头和非语言性技巧视不同因素而决定，例如，不同地方的习俗，组织传统或政策，文化，身份差异，双方关系，场合正式程度，访谈类型和所处情形。在称呼陌生人、上级，或者地位较高的人时，不要直呼其姓名。当对方忙碌时，或者当处于严肃正式的场合时，要注意把握幽默和闲聊的度。一些称赞类话语，例如祝贺、赞美或者赞赏之辞切忌过度使用。另外，访谈过程中态度要真诚。

使对方熟悉情况

在开场白中，使对方**熟悉情况**是第二个必要的步骤。你可以介绍一下访谈的目的、长度和性质，可以解释一下如何使用访谈的信息，可以告知你为何选择对方作为访谈对象，以及是如何选择的。要仔细研究种种情形，再决定你这一步骤涉及的广度和特征。

第四章　架构访谈　**83**

不要觉得你和对方在性格、年龄、外表、语言、教育背景或者文化方面相似，你就想当然地以为在决定访谈成功的关键方面你和访谈另一方也是相似的。拉瑞·巴纳（LaRay Barna）警告说："这种相似的光环恰恰是通往跨文化成功交流路上的绊脚石。当来自不同文化背景的双方会面时，双方都穿着西装，讲着英文，使用相似的问候礼仪，这种看起来相似的表面上的东西其实是具有欺骗性的。"[4] 你可能因此被麻痹，进而假定你们共享相似的非语言符号、信

■ 访谈前几秒的言行会为后面的访谈定基调

仰、态度或者价值观。"除非每一方都做出公开的报告或陈述（这种情况非常少见），否则将没有机会去印证彼此的印象并且修正误解。"

　　建立友好关系和使对方熟悉情况经常结合起来使用，这两种行为减少了双方**关系的不确定性**。在开场白接近尾声时，双方应该能够意识到他们之间有哪些重要的相似性，双方参与访谈的意愿、热情和友好程度，分享如何控制情绪，以及对对方的信任程度。一个糟糕的开场白将会引起很多访谈过程中的问题。回想一下，当你发现在你门口寻求帮助的人只是一个想卖给你产品的推销员时，你会有什么样的感受？

> 注意对对方做出假设要适度，不要过多，也不要过少。

　　下面的例子说明了如何建立友好关系以及使对方熟悉情况的步骤。

1. **访谈者**：您好，我是来自布鲁尔保险代理公司的洛雷塔·平克斯顿（Loretta Pinkston）。
2. **受访者**：您好，我是凯尔·季默（Kyle Zimmer）。您就是跟我在电话里头谈论过房屋保险单的那位吗？
3. **访谈者**：是的，就是我。在这美丽的小村庄，您拥有这么一座美丽的房子。
4. **受访者**：谢谢。我们喜欢住在这边，但是我们有点担心都是由志愿者组成的消防局的消防能力，还有安全问题，因为警署办公室离这有十公里之远。

5. **访谈者：** 我完全理解您的担忧。我们住在县城南部同样的位置，也面临着同样的问题。
6. **受访者：** 我们真是同病相怜啊。
7. **访谈者：** 我想要针对您担忧的地方提一些问题，还有问下您关于您的保险最想覆盖哪些内容，最后跟您聊聊一些可供您选择的方案。
8. **受访者：** 听起来不错。我先去那边叫我妻子过来。

开场白技巧

> 开场白需要与受访者和场合相适应。

在访谈过程中要有创造性，开场白要与受访者和场合相适应。不要习惯于将一个开场白适用于所有访谈而完全不理会特殊类型访谈，例如求职面试和信息收集访谈。以下所列举的**言语开场白技巧**能够促进友好关系的形成和有效引导受访者。

阐述目的

解释你进行此次访谈的原因。

> **例子：**（学生对教授说）你好，丁威迪（Dinwiddie）教授。我想要跟您谈谈昨天您在课上提到的销售实习。我有考虑过找一份实习岗位，但是我不太清楚如何找到一份适合我的农业销售专业的实习岗位。

有时候说出详细目的反而会让访谈目的难以达成，比较典型的情况出现在一些研究、调查和销售访谈中。在访谈的开始，你需要隐瞒你的目的，随着访谈的深入，你可以慢慢坦诚并揭开答案，这样才能激发受访者参与访谈的积极性，避免出现抵触情绪。

> **例子：**（一个由宗教组织投资的调查研究，专门为一群政治保守派候选人设计）大家晚上好。我正在做一个调查，我的调查对象是这次秋季选举的潜在投票者，我想了解他们是如何看待经常谈论、很少谈论，或者从不谈论宗教信仰和宗教问题的候选人的。

总结问题

> 知道何时结束开场白并继续访谈。

当受访者完全没有意识到或者稍稍意识到问题，或者当他没有意识到细节时，你就可以开始总结问题。你的总结可以告知受访者，但是注意不要掺和到访谈主体中去。

> **例子：**（医生对病人说）如你所知，这些年你一直在和高胆固醇作斗争，尽管你坚持锻炼，控制饮食和减肥，你的胆固醇水平

还是保持在较高水平。你的家庭成员里面也有人胆固醇水平居高，我们需要谈谈降低这烦人的胆固醇水平的其他方法。

解释问题是如何被发现的

你可以解释问题是如何被发现的以及被谁发现的。注意在揭示问题的根源时中要诚实详细，不要置受访者于抵触与防御状态。

例子：（员工对监督员说）我昨天晚上在网站上查看我的工作日程表时发现我被安排到六月的第一周。刚好那一周是我在加利福尼亚乔治空军基地进行空军预备役夏季训练的第一周。

提供激励和回报

如果提供的激励比较有意义或者与场合相适应，激励便能激发受访者的积极性。由于许多销售人员在访谈过程中常常会给受访者甜头，这使得我们很难说服受访者我们是在进行一项研究、新闻或者调查访谈，而不是在做销售访谈。

例子：我正在做一个调查，调查学生对此次秋假给了他们四天休息时间的看法。此次调查的结果将会提交给大学评议会的学生事务委员会，他们正在考虑调整秋假，因为这会给学生提供一个更好的假期。

> 在提供激励或者请求建议时要真诚。

请求建议或帮助

由于访谈者经常需要帮助，因此这个开场白比较常用。我们的需求必须清楚、简洁，能让受访者接受。请勿使用这个开场白作为巴结别人，或自吹自擂的工具。

例子：我正在做一个高年级课堂项目，不知道您可不可以帮我解决一些我遇到的问题呢？

提及对方的已知立场

这个技巧用来确定访谈对象在某一事件或问题上的立场。在提到对方的立场时，要谨慎，态度要圆滑，乐观，并且表达要准确完整。

例子：萨莉，鉴于今年的绩效奖金额度，和政府下达的限制措施，我很欣赏你在当前的处境下所做的努力。但是我想跟你变谈我今年完成的几件事情。

提及介绍人

提及介绍人是与另一方相联系的重要方式。切忌在未经允许的情况下提及介绍人的姓名。注意观察受访者是否知道、尊重并喜欢你想要说的人。假若你提及的那个人受访者记不起来或者不喜欢，就会陷入尴尬的境地。

例子：我正在写一个关于即将退休的亚历克斯·马德的故事，他已经坚守岗位40余年，玛西·杜蒙特说你跟亚历克斯共事多年而且你私底下非常了解他。

提及你的组织

作为一个访谈者，你经常需要提及你代表的某个组织（公司、医院、政府机关、宗教团体）来确认身份和合法性。你必须意识到访谈的另一方可能不喜欢你的组织，尤其是当你代表的是负面宣传、诉讼案、强制规定和法律侦查。

例子：大家晚上好。我是基石发展公司的查德·麦克马斯特。我们想要在这附近的旧汽车旅馆那里建立一个社区中心，因此征求各位的意见，你期待在这个社区中心里面看到什么呢？

请求明确的访谈时长

> 把访谈时长设定在五分钟或者十分钟。

当你向别人请求明确的访谈时长时，你的请求一定要现实。"你有一秒钟的时间吗？"这可能是在访谈中最常使用也是最容易误用的请求，因为你不可能在一秒钟之内能提问完一个问题。

例子：威廉（Williams）教授，你有十分钟的时间跟我讨论下我的项目吗？

提出问题

一个开放的且容易回答的问题有利于建立友好关系和引导受访者。

例子：我是枫叶房地产的克里斯汀·苏利文（Kristen Sullivan）。我们有几栋公寓楼，里面有各种类型的闲置公寓。你在寻找什么类型的公寓呢？

要特别注意封闭式问题可能会以一个简短的没有或者拒绝回答结束。常见的封闭式问题都是死胡同。

例子：需要帮忙吗？

你在找什么东西吗?

受访者可能会因为一个只需简单地回答是与不是的问题而失去兴趣。

例子：我们今天在课堂上要做什么重要的事情吗?
你忙吗?

这十个口头开场白技巧为有效开始一段访谈提供了丰富的方法和手段。

当然，大多数的开场白还是需要结合多种技巧。我们需要为每一个访谈和每一种场合创造最合适的开场白。**在这其中，最重要的是在开场白中调动受访者的积极性，让他主动参与进来。**作为一名被访谈者应该从一开始就担任一个积极的角色。不要只做一个旁观者。

开场白中的非语言交流

言语开场白技巧经常伴随着适当的非语言交流。一个有效果的开场白往往取决于看起来如何，你的表现，以及你如何表达你想说的内容。非语言交流对于创造第一印象起到非常重要的作用。非语言交流能传达出你的真诚，可信赖程度，你的热心以及感兴趣程度。

领地意识

进入房间前一定要敲门，即使门是开着的，即使你是领导，即使你是在你自己的家里、公司大楼，或者所在组织机构中。因为你进入了别人的空间，你对这个领地的入侵会使得访谈的进行不太友好。在许多文化中，男人比女人具备更多的领地意识。例如，朱迪·皮尔森（Judy Pearson）曾写道，在美国"很少女人在她们自己家里拥有独立的，不受打扰的房间，而许多男人却拥有禁止进入的私人房间，学习和工作的领域。同样的，男人也比女人拥有更多的仅供私人使用的椅子。"[5]不管你是什么性别，你都需要站在门口等待，直到房间内的一方微笑、点头、招手或者指着椅子示意你进去，你才可以进入房间。保持眼神接触，但是要注意避免盯着对方，这样才可以展示你的信任，同时让你能够捕捉住一些非语言交流信号，比如表示"进来""请坐""坐那边吧""我想要跟你谈谈""不是现在"或者"我很忙"等的信号。

面部表情，外表和衣着

外貌和衣着是影响第一印象的重要因素。它们能体现兴趣、真诚、热心、紧急、迷人、整洁、成熟和专业。假如你要进行一项例行访谈，你也不要表现得如大难临头；假如你要惩罚别人，不要表现得太友好；

> 让开场白变成双方的对话。

> 第一印象往往决定了交流过程的基调和流畅性。

> 外貌和衣着应该传达一种恰当的开场白信号。

假如你很生气，就不要表现得很热情；假如问题急需解决，你就不要表现得很高兴；或者假如你从来没见过他／她，就不要表现得太亲密。

肢体接触

> 要知道什么时候和跟什么对象可以发生肢体接触。

假如你觉得你们双方的关系适合握手或者你处于适合握手的位置，那就可以紧紧地握手。但是在一些情况下握手要注意不要太过度，例如与熟人和同事握手，或者在一些非正常场合中。只有当双方关系密切时才适合采取肢体接触的方式。

解读非语言交流

> 性别和文化决定着非语言交流的差异。

千万不要低估口头和非语言交流在开场白中的重要性，但是也不要去过度揣测简单的词语和非语言动作，或者尝试将所有人都看成一样的，因为拥有相同背景的人在交流举止中也会有很大差异。

人际交流学家强调非语言表征的重要性。例如，特伦霍姆（Trenholm）和延森（Jensen）写道："人们可以从我们的面部表情读懂许多东西。他们可以推断出一些个性特点、态度、判断反应，他们认为面部表情替代了言语表达，更重要的是，利用面部表情可以评判我们的精神状态。"[6] 关于第一印象，弗洛伊德（Floyd）写道，"一个人的衣服质量是反映他／她的社会经济状况的视觉线索"，另外，在一般情况下，从穿着的类型和风格可以确认访谈对象所属的文化和政治群体。[7] 尽管如此，斯图尔特（Stewart）提醒我们说，我们"经常注意到一些我们认为跟对方相符合的行为（也有可能是外表或者穿着），却常常忽略那些我们认为跟对方不符合的行为"[8]。

莉莲·格拉斯（Lillian Glass）编录了105种美国男人与女人之间在交流时的"交谈差异"（talk differences），主要产生在以下的交流领域中：肢体语言、面部表情、口语和声音模式、说话内容以及行为模式中。她发现，男人比女人更喜欢触碰对方，但是却尽可能地避免眼神交流，或者不喜欢直接看着对方。他们的谈话听起来比较生硬、唐突、不太容易亲近，他们喜欢直言不讳，并且很少说恭维的话。[9] 一些研究表明，女人更擅长"亲近型谈话"，这种谈话能够加强彼此的关系，而男人更擅长"报告型谈话"，这种谈话倾向于分析和解决问题。[10]

美国人在与别人打交道时有自己一套规则，但是这些规则可能不适用于其他文化之中。比如握手对于美国人来说是一种传统，而当他们与来自其他文化背景的人交谈时，这些人可能认为握手只是无关紧要的西方习俗而已，对他们来说握得紧不紧并没有含义。另外，美国人总是希望别人在交谈时能够看着自己的眼睛以代表信任、坦率、真诚，而其他文化的人却认为眼神接触是不礼貌和侮辱人的行为。美国人不喜欢肢体接触，但是当意大利人或者拉丁美洲人在访谈开始便触碰你时，你千万不要感到惊讶。

练习 2　访谈开场白

以下的开场白符合要求吗？思考以下访谈情景和类型、访谈技巧，以及省略的内容。如何完善以下的开场白？注意下面的开场白并不全不符合要求。

1. 以下是对一名来自大型货运公司的物流专员进行的招聘面试。
   访谈者：你好，我是泰勒（Tyler）（指着椅子）。你什么时候到达这里的？
   受访者：差不多今天早上十点钟吧。
   访谈者：很好。介绍一下你自己吧。
2. 以下是两个人在一个大型法律事务所的谈话。
   访谈者：你在忙吗？
   受访者：没有。我坐在这里玩电脑呢。
   访谈者：你明白我的意思了。我想跟你谈谈沃伦合同。
3. 以下是一个学生和一个教授在办公室的谈话。
   访谈者：曹教授，你有一秒钟的时间吗？
   受访者：（短暂的停顿）时间到！
   访谈者：请问我们可以谈十分钟吗？
4. 以下是一个美国广播公司的记者和参议员在美国参议院室旁边走廊的谈话。该议员专程为登记表投票而来。
   访谈者：赫尔南德斯参议员（Hernandez）！（招手并大声呼唤）当总统提名你为商务部长的候选人时你的反应是什么？
   受访者：我也不太清楚。
   访谈者：你的最初感觉是好还是坏？
5. 以下是一个进攻线教练和主教练的谈话。
   访谈者：我刚刚听说星期六的开幕战你准备换掉雅布隆斯基（Jablonski），却没有先通知我。
   受访者：对不起，我确实没有通知您。
   访谈者：我们可以谈谈这个吗？

结束访谈

访谈结束语很重要，因为它不仅会对整个访谈效果产生影响，还会影响你和另一方的关系，以及氛围、合作，甚至是将来可能的关系。

> 访谈时要耐心，不要焦急，在结束谈话时的言行要机智圆滑。

每一个访谈都能创造或者改变一段关系历史。一个鲁莽的访谈结束语可能会使另一方感觉自己被利用，觉得只有当你需要他时他才有价值。

当访谈接近尾声时，放轻松，放下防备。不要急着进行你下一个任务或者约会。在访谈快结束时，要注意你的言行，在最后的一点时间内不要说出彼此的相互影响，因为在这段时间，另一方会观察或者获取到一些关于你的感激、兴趣或者诚意的暗示。双方都需要意识到访谈结束阶段快要到来了。

在用语言暗示之前，访谈结束阶段可通过一些非言语迹象表现出来。马克·纳普（Mark Knapp）和他的同事在关于人际互动中"告别"的经典研究中，辨明了种种非语言的结束性动作，其中的一些动作相当微妙。[11] 比如，你可能会在你座位上突然挺直身子，探身向前，伸直腿，像要起身一样将你的手放在膝盖上，看着手表，短暂停顿或者停止眼神接触。其他更明显的表现有站起来，从另一方身边走开，或者跟对方握手。不管行为是不是很细微，非语言行动暗示你想要结束访谈。作为受访者，要注意观察这些暗示，察觉什么时候即将结束访谈，才不会在突然的结束访谈中太过惊讶以及避免出现尴尬。同时，要注意到有的人可能会突然看他手表以确认有没有足够时间提另外的问题或者分享其他信息，有的人可能会伸直腿舒展身子，有的人可能会突然停止眼神交流去思考新的问题。有的人可能会在他们桌子上放一个不起眼的小时钟，因为他们发现每次他们看手上的表，学生就会开始进入准备离开的状态，因为学生认为这是一个表明可以离开的信号。

结束访谈指南

在进行结束访谈时要遵循一些简单的规则。

> 一段成功的结束访谈需要双方的共同努力。

第一，跟开场白一样，结束语是**双方的对话**，而不是**单方的独白**。当你作为访谈者的时候，你需要用口头和非言语信号鼓励受访者参与访谈，包括沉默。当你作为受访者的时候，在访谈结束部分你也应该积极参与，你可以积极回答问题，添加一些重要的评论或者访谈中未提到的信息，或者在适当的时候表达你的感激。

> 言行要谨慎。

第二，结束语要诚实和真诚。不要随便做出你无法兑现的承诺或保证。

第三，放稳步调，这样你才不用匆忙结束访谈。**近因律**表明人们最容易回忆起访谈最后说过或做过的事。所以使用不适宜的语言或者非言语动作将会破坏访谈效果，影响你和另一方的关系或者未来的联系与合作。

第四，你要明白，在访谈中，另一方总是在观察和揣测你所说和所做的事，甚至是你没有说也没有做的事，直到他们看不见也听不见你。

因此，一个口误或者一个不恰当的非语言动作使你之前的努力都功亏一篑。

第五，为将来的接触打开一扇门，或者说是打下基础。如果你计划好进一步联系（在医疗保健、雇用面试、咨询和销售谈话中很常见），那么请解释好接下来会发生什么，发生的地点，发生的时间，发生的原因。如果可能的话，在离开前做一个预约。

第六，当访谈即将结束时，请不要再引入新话题或者做出新的询问。当你的口头和非语言已经暗示了访谈要结束的时候，你却又重新找到话题，这种情况就称为**伪结束访谈**。这种情况很容易使双方陷入尴尬境地，这种事后互动可能太肤浅，对整个访谈没有什么意义。

第七，要避免出现欧文·高尔夫（Erving Golfman）说过的失败的分别现象。这种现象指的是当你已经结束访谈且已经和对方告别了，随后却又在大厅、停车场或者饭店遇到对方。[12]这会造成很尴尬的场面，因为你们已经在访谈结束后告别了，而你现在只能无话找话说。所以为了避免尴尬，你要提前练习准备好应付此种情况。

■ 记住直到访谈者和受访者都不在彼此的视线范围内，访谈才算完成

记住直到访谈者和受访者都不在彼此的视线范围内，访谈才算完成。

结束语技巧

访谈结束语要有创造力和想象力。每个结束语都要和访谈对象以

> 不只要学会使用技巧，还要让受访者积极参与进结束访谈中。

及情境相适应。以下技巧适用于整个结束语，也可应用于结束部分的开头和结尾。

回答问题

在请求回答问题时要真诚，并且要给对方足够的时间去提问。要认真对待每一个问题，不要简短地回答然后就结束访谈。

还有什么问题呢？

我还有什么问题没有回答吗？

大扫除式提问

大扫除式提问能让你知道你是否已经涵盖所有话题，回答完所有问题或者解决了所有担忧。你的请求必须诚实诚意，才能找出未解决的问题、信息，或者关注的领域。

我回答完所有关于新软件的问题了吗？

在这次访谈中我还有什么重要信息没提到的吗？

宣布预期目标完成

宣布任务完成了。"好吧"一词比任何其他词更能暗示访谈即将结束。当我们听到这个词的时候，我们会自动以为离开的时候将要到来，并且会开始停止活动。注意要弄清楚这是不是你真正想要表达的。

好吧，我觉得我们已经涵盖所有问题了。

好的，我的问题就这么多了。

做出私人询问

私人询问是结束访谈和促进友谊的愉快方式。询问时要真实诚意，给受访者足够的时间去解决问题。

你这个夏天有什么计划吗？

你爸爸做完手术后怎么样了呢？

做出专业询问

相比私人询问，专业询问更加正式。但是专业问题必须有诚意并且能够展示出真实的兴趣。人们总是欣赏那些对他们的事业感兴趣的人。

你对替代燃料的研究进展得怎么样了？

你什么时候去新加坡完成任务？

暗示时间到了

提前做好时间限制或者在开场白过程中做好时间限制。要注意把握分寸，避免给人留下你只是在做一个流水线访谈的印象。

> 提问，表明目的和征询意见能让你更好地结束访谈。

> 不要匆忙结束访谈，要在最合适的时候结束。

好吧，我们这个环节谈话时间到此结束。

我看我们没时间了。

解释结束访谈的原因

解释为什么访谈必须得结束了。一个听起来很虚伪的理由会对整个访谈和双方关系造成伤害。

有一个学生正在等待和你谈话。

我在市中心还有个约会，所以我需要结束这次谈话了。

表达感激或者满意

要懂得表达感激或者满意，因为你已经得到了一些收获，比如得到信息、帮助、评价，增加了故事，推销了产品，获得一个职位，招募到新人，占用了别人的时间等。注意态度要真诚。

在临时通知的情况下您还能过来见面，真是谢谢您。

谢谢您参与我的调查。

安排下一次见面

如果合适的话，安排下一次见面或者说出接下来会发生什么，包括日期、时间、地点、话题、内容或者目的。

我有一些问题想要问您；我们今天晚点能碰个面吗？

我十分开心能和您聊您的职业兴趣。您什么时候有空跟我们的其他员工见个面呢？

如果有必要为另一个访谈安排一个详细的时间的话，简单的短语便可以传达一次可能的互动时间间隔。例如，"再见"或者"下次"暗示短时间间隔；"保持联系"和"不要见外"暗示适度的时间间隔；"拜拜"和"就这样吧，再见"暗示长时间间隔或者永久停歇；"我们再联系"和"不用打给我们，我们会打给你"暗示传统的打发，即意味着永远不联系。要注意双方的文化差异以及双方的不同期盼。来自其他文化的受访者可能不熟悉"不用打给我们，我们会打给你"这句话的意思，他们会辞掉他们的工作，并且等待一份永远也不会有的录用通知。

> 如果有必要进行后续的访谈，那就现在安排好。

总结访谈

总结结束语在信息类访谈、绩效类访谈、咨询类访谈、销售访谈中很常用。要注意重复重要信息、重要部分、重要协定，或者核实准确性和协议。要确保总结完整无误。

我很高兴能和您谈论在日本遭遇海啸袭击后您在日本的经历。根据刚才的访谈，您这个夏天的 6 月 15 日到 7 月 24 日将会待在美国，并且您会参加 7 月 14 日或 15 日的美国应急人员会议。

> 策划结束访谈语要像策划开场白和访谈主体内容一样细心。

您的演讲会围绕着关键的第一个24小时。我们会负责您的旅行和住宿费用,并且会另外付给您2500美元的报酬。

你要明白应该对另一方说什么话或者做出什么动作。决定哪一个结束访谈技巧是最合适的。你想要在访谈中起到作用,并且和另一方建立关系,你就需要运用一些技巧并且决定哪一方以及什么时候结束访谈。通常情况下,为了更好地结束访谈,你需要结合几种言语和非语言技巧。

练习3 访谈结束语

以下的结束语符合要求吗?思考以下访谈的情境和类型、访谈关系、访谈技巧、非语言交流,以及省略的内容。如何完善以下的结束语?以下结束语并不全不符合要求。

以下是一个全国连锁家具店人力资源职位的招聘面试访谈。申请人即将拿到管理学位。

1. **访谈者:** 很好,这次访谈非常有效。我们很感谢您对我们职位和机构感兴趣。
   受访者: 谢谢您。
   访谈者: (看着笔记,而不是看着申请人)我们再联系吧。祝您好运!

2. 以下是扎克(Zach)和玛吉(Marge)的谈话,他们正在寻找一个这个夏天可以租用的靠湖的房子。
   访谈者: 这个房子看起来挺符合您的需求的,另外由于经济不景气,它的价格也不错。
   受访者: 是的(看着玛吉),好吧,因为我们才刚开始看房子,我们需要再考虑考虑。
   访谈者: 好的。

3. 以下是对达雷尔·斯迈思(Darrel Smythe)的业绩评价,他在一家保险公司做理赔人。
   访谈者: 您表现得非常好,达雷尔。请您记住我的建议。您儿子在学校棒球队表现得怎么样?
   受访者: 他上周在和鹿溪队比赛时,投出一个无安打。
   访谈者: 很好。再见。

4. 以下是一个记者和一个告密者的访谈,这个告密者正在为一个军工企业工作,该企业正在为军队开发一种新型战斗机。
   访谈者: 好吧(身体向前倾并看着受访者),成本超支的问题一直被您的企业和军队忽视,这真是令人头疼。我能用同样的手机号码跟您联系吗?
   受访者: 可以。

访谈者：很好。(向后靠)，我接下来想要问下您刚刚提到的发动机试验。

受访者：好的。

5. 以下是一个调查研究机构发起的对即将到来的预选的电话调查访谈。

访谈者：我的问题全部问完了。

受访者：什么时候会宣布结果呢？

访谈者：这几天我们会在网上公布结果。

受访者：好的。

> **网络资源**
>
> 本章介绍了高效地开始访谈和结束访谈的指导原则与技巧。利用互联网查找大量的关于教育，经济，外交，医药等问题的访谈案例，评价这些访谈中使用的开场白和结束语。查找访谈案例的两个有用的互联网资源是 CNN（http://cnn.com）和 C-SPAN。（http://indycable.com/cabletv/comastindyupgrade/ch24.htm）

本章总结

访谈的每一部分，包括开场白、主体内容，以及结束语，对访谈的成功起着至关重要的作用。不要低估言语、非语言动作和反应在这三个阶段的重要性。要意识到文化差异会影响对行为的内涵理解，例如握手、眼神接触、声音、肢体接触，以及手势等行为所蕴含的含义。

开场白影响了双方彼此对自己以及对方的感觉。开场白为接下来的访谈奠定了基调，对受访者起了引导作用，并使双方愿意进行深入交流。开场白经常决定了该次访谈能否继续还是早早结束。因此，要懂得为每个访谈选择最适合的开场白。

访谈的主体内容必须结构严谨，遵循适当的顺序，以便引导访谈者的问题、了解信息涉及的领域，或者系统地表明并让受访者能够明白访谈进行到哪里了以及原因。一个无设计访谈只包含了采访者想要涵盖的主话题和子话题。适度的访谈设计则包含所有主要问题以及这些问题之下的深入性问题。精密的访谈设计包含访谈中要提问的所有问题。精密的标准化访谈设计包含所有需要提问的问题，并且每个问题都有规定答案。问题顺序可以针对不同的访谈设计来确定。

结束语使访谈进入尾声，并且可以总结信息，确定协议，安排下一步的联系以及促进友谊。一个好的结束语可以让双方都对他们的参与感到开心，对结果感到满意。在结束访谈的时候，要诚心诚意，不要匆忙结束，做你可以兑现的承诺和保证，并且确认双方都积极参与到结束访谈中。

关键术语和概念

偶然偏见 Accidental bias
访谈者固有偏见 Built-in interviewer bias
"原因—结果"顺序 Cause-to-effect sequence
结束语 Closing
结束技巧 Closing techniques
结合顺序 Combination schedule
文化 Culture
防御性氛围 Defensive climate
钻石式提问顺序 Diamond sequence
失败的离开 Failed departure
伪结束 False closings
漏斗式提问顺序 Funnel sequence
精密的访谈设计 Highly scheduled interview
精密的标准化访谈设计 Highly scheduled standardized interview
沙漏式提问顺序 Hourglass sequence
访谈提纲 Interview guide
访谈设计 Interview schedules
倒置漏斗式提问顺序 Inverted funnel sequence
新闻采访提纲 Journalist's guide
近因律 Law of recency
适度的访谈计划 Moderately scheduled interview
无设计访谈 Nonscheduled interview
非语言结束动作 Nonverbal closing actions
非语言交流 Nonverbal communication
开场白 Opening
熟悉情况 Orientation
大纲顺序 Outlinesequences
"问题—解决"顺序 Problem-solution sequence
提问顺序 Question sequences
五步提问法 Quintamensional design sequence
友好关系 Rapport
关系的不确定性 Relational uncertainty
空间顺序 Space sequence
领地意识 Territoriality
时间顺序 Time sequence
隧道式提问顺序 Tunnel sequence
开场白技巧 Verbal opening techniques

访谈案例及分析

以下是一个沟通和政治科学专业的学生与一个教职工的访谈，这个教职工在几年前曾参加过市政局的竞选。这个访谈是学生课程实地考察项目的一部分。此名受访者现在在教一个劝说课程，访谈者是他的一名学生。

以下的开场白符合要求吗？这名访谈者采用了哪种访谈设计？你能看出该访谈采用了什么结构顺序和问题顺序吗？该结束语符合要求吗？非语言交流是如何影响此次访谈的？

1. **访谈者**：普罗哈斯卡（Prohaska）教授，您有一分钟的时间吗？
2. **受访者**：一分钟？当然有。十五分钟后，我有一堂课。
3. **访谈者**：好的，这个访谈不会占用您很多时间的。（站立并表现得很紧张）
4. **受访者**：请坐。（指着一只椅子并面带微笑）我能为您做点什么吗？
5. **访谈者**：我在做一个政治科学课程的关于当地政府和选举的实地考察项目。
6. **受访者**：好的。我对这个课程和项目很熟悉。
7. **访谈者**：太好了。克莱尔教授说几年前您曾竞选过地方政府办公室的一个职位。
8. **受访者**：是的。我经常跟她谈论我竞选市议会议员席位的事。
9. **访谈者**：我想要跟您谈谈您的竞选过程以及您在当地的政治经历。
10. **受访者**：好的。
11. **访谈者**：为什么您当初决定要竞选政治职位？
12. **受访者**：市长叫我去做的。
13. **访谈者**：为什么他要这么做？
14. **受访者**：其实是她，杰基·延森市长。我们认识几年了，我也参加过各种各样的社区活动。
15. **访谈者**：所以您答应她去竞选是因为你跟她的友谊以及您对您的社区很有兴趣是吗？
16. **受访者**：不是。
17. **访谈者**：那为什么您答应她呢？
18. **受访者**：我当时拒绝了她，并跟她说我不是那种适合参加政党的人，我也不想去跟我喜欢的现任者作对。
19. **访谈者**：那她怎么说呢？
20. **受访者**：她说地方选举更多地涉及人而不是政党。市长还向我讲述了她之前的竞选以及她政党内其他人的竞选经历，他们的经历都很成功。她说我在城市一年战略计划中的积极表现让我有资格成为理想的候选人。
21. **访谈者**：然后您就答应了吗？
22. **受访者**：是的。
23. **访谈者**：跟我讲讲您的竞选经历吧。
24. **受访者**：我挺享受竞选过程的，因为小城市的地方选举其实非常需要人际交流。很多时间我都是在上门拜访选举人，并跟他们聊聊未来的城市发展。虽说很耗时间，但是也很值得。
25. **访谈者**：为什么说它很值得呢？
26. **受访者**：因为我必须跟我们城市许多厉害的人物见面，让我有机会深入了解这个国家的政治过程以及我们是如何选举我们的代表的。我很难想象举办一个州甚至全国范围的竞选是多么艰难啊！我不同意许多候选人和他们的议程，但是我必须尊重他们为竞选主要官员而作出的牺牲。
27. **访谈者**：您有做过什么电视广告吗？
28. **受访者**：没有。广告太费钱了，而且对地方选举没有什么用。
29. **访谈者**：您有跟您的对手在电视上辩论过吗？
30. **受访者**：没有。但是我们的确有一起出现在当地的有线电视频道里。那也是那次选举最奇特的经历。
31. **访谈者**：跟我讲讲那次经历吧。
32. **受访者**：我和我的竞选对手一起出现在演播室里等待访谈，但是当时主持人却没有出现。当时摄影师从他那个位置，也就是摄像机后面那个位置发现问题，我们便装作我们在跟主持人说话那样回答问题。
33. **访谈者**：在电视上播放时是什么效果呢？
34. **受访者**：那个电视台雇用了一个当地退休的有广电业界经验的电视老师，他走进来，并且我假装和我对手正在回答他的问题。然后电视台的人把它们剪辑到一起，播出来后就感觉像一场温和的政治交流。
35. **访谈者**：您最后赢得选举了吗？
36. **受访者**：没有。我当时所在的地区总是偏向投给另一个党派，我当时几乎可以确定我是必输无疑（看着他的座钟）。我得先去上课了。
37. **访谈者**：哦，好的（看着问题顺序）。让我看看。我这里还剩下一些问题没有问。我们这几天能找个时间再碰面吗？
38. **受访者**：当然。
39. **访谈者**：（站起来朝门口走去）好的。谢谢您的帮忙，普罗哈斯卡教授。再见。
40. **受访者**：祝你好运。

学生活动

1. 选择一个访谈话题和一个你想选择其作为受访者的人。接着构建你的访谈主体内容。再确定一个言辞准确、范围较小的目标。制作一份访谈提纲（从主话题开始，再到子话题），然后选择一个或多个大纲序列。把你的提纲变成一份适当的问题顺序：适当的计划、精密的计划或精密的标准式计划。再决定你要采用哪一种提问顺序。再回头看看你构建的内容，问你自己在这个过程的每一个阶段你是如何决定这些内容是否合适的。
2. 观看不小于十五分钟的电视访谈视频。看看这个访谈的开头是如何运用口头语言和非语言交流的？受访者是如何参与进访谈之中的？访谈者采用了哪种访谈和哪种问题顺序？访谈的结束语是如何运用口头语言和非语言动作的？结束访谈中受访者的参与积极性如何？根据此章节的指南评价此访谈每一阶段的效果。
3. 观看不小于十五分钟的电视访谈视频。尝试从此访谈中构建一个访谈指南。从这份指南中，你能否看出一个或多个问题顺序。从你对这次访谈的重构中，你从访谈者的准备工作中能得出什么样的结论呢？你要怎么提升你的设计或者问题顺序呢？
4. 采访一位经验丰富的访谈者，例如，记者、警官、咨询师、招聘人员、保险调查员、资金筹集人。了解他是怎么决定要采用哪种开场白技巧的？如何通过精密设计的访谈指南知道要做多少准备？怎么决定要采用哪种技巧结束访谈？目的、双方关系、场合、时间对访谈者的决定有什么影响？

注释

1. http://scit.ac.uk/university/scit/modules/cp4414/lectures/week3interview/sid021, accessed September 28, 2006.
2. George Gallup, "The Quintamensional Plan for Question Design," *Public Opinion Quarterly* 11 (1947), p. 385.
3. H. B. Beckman and R. M. Frankel, "The Effect of Physician Behavior on the Collection of Data," *Annals of Internal Medicine* (1984), pp. 692–696.
4. LaRay M. Barna, "Stumbling Blocks in Intercultural Communication," in Larry A. Samovar and Richard E. Porter, eds., *Intercultural Communication: A Reader* (Belmont, CA: Wadsworth, 1988), pp. 323–324.
5. Judy C. Pearson, *Communication in the Family* (New York: Harper & Row, 1989), p. 78.
6. Sarah Trenholm and Arthur Jensen, *Interpersonal Communication* (New York: Oxford University Press, 2013), p. 59.

7. Kory Floyd, *Interpersonal Communication: The Whole Story* (New York: McGraw-Hill, 2011), p. 188.
8. John Stewart, *Bridges Not Walls: A Book about Interpersonal Communication* (New York: McGraw-Hill, 2009), p. 186.
9. Lillian Glass, *He Says, She Says: Closing the Communication Gap between the Sexes* (New York: Putnam, 1993), pp. 45–59.
10. Cynthia Burggraf Torppa, "Gender Issues: Communication Differences in Interpersonal Relationships," FACT SHEET: Family and Consumer Sciences (Columbus, OH: The Ohio State University, 2010), p. 1.
11. Mark L. Knapp, Roderick P. Hart, Gustav W. Friedrich, and Gary M. Shulman, "The Rhetoric of Goodbye: Verbal and Nonverbal Correlates of Human Leave-Taking," *Speech Monographs* 40 (1973), pp. 182–198; John Stewart, *Bridges Not Walls* (New York: McGraw-Hill, 2012), p. 153.
12. Erving Goffman, *Relations in Public* (New York: Basic Books, 1971), p. 88.

资料来源

Adler, Ronald B., and Jeanne Marquardt Elmhorst. *Communicating at Work: Principles and Practices for Business and the Professions*. New York: McGraw-Hill, 2008.

"Conducting the Information Interview: Module 5: Conducting the Interview," http://www.rogue.com/interview/module5.html, accessed April 21, 2009.

Knapp, Mark L., Roderick P. Hart, Gustav W. Friedrich, and Gary M. Shulman. "The Rhetoric of Goodbye: Verbal and Nonverbal Correlates of Human Leave-Taking." *Speech Monographs* 40 (1973), pp. 182–198.

Krivonos, Paul D., and Mark L. Knapp. "Initiating Communication: What Do You Say When You Say Hello?" *Central States Speech Journal* 26 (1975), pp. 115–125.

Sandberg, Anne. "Build an Interview: Interview Questions and Structured Interviewing," http://www.buildaninterview.com/interviewing_opening_and_closingremarks:asp, accessed April 21, 2009.

Zunin, Leonard, and Natalie Zunin. *Contact: The First Four Minutes*. London: Random House, 1986.

第五章

信息访谈

> 信息访谈是最常见的访谈类型。

信息访谈（informational interview）是所有访谈中最为常见的一种类型，因为你几乎每天都要参与到其中。举几个例子来说，记者、招聘者、警察、律师、顾问、主管、消费者、教授、学生都要依靠信息访谈来获取或传递事实、意见、态度、情感及观察。信息访谈既可以像学生请求教授讲清一个项目那样简洁、随意，也可以像记者与首席执行官谈论公司的招聘计划那样详细、正式。

不论其长短、正式程度或具体的背景如何，每一个信息访谈的**目的**都在于在最短的时间里尽可能准确地、完整地、及时地获取相关的信息。而这就要求对表面的，甚至也许是不准确的回答进行有技巧的、有洞察力的提问、倾听、观察以及调查。非常不幸的是，我们中间很少有人在访谈方面受过训练，包括专业的记者。比如，齐普·斯堪伦（Chip Scanlon）[《报道与写作：21世纪的基础知识》(Reporting and Writing: Basics for the 21st Century)的作者]写道："作为其工作中的重要一环，记者在访谈这一块所受的训练非常少，甚至根本就没有受到过训练。大多数人都是通过试错法来学习的。"[1] 同样地，记者萨拉·斯图特威尔（Sarah Stuteville）也提道："非常奇怪的是，人们过于强调对记者写作能力的训练。而事实上，没有对记者采访技能的训练，前者也是没有价值的。"[2]

本章目标是介绍如何组织和参与信息访谈的基本元素。这些元素包括充分的准备，对采访者与被采访者的挑选、访谈背景的选择、访谈的开场，对受访者的激发与引导、提问、做笔记与录音/像，对特殊情况与难以应付的受访者的处理以及访谈的结尾。

访谈的准备

充分的准备是组织、参与信息访谈的关键性的第一步。非常不幸的是，对于这一步并不存在一个可以据以遵守的简单公式或模型。正如获得普利策奖的《西雅图时报》(*Seattle Times*)首席调查记者艾瑞克·纳德勒(Eric Nadler)所说，我们所要经历的谈话与我们所要面对的谈话对象一样，是多种多样的。[3] 对访谈的准备具体包括确定目标、对涉及的话题进行调查，以及对访谈进行设计安排。斯堪伦将访谈描述为"一个类似于写作的过程，在其中需要做一系列的决定并采取措施以便能够获得可能的最好的信息"[4]。在这个过程中，需要做的第一步就是确定目标。

明确目标

> 你的访谈目标决定了你如何进行前期准备以及在信息访谈中要做些什么。

你应该以提问的方式来开始你的准备工作。你为什么要进行这次访谈？你需要什么样的信息，情感、态度、事实、目击者的陈述、专家证词，或者是门外汉的证词？你需要多久得到这些信息？你将怎样使用这些信息作决定、采取行动、撰写研究报告、为晚上10点的新闻节目准备新闻特写，或者为一桩案件作准备？俄勒冈大学新闻专业的一位长期任职的教授肯·梅茨勒(Ken Metzler)说，当你能够确切地知道自己想要什么的时候，"你就已经成功了一半"[5]。

研究情境

> 回答这些问题实际上就是了解你的访谈情境。

你应该对可能会影响你的访谈的情境因素进行考虑。访谈将会在何时何地进行？访谈前后的事件可能会如何影响访谈？受邀及未受邀的观众是否会到场？你需要留意的外部影响有哪些？访谈将会现场直播吗？你需要多少时间来准备？对于那些你仅有一点时间来处理的紧急情况或危机，你能够应对吗？是否存在一个获取所需信息的最后期限？诸如记者招待会、新闻发布会此类环境会限制你将要问的问题及能够使用的信息的数量和类型吗？你应该延迟访谈直到自己能够更好地了解情况并能够在复杂的情境中处理复杂的问题吗？

你应该为可能会遇到的以下采访情境作好准备：人类的苦难、情绪大爆发、毁灭性的场景、对健康及安全的威胁，以及肮脏污秽的环境。我们对记者、第一急救人员、警察以及政府官员这类人员进行了观察——他们必须处理龙卷风、森林火灾、高速路交通事故、枪击等事件的善后工作，或者是将儿童从糟糕到令人难以想象的生活环境中解救出来。我们发现，经常出现的情况是，采访者在错误的时间、错误的地点介入了人们的生活。

根据访谈主题调查研究

对访谈话题进行全面详细的调查能起到五个作用。

第一，通过调查，你能够确定哪些信息可以在别处轻松获得而不必浪费宝贵的访谈时间。比如说，当访谈对象的简历信息能够很容易地在网站或组织的文献上获取时，你又为什么要在访谈时提出这些问题呢？这些具有帮助的来源可能包括：课程大纲、杂志或报纸文章、互联网、数据库、年度报告、教学手册、法庭公文、档案文件、参考著作、组织记录以及先前的访谈记录。一些记者声称，调查的时间应该是实际访谈时间的十倍。[6]

> 互联网和数据库成为访员重要的信息源。

第二，通过调查，你或许可以发现一些尚未得到解决的以及能够引起你特别兴趣的话题领域，比如对事件的解释、个人经历、对数据的阐释、一个问题的多个面向、态度或是情感。通过调查，你能够提出富有洞察力的问题而避免对事件、因果关系及受访者提供准确信息的愿望和能力作出**错误假设**。

第三，对于你在访谈前搜集到的信息保持敏感性与批判性。并非所有出版的东西都是准确的、真实的，尤其是在互联网上。许多消息来源都为自己隐秘的动机而提供伪数据。你所掌握的信息是最近才获得的吗？消息来源是否因为环境或经历的改变而改变了想法？能找到更新的研究吗？哪些逸闻趣事或引语对你的研究、报告或故事起着重要的作用？你是否是在脱离了消息源所处的具体背景而对其所说的话进行引用的？是否存在明显的不准确信息，即使这些信息是在那些通常还算是值得信赖的消息源处获得的？记者焦迪普·卡瓦拉（Jaldeep Katwala）提醒道："对你搜集的事实要有十分的把握。没有什么比你的采访对象告诉你你错了更糟的事情了——尤其是在现场直播时。"[7]

网络资源

运用互联网对你所在的学院或是你将来准备选择就读的研究生院或专业学院进行研究。首先，你应该重点关注专业院校（college）或综合性大学（university），然后再关注这一大结构下的具体学院（前者为 school，后者为 college），最后则是学院下设的系部。哪些信息是容易获得的？这些信息的时效性如何？缺少的哪类信息是你必须通过访问教职工或学生才能获得的？

第四，你所提的问题必须显示出你为了与你的采访对象建立起信任的关系而做了功课。埃里克·雷蒙德（Eric Raymond）与瑞克·摩恩（Rick Moen）建议："在你提问时，你要表现出自己已经提前做过这些事情了；这能够帮助你建立起你并不是一块懒惰的海绵的形象，并且也不会浪费别人的时间。更好的是，你甚至可以展现出自己从中学到

> 你对我感兴趣，我才会表现出对你有兴趣。

了什么。"[8] 不提前作好功课，而且在访谈中显示出你的无知愚昧将会摧毁别人对你的信任，并使你及你所属的组织机构陷入尴尬的境地。不要试图以你广博的知识来给别人留下深刻印象；让你对于一个话题的理解和知识在你的提问及反应中自然显露出来。你可以通过好好措辞表述最开始的问题，显示你对诸如医药、科技、经济、军事及历史这些领域的熟悉性。通过全面的调查，你能够提出那些准备的不如你充分的采访者所提不出的具有洞见的问题。你的调查能够为你提供比你在任何一场访谈中所能用到的更多的信息，并且你肯定也不愿意遗漏那些你觉得有趣的、具有刺激性的数据、意外的发现及故事。你要抵制住问太多问题或在问题中加入太多信息的冲动。

第五，你进行过调查的证据表明，你不会被轻易忽悠，并且还能够促使你的采访对象在回答你的问题时真诚、富有洞察力、有深度。当别人花费时间来，了解我们的兴趣、领域、成就及观点时，我们会非常高兴。我们为我们所做的、为我们是谁感到骄傲和自豪。你需要知道一些恰当的行业术语和技术术语并能够正确地使用和发音。你也需要知道你的采访对象的姓名（以及如何发音）、头衔及所属的组织，他是教授还是讲师，是编辑还是记者，是飞行员还是航海员，是首席执行官还是首席财务官，是哲学博士、医学博士、兽医学博士、牙医博士、骨科博士还是教育博士？

架构访谈

访谈指南

针对某一主题进行调查研究时，要大致记录一下可以发展成为访谈指南的话题领域及次领域。这里所说的访谈指南也许是一个精练的提纲、一个话题的要点，或是笔记本里的关键词。比较传统的记者的访谈指南里有你在访谈期间所需的所有东西。以下的六个词也许会成为你在比较温和常规的访谈中会问到的最主要的问题：

- 涉及哪些人？（Who）
- 发生了什么？（What）
- 什么时候发生的？（When）
- 在什么地方发生的？（Where）
- 是如何发生的？（How）
- 为什么会发生？（Why）

访谈的时长、复杂程度以及重要性将会决定访谈指南的类型。

第四章提到过结构序列。按照时间顺序设计的架构在贯穿故事或事件时是显著有效的，因为它们是依照时间序列展开的。逻辑序列，诸如原因—结果关系、问题—解决方案这样的类型，则适合在处理问题和危机时使用。而当访谈涉及地点时，空间序列是有很大帮助的。但与此同时，也要保持灵活性，因为信息访谈很少能够完全按照计划进行。

访谈设计

如果你的访谈非常简洁或者你非常擅长做信息访谈，那么也许你只需要一个访谈指南就可以进行一场无设计访谈了。如果不是，那么你就需要拟定一个适度的访谈计划，这个访谈计划需要把相关的话题及子话题转变成主要的问题，并为每一问题提供可能的更深层次的问题。

提前草拟一个适度的计划书可以确保你不必在开口表达前才设计你的问题，而使你能够严密地、准确地对其进行表述。与此同时，一个适度的访谈计划能够给予你一定的**灵活性**，使你能够在有需要或有机会的时候删除原有的问题而提出新的问题。比如，你可能会偶然发现你在调查或计划中不曾发现的但却值得为其改变原计划的问题，或话题，而它们可能产生"曲径通幽"的效果。你不必担心你偏离了计划的轨道，这样的风险是值得一冒的。并且你还可以回到你原来的计划中去，从当初停止的地方继续出发。托马斯·伯纳（Thomas Berner）建议，如果从一个问题的答案中能够延伸出另一个好问题，那么你应该将其记下来，然后在最合适的时候再回到这个问题。[9] 适度的访谈计划之所以能够成为访谈者进行信息访谈时的理想选择，就在于访谈者能够自由地对其进行改进。

挑选受访者和采访者

当你确定了自己的采访意图，对采访的情境有了一定的了解，进行了必要的前期调查，也拟定了采访指南或计划时，你就应该着手挑选受访者与访员了。

挑选受访者

你的访谈目的与采访背景也许已经决定了你必须要采访的对象，一个受伤的警察、一个炼油厂火灾的目击者、州立法机关的某个成员，或者是一个癌症的幸存者。如果是这样，你首先需要做的就是回顾你对这个人的背景、在问题上的立场、作为受访者的能力以及与你的关系的了解，然后再对你不了解的东西进行深入的调查。但也许你需要从数个在执行任务中受伤的警察中进行挑选，从炼油厂火灾的数个目

> 设计一个结构序列，但同时保持灵活性。

> 对于一场长访谈来说，一份适度的访谈计划是非常有用的工具。

击者中进行挑选，从州立法机关的数个成员中进行挑选，或者是从数个癌症幸存者中进行挑选。你的采访意图也许要求你对你关注的话题领域中的现有专家进行采访，比如科学家、内科医生、教授或者律师。或者，你的采访意图需要你对那些并不擅长于某一特定职业的门外汉进行采访，比如选民、足球粉丝、一场事故的目击者，或者是超市里的购物者。一旦你明确了你必须采访的某一个人或某一类人，那么你便可以使用以下标准来对其进行选择：通晓信息的水平、易得性、愿意程度及其访谈的能力。

信息水平

> 确保你的采访对象拥有你所需的信息。

在挑选受访者时，最重要的标准是你将要采访的对象是否掌握了你所需要的信息。如果掌握了，那么其掌握的信息专业水平如何？是通过经验获得的，还是通过教育、训练，或是其所处的职位获得的呢？比如，**第一手来源**（primary source）属于那些直接与你想要的信息相关的人、文献、机构等，**辅助性来源**（support source）则是那些与第一手消息来源具有重要关系的人、文献、机构等，而**专家来源**（expert source）则是那些拥有与你所需信息相关的高等知识或技能的人。你的目的也许需要你对一个人的专业水平进行评估。作为一名口述历史学家，你也许希望采访的是积极投身于为总统约翰·肯尼迪（John Kennedy）组织政治游行的人，而不仅仅是一个参与了这场游行的人。作为一名记者，在关于提议的合并方案这一问题上，你也许想要采访的人是公司的首席执行官，而不是一个职工。

雷蒙德·戈登（Raymond Gorden）对**关键信息员**（key informants）这一概念进行过阐述——他们能够就当地实际情况提供信息，能够帮助挑选、联系了解情况的受访者并使之配合。[11] 因此，你就应该找出这些人并明白他们如何才能够帮助你挑选你的采访对象。关键信息员可能是家庭成员、朋友、同学、雇主，或是助手。

易得性

> 不要预先假设一个潜在的采访对象不会接受访谈；你应该先询问并请求。

某个消息来源也许离你太远了，当你需要深度访谈时，他却只有几分钟的时间，可以甚至直到过了你要求的最终期限他们才有时间。在你准备放弃这一消息来源之前，可以考虑使用电话、视频会议或电子邮件这些方式能否解决问题。并且，永远不要假设某一对象是不可获得、不可利用的。在记者与研究者中，充斥着大量这样的故事，即许多著名访谈的诞生都仅仅是因为采访者向采访对象请求做一个访谈，甚至是坚持不懈地请求。你可能因为认定一个人不会与你交谈而自己放弃了一次访谈，比如一种你自己的预见："你没有时间与我交谈吧，是吗？"

第五章　信息访谈

你可以试着想想，是否存在可能的中间人，也就是戈登所说的关键信息员，比如共同的朋友、同事、助手，或者是公关部门。你也许可以主动去你的采访对象工作、居住或是娱乐休闲的地方，而不是被动地等着他来找你。有时候，你的采访对象会要求提前看看你准备的部分或是全部问题。一般说来，"你不应该那样做"。提前把问题透露给你的采访对象，可能会将你在访谈中能够提的问题限制于你所列举出来的那些问题，而不能视情况作出调整，并且将问题提前透露给你的采访对象也使其能够提前表述、演练其答案。至少，此类要求很可能会损害访谈的自发性。你应该特别留意那些被提出来的禁止涉及或是不宜公开的话题的过分要求，这些要求也许会使提出要求的这个人不再是一个你可以利用的采访对象。

愿意程度

你的潜在的采访对象可能会因为各种原因而不愿意和你会面，比如，他们不信任你本人，或者不信任你的组织、职业、职位。而他们提供的一些信息也许会伤害到他们自己、他们的组织或是某些重要的人物，尤其是因为不正确的报道、隐匿的议程或是在新闻来源中非常普遍的耸人听闻。他们也可能会觉得你所需的信息根本就与他人无关，并且只会浪费他人的时间。[12] 简单说来，也就是你的潜在的采访对象也许会认为这个采访毫无意义，并不值得他花费自己的时间并承担可能会出现的风险来接受你的采访。如今，对于一个人说的任何话都可以提起诉讼，同时，各类组织机构也非常害怕被数以百万计地起诉，因此，这些组织机构会控制那些可以为他们说话的人。

> 对访谈中可能会被揭露事实的担心会使参与者不愿配合访谈。

你也许必须说服你的采访对象，使其相信你能够对其隐私进行保密，并准确、完整、公正地进行采访报道。如果你的采访对象对你或是对采访的话题及其结果感兴趣，那么他们便会同意合作。因此，你应该说明的是，如果关于对方的信息或是态度被报道出来，他们将会如何受益。有时候，你可能必须得给对方施加一点压力，比如，"如果你不告诉我们，那我们只好去找其他的信源了"，或是"其他的事件有关方已经向我们透露了他们的情况,你确定不让我们听到你的声音吗"。与此同时，你也要对此类威胁保持谨慎。威胁可能会破坏一场访谈，损害一段关系并阻断未来的交往沟通。最后，对于那些过于渴望被采访的人，你也应该同样谨慎。

> 施加压力作为最后一招。

访谈的能力

你的潜在的采访对象有能力自由地、准确地传达信息吗？糟糕的记忆力及身体状况、休克状态、偏见或是歧视、习惯性的说谎、过于夸张或过于简单化的倾向以及对可怕记忆的刻意压抑等状况也许都会

> 许多潜在受访者愿意加参访谈，但却不具备访谈能力。

使对方不适合成为你的采访对象。那些年长的目击者对事件的记忆也许与事件本身非常不同。一位因为失去孩子而悲痛欲绝的父亲或母亲，在面对记录者、采访者以及灯光及摄像机时也许根本不能专注于事件的细节。采访者通常会期待人们记住发生在几个月或是几年前的事情的瞬间细节或是具体时间，但实际情况是大多数的人回忆昨天所做的事情都有困难。

当时间允许时，你应该提前熟悉你的采访对象，了解其成就、个性、名声、偏见、兴趣，以及访谈的个性。知名文案撰稿人扎勾福斯开（Zagofsky）曾说过："事实是，一些人在某一主题上有很好的故事可以讲述，而其他人没有。一些人在接受访谈这一事情上有天然的才华，而其他人却没有。"[13] 人们在回答或是逃避问题上有多熟练呢？很多人每天都会接受访谈，并且越来越多的人已经开始进行相关的强化课程培训了，在这些课程中他们会学习如何面对采访者，如何使用幽默来逃避问题，以及如何通过表述一个模糊的答案而只提供一点点信息或是干脆什么也不提供。尤金·韦伯（Eugene Webb）与杰瑞·萨兰尼克（Jerry Salancik）写道，一个采访者"应该及时充分地了解"你的"消息源，观察受访者的面部表情在什么时候与其特定的回答不一致，以此来推断是否出现了歪曲事实的情况"[14]。

> 有些受访者学习过怎样回答问题、逃避问题以及如何面对访谈。

挑选采访者

艾瑞克·纳尔德（Eric Nalder）强调，一名理想的记者或是其他任何信息访谈者的最为重要的品质便是对所有人和事保持好奇心。同样的，肯·梅茨勒（Ken Metzler）也强调："最好的采访者是那些享受与人打交道并想要对其所遇到的人了解得更多的人，以及那些永远对几乎所有的事情都拥有好奇心的人。"[15] 除了好奇心以外，采访者还应该友好、勇敢、有条理、善于观察、有耐心、坚持，以及富有技巧。

一些情境也许会对采访者的年龄、性别、种族、民族、宗教、党派，以及受教育程度有特殊的要求。一个70岁的采访者也许会发现，将自己同青少年联系起来，和一个青少年将自己与一个70岁的人联系起来同样困难。与男性采访者比较起来，女性通常更愿意向女性采访者吐露自己的秘密。一名拥有海地血统的采访者与海地移民沟通起来也许会更加有效，因为两者拥有共同的文化、传统以及沟通习惯。

采访者与采访对象的关系

一旦选定了采访对象及采访者，你就应该密切关注两者之间的关系。罗伯特·俄格勒斯（Robert Ogles）与其他新闻专业的教授提到，信息访谈者所依赖的是"第二层级的关系",这种关系并不亲密并且依赖于其他一些相关的维度。[16] 而这些相关的维度更多的是功能性的而非情感性的,并且依赖于一些表面的信号,诸如显著的相似性、外表特征,以及非语言行为。你应该对以下问题进行审思:

- 双方参与这场访谈的意愿程度如何?
- 双方喜爱及尊重对方的程度如何?
- 在这场访谈中每一方施加的或是尝试施加的控制及主导程度如何?
- 访谈双方的信任程度如何?

> 知道双方的关系史。

你应该对访谈双方**所认为的**那些相似性及差异性保持谨慎。由于采访者致力于探求采访对象根本不愿意揭露更别说是需要深入交谈才能获取的信仰、态度、价值观、情感等信息,因此积极的关系对于一场信息访谈来说至关重要。采访者与其采访对象之间的**地位差异**实际上为双方提供了有利之处。

当采访者从属于采访对象时(学生对老师,合伙人对管理者,副总裁对总裁):

- 采访者不需要成为一名专家。
- 采访对象不会有威胁感。
- 采访对象会更加自由地交谈。
- 采访对象也许会想要帮助采访者。

> 地位的差异或相似性会影响访谈动机、回答自由度、访谈的控制以及关系的和谐。

著名的 NBC 新闻记者、节目主持人戴维·布林克利(David Brinkley)曾在 PBS 的一场访谈中提到,他非常欢迎新闻专业的学生及年轻的记者造访他的办公室,也非常乐意带他们参观演播室,并一起讨论成为一名优秀的记者所需的学术背景。

当采访者优于其采访对象时(上尉对士官,首席执行官对部门领导,内科医生对护士):

- 采访者能够控制访谈。
- 采访者能够给采访对象某些回报。
- 采访对象有迎合取悦采访者的动机。
- 采访对象会因为能够成为参与者而备感荣幸。

一些组织会通过给予其代表听起来具有很高地位的头衔来加强其优越感,如首席记者而非记者,副董事而非销售总监,编辑而非记者,总经理而非监督者。

> 对于一些采访对象来说,地位是一项非常重要的标准。

当采访者与其采访对象地位相对平等时(学生对学生,助手对助手,研究员对研究员):

- 双方很容易建立起融洽的关系。
- 存在更少的沟通障碍。

- 存在更小的压力。
- 可能会产生高度的共鸣。

在很多情境中，采访对象希望其采访者在各个方面与其相似，包括性别、年龄、受教育水平，以及专业领域。有些受访者不接受他们觉得层次低的组织或个人的访问。比如，如果他们是国会的资深成员，他们就会希望媒体派遣出资深的记者。

选择采访地点及背景

> 选择可能的最好的采访背景。

尽管一些消息源会告诉采访者让他们自己来"决定采访地点"，理由是这是"你们自己的采访"，或是"你们应该决定采访的背景"，但采访者的选择却不总是这么简单。[17] 如果一名律师指定只能在其办公室接受采访，一名政治竞选的主管指定只能在竞选总部接受采访，或是一名母亲或父亲指定只能在诸如咖啡店这类的自然环境中接受采访时，那么你所要进行采访的场所就是以上这些地点了。你也许更倾向于坐在舒适的椅子上，在没有任何障碍遮挡你的视线的情境中进行采访，但是你的采访对象也许会坚持坐在桌子后面以显示其地位。你应该就你所能做到最好。

萨拉·斯图特威尔（Sarah Stuteville）建议，"如果你有什么方法能够在与你故事的主题相关的场所进行采访的话，你就有更大的机会获得成功……这不仅是因为你能够对故事的背景有更进一步的把握"，还因为"在通常情况下，当人们处于其熟悉的环境或是像是其自己的'领地'时会更加的舒适（及开放）"[18]。许多一流的采访都是发生在医院、监狱以及工厂和事故现场、抗议集会与自然灾害现场中，并且警察、急救人员以及销售代表都在"同一条船上"，经历着共同的情境并参与到采访中。

艾瑞克·纳尔德强调"到人们正在做你要采写的事情的场所"去采访非常重要。重要的是，你不仅要倾听你的采访对象的回答，还要对事情本身进行观察并有所感受。[19] 当纳尔德在写一本关于油轮的书时，一名船员告诉纳尔德，如果他本人不亲自在狂暴的一月份的阿拉斯加湾的海面上感受一下"吐出你的内脏"，那么他是无法理解油轮上的船员和他们的生活的。纳尔德接受了这一建议，并且从自己的亲身经历和他的采访对象的经历中获得了独特的理解。

开始访谈

到现在，你还没有准备好如何创造一个好的开头。你需要认真准备访谈的开场，因为你与你的采访对象能够建立起何种程度的信任关系是由一开始你的外貌形态、动作举止、声音，以及你的用语、评论、所提的问题决定的。[20] 记者萨拉·斯图特威尔提醒我们，一则好的报道或是一个好的故事取决于"一个完全陌生的人的配合和参与"。你要学会尊重别人，尽量能有一个令人愉悦的专业性对话，而不是对抗。闲聊、能够让人轻松应答的活跃气氛的问题以及友好的评论不仅能够很好地帮助建立起融洽的关系，还能够成为过渡到采访核心的桥梁。

要谨慎准备一些闲谈以过渡到那些听起来有些陈腐、机械或像是蓄意策划的论题。不要与你的采访对象过于熟悉。你真的与你的采访对象达到了可以直呼其名或互称绰号的地步了吗？如果你对你的采访对象来说只是一个陌生人，那么你就应该明确你自己，明确你自己的位置以及你所代表的组织。即使对方熟知你，你也应该向他解释你想要谈论的问题及谈论的原因，透露信息将会如何被使用，并告知访谈将会进行多久。不要急于拿出你的笔记本或进行录音/像，因为这样会吓到你的采访对象。

> 扎实的开场白对于激发采访对象是必不可少的。

你可以就你在采访对象办公室观察到的某个细节、其兴趣爱好或某一新闻信息进行提问；你也可以对某人在近期获得的承认或取得的成就表示祝贺；你还可以把你在研究中或在准备采访中所遇到的一些有趣的东西穿插到访谈中去。对于你们正在谈论的问题，你应该巧妙地提及你的采访对象在这一问题上的位置、立场。为了激发你的采访对象，你可以考虑讲讲你自己的故事。不要以让人难以回答的或令人尴尬的问题开头。雷蒙德（Roymond）与摩恩（Moen）建议，"谨防不要提出错误问题"。你应该认真准备你的开场问题，"认真地做全面的思考，听起来草率的问题得到的只会是草率的回答，或者干脆什么也得不到。你越能展示出你在寻求帮助以前就已经花费了很多努力去解决你的问题，你就越可能得到真正的帮助"。

现在，你可以对在第四章中讨论过的开场技巧进行回顾，然后选择一个与信息访谈最为适合的技巧或几种技巧的组合。

你应该为每一个场合、每一位采访对象设计适合他们的开场白。[21] 一句随意的赞美，对某一话题或某个共同朋友的友好评价，或是一段随意的闲聊也许对某位采访对象来说会创造出一种友好的、轻松的气氛，但于另一位既不喜欢也没有时间闲聊的忙碌的采访对象来说就可能会产生相反的效果。正如第二章中所讨论的那样，在采访者与采访对象之间建立起一种积极的关系对于任何一场采访的成功都是至关重要的。你应该努力建立一种"友好的对话关系，就像是老友之间的交谈"，但与此同时也不能看起来过于友好或密切。你应该加强与你的采访对象之间的关系，但不要试图去超越它。[22] 在开场的时候，你应该

> 要明白"不宜公开"对于访谈的双方来说意味着什么。

避免任何表面上的矫揉造作。

在开场白结束之前，应该确保双方对于支配彼此之间互动的**基本原则**持有共同的理解。这对于警察、记者及监管者所做的调查性采访来说尤其重要。然而，如果每一件重要的事情都是**不宜公开的**，又为什么要进行采访呢？必须清楚的是，不存在有可以追溯回去的不宜公开的要求。参加访谈的双方都必须明白"不宜公开"意味着什么。如果你的采访对象不希望自己说的话被引用，那么你们应该试图就以下这点达成共识：引语可以被归为一个不署名的来源或者可以被放入一则报道中而不表明其归属。

实施访谈

信息访谈的目标是获得只能由你的采访对象提供的、具有深度的和洞见性的信息。因此，超越肤浅但安全的第一层次互动，到达更具冒险性和深度性的第二层次和第三层次互动就非常关键了。为此，你必须激发鼓励你的采访对象说出他的信念、态度、情感，以及某些不为人知的事实。

激发采访对象

当一个人不愿意与你交谈或只愿意停留在第一层次进行交流时，是有很多原因的。[23] 你的采访对象也许在先前类似于这样的采访中被"伤害过"。在你出现之前，你的采访对象也许背负着负面的名声。你的采访对象也许会认为你的采访会对其自我形象、别人对他的信任以及事业造成负面影响，或者会对其隐私，不愿意记起或不希望被别人知道的事情构成侵犯。在这种情况下，他也许就不愿意在任何话题上被采访。另一方面，对于那些急于想要参与访谈并向你吐露秘密的人，你也应该保持谨慎。他们也许刚刚被宣传、曝光过，或是做了一些追名逐利的事情，得到了兜售某一产品或观念的机会，又或者是与某些人、某些机构搭上了关系。

> 弄清楚什么能够激发你的采访对象。

依据黄金准则，我们可以得到这样一个简单的指导方针，即对待别人就要像你希望别人对待你那样。如果你遵守了这一指导方针，那么你的采访对象就有可能超越第一层次与你进行沟通。这一指导方针适用于最为复杂的访谈情境。一则关于对伊拉克和阿富汗的叛乱者的询问式采访的报道显示，"所有成功的询问者在其处理问题的方式上都有一个共同点，那就是他们对那些叛乱者都很友好"。[24] 如果你的采访对象相信你会以理解、得体的语言予以回应，并保守秘密，公正地使用信息，以及对其所说的话予以准确、完整的报道，那么你们之间的沟通就会自由而准确。肯·梅茨勒建议，我们应该避免使用采访这个术语而代之以对话、交谈、讨论或聊天。此外，他还建议在访谈中可以适当提及你的采访对象尊敬的名人，这可以起到加强信任感的作用。

> 信任感对于信息访谈来说非常重要。

你不应该持有某种具体的态度。从访谈开始到访谈结束，你应该对你的采访对象及其回答、你们所谈论的话题展现出真挚的兴趣和热情。你不应该表现出对你的采访对象的回答或所谈论的问题的主观感受，而是应该保持中立。你不应该突然打断你们的谈话，而是要寻找自然的停顿点来问一些至关重要的问题。在访谈时，你的角色是提出问题，而不是进行陈述。你不仅应该带着你的耳朵去倾听，还应该辅之以眼神、面部表情，时不时地点头示意，并且始终保持一种聚精会神的姿态。梅茨勒曾写道："不是你所提的问题而是你对你所接收到的答案所付出的注意力造就了一场成功的访谈。"一些具有经验的访谈者建议，要用百分之百的时间来倾听你的访谈对象。[25]

提问

问题是激发你的采访对象提供信息和见解的交换工具。不幸的是，很多采访者总是倾向于问太多的问题，而这就使得他们能够进行倾听、观察、思考的机会减少了。采访者常常会显得非常自大，或者是假定自己"有权得到答案"。雷蒙德与摩恩声称，"毕竟，你并没有为这项服务付出代价。如果你在赚取答案，那么通过提出一个重大的、有趣的、能够令人深思的问题你便可以赚得答案——这个问题实际上能够对访谈双方经历有所助益，而不是仅仅被动地需要从别处索取知识。"

> 倾听与提问同样重要。

提出开放性问题

开放性问题能够激发并鼓励你的采访对象进行沟通。受访者对开放性问题的全面回答，也使你有机会适当地倾听（为了理解、移情、评价、寻求解决方案而听），同时可以对其言谈举止、仪态外表及非语言性交流进行观察。而对你的采访对象的倾听和观察，一方面，可以帮助你判断其回答是否准确或恰当；另一方面，也可以帮助你了解受访者对访谈及相关话题的感受。比如，对于来自另一种文化背景的人来说，眉毛上扬或是一丝略微的迟疑也许就是对你所说的俚语、前后矛盾的修辞不熟悉或是觉得很奇怪。

> 使你的采访对象成为访谈中的重要角色。

提深入性问题

你应该保持耐心并坚持不懈。不要打断你的采访对象，除非他明显地偏离了问题中心、逃避问题，或者有一直回答下去的可能性。信

> 做主动的倾听者而不是被动吸收的海绵。

息访谈的灵活性本质要求采访者能够提出所有类型的深入性问题。梅茨勒曾这样写道:"探查——追踪式问题——是非常重要的。很少有第一个问题就触及事物的本质的,也许是第七个,或是第十六个你先前并不知道你会问但由于你细心的、带着思考的倾听而使你选择提出来的问题才会触及事物的本质。"你可以通过**沉默式及推动式深入提问**(silent and nudging probes)来鼓励你的采访对象继续表达。你应该容忍沉默,因为你的采访者也许想要说出你根本没有计划要问的东西。你可以通过使用**情报式深入**(information probes)来从你的采访对象的回答中找出线索或是获取额外的信息或解释。你还可以使用**重复式深入**(restatement probes)来获取直接的答案。你也可以使用**确认式或镜子式问题**(reflective and mirror question)来核实、弄清答案,检验其本身的准确性以及你对其的理解。然后运用**全面式深入**(clearinghouse probes)来确定自己已经获得了所有对于自己的故事或报道重要的东西。同时,梅茨勒也建议使用一些**隐喻性问题**(metaphorical questions)来激发你的采访对象以一种有趣的、能够被理解的方式来延展其答案。比如,"州长,你希望借由这个立法提案来取得成功吗?"你不能做到对采访对象可能提供的每一条信息或见解都有所计划。一些记者坚信,"即使你带着一长串问题进入访谈,但最重要的那个问题也许是你针对访谈对象的回答所提出来的"[26]。比如,如果你的采访对象说出了某些令你惊讶的事情或道出了某一秘密,你就应该顺着这些线索追问下去,看看它们会把你引向何处。然后,你再返回到你的计划中去,按你的计划进行提问直到下一个线索出现。因此,非灵活性的访谈就会错失获取有价值的见解及信息的机会。

你应该懂礼貌,对别人保持友好的态度,行为举止得体,并且不能好争辩。在探究敏感性或私人性的领域时,你应该抱有理解之心。当你的采访对象情绪低迷或恼怒的时候,你要准备好放弃追问。在进行访谈的过程中,很多时候你都需要对那些令人感到尴尬的信息领域进行打探,比如疾病的性质、婚姻问题、组织的财政问题或是对某人的拘捕。

> 明白何时应该适可而止。

对于信息访谈来说,坚持不懈地进行探查非常重要,但是你也必须要懂得适可而止。如果你追问过度,你的采访对象很可能会被激怒、感到困惑或是保持沉默。以下是发生在一位律师与一名内科医生之间的对话:[27]

律师:医生,在你进行尸检前,你是否检查过其脉搏?
医生:没有。
律师:你是否检查过其血压?
医生:没有。
律师:你是否检查过其呼吸?

医生：没有。
律师：所以，在你开始进行尸体解剖前，患者是有可能还活着的？
医生：不可能。
律师：医生，你为什么能够这么肯定？
医生：因为装着他的脑袋的罐子就放在我的桌上。
律师：但尽管如此，他当时仍然可能是活着的，是吗？
医生：他可能还活着，并且正在某个地方开业做律师。

因此，在进行访谈时，你应该坚持不懈，甚至是不屈不挠，但与此同时，你也应该懂得何时应该停止。

问题的表述

你应该谨慎地表述每一个问题，尤其是你在现场临时拟定的没有事先计划过的深入性问题。认真地回顾第三章中讨论过的常见的问题陷阱，以便在掉进去之前明白过来。这些陷阱包括两极陷阱、告知所有、设置开关闭合、双管齐下式提问、引导式施压、猜谜游戏、"是"或"否"应答、好奇心探查、智力测验、不能问和无法答，以及复杂与简洁的问题。你应该尽量使你的问题简洁并切中要害。另外，还要对你的采访对象付出百分之百的关注。

有时候，你也需要打破规则来获得你想要的信息。你也许需要对一个你已经知道答案的、非常明显的问题进行提问，比如，"上一个春天，我看见你在伊朗"。事实上，看起来答案已经非常明显的问题能够使你的采访对象放松下来，因为这些问题能够使他们谈论那些众所周知的、非常容易谈论的事情，能够表达出对于受访者来说非常重要的话题的兴趣，并且显示出你为此做了充足的准备。而诸如"你确定你不相信？"这样的诱导式施压也许会换来你的采访对象进入一种坦露真情的交流状态中。但在对小孩提引导性问题的时候，你应该特别谨慎。研究显示，小孩对于这种引导性问题非常敏感，因为他们"非常善于从成年人那里获取线索，并依据其所提的问题的措辞方式来组织其答案"[28]。在新闻发布会上，你可以通过提双管齐下式问题来得到两到三个答案，因为很可能那就是你能够提问的唯一一次机会。一个两极问题能够产生"是"或"否"这样的答案，以便记录，这是新闻记者在进行采访时普遍会用到的。

你应该谨慎地对你的问题进行表述以避免疑惑或混淆。对于一些自己并不懂的问题，有些采访对象并不会承认自己的无知，而是不懂装懂对其进行回答。而有一些采访对象，则看起来在什么问题上都是专家，实则不是。你可以听听广播上的热线节目，听听人们在上面讲述那些极其无知的或是错误的断言、指责和评论。有时采访对象会要

> 所有的规则都可以打破，但你必须知道在何时以及怎样做。

> 时刻明白你在做什么以及为什么要这样做。

一些有趣的花招，比如下面这则发生在新罕布什尔州大选中的对话：

记者：星期二你将会怎样投票？

居民：我怎样投票？哦，就像通常惯例那样啊。我将拿着他们递给我的表格，然后再把它放进恰当的投票箱（笑声）。

记者：（停顿了一下）你周二将会把票投给谁？

> 提问之前应该认真思考。

同时，你也应该认真倾听你的采访对象的回答以避免陷入尴尬的情境，就像下面这则律师与目击者之间的对话一样。

律师：詹森先生，您的第一次婚姻是什么时候结束的？

目击者：到死亡的时候。

律师：到谁死亡的时候，婚姻就结束了？

在访谈中，对已经提过的问题进行重复提问会显得非常尴尬、无礼，因为你显然是忘记了你已经提过同样的问题了。对于那些没有事先准备过的问题，在你提出来之前一定要认真思考。比如，肯·梅茨勒建议，应该避免问"你对此感觉怎么样"等诸如此类的问题，因为"这在美国新闻界中已经是一个陈腐的、被用烂了的问题，你的消息源早就对此感到厌烦了"。因此，你的采访对象很可能会以诸如"挺好的""不算坏"，或者"与期待的一样好"这样简洁但却没有一点信息含量的方式来回应你。这也是对常规问题的模糊回答。[29] 对此，梅茨勒建议我们使用"当……的时候，你在想什么"这样的问题来代替"感觉怎样"这样的问题。

笔录与录音/像

在笔录与电子录音/像的使用程度这个问题上不同的专家持有不同的意见——因为两者都可能具有冒犯性或者引起不信任，明智的做法是，你选择的方式应该最适合你、你的采访对象、采访情境，以及你所要做的报道。少了笔录或录音/像，你就很可能难以准确地回忆起数字、日期、姓名、时间、细节或引语这些要素。

笔录

> 在访谈开始前就要仔细衡量笔录的优点和缺点。

做笔录能够增强你对采访对象正在讲述的东西以及讲述的方式的注意力，并且这种强化的注意力能够向采访对象展示出你对其所讲述的东西的兴趣以及你对准确性的关注。威廉·津瑟（William Zinsser）曾写道："这种直接的参与能够使你的采访对象看见你的工作状态。"[30] 假如你是根据你的访谈结构来做笔录，那么事实上在访谈结束后你的笔录就已经非常清晰了，而在你写报道或故事的时候你也就能够很快地找到所需的信息。

但做笔录也存在其自身固有的缺点。由于有的人说话非常快，所以你要想准确地用笔记录下他所说的话几乎是不可能的。在做笔录时，要做到既专注于问题和答案，又与对方保持眼神交流是非常困难的，因此你也许不能做到很好地倾听或对对方所提供的答案做进一步的探索，因为你正忙碌于做笔录而不是倾听。同时，做笔录还有可能会妨碍信息的流动，因为你的采访对象也许会对在记录什么感到焦虑或好奇。当你在写字时，人们很可能不愿意继续说下去；而当你专注于你的便签本而不是他们时，人们可能会感到崩溃。在与一名报纸出版商进行深度访谈时，我们的一名学生发现无论她何时开始做笔录，这位出版商都会停止说话直到她停止记录，出版商的这一举动明显是想要等她跟上自己的步伐。不久之后，这位出版商就调整了自己的座椅以便能够看见她在写什么。

> 不要让笔录对你的采访对象产生威胁感。

在访谈中做笔录时，你应该遵循以下指导方针：[31]

- 在做笔录之前，你应该征得同意，并向对方解释为什么做笔录对双方都有好处。
- 你应该时不时地向你的采访对象展示你的笔录，以此来减少其好奇心和焦虑感，并让其检验笔录的准确性，填补空缺以及主动提供信息。
- 你应该通过眼神交流、尽可能不那么明显地做笔录来使交流能够保持下去。
- 你不必写下完整的句子或每一个单词，而可以像在发送短信时那样来使用缩写或是个人速记法。
- 你应该通过只记重要信息、关键词以及一些引语的主旨来减少做笔录的时间。
- 你应该完整地而不是零零星星地做笔录，以避免你的采访对象产生只是丢了一些"炸弹"引语的感觉，或是使你的采访对象在揭示重要信息时保持非常谨慎的态度。
- 做笔录这一行为往往会减慢访谈的节奏，但如果你的采访对象回答问题的速度太快而需要做很多笔录的话，你就应该巧妙地告诉他让他慢一点，或是对他的答案进行重复，又或者是提一些拖延性的问题来争取时间让自己赶上，比如"请告诉我更多关于这件事情的消息"。
- 访谈结束后，你应该立刻对你的笔录进行回顾，比如填补笔录的信息空缺，检查信息的准确性和客观性，补全缩写的内容，转换速记手稿，并决定是否需要进行另一场采访。

> 在做笔录时保持交流。

录音或录像

只有录音机或录像机能够提供关于你的采访对象说了什么、在什么时候说的，以及如何说的这些信息的完整记录。录音机或录像机能

> 录音机或录像机使采访者能够更加有效地倾听和更深入地探查。

够使你在访谈中放松下来，专注于正在讲述的内容以及其隐含意义，根据这些信息你便能够提出有效的深入性问题。你可以在访谈结束后的数个小时甚至是数天后听到或看到访谈时谈论的内容以及谈论的方式。录音机或录像机也许会捕捉到你听不到的答案而为你提供一份关于访谈内容的完整的、准确的记录。

但与此同时，录音机或录像也存在着潜在的缺点。录音机或录像机可能会功能失灵，或在使用时出现非常棘手的问题，电池可能会坏掉。我们的很多学生在做课程项目的长时间访谈时使用了录音机或录像机，但在稍后回顾时却发现磁盘或记忆棒上一片空白。有的人会将录音机或录像机看作是对私人访谈情境的入侵者，因为它们能够提供用以对其进行威胁的永久性的、不可否认的记录，并且这种威胁会带来不可知的，会对未来产生影响的后果。并且除此以外，要找到所需要的事实、人物的反应以及理想的引语，往往还需要花费大量的时间去回顾冗长的视音频资料。

> 录音机或录像机也许会给访谈带来干扰因素。

在对访谈进行录音机或录像时，你应该遵循以下指导方针：[32]

- 你应该通过采取以下行为来减少采访对象对录音机或录像机的担心和拒绝：解释录音或录像对他是有利的，解释你在访谈时想要或者必须录音或录像的原因，以及录下来的音视频资料将如何被使用，并且向采访对象保证当他请求关掉录音机或录像机时自己会照做。

> 使用录音机或录像机前应该首先征得同意。

- 在访谈前，你应该全面检查录音或录像设备以减少机械故障。
- 你应该熟悉你的录音机或录像机，并在模拟访谈时练习使用。
- 在使用隐蔽式录音机或录像机或通过电话进行录音时，你应该对相关的州法律进行研究。大致说来，法律是允许两方中的一方在没有得到允许的情况下对另一方（不是第三方）进行录音或录像的，但有 12 个州禁止在双方未达成同意的情况下对谈话内容进行录制，这些州包括加利福尼亚州、康涅狄格州、佛罗里达州、伊利诺伊州、马里兰州、马萨诸塞州、密歇根州、蒙大拿州、内华达州、新罕布什尔州、宾夕法尼亚州、华盛顿。[33] 而有 24 个州已经设立了关于隐蔽式相机使用的法律。关于采访的法律层面的问题的经典来源是由新闻自由记者委员会（Reporters Committee for the Freedom of the Press）出版的一份指南（http://www.rcip.org）。
- 在对访谈内容进行录音或录像时要征得同意，以避免可能产生的诉讼案件，并建立起友善的关系。
- 你应该提前为你的采访对象设置好基本程序，比如，戴上麦克风，把录音机或录像机放在其周围，让他注视相机的镜头而不是灯光，将背景杂音及可能会打岔的事减小，让他用足够大的音量说话以便录音机或录像机能够记录下来。

处理棘手情况

一般说来，有三种情境会使访谈双方的处境比较特殊，这种特殊的情境一方面会影响双方的角色关系，另一方面也使双方必须改变通常的准备访谈和参与访谈的方式。这三种情境分别是新闻发布会、广播/电视访谈以及视频会议访谈。

新闻发布会

新闻发布会的特殊之处在于，有数个采访者同时参与到其中，并且采访的目的、主题、时间、地点、长短以及基本规则均是由被采访者拟定的。在召开新闻发布会之前也许少有征兆，并且它也只能提供最少的关于将会解决什么问题的预示。新闻发布会就像是这样一种过程，从一个已经准备好的陈述开始，再到采访者提出问题。采访的基本规则大致包括以下这些内容：哪些话题或问题是禁止被提及的，被采访者的回答是否可以被引用，或者是否只有背景信息、没有来源出处的材料才能够被使用。

如果你对一场新闻发布会不怎么了解，那么你可以从你的记录及平常的经历着手进行了解；你可以与其他的消息源取得联系，看看什么样的问题或话题有可能成为发布会的主题；你也可以根据被采访者的位置头衔进行判断。[34] 这样下来，你所得到的结果就可能是一个简单的采访指南。如果可能的话，你可以先了解下什么问题可能是重要的、什么问题可能是不准涉及的，以及什么问题可能已经被别的采访者提过了，然后你再准备一些问题。你应该拉近你与采访对象之间的关系。如果采访对象喜欢并信任你，那么你就可能会被选中第一个提问，或者成为提问环节中被抽中的几个人中的一个。如果你与采访对象之间的关系是负面的，那么采访对象可能会拒绝选你进行提问，或者对你的问题给出一个表面的或有敌意的答案，又或者以"拒绝评论"作答，并很快转向另一位提问者。

不论何时，你都应该准时参加新闻发布会，并通过坐在离采访对象相对较近的中间位置来突出自己而不至于在提问环节被忽略。此外，离采访对象足够近的另一个好处便是，你不仅可以听清采访对象的发言内容，还可以听清其与助手的窃窃私语。你应该注意到，在采访对象的发言中以及对问题的回答中什么是被说到的，什么是没有被说到的。你应该意识到，你的目的与采访对象的目的不仅可能是不同的，还可能根本就不一致。你的采访对象也许想借由这次新闻发布会来进行自我营销，推销某款新产品，进行公关，打免费

> 采访对象控制着新闻发布会。

广告，或者是宣传某一问题、行动的积极正面影响，并且他也希望你这样做。但你的职责却是挖掘事物的真相，破除其在陈述中所呈现的故意给人错误印象的东西，或者是回答中模糊的概括性话语、陈辞以及没有证据支撑的看法。而采访对象对你的需求事实上也就给了你一些对情境的操控能力。

不要被发布会现场或采访对象的地位吓到。记者托尼·罗杰斯（Tony Rogers）说："向社会中最有权力的人提出尖锐的问题就是你的工作。"[35] 当提问环节开始后，新闻发布会就像是一场人人都可以参加的竞争，采访者纷纷举起自己的手，高高跳起，喊着自己的问题。你应该首先提出最重要的问题，因为这很可能是你唯一的一次提问机会，并且你几乎不可能对其回答做进一步的探究。你也许可以努力尝试着提一个双管齐下的问题以便从一个问题中得到两个答案。你也许没法提出你事先准备好的问题，但这可以变成一种优势，你可以认真倾听采访对象对其他采访者问题的回答，并抓取有价值的信息用以提出一个追踪式问题。事实上，最好的问题也许就是致力于对采访对象的回答，或是对其陈述进行澄清，或是抓取出新的信息。你应该记住的是，采访者所提的问题不必局限于新闻发布会的主题。但与此同时，会议的规矩也允许采访对象或相关的工作人员毫无预兆地结束新闻发布会，而这样做的目的也许正是想要避免或逃避其不愿意谈论的问题。

广播/电视访谈

> 外部力量影响着广播/电视访谈。

对于参与双方来说，广播/电视访谈具有特别的挑战。广播/电视访谈提供了一个真实的或经过装饰的舞台，参与到其中的双方都必须为了诸如现场观众、收看者、收听者这样的外部力量而表演，这些外部力量与参与访谈的双方一起构成了一个"三方互动"[36]。在这种互动中，虚拟的第三方也许会引发一定的紧张感，并且还会使采访者与被采访者为此调整自己的问题或答案。采访者不仅需要获得采访对象的答案、反应，还要获得适合在广播/电视上播出的声音及画面。整个采访过程可以是直播也可以是录播，但如果是直播，那么任何情况都有可能发生并且事实上也经常发生。在直播过程中，没有什么是可以"重来"的，并且那些参与了或收看了这场直播的人能够全面地看到整个互动过程，不论是语言的还是非语言的。采访既可以在实地进行，也可以在演播室进行，并且采访者与被采访者还可能在隔着数英里或数个时区的两个不同的地方。[37]

> 熟悉采访的物理环境可以排除许多意外情况的发生。

你应该利用各种方式来提高自己的效率和表现，并减少自己的紧张感。在仿真的预先录制情境中进行练习和模仿，此外再加上一份完整的工作报告，你就能够清楚地知道自己在哪些方面做得比较好，在

第五章 信息访谈

哪些方面还需要加以练习。在访谈开始前，你应该做好功课，了解你需要采访的人以及何时何地进行采访，并熟悉节目模式以及目标受众。你应该对采访进行的物理环境非常熟悉，这包括采访者与被采访者、技术人员以及其他在场的辅助性人员的站位，以及视音频设备的机位。如果可能的话，你应该对设备进行彻底的检查。同时，你也应该特别留意关于时间限制、开关机信号、麦克风的使用以及摄像机机位的指示。

你应该帮助采访对象以使你们的访谈成为一场对双方来说都算成功的互动。你应该提前向采访对象简要说明在采访中对他们预期是什么。你应该向他解释一些基本原则，比如佩戴麦克风，把录音机放置在身旁，目光应该放在你的身上而不是摄像机或其他工作人员那里，要用足够大的音量说话以便很容易地被听到，并且如果现场不止有一名被采访者的话，那么非常重要的是，每次只能由一个人开口说话。同时，你也应该提醒你的采访对象注意那些可能会引起第三方不满的言行。

与此同时，舞台的布景对广播/电视访谈的成功至关重要。采访者与导演将决定拍摄的整体框架——采访者与被采访者应该面向摄像机的左边还是右边，眼神线（被采访者的眼睛与采访者的眼睛应该齐平），应该拍摄中景还是中特写，是否应该选择一个序列的镜头。还需要做的决定包括灯光（如果光线不足的话，灯光的光位应该置于窗户前）、道具、背景（不要在暗色的背景下搭配暗色的服装，不要过于拥挤的背景环境），并设法减少诸如翻书、空调、钟楼、周围的交流对话及以及进进出出的脚步声等带来的噪音。采访者与导演所需要做的这些决定使得广播/电视访谈远比面对面的访谈复杂。[39]

当你在做广播/电视访谈时，你应该通过与访谈对象保持眼神交流，并只做少部分必要的笔记来使他看起来像是在与你进行单独的谈话。在记录这个问题上，就让录音机/录相机来发挥它的作用吧！你或许可以尝试着在开始录制或播出前与采访对象进行一些随意的闲聊，来使之放松。你应该以容易回答的问题来开场，在时间允许时最好提一些开放性的问题。访谈的时间限制要求你的问题必须直接、切中要害并保持适当的开放性。福瑞德·费德勒（Fred Fedler）注意到，"直播访谈也许最多持续不到数秒或数分钟，因此用以提出具有挑战性问题的时间非常少"[39]。你应该提出问题，而不是进行陈述；你的职责是获取信息而不是提供信息。为了使你的访谈能够看起来或听起来显得自然而专业，你应该对你的问题非常熟悉以便能够从记忆中直接调取，或者通过一些小卡片的提示回忆起来。你希望避免任何长时间的"死寂气氛层"，但与此同时你也应该容忍沉默，给予采访对象足够的时间去思考并回答你的问题。你应该避免的是，太快地跳到下一个问题中去。

> 明白并扮演好你在采访中的角色。

> 即兴的问题通常会产生即兴的答案。

你应该坚持不懈地寻求你想要的信息，尤其是当你的采访对象故意模糊陈词，躲躲闪闪，或是对你没有提的问题进行回答时。但与此同时，坚持不懈地寻求答案与粗鲁无礼又是非常不同的。你应该像火花那样，既具有大胆进攻的入侵精神，又要充满魅力。然而，你需要意识到的是，不论你试图做到多么彬彬有礼而富有魅力，一些被采访者及其辩护者都会控诉你持有偏见或鲁莽无礼。[40] 你应该尊重你的采访对象，使自己的问题尽量做到相关而中立，并以此使采访对象相信接受你的采访是一件值得花费时间去做的事情。你应该通过洞察采访对象的紧张感、愤怒感、迷惑感及其他情感反应来密切关注他的身体及精神健康状况。如果采访对象出现了以上反应，那么也许是时候进行休息或结束访谈了。

有一些言谈举止并不能在广播/电视中播出，或是非常令人尴尬，比如亵渎神灵的语言、猥琐的动作、脏话，或者是太多的"啊""你知道的""你知道我的意思"这类语言，又或者是太多的"血腥画面"。一些纸媒的记者，当被摄像机、麦克风挤出去的时候，通常会冲着这些电子设备大喊脏话以让它们被关掉，然后可以让自己更接近现场。一位州立法委员曾告诉本书的一位作者，他有时候会故意在回答时说些脏话以阻止记者将其回答的内容播放出来。

视频会议访谈

正如在第一章中所谈到的那样，视频会议访谈正在成为一种跨越远距离进行迅速、有效、廉价沟通的越来越常见的手段。视频会议与面对面的访谈具有相似性，但是你也需要明白两者之间的差异并加以练习。波士顿大学的一个网站对视频访谈提出了以下建议：[41]

- 在提问或回答之前你应该**稍微停顿**一下，因为在接收音视频的过程中通常存在着些许延迟。
- 你应该**直视屏幕**或摄像头以使自己看起来就像是在注视采访者或被采访者的眼睛。
- 你应该**将注意力放在采访者或被采访者的身上**，通过这种方式你可以对视频访谈情境感到更加舒适。
- 你应该尽量**避免过多的动作，或过于僵硬**，以使自己看起来显得放松并享受这个愉悦的对话。
- 你应该尽量**自然地说话**，而不要大声吼叫，因为麦克风会抬高你的声音。与此同时，你也不必为了能被麦克风收音而故意往麦克风靠。
- 你应该通过你的声音和面部表情（包括微笑）来**展现你的活力和热情**，因为在屏幕上你看起来就是一个"正在说话的脑袋"，最多能够露出腰以上的部分。

其他的建议还包括要穿纯色的、淡素一点的服装。当参与访谈的双方穿着毛呢长披肩、条纹衣服、白色衬衣或夹克时,相机与他们自己都很难聚焦在访谈本身。另外,还应该避免那些在视频会议访谈中明显会分散人的注意力的杂音,比如敲打桌子的声音、翻阅纸张的声音,或者是身上佩戴的珠宝发出的声音。除此之外,那种闪亮的珠宝在灯光的照射下还会转移访谈双方的注意力。最后,你应该记住要随时保持微笑,因为视频会议是在面对面的情境中进行交谈的。[42] 第八章聚焦招聘访谈中的求职者时,我们还会回到视频会议访谈的准备及实践这个话题上来。

应对难以应付的受访者

信息访谈会涉及情感、态度及行为的动因,而这也许会刺激人们敏感的神经,并激起从流泪、敌意到采访对象终止访谈等各种反应。灾难、犯罪、选举失利、运动赛事的失败、纪念仪式、死亡、流言丑闻等都非常容易使人紧张、情绪化,并且陷入尴尬的境地。你应该准备好在复杂情境中应对难以应付的采访对象。正如记者鲍勃·斯提尔(Bob Steele)所提醒的:"如果我们不能熟练地在正确的时间问出正确的问题,那么我们将会错失准确性,在挖掘事件的背景上也达不到标准,并且也做不到公正。"

> 对于情绪化的采访对象来说,保持沉默反倒比与之交谈更好。

情绪化的受访者

你的受访者也许会在采访期间突然哭起来。如果你只是对其说"我能明白你的感受",实际上并不会起到什么作用。以下委婉机智又真诚的反应能够对你的采访对象有所帮助,比如:

> 没关系,你可以哭。
> 不着急,慢慢来。
> 你需要几分钟吗?

在采访对象重新冷静下来并做好准备继续开始访谈之前,你应该保持沉默。如果你与采访对象关系非常亲密的话,你可以做出一些表示安慰的动作,比如握住他的手或是用手臂揽住他的肩膀。

你应该对那些有过悲伤经历的人保持敏感,但不要仅仅为了新闻播报中的画面或含泪的言论而侵犯他们的隐私。对于信息访谈来说,如何在敏感时期处理敏感话题是一个严肃的道德问题。[43] 在经常提出一些欠考虑的问题这一方面,记者是臭名昭著的,比如:"对于你孩子的死亡这件事,你感觉怎么样?""这一家庭被这场灾难毁了吗?"约翰(John)和丹尼斯·比特纳(Denise Bittner)曾建议采访者只提直接

> 以你希望被对待的方式来对待别人。

的和必要的问题。"记住，处于危机情境中的人是有极大压力的，"他们写道，"拖延的访谈并不会提供额外的信息，而只会使对方更加心烦意乱。"⁴⁹ 一名 CNN 的采访者在国家电视台上对一位失去孩子的母亲进行的盘问就说明了在访谈中的麻木不仁会带来的危险。这位采访者不断挑战该母亲不在犯罪现场的证明，她要求知道在事件发生时该母亲身在何处，在做什么以及为什么不提供其所逛商场及所购物品的具体细节。在访谈结束后不久，该母亲就自杀了。当地的媒体推测，是这名 CNN 的采访者"将她推向死亡的边缘的"。⁴⁵

敌对的受访者

你应该确定的是，你的采访对象的敌意是真实的还是想象出的。如果是真实的，你就应该查找原因。一个人可能会因为情况超出他的能力可控范围而感到生气、沮丧、无助或是害怕，在这种时候，你就变成了发泄、释放情绪的便利目标。采访对象释放出来的敌意有可能针对你、你的组织、你的职位，或是你的职业。采访对象与其他采访者的糟糕经历可能会使他对你做最坏的预想，尤其是当他遇到的采访者与你来自同一组织时。而人们也可能只是因为交通问题、头痛、电脑的小故障或是一场迟到的约会等小事情而一整天都闷闷不乐。

一种委婉的谈话方式或许能够揭示出对方产生敌意的根源，譬如：

> 你今天早上看上去非常生气。
> 你看起来很沮丧。
> 我感受到了你的负面情绪；你愿意与我谈谈吗？

> 对于采访对象来说，大部分男性采访者会显得具有威胁性。

你可以通过不做无端的要求，不侵犯对方的私人领地或空间，不要让自己的外表和行为举止看起来具有威胁性，来避免你的采访对象产生敌意。

- 不要在关于你是谁、你需要什么、你为什么需要、你会怎样使用得到的信息，以及你是否会在你的故事或报道中指明你的采访对象等这些问题上故意地或无意地误导采访对象。
- 用听起来更让人舒服的词语去替代那些可能会产生对抗的词语，比如用助手去替代驯化者，用损害管控去替代舆论控制，用否定性竞选去替代诽谤。
- 使用中立的开放性问题。
- 适当保持沉默，让采访对象有足够的时间去解释、发泄。
- 进入新的话题。

菲利浦·奥特（Phillip Ault）与埃德温·埃默里（Edwin Emery）曾为我们指明了这样一个简单的准则："尊敬地对待普通人，他／她也会同样尊重你。"[46]

沉默寡言的受访者

如果采访对象不愿说或不能说，你就应该去寻找原因。采访对象也许会由于你、你的职位、当时的情形访谈的主题、周围的环境、周围的人或是缺乏私密性而显得拘谨。许多人在权威人士、管理者、调查员或是记者面前往往会沉默寡言。试想一下，你带着一个私人问题去找某个教授或管理者，但你们所处的环境却是一个别人能够非常容易偷听到的小隔间或者开放空间，访谈将会怎样？但与此同时，沉默也许也是一个人的个性，这与访谈无关，也不能在访谈期间被纠正改变。

在采访沉默的受访者时，你应该用照片、奖状或是房间里家具的陈设来作为谈话的开启器。你应该围绕不具威胁性的话题提出一些容易回答的问题来作为访谈的开始。你应该尽量地随意。如果你的开场问题没有问出深入的答案，那么你应该使用封闭式问题（一种倒置的问题序列），直到你的采访对象愿意开口说话。你可以使用沉默或推动式深入的方法。你需要意识到的是，没有什么技巧策略能够使那些沉默寡言的人开放地、自由地进行交谈；他们仅仅是不怎么会与你交谈而已。

> 准备好面对"沉默寡言"的受访者。

喋喋不休的受访者

如果你觉得沉默寡言的受访者太难应对了，那么你可以去与喋喋不休的受访者打交道。有的人非常喜欢交谈，他们能够一直说话，甚至都不会停下来喘口气。他们可以对一个高度封闭式的问题给出一个长篇答案，也可以对一个开放式的问题给出一个似乎永远不会完结的答案。他们想要帮忙，但过犹不及。

你应该使用目标明确的封闭式问题，给你的采访对象少一些话语控制权和更多的方向指示感。你应该通过使用一些自然的开场或轻微的停顿来插入问题或为访谈重新定向：

> 比起让沉默寡言的受访者开口说话，要控制喋喋不休的受访者也许更难。

非常开心你能够提到这一点，你能告诉我关于……的情况吗？
谈到比赛的开幕日，你对……有什么计划呢？
那真是太有趣了。现在……怎么样了呢？
谢谢你对此的详述。我们接下来把话题转移到……

当你需要转入下一个话题时，你应该避免直接打断，这非常令人尴尬，你可以通过使用一些信号来表明你的意图，比如看看你的笔记，身体向前倾，点头以表达"这已经足够了"的意思，停止记笔记，或是看看手表。电话访谈或是其他通过电子设备进行的访谈在这一方面就存

> 巧妙地使用非语言信号，并对其保持敏感。

在着问题，因为你能够表达出来的用以终止对方回答的非语言信号非常少，因此你的采访对象就很可能给出一些很长的、杂乱无章的答案。

逃避型的受访者

> 探究你的采访对象为什么会闪烁其词。

你的采访对象也许会逃避那些会揭示其情感或偏见的、让其表明立场的、泄露出具体信息的或是会以某些方式使其受到牵连的问题。逃避问题的策略包括显得很幽默，假装充满敌意，对提出的问题进行反驳，使用模糊性的语言，或是给出永远也说不到点子上的杂乱无章的答案。你的采访对象也许会在你所提问题的措辞上，或对关键词的定义上咬文嚼字。采访对象常用的一个策略就是以问题来反击问题，这样一来也许就会将问题绕到采访者身上去：

> 那么，你会怎样回答呢？
> 你觉得我们该怎么做？
> 告诉我有关你私生活的事情。

> 要有耐心并坚持不懈。

采访对象也许会对那些并没有被提出来的但他们想要回答的问题进行回答。你可以通过坚持不懈的提问来应付这种逃避型的受访者，比如：

- 重复或是重新表述你的问题。
- 保持微笑，然后再继续你的问题。
- 先进入下一问题，之后再返回到前一个问题。
- 借助引导性或诱导性问题来激发有意义的回应。

你的采访对象也许会不诚实。你应该仔细倾听其回答，看看这些回答与你的调查及先前的访谈是否相符。你可以通过非语言线索来发现其不诚实的地方，但与此同时你也应该明白，聪明的受访者知道如何使自己看起来非常诚实，比如通过完美的眼神接触。帕特·斯蒂斯（Pat Stith）曾这样写过，当你的采访对象"说'会保持诚实'或'会非常坦白'时，你的头发应该在你的脖子后部竖立起来。在大部分情况下，紧跟着这样的语言的都是些小谎小骗"[47]。

乔·纳瓦罗（Joe Navarro）与约翰·R. 谢弗（John R. Schafer）这两位经验丰富的 FBI 特工曾就如何识别访谈中的不诚实行为提过详细的建议，但是与此同时他们也提醒我们，"即使是对于经验丰富的调查者来说"，"谎言的识别"也只是一个"50/50 的命题"。[48] 他们建议采访者注意寻找那些"能够累积性地增强对于受访者来说比较特别的欺骗行为的行为群线索"。非语言性的行为包括不断晃动的双脚，增强的眼神接触，频繁眨动的双眼，向别处倚靠，不规律的呼吸，通过折叠双臂或交叉双腿来减少所占的空间，缺乏相关的手势动作。语言性的线索包括纳瓦罗和谢弗所说的"文本桥梁"，如"我不记得了""我知道的下一个事情是……"以及"在那之后"。而拖延战术的使用则包括让采访者对其问题进行重复或是使用诸如"这取决于你说的……是什么意思""你是在哪里听到的"以及"你能够讲得更加详细一点吗"这类的说法。作为一个信息型的采访者，你应该在相信别人与保持怀疑之间寻求平衡。

困惑型的受访者

你的采访对象也许会对某些话题或问题感到困惑，尤其是在紧张的情况下。你应该为应付那些困惑的受访者做好准备而不使其陷入尴尬的境地或是产生敌意。你应该巧妙地重述或改述你的问题，或者是稍后再回到这一问题上去。你应该特别注意行业术语以及音近词。以下是一位律师与目击者之间的对话：[49]

> 理解、帮助并适应困惑型的受访者。

律　师：你今天早上出现（appearance）在这里是因为我寄给你律师的证词通知吗？

目击者：不，我工作的时候就是这么穿（appearance）的。

你应该特别注意你自己的非语言性反应。广播记者在得到奇怪的回应时很少发笑或表现出惊讶。他们通常是直接进入到下一个问题或话题，就好像令人尴尬的事情从未发生过一样。

与众不同的受访者

你应该谨慎地去适应与你不同的受访者。记者温德尔·科克伦（Wendell Cochran）曾问过这样一个问题，"对于那些你对其观点感到深恶痛绝的人，你应该怎样公平地对待他们？"[50]你应该对在媒体上播出的访谈进行观察，看看那些采访者是如何与其明显不喜欢的受访者打交道的，比如那些猥亵儿童的人，被俘获的恐怖主义者，欺骗工人和投资者的首席执行官，或是那些有着非常不同的政治、社会及宗教信仰的人。

> 性别及文化特征具有一般性意义，但对于某些特殊的受访者来说未必适用。

在先前的篇章中，已经明确了一些对于男女及不同文化传统的人来说非常特殊的沟通特点。性别差异在信息访谈中非常重要。比如，男人倾向于说的更多、独占话语权、做更为直接的陈述、以宣告的方式来回答问题（而女性则倾向于以提问的方式来回答问题）、在回答时更快地说到点子上，并且以最简短的方式来回答问题（比如：是的，不是，挺好，好的，当然）。年长的受访者可能会因为阅历或缺乏安全感的原因而不容易信任人，但他们通常也是缺乏交流的，并且可能会在访谈中非常健谈。

采访者也许会对诸如爱尔兰裔美国人、亚裔美国人、非裔美国人、阿拉伯裔美国人以及拉美裔美国人这样的族群形成刻板印象，并在访谈中期待他们以某种特定的方式来表现。另一方面，受访者也许也会由于其采访者的种族背景、所属机构或是其所代表的职业而对其形成刻板印象。当一位作者在为写作一本关于悲伤的心理咨询书及课程作准备时，他采访了殡仪馆的承办人，一些承办人就认为，作为一名大学的教授，这位作者一定是一名无神论者，或者至少是一名"无信仰者"。研究表明，非裔美国人更喜欢间接性的问题，他们倾向于认为延展得过宽的询问具有侵犯性，并且也更喜欢更为频繁及平等的话轮转换。墨西哥裔美国人与中西部欧裔美国人比较起来，则更倾向于依赖情感、直觉及感受。来自农村的人与来自城市的人比较起来则更加珍视个人的专门知识、技能、亲身实践、简单朴实及自给自足的状态。因此，你应该根据不同的受访者来调整、结构你的问题。注意，性别及文化差异不仅能够激发采访对象，还能够对其为何给出这样的答案作出解释。

结束访谈

当你已经掌握了所需信息或你的时间已经耗尽的时候，你就应该结束访谈了。如果采访对象答应做一个15分钟的采访，那么你就应该在这个时间内完成你的采访或是准备结束采访。不要忽略了时间限制或是强迫你的采访对象给你额外的时间。当你表明你的采访时间已经到了，或是非常明显地表示，你只需要再多几分钟的时候，**采访对象**也许会答应给你额外的时间。如果采访对象不愿意延长时间的话，你就应该积极主动地结束访谈并准备安排下一场。

至此，你应该对第四章中谈论过的结束访谈指南及技巧进行回顾，尤其是对大扫除式提问的使用。使用大扫除式提问来开始你的收尾工作是非常智慧的，比如："你还想补充点什么吗？""我有没有漏掉你认为比较重要的问题？"通过这种方式，你可以确定自己已经问到了所有重要的信息。一场准备的最为充分的访谈也有可能会漏掉一些采访者在访谈前或访谈中没有意识到的事情。你应该对采访对象的支持表示感谢。你应该以你与采访对象的对话而不是背诵你事先准备好了的结束语来收尾。**从访谈的开始到结束，采访对象始终都应该是作为主动的参与者而存在的。**

你应该保证自己能够理解所得到的信息；能够准确地再现相关者的姓名、职位头衔、日期、引语、事实以及数据；能够如实地阐释采访对象的态度、情感及信仰。你应该记住的是，直到参与访谈的双方都离开了对方的视线及声音范围的那一刻起，访谈才算真正的结束。当访谈看起来已经接近尾声时，采访对象也许会放松戒备并透露出重要的信息、意见以及情感，而其中的一些信息、意见以及情感也许会改变你在访谈主体部分已经建立起来的理解与印象。记者帕特·斯蒂斯（Pat Stith）曾经写道："你获得的最重要的材料可能就来自于访谈的最后几分钟，那时候你正在结束访谈，收拾你的东西，准备离开。"[51] 请注意观察和倾听。

准备报告或故事

信息访谈的最后一个步骤便是准备你的**报告**或**报道**。你应该对你通过访谈所获得的信息及观察进行回顾，看看这些信息是否能够满足你自己的意图，而这就意味着你要回忆与受访者之间的交流，翻阅你的笔记，还要听录音、看录像。你可能必须从成百上千的语句、陈述、事实、意见以及感想中进行筛选，确定哪些是你要纳入你的报告或故事中的最为重要的信息。你应该将采访对象给出的答案与在其他信息源处获得的信息进行核对检查，尤其是在怀疑采访对象所给出的信息不那么准确的情况下。

> 养成核查所有信息源的习惯。

你所要做的一个至关重要的决定是，将哪些信息包含进你的报告或故事，将哪些信息排除在外。如果你的采访或新闻发布会包含了数个话题或是引发了一系列问题，那么你需要决定是将这些信息分解开来写成多个故事呢，还是将所有的或部分信息集合起来写成一个长篇故事。你必须进行交代的时间和地点是关键的决定性因素。对别人来说，什么才是真正重要的？你可以把重要的声明、被曝光的秘闻、指控、对指控的否认、职位，以及重要的引语、故事、原声摘要以及标签的变化包含在你的报告或故事中。这些标签变化可以是从意外死亡到谋杀，从爆炸到恐怖袭击，从功能失灵到蓄意破坏，从民事联合到同性恋结婚。一旦你知道你从采访这一环节获得了什么，你的编辑工作实际上就已经开始了。如果你的报告是一份用以出版或传播的对访谈内容的逐字记录，那么你就应该决定是否保留那些语法错误和发音错误的词语、咒骂语、俚语或是类似于"啊""嗯，啊""你知道的"这样的有声停顿。那面对那些重复性的陈述，冗长而杂乱的解释以及简单而无意犯下的错误时，又该怎么办呢？读者或听众可能会喜欢有瑕疵的报告，但是访谈双方都会因此感到尴尬并有失威信，这样也会对双方的关系造成不可修复的伤害，并且威胁到将来的访谈。

> 在报道访谈结果时，应该做到诚实、准确、公正。

你应该为访谈中所提的问题及其答案写一段序言以使读者及听者对两者能够有足够清晰的理解。你应该对所提的问题进行编辑以使其答案能够更加切中要点而富有意义。当利用笔记或记忆的内容进行引用时，你应该力求准确，不要自己将词语塞进采访对象的口中。你应该确认，合适的修饰语已经被纳入进去了。不要低估或高估采访对象的意见、态度、目的或是所作出的承诺。你应该确认，在访谈中所提的问题及其答案都在合适的语境中被交代出来了。

对报告或故事进行准备的技术性步骤不在本书的范围之内（这部分内容可以见于本章后所列的文献之中），但这里也可以提出一些注意事项：

- 记住双方达成一致的基本原则以及哪些信息是"不宜公开的"。
- 对所作的假设保持谨慎。
- 对每一事实及其阐释，都应该力求准确。
- 对所有的消息来源及报道进行认真检查。
- 按照重要性的顺序来安排信息。
- 使用引语来支撑故事或报道，并使之鲜活。
- 使用不同的观点以求平衡。

数年前，杜克大学的前任体育评论员特德·曼恩（Ted Mann）在一份早报上惊讶地发现了自己的死讯。这件事情的起因是，一名记者的一位救援队的朋友告诉他，曼恩去世了。该记者打电话到曼恩家里去确认消息，一个女人接了电话并说："曼恩先生不在，他走了。"这位记者假定这种表述实际上就是对死亡的委婉说法，并且这个女人证实了曼恩的死亡。这名记者实际上就是基于错误的假设来写的讣告。[52]

信息访谈中的受访者

有关采访的书籍一般都是将重点放在采访者身上，因为大部分的读者都关心如何有效地组织一场采访。但是我们所有人作为受访者的几率与作为采访者的概率至少是一样多的。因此，让我们将注意力转向如何在一场采访中做一名优秀的受访者吧。

做好功课

在参与到信息访谈之前，你应该对可能会涉及的话题进行全方位的了解，这包括近期发生的事件、事故、争论、创新、新出台的政策决议以及法律。你在这些事件中扮演什么角色？你应该对你所属的机构进行核实以确保自己能够理解机构的政策、定位、涉及的事务，以及你应该为机构的哪一权威代言。除此以外，你还应该思考，是否有更加了解情况的或是更具权威的人应该成为采访对象？

你应该对采访者进行全面了解，包括年龄、性别、族群、教育背景、所受的训练、特殊的兴趣爱好以及经历。你的采访者对你、你的组织、职业，以及你们将谈到的话题的态度是怎么样的，友好还是充满敌意，

> 像你的采访者了解你那样去了解你的采访者。

信任还是怀疑，有兴趣还是漠不关心。有的采访者对某一话题几乎不具备任何知识或专门技能，但有的却拥有工程、管理、经济、法律或是科学学位，或者是在一些诸如能源、干细胞研究，或是外交政策等话题上拥有高度专门化的知识。你的采访者在公平及诚实这方面的声誉如何？你的采访者通常会使用什么样的提问技巧？你应该用实际行动来观察你的采访者，比如观看其在新闻节目中的表现，阅读其采访报道，对其喜欢采用的故事视角进行回顾。

采访通常是突然发生的而并不会专门有人提醒你。你的采访者可能会突然打个电话进来，或者顺便拜访你的办公室，出现在你家门前，又或者在大街上接近你。如果以上情况发生了，那么你应该确保采访的开场部分就应该揭示如下信息：你的采访者及其所属组织的身份、采访时间的长短、他所需要的信息以及这些信息将会如何被使用。一个全面完整的开场白，包括闲谈在内，都会在你们接下来会聊到的话题、采访的目的以及你与你的采访者的关系这些问题上为你指明方向，进而给予你一定的时间思考问题并有策略地准备你的答案。

理解关系

在信息访谈中，采访者与受访者的关系是一个非常重要的问题，因为这两者中的任何一方都有可能占据优势地位，一个年轻的会计师访问一个首席财务官，或者是一位大学的校长找一名年轻的助教谈话。这种自下而上的或是自上而下的交流也许会使参与访谈中的一方被另一方吓到。从属、服从或是讨好迎合这些心理情感可能会使你回答任何问题，特别是在有摄像机、麦克风、技术人员或者观众在场的情况下。你要决定是否应该在某一特殊的时间跟某一特殊的人物会谈。你应该意识到的是，如果你拒绝接受采访，你的采访者也许就会在日后以非常不好的语气散布诸如"乔·斯莫伊（Joe Smoe）不擅长表达"或是"拒绝与我们谈话"等对你不利的言论。这样的陈述暗含着怪罪的意思，但也比可能会被愚蠢地大肆宣传要好得多。

在采访开始前，你应该对彼此之间的关系进行评估，看看是否存在某些能够预示在接下来的采访中可能会发生的事情的迹象：

- 双方关系的历史如何？
- 双方的相似性如何？
- 双方参与访谈的意愿和积极性如何？
- 你有多少控制权？
- 双方是否都认为对方是可靠的、值得信赖并且安全的？

> 明了访谈中自下而上的及自上而下的交流所带来的影响。

> 在访谈前弄清楚访谈双方的关系。

注意访谈情境

> 评估各种情境变量对访谈的影响。

你应该非常关注访谈的情境，尤其是在做广播/电视访谈时。你应该熟悉媒体的操作模式，明白自己应该通过提供良好的视觉画面来增强节目效果。一位策略性沟通的专家戴安娜·皮肖塔（Diana Pisciotta）曾提醒我们，"在 CNBC 上露面或是在 NPR 上接受采访既能优化也能毁坏你的公司的声誉"。[53] 她建议，如果访谈不是直播的，那么你也应该假装它是直播的，因为这个采访也许会被互联网或是其他媒体平台加以利用，并没有什么东西能够取代练习、彩排以及角色扮演来帮助你准备广播/电视访谈。你的穿着打扮应该适应摄像机的拍摄要求；你应该看起来精神抖擞并且非常投入；你应该充满活力，因为你的肢体语言可以增强你的声音、可信度、专业性以及权威性；你应该注视你的采访者而不是摄像机。[54]

你应该与采访者建立起基本规则，比如采访的时间、地点、时长以及哪些话题是不允许涉及或是不宜公开的。但与此同时，在提要求的时候，你也应该符合实际。如果你要求所有重要的话题都不准涉及，那么采访本身也就没有任何意义了。偶尔，你也可以要求提前浏览采访者准备的问题，如此一来，你便有时间进行周密的思考，并提供包含有准确而翔实的数据的答案。如果 ABC 的戴安·索耶（Diane Sawyer）想要采访你，你如果想要换成别的采访者就显得非常愚蠢了。作为受访者，你对采访的控制能力取决于你作为消息来源的重要性、你与你的采访者的关系、采访的情境，以及你对作为受访者的热情。

预测问题

> 像采访者准备提问那样去准备你的回答。

你应该对你的采访者可能会提到的问题进行预测，并思考可以如何作答。需要揭露或隐藏的最为重要的信息是什么？你应该怎样表述你的答案？你可以为你的主张、声称提供哪些证据？当你由于缺乏信息、需要保守秘密，或是出于对信源的保护，又或是考虑到会承担的法律后果，或是组织的政策及限制而不能回答你的采访者所提出的问题时，你应该怎样回应呢？

在如今这个任何一个问题都可能会引来官司诉讼和媒介围观的时代，越来越多的受访者正在就如何应付问题这方面加强训练。比如，检察官、律师以及相关的助理都会训练事件的目击者及其客户（包括美国的总统及公司的首席执行官），让他们懂得如何在法庭、国会听证会、董事会以及新闻发布会上表现。如果你遇到了一个训练有素而富有经验的采访者，你就应该寻求帮助。

倾听问题

在认真倾听问题的时候，为了能够富有成效地进行回应，你应该遵守以下指南：

在回答之前要做到认真倾听并思考

在事故、犯罪或是发生争论的现场，人们通常会对自己刚说出的话感到后悔。非裔以及西班牙裔美国人经常被指控犯了某种罪，但事实上他们根本就没有做过，这一切都是因为受访者声称在犯罪现场看见过一个黑人或是西班牙裔人。错误的陈述或报道可能会引发法律诉讼、谴责或是尴尬。你应该听清楚对方提出的问题是什么。注意认真听那些你不知道或是可能会误解的词汇。值得你采纳的两则建议是：保持简洁（尤其是广播/电视采访，这类采访都有非常紧张的时间限制，并且通常是以2~3分钟为一段落进行划分的，而选取的原声摘要一般都是7秒）；如果你不知道答案，那么你就不要试图去编撰。

> 开口之前先让大脑全方位地进行思考。

保持耐心

在问题被完全抛出来之前，不要假定自己已经明白这个问题了。在完全听清楚并理解问题以后再采取行动进行作答。不要打断你的采访者。

集中注意力于正在提出的问题

不要继续重复之前作答的内容，那已经成为历史了，也不要试图对未来可能会被问到的问题进行预测，因为这样你就不能很好地听清正在提的问题。

集中注意力于采访者及其问题

你应该注意观察采访者身上的非语言性信号，这些非语言性信号不仅可以对其语言信号进行补充，还可以揭露其情感、态度及信仰。将眼睛和耳朵的注意力放在采访者身上。这一点对于那些会涉及几个人、演播室、摄像机、监视器和麦克风的广播/电视采访以及那些有观众、噪音、来往行人等各种干扰性因素的现场访谈来说尤其重要。

不要仓促认定某个问题是无关紧要的

采访者一般会有足够的理由才会提出一个问题，并且这个问题也许是引向一个极其重要的问题的一系列问题中的一个。采访者也许会使用倒漏斗式结构，因此你有机会在稍后进行详细的回答。

> 敌对会让你降低到与那个令你生气的采访者一样的水平。

有策略地作答

一个好的回答应该具有如下的性质：简洁、准确、有条有理、用词清晰、有逻辑、有足够的论据支撑并且切中要点。回答问题其实有很多策略。

- 避免抵触或敌意
  —— 给出答案，而不是说教。
  —— 给出理由及解释，而不是找借口。
  —— 在遣词用字及行为举止上应该有礼貌，有策略。
  —— 使用有品位的、得体的笑话。
  —— 面对一个充满敌意的问题，不要以同样的方式去回应。
- 共享对采访的控制权
  —— 坚持要求有足够的时间来回答问题。
  —— 不要让你的采访者"借你之口来说话"。
  —— 当提问中出现缺乏根据的主张、不准确的数据或引语时，你要敢于提出质疑。
  —— 如果你的采访者提出的问题是单选题，你应该确保所给出的选项都是公平的并且包含了所有合理的选择。
  —— 要求你的采访者重新表述或是重复那些冗长的、复杂的或是不清楚的问题。
  —— 可以以提出问题的方式来回答问题。
  —— 通过确认式及镜子深入式问题来保证回答的准确性及完整性。
- 对你所做的以及这样做的原因进行解释
  —— 为你将要提供的一个冗长的答案做一段开场白，解释为什么必须要如此。
  —— 为你将要提供的答案做一段说明，解释为什么这一问题是非常棘手的。
  —— 为你拒绝回答某一问题或只是简单地说"无可奉告"提供充足的解释。
  —— 对问题进行重新表述，比如："你要问的是不是……""你似乎想要我回答……"
- 利用问题陷阱
  —— 面对一个双管齐下式的问题，回答你能够记住的并且能够最有效作答的那部分。
  —— 当符合你的情况时，以简单的"是"或"否"来回答两极问题。
  —— 面对一个设置闭合开关的问题时，回答对你有利的那部分开放或封闭的问题。
- 避免常见的问题陷阱
—— 如果采访者提出的问题是诱导式的，比如："你不同意……吗？"不要被动地给出其暗示的答案。
—— 如果采访者所提出的问题意有所指，比如："你考试仍然在作弊吗？"你应该当心的是，不论你回答"是"还是"否"都会使你被判定为有罪。
—— 如果你的采访者提出了一个在表面上看起来是给出了两种不合意的选择的两极问题，比如："你从事医学工作是为了名誉还是为了钱呢？"你应该以第三种选择作答。
—— 特别留心"是"或"否"应答这一陷阱，比如："你想死吗？"礼貌地进行作答或拒绝作答。
- 为你的答案提供论据支撑
—— 使用故事及案例来阐明你的观点。
—— 使用类比及暗喻来解释那些还不为人知的或是复杂的事件、程序及概念。
—— 像小型演讲那样使用导语、主体及总结来组织长篇大论的回答。
- 积极地而不是消极地开始你的回答。《新闻采访：采访理论》（*Journalistic Interviews: Theories of the Interview*）一书的作者曾经提供了关于受访者作答的例子：

消极性	积极性
你没有提到……	我可以指出……吗
你忽视了对……的提及	我们同样也可以考虑 x、y、z
你忽视了这一事实	需要考虑的另一事实是……
你忽视了这一要点	从另一个视角来看

本章总结

信息访谈是所有访谈中最为常见的一种，因为在每天的日常生活中，包括记者、警察、保健人员到学生、教师和家长等在内的几乎所有人都要用到它。尽管访谈的长度及正式程度会有所不同，但是访谈的目的及方法都是相同的。目的即是在最短的时间内尽可能准确、完整地获得所需信息，而方法则是认真地提问、倾听、观察和探查。尽管访谈规则和访谈计划的准备非常重要，但是采访者也必须保持灵活性，要根据每一位访谈对象、具体的访谈情境以及访谈对象的反应做调整。本章就如何进行既需要周密准备又需要高度灵活性的信息访谈提供了指导方针。实际上，每一阶段的特征都取决于访谈的情境以及访谈者与其访谈对象的关系。

信息访谈中受访者不应该是被动参与者。当事先接到通知时，受访者应该为此做好充足的准备。受访者应该与采访者共享对采访的控制权，而不是温顺地接受任何提问或要求。受访者还应该知道的是进行有效作答的原则和策略。认真倾听是最为重要的。

关键术语及概念

广播 / 电视访谈 broadcast interview
困惑型的受访者 confused interviewees
不诚实 dishonesty
与众不同的受访者 dissimilar interviewees
情绪化的受访者 emotional interviewees
逃避型的受访者 evasive interviewees
错误假设 false assumptions
敌对的受访者 hostile interviewees
活跃气氛的问题 icebreaker questions
关键信息员 key informants
隐喻性问题 metaphorical questions
不宜公开的 off the record
新闻发布会 press conference
调查 research
沉默寡言的受访者 reticent interviewees
地位差异 status difference
策略性的回答 strategic answers
喋喋不休的受访者 talkative interviewees
视频会议 videoconference

信息访谈案例及分析

这场访谈的采访者是 *Courier-Times* 的记者，*Courier-Times* 是甘尼特旗下的一份报纸，这份报纸在一个拥有 15 万人口的城市出版，并且这个城市也是一所主要的州立大学的所在地。这名记者正在准备一则关于发生在大学教室里的作弊现象的新闻特写，这种作弊现象通常会在春季学期快要结束的前几周发生。他的采访对象是这所州立大学的学生,是在诸如学生活动中心前的美食广场、校园周围的户外座位区以及临近校园的公寓楼这些区域随机抽取的。有一位采访对象正在美食广场吃着午餐,并用 iPod 听着音乐。

在回顾这场信息访谈时,你试着问自己这样一些问题:访谈的开场(包括采访对象的参与性)有多令人满意?采访者所提的最为主要的问题的有效性如何?采访者对其采访对象的回答的倾听及探索的有效性如何?采访者在避免常见的问题陷阱这一方面表现得如何?采访者所提的问题是否涵盖了大学生作弊的主要话题?采访者在挖掘具有价值的信息这一方面表现得如何?采访者没有发现的重要信息有哪些?采访的结尾(包括采访对象的参与)有多令人满意?采访对象在使用应答策略这一方面的有效性如何?采访对象在分享对采访的控制权这一方面的有效性如何?

1. **访谈者**:嗨,我是 Courier-Times 的记者,名叫扎克·埃文。
2. **受访者**:嗨,我叫塞尔达·兹维尔。你在学校里做什么呢?
3. **访谈者**:嗯,我正在准备一则关于校园作弊的新闻特写,现在正处于准备的初级阶段。目前,我正在与学生进行接触交流,希望了解他们对于校园作弊的看法、对其重要性的认知,以及个人经历。我可以耽误你 10~15 分钟跟你聊聊吗?你可以边吃边聊。
4. **受访者**:我想是的,不过我没有过太多关于作弊的经历。
5. **访谈者**:你是大三的学生还是大四的学生呢?
6. **受访者**:我是大三下学期学金融的学生。
7. **访谈者**:好的。那我们来谈谈作弊这一问题吧。
8. **受访者**:在你的报道中,我会被点名道姓或是被贴出照片吗?
9. **访谈者**:不会,我不会使用你的姓名或照片,我会尊重你的隐私。(拿出一个小型录音器放在桌上)
10. **受访者**:等等!你准备将我们的对话录下来吗?
11. **访谈者**:是的,只有这样我才能形成一套完整而准确的笔记,但你的身份信息会被保密的。
12. **受访者**:好吧,但我还是希望你能够用笔记下来。
13. **访谈者**:没问题。结束后我们再来处理它吧。在你们学校,作弊的问题有多严重?
14. **受访者**:我觉得这取决于课程本身以及该门课程的老师。
15. **访谈者**:你这么说是什么意思?
16. **受访者**:如果老师能够表明态度,即作弊是不可以容忍的并且相关的惩罚会非常严厉,比如作弊的课程直接算作不及格,那么学生也就不愿意冒这个风险了。

17. **访谈者**：那这样就可以解决问题了吗？
18. **受访者**：不是，这只是开头。老师必须通过采取措施尽可能加大作弊的难度，比如出几套不同版本的试卷并将它们印刷成不同的颜色，在教室里巡逻，或是确保没有可用的笔记本电脑或手机等等类似这样的措施。
19. **访谈者**：你们学校的作弊现象普遍吗？你是否亲眼见到过？
20. **受访者**：嗯，我看见过。
21. **访谈者**：在那场作弊中，是否使用到了诸如笔记本电脑或平板电脑之类的电子设备？
22. **受访者**：没有。
23. **访谈者**：手机呢？
24. **受访者**：没有。
25. **访谈者**：那学生是怎样作弊的呢？
26. **受访者**：涉及不止一个学生。
27. **访谈者**：能详细地跟我聊聊吗？
28. **受访者**：三个来自同一个希腊家庭的学生在报告厅里坐在一起，然后互相小声说着答案。
29. **访谈者**：你或者是其他同学有向老师报告吗？
30. **受访者**：据我所知没有。
31. **访谈者**：所以，这种行为对你或其他人没有造成任何影响吗？
32. **受访者**：当然有。作弊成功就能够提高考试的成绩，这会影响我们这些没有作弊的学生的成绩分布曲线。
33. **访谈者**：你为什么没有向老师报告你所看到的呢？
34. **受访者**：那真的很令人生气，但是我们都不想让别的学生陷入麻烦，也都不想变成告密者。
35. **访谈者**：哦，我知道了。你最后一次作弊是在什么时候？
36. **受访者**：是什么让你觉得我作过弊？你在大学里什么时候作过弊？
37. **访谈者**：我自己并不属于这部分调查的内容，所以我的背景不重要。另外，我在很久之前就上大学了。
38. **受访者**：你的背景很重要啊，并且大学也没有太大的改变。你是什么时候上的大学，你或者是别人作过弊吗？
39. **访谈者**：我确定肯定有人作弊。（笑）但我恐怕会说"不予置评"吧。
40. **受访者**：那我的答案也是"不予置评"。宪法第五修正案同样也适用于我。
41. **访谈者**：那就公平啦。那么，大学该如何减少可能会一直存在的作弊现象呢，如果说不能完全杜绝的话？

42. **受访者**：首先，老师应该尽可能地让作弊的难度加大。简单的单项选择题很容易诱导人去作弊。

43. **访谈者**：你之前提到过，老师可以重新安排试卷的题目并以不同的颜色来印刷试卷，并且邻座的学生不使用同样一份试卷。那怎样才能做到这一点呢？

44. **受访者**：我觉得那是非常有效的，尤其是在安排考试座位时不让朋友们坐在一起。

45. **访谈者**：你还说过有其他的办法吧？

46. **受访者**：是的，我认为对于作弊的处罚力度应该加大，比如，如果被发现作弊了，那么就让其整个课程都不及格，而不只是一门考试或是一个设计。可能被抓住以及会因此付出惨重代价是防止考试作弊的助推器。

47. **访谈者**：还有没有什么你认为对我的这篇新闻特写比较重要但我又没有问到的信息？

48. **受访者**：我相信任何一种实际的措施都应该从改变当今大学生的态度着手。在当今的大学生中，获得学位证这张纸来找到一份工作是高于一切的追求，学习反倒成了次要的事情。许多学生将学习看成是一场大型游戏，在其中所作所为都是为了得到那张至关重要的毕业文凭。

49. **访谈者**：好的。兹维尔，谢谢你能坦率地与我谈论作弊这个问题。我的文章大约将在两周内刊登出来，也就是你们期末考试前一个周末。

50. **受访者**：不要忘记你同意签署的那张合约，我无论如何也不愿意在文章中被指明身份。

51. **访谈者**：嗯，好的。这里有一张我为类似的采访要求准备的表格。再次感谢你的帮助，祝你在期末考试中顺利。

信息访谈中的角色扮演案例

伊拉克及阿富汗战争退伍老兵寻求伤残病因

美国退伍军人事务部最近发现，高达45%的从伊拉克及阿富汗战场退伍下来的老兵正在寻求因服役造成的伤害的补偿。除此以外，与在第二次世界大战及朝鲜战争中所形成的平均少于4种的疾病类型相比，他们声称所得的疾病种数高达11种到14种。你是一名广播电视记者，你想要对这些伊拉克及阿富汗战争中的退伍老兵做一组系列报道，并且已经与一家退伍军人医院的四名内科医生约好，想要更多地了解这些疾病的性质及严重性，探究在这两次最近的战争中产生的疾病的数量如此之高的原因、疾病产生的原因，以及减少未来军人患上这些疾病的方法。

商业航天产业中的一份职业

你进入一所大学学习航空航天工程。你进校的这一年，航天飞机退出历史舞台，并且美国国家航空航天局关闭了其在佛罗里达的许多太空发射仪器。在你大二那一年，第一枚商业火箭发送了一辆商用运载器到国际太空站去，这辆运载器带着所需的补给前往，并带着一些坏了的不再需要的设备返回。除此以外，所有往返太空的航天员现在都坐在俄罗斯的运载器上。你准备就航空计划中的未来职业这一话题对你们专业的两名教授及两名博士生进行采访。采访将在受访者的办公室里进行。

政治竞选活动家

你所学的专业是政治科学，并且希望未来能够从地方做起，进入政治圈。你想要知道地方（市长或市议会）、地区（州代表或是国家代表）、州（州长或是美国参议院）这三个层面的政治竞选是什么样的。你所关心的具体细节有：竞选资金、党派支持、被提名、参加竞选、与始终存在的媒体打交道、对网络及社交媒体的使用。你通过你的关键信息员与三位曾经负责过地方、地区以及州政治竞选的人约好了采访。

在没有空调的日子里度过夏天

每年的7月和8月你都会听到天气预报谈论1936年和1937年夏天中西部地区有多热。在空调出现之前，最高的温度记录就出现在这两年里。你曾听自己在那几年里出生的祖父母讲过，那个时候有很多婴儿出生后不久就死了，并且医院也在想方设法应付那高达100华氏度以上的温度。为了完成图书馆科学课的一个口述历史项目，你准备对四名曾经在青少年或青年时期经历过这种情况的人进行采访，了解他们当时遇到的困难，探寻他们是如何设法工作、睡觉的，以及如何尽可能地保持凉爽。采访将在一家养老院的休息区域进行。

学生活动

1. 比较第六章的抽样态度调查与本章的信息访谈。二者的开场白有哪些相似和不同？他们所提的问题有哪些相似和不同？二者显示出怎样的问题序列？使用了什么样的访谈计划？结尾处有哪些相似和不同？参与两种访谈各自需要具备什么样的访谈技巧？
2. 对报纸记者与广播电视记者进行采访，了解他们各自的采访经验及技巧。媒介的特性是如何影响采访者和受访者的？不同的媒介是如何影响访谈结构、提问技巧以及笔记的？他们对于做笔录与录音录像访谈的建议是什么？最终的成果有什么不同？每种媒介对采访者的限制是什么？
3. 出席一次一个人回答好几个采访者提问的电视新闻发布会并进行全程录像。这种采访情境与一对一的采访有哪些相似和不同？支配整个访谈的明确宣布的或暗示的规则有哪些？这种访谈对采访者与被采访者有什么样的技能要求？受访者以什么样的方式准许采访者提问？那位受访者运用了怎样回答策略？采访者又使用了什么提问策略？
4. 越来越多的采访者转向依靠互联网来做深入采访。准备一个适度计划的、时长为20分钟的采访。对采访话题的要求是这个话题要让你的采访对象能够回答出相对较长的答案。在此基础上，你分别准备一场面对面的采访与一场借助网络电话的采访。然后，在关系建立、沟通互动、答案的深度、自我表露、深入性问题、访谈的自发性以及观察与倾听采访对象的回答能力这些方面比较两者的优劣。

注释

1. Bob Steele, "Interviewing: The Ignored Skill," http://www.poynter.org/column.asp?id=36&aid=37661, accessed September 25, 2006.
2. Sarah Stuteville, "13 Simple Journalist Techniques for Effective Interviews," http://matadornetwork.com/bnt/13-simple-journalist-techniques-for-effective-interviews, accessed May 7, 2012.
3. Eric Nalder, *Newspaper Interviewing Techniques,* Regional Reporters Association meeting at the National Press Club, March 28, 1994, The C-SPAN Networks (West Lafayette, IN: Public Affairs Video Archives, 1994).
4. Steele.
5. Ken Metzler, "Tips for Interviewing," http://darkwing.uoregon.edu/~sponder/cj641/interview.htm, accessed September 26, 2006.
6. Beverley J. Pitts, Tendayi S. Kumbula, Mark N. Popovich, and Debra L. Reed, *The Process of Media Writing* (Boston: Allyn and Bacon, 1997), p. 66.
7. Jaldeep Katwala, "20 Interviewing Tips for Journalists," http://www.mediahelpingmedia.org/training-resources/journalism-basics/475-20-interviewing-tips-for-journalists, accessed May 7, 2012.

8. Eric Steven Raymond and Rick Moen, "How to Ask Questions the Smart Way," http://www.catb.org/~esr/faqs/smart-questions.html, accessed September 26, 2006.
9. R. Thomas Berner, *The Process of Writing News* (Boston: Allyn and Bacon, 1992), p. 123.
10. Pitts, Kumbula, Popovich, and Reed, p. 64.
11. Raymond L. Gorden, *Interviewing: Strategy, Techniques, and Tactics* (Homewood, IL: Dorsey Press, 1980), p. 235.
12. Fred Fedler, John R. Bender, Lucinda Davenport, and Paul E. Kostyu, *Reporting for the Media* (Fort Worth, TX: Harcourt Brace, 1997), p. 227.
13. David Sparks, "30 Tips on How to Interview like a Journalist," http://www.sparkminute.com/2011/11/07/30-tips-on-how-to-interview-like-a-journalist, accessed May 11, 2012.
14. Eugene C. Webb and Jerry R. Salancik, "The Interview or the Only Wheel in Town," *Journalism Monographs* 2 (1966), p. 18.
15. Metzler.
16. Robert Ogles is a professor of mass communication at Purdue University.
17. Katwala.
18. Stuteville.
19. Nalder.
20. Carole Rich, *Writing and Reporting News: A Coaching Method* (Belmont, CA: Thomson/Wadsworth, 2005), p. 124; Berner, p. 127; The Missouri Group, *Telling the Story: Writing for Print Broadcast, and Online Media* (Boston: Bedford/St. Martin's, 2001), p. 51; Melvin Mencher, *Basic Media Writing* (Madison, WI: Brown & Benchmark, 1996), p. 231.
21. Henry Schulte and Michael P. Dufreshe, *Getting the Story* (New York: Macmillan, 1994), p. 24.
22. Metzler.
23. "Journalistic Interviews," http://www.uwgh.edu/clampitp/Interviewing/Interviewing%20lectures/Journalistic%20Interviews.ppt., accessed October 4, 2006.
24. Stephen Budiansky, "Truth Extraction," *The Atlantic Monthly,* June 2005, 32.
25. Tamar Weinberg, "Tips for Asking Questions During Journalistic Interviews," http://lifehacker.com/351399?tips-for-asking-questions-during-journalistic-interviews, accessed May 22, 2009.
26. Missouri Group, p. 58.
27. Originally cited in "The Point of View," a publication of the Alameda District Attorney's Office.
28. "Leading Questions," http://www.mediacollege.com/journalism/interviews/leading-questions.html, accessed October 4, 2006.
29. "Open-Ended Questions," http://www.mediacollege.com/journalism/interviews/open-endedquestions.html, accessed October 4, 2006.
30. William Zinsser, *On Writing Well* (New York: Harper Perennial, 1994), p. 70.
31. Missouri Group, p. 58. Tony Rogers, "Tips for Taking Good Notes," http://journalism.about.com/od/reporting/a/notetaking.htm?p=1, accessed May 21, 2012; Charlie Bentson King, "The Importance of Note Taking in Interviews," http://www.trainingabc.com/The-Importance-of-Note-Taking-in-Interviewing-nid-30html, accessed May 21, 2012; Police Link, "Note Taking During an Interview," http://policelink.monster.com/training/articles/1915-note-taking-during-an-interview?print, accessed May 21, 2012.
32. "Oral History Project: Guidelines for Recording an Interview," *Alberta Online Encyclopedia,* http://www.youthsource.ab.ca/teacher_resources?oral_interview.html, accessed July 14, 2009; "How to Record Interviews," *Transcriptionlive,* http://www.transcriptionlive.com, accessed July 14, 2009.

第五章 信息访谈

33. Carole Rich, *Writing and Reporting News: A Coaching Method* (Belmont, CA: Wadsworth, 1997), p. 110; "A Practical Guide to Taping Phone Calls and In-Person Conversations in the 50 States and D.C.," The Reporters Committee for the Freedom of the Press, 2008, http://www.rcfp.org/taping/, accessed July 14, 2009; "Recording interviews: Legal issues," Knight Citizen News Network, http://www.kcnn.org/interviewing/resources_recording, accessed July 14, 2009.
34. See for example, "Chapter 21: Press & Media Conferences," The New Manual, http://www.thenewsmanual.net/Manual%201/volume1_21.html, accessed May 21, 2012.
35. Rogers.
36. "Interview Structure," http://www.mediacollege.com/video/interviews/structure.html, accessed October 4, 2006.
37. Dan McCurdy, "The Rules of Live Radio Broadcast Interviewing," http://danmccurdy.suite101.com/the-rules-of-live-radio-broadcast-interviewing-a226345, accessed May 23, 2012; Sparks; Rebekah Martin, "Broadcast Interview Techniques," http://www.ehow.com/way_5840219_broadcast-interview-techniques.html, accessed May 23, 2012; Teresa Botteron, "What Every Investigator Needs to Know to Avoid the Most Common Mistakes of the Recorded Interview," http://www.pimall.com/nais/nl/n.recordedinterview.html, accessed May 21, 2012.
38. "Framing Interview Shots," http://www.mediacollege.com/video/interviews/framing.html, accessed October 4, 2006; "Composing Interview Shots," http://www.mediacollege.com/video/interviews/composition.html, accessed October 4, 2006; "Studio Interview Settings," http://www.mediacollege.com/video/interviews/studio.html, accessed October 4, 2006.
39. Fedler, Bender, Davenport, and Kostyu, p. 224.
40. Bill Marimow, "Delicate Art of the Interview: Civility vs. Tenacity," http://www.npr.org/templates/story/story/php?storyId=6438613, accessed May 23, 2012.
41. "Video Interviewing: Tips for Interviews Using Video Cameras," http://www.bc.edu/offices/careers/skills/intrerview/video/, accessed September 30, 2006.
42. "Videoconference Interview Tips," Career Development and Experiential Learning, Memorial University, http://www.mun.ca/cdel/career_students/videoconference_interviewtips.php, accessed July 15, 2009.
43. Reporter and editor Wendell Cochran in Steele.
44. John R. Bittner and Denise A. Bittner, *Radio Journalism* (Englewood Cliffs, NJ: Prentice Hall, 1977), p. 53.
45. Travis Reed, "Did TV Interview Lead Woman to Kill Herself?" http://www.suntimes.com/news/nation/52533,CST-NWS-grace14.article, September 14, 2006.
46. Phillip H. Alt and Edwin Emery, *Reporting the News* (New York: Dodd, Mead, & Co., 1959), p. 125.
47. Stith, p. 2.
48. Joe Navarro and John R. Schafer, "Detecting Deception," *FBI Law Enforcement Bulletin*, July 2001, pp. 9–13, accessed on the Internet, July 20, 2009.
49. William T. G. Litant, "And, Were You Present When Your Picture Was Taken?" *Lawyer's Journal* (Massachusetts Bar Association), May 1996.
50. Steele.
51. Pat Stith, *Getting Good Stories: Interviewing with Finesse* (ProQuest Research Library, April 24, 2004), p. 2.
52. "Man Reads His Obituary in Paper," Lafayette, Indiana *Journal & Courier*, June 13, 1985, p. D4.
53. Diana Pisciotta, "How to Prepare for a Broadcast Interview," http://www.inc.com/guides/2010/05/preparing-for-the-broadcast-interview.html, accessed May 21, 2012.

54. Pisciotta; "11 Tips for Broadcast Interviews," http://communitymediaworkshop.org/npcommunicator/11-tips-for-broadcast-interviews, accessed May 21, 2012.
55. "EE's Perspective," http://www.uwgb.edu/clampitp/interviewing/interviewing%20Lectures/Journalistic%20Interviewsppt, accessed October 4, 2006.

资料来源

Adams, Sally, Wynford Hicks, and Harriett Gilbert. *Interviewing for Journalists.* Florence, KY: Routledge, 2008.

Heritage, John. "Designing Questions and Setting Agendas in the News Interview," in *Studies in Language and Social Interaction,* Philip Glenn, Curtis LeBarob, and Jenny Mandelbaum, eds. Mahwah, NJ: Lawrence Erlbaum, 2002.

Metzler, Ken. "Tips for Interviewing," http://darkwing.uoregon.edu~sponder/j641/Interview.htm.

Rich, Carole. *Writing and Reporting News: A Coaching Method.* Belmont, CA: Thomson/Wadsworth, 2012.

Steele, Bob. "Interviewing: The Ignored Skill," http://www.poynter.org/column.asp?id=36&aid=37661.

Synge, Dan. *The Survival Guide to Journalism*. New York: McGraw-Hill, 2010.

"Videoconference Interview Tips." Newfoundland and Labrador, Canada: Memorial University of Newfoundland, 2009.

第六章

调查性访谈

> "调查涉及我们每一个人。"

如果你对来自慈善机构、政治候选人、宗教机构、大学和企业的调查请求感到难以应付,那是因为名目繁多的调查就是让人应接不暇。2010年Vovici公司主持的研究(当然是通过调查)表明美国成年人每年被要求参加的调查有70亿次,他们中承诺完全完成调查的有80%,共提供了26亿条回复。[1] 这其中一些调查以面对面的形式,在家庭、商场、公司、体育竞赛场馆、医院中进行,但是通过电话和网络进行的调查人数逐渐增加。随着调查数量持续不断增加,不愿参与调查的人也越来越多。潜在的受访者会考虑访谈的机密性、隐私性、电话促销、调查准确性、调查机构的偏见以及对他们自己和社会的利益。近期在一项"调查趋势调查"的研究中,作者得出结论:"总体来说,在20世纪90年代中期至21世纪前10年之间对于舆情和民意调查的态度在不同层面上都有消极转变。"[2]

本章的目的是为准备、实施和评估调查性访谈提供指导,让访谈富有成效,而且对访谈双方都有回报。

在第五章,我们讨论了信息访谈,信息访谈的明显特征是灵活性和适应性,采访者如果依照访谈指南或适度的访谈计划就能自由地探求问题的答案。本章聚焦于以可靠性(确保每次重复调查时能获得相同的信息)和可重复性(从一个受访者到另一个受访者,访谈可重复实施)为明显特征的调查性访谈,采访者在实施访谈时依照精心准备且周密计划的调查提纲,在访谈过程中也许只提问事先准备好的探究型问题。

> 调查性访谈既不具有灵活性也不具有适应性。

目的和研究

在你思考你要调查的问题和对象之前,要准确地确定你的调查目的。你需要去发现的信息类型以及你如何运用这些信息将决定你实施的是一个定性调查还是定量调查。[3] 如果你想探寻想法和感受,深入挖掘事件,发现动机,理解不同的视角,以及理解行为,你就使用定性的方法。你的发现要以评论语言的叙述形式呈现。如果你想要确定行为频率、情感深度、观点或态度的一致性、原因和影响、倾向、平均值以及作出预测或战略决定,你就使用定量方法。你的调查以定量方式呈现,其中数字非常重要。你的需要和问题可以根据你的访谈的适宜长度作出调整。它们也许简洁如 3～5 分钟或长至 15～20 分钟。时间越长的访谈覆盖的兴趣领域越多(对于定性调查很重要),并且更为可靠,但是对于意在确定态度或意图的定量调查,也许是不必要的或者是不利的。

> 调查性访谈有多重目的。

另一个因素——**时间**——将影响你的目的。你用多长时间完成你的访谈达成你的目的?你也许需要彻夜完成调查以确定对于一个事件的反应,例如一项政治辩论或者一个法庭决定,这就可能限制你想通过电话来实施访谈的目的。其他话题或议题可能需要几个星期或几个月,这使你能够实施更长、更复杂的访谈,这样就可以全面深入地钻研主题事件而不是停留在肤浅的表面。时间也决定了你要操作的调查类型。如果你要明确知道访谈对象此时此刻如何反应那就需要进行**横截面调查**,从中可以在某个特定时间点内测量截取的小部分的所感、所想、所知。而一个纵贯式调查描绘了一段时间内的感觉、思考或认知的趋势。

> 纵贯式调查揭示某个时间段内的趋势和变化。

一旦明确了调查目的,就尽量去搜寻与调查问题有关的各方面信息。探究这一问题的过去、现在和未来,以及曾经提出或尝试过的解决办法。查找所有潜在的资源,如机构文件和档案文件、通信,并且访问有相关知识的人,查看政府文档、专业杂志、书籍、与主题相关的以往的调查成果、网络、新闻杂志和报纸,还要与曾经研究过或者参与过此类研究的人探讨。

> 不要假定对某一主题已完全了解。

如果研究要获得的信息可以从其他资源中得到,就不需要在此次调查中收集。你要成为在研主题的专家,尤其要对独特的专业术语和技术概念有所了解。如果你要调查全球变暖、"自卫法权利",或者有机农业等核心事件,你必须确定与话题相关的关键术语的准确并可理解的含义,以使受访者对这些术语的内涵更清楚明了,而那些阅读或使用调查结果的人也可以接受,并据此形成观点或采取行动。研究应该全面揭示过去的态度和观点以及对于当前态度和观点的推测思考。在调查中,对某一主题的全面了解可以使你拥有一种洞察力,能够洞察你需要探索的领域、问题的复杂性,以及访谈中潜在的有意或无意的回答错误。

> 不要浪费时间学习你已经知道的知识。

> **网络资源**
>
> 通过互联网选择一个当前国际事件并对它的背景进行调查。使用至少三个不同的搜索引擎,例如联合国(http://www.un.org),全球化国际论坛(http://www.ifg.org/),国际工程(http://news.foodonline.com/pehanich/fpso11598.html)。你搜索到哪些类型的信息?哪些信息在因特网上查不到?在这个议题上,网络搜索为调查提供了什么建议(包括子话题、冲突领域、专家的不同观点、公众意见、该议题的历史沿革与当前发展情况)

架构访谈

当你已经明确了调查目的并进行了必要的研究,就应该搭建结构严密的访谈框架了。

访谈指南与计划

访谈指南对于调查性访谈是非常关键的,因为它不仅规定了你要涉及的主话题和次话题,还包括了访谈所有要问的引入型问题及探究型问题。请仔细回顾一下第四章中所讲到的建立访谈指南的建议。

访谈指南从罗列主要的相关问题开始。例如,如果你计划调查美国伊利诺伊州正着力进行公办学校改革的教育人士,那么相关的主要问题应该包括州办学前教育、全日制幼儿园、教育过程的父母参与、州的授权、规则的取消、教室中科学设施投入、全年制学校、对于有困难学生进行一对一帮助的工作人员,以及对有特殊需要的学生分班。如果你进行一个定性调查,那么你也许需要一个精密设计的访谈,这样的访谈指南包括开放式结尾问题、预设的探究型问题,以及可能存在的根据访谈回答而提出的不是事先准备的探究型问题。问题要有一定的灵活性,因为你更关注信息深度而非数据的复杂统计。传统的记者采访指南(人物、事件、时间、地点、方式和原因)也许适用于定性调查,大部分情况下调查常常需要更详细的指南和计划以保证可以涵盖所有主题或议题,包括组织报告与阐释回答的适当方法。

如果你在进行一个定量调查,你必须找出容易记录、制表、分析的回答。定性调查的灵活性和可适用性或许会在结果的编码和制表过程中造成困难,所以你要依靠一个高度计划的、标准化的格式,这种格式保证访谈的可重复性和访谈结果的准确汇编。

> 一个详尽的访谈指南可以很容易转换成访谈计划。

> 标准化对于调查是非常重要的。

开头

虽然"每个访谈都是与众不同的,像一件小的艺术作品……有它的潮起潮落……也像一个包含真实时空和真实人物的小型话剧"[4],但是每一个受访者还是要尽可能经历大致相同的访谈过程。设计一个标准的访谈开头，包括问候语、采访者姓名、调查机构、访谈主题、目的、调查所需时间和对保密的承诺。我们建议访谈人员对开头部分的处理不要逐字朗读或呆板发声。为了让开头听起来更自然，你或许需要邀请有经验的访谈人员来设计开头部分，只要其中包含着你罗列的元素。下面便是包含一个定性问题的调查性访谈的标准化开头。

> 下午好，我是_____。州政府自然资源部雇用我公司进行一项关于在密歇根的湖泊中划船的调查，希望通过调查确定在维持固定的湖泊数量及其周围区域的情况下如何提升游船量。调查仅需10分钟并且对于您的回答我们将绝对保密。（进行第一题）
>
> 您在密歇根湖上划船的频率是多少？（如果答案是每年少于三次，就在答案1.1上划 × 并结束调查。如果答案是一年3次及以上，就跳转第二题。）
>
> 1.1 ____ 每年少于3次
> 1.2 ____ 每年3~5次
> 1.3 ____ 每年6~8次
> 1.4 ____ 每年9~11次
> 1.5 ____ 每年12次或以上

> 调查性访谈不需要打破僵局的提问和闲聊。

这个开头表明了访谈人员的身份和所在机构，也确定了访谈的大概目的和长度。我们需要注意受访者并非必须回答。访谈人员要顺畅且快速地从引导部分转向第一个问题，不给对方拒绝被访的机会。第一个问题用来确定受访者参与调查的资格。在这场调查中，受访者必须在密歇根河上游船每年至少3次。调查表为采访员提供了指导，并把每个问题都进行了预编码，这样做的目的是让调查结束完成后更易于处理和分析结果。

在访谈开始部分可能不会指明调查资助机构的身份（如一位政治候选人、一家制药公司、特殊利益团体等）或者明确的调查目的（为了确定在政治、广告或游说活动中应采取的策略），因为这样的信息也许会影响受访者的回答。如果调查的实施者是《纽约时报》或者《华盛顿邮报》，或者是CBS或CNN这样的电视机构，或者如哈里斯或盖洛普这样著名的民意调查机构，则往往会向受访者阐明机构的名称，这将会加强民意调查和采访者的权威性，机构的名称能够用来加强民意调查和访员的威望，减少受访者对于调查背后有人进行暗箱操作的疑虑，同时更愿意配合调查访谈。采访者需要出示身份证件来介绍自己并建立作为调查实施者的合法性。

由于调查中拒绝参与的增加，特别是在网络中进行的调查，加之调查结果的质量取决于回答参与率，因此调查实施机构逐渐增加了对参与动机的关注，从对受访者的简单承诺到每次调查预付最高可达 40 美元的现金。如果采访者想激发对方参与调查的积极性，往往会在访谈开头就抛出物质奖励。虽然一些调查明显表明金钱奖励越多，参与的可能性就越大，但是即使是象征性的小奖励也能提升回答率。[5] 一项研究表明,在调查开始进行的简单预付、非现金奖励（例如一支圆珠笔）能够在调查访问前半部分的回答中增加回答率，获得更多完整的回答。[6] 非现金奖励包括强调调查对象如何从调查中令个人获益，强调帮助他人并成为积极市民的责任，确保隐私性和保密性，在话题中聚焦于受访者利益，树立实施或发起调查的机构的可信性，还要强调在有限时间内实现访谈目的的简约性。一些调查人员过分强调参加调查的物质奖励，反而会让一些人转而参与对此调查不利的活动。[7]

> 简单的物质刺激可以降低拒访率。

结束部分

结束部分要简洁，并对受访者花费时间和精力协助调查表示感谢。例如：

> 这是本次调查的所有问题。非常感谢您的帮助。

如果调查的组织者想要留下调查对象的电话号码以验证调查访谈的有效性，则可以这样结尾：

> 这是本次调查的全部问题。也许我可以留下您的电话号码，以便我的上级能够复查是否本次调查是按规定的方式完成的。（得到电话号码）非常感谢您的帮助。

如果你要把调查结果提供给被访者，这是调查性访谈的常见做法，则可以这样结尾：

> 这是本次调查的所有问题。非常感谢您的帮助，如果您能留下地址，我保证您可以收到一份研究结果的复印件。（得到地址）再次感谢您的帮助。

一些调查对象不愿将电话和邮箱地址透露给陌生人。如果受访者表现出担心、怀疑或者非常排斥，那你就要准备收回你的要求。不要因此牺牲你们在调查过程中建立的密切关系和友好印象。一位作者在主持一个政党民意调查时，他发现许多受访者不愿给出电话号码，因为害怕他们会在竞选活动期间收到候选人潮水般的电话。因此在征得政党的同意后，访员不再要求留下电话号码，从而使访谈更平稳地结束。

> 调查对象更愿意匿名。

受访者可能会对调查感到好奇，或者对主题产生兴趣并且想要与你讨论，而这会是一个乐于参与以后调查的访谈对象。但是要在时间允许、受访者没有机会与以后的调查对象交流，并且调查机构也不反对的情况下进行讨论。

调查提问

> 访员不能临时调整问卷。

仔细地设计调查中的每一个问题，因为访员不可能在访问中对问题进行改述、解释或者详述，否则可能会降低访问的可重复性，而可重复性是调查的一个核心要素。在定量调查中，所有问题的措辞和策略性的决定都要在设计阶段完成，而不是在访谈现场。在定性调查中，所有主要问题和大多数的探究型问题都要提前计划好。

提问措辞

> 提问中的每一个措辞都可能影响调查结果。

所有的受访者应必须以相同的方式听到完全一致的提问。用词的些微变化，或对个别词语上的重音强调，都可能导致不同的回答。例如，在一个有关宗教的调查中，采访者问一组受访者："可以在祈祷的时候吸烟吗？"超过90%的人回答是"不可以"。当问到另外一组受访者"可以在吸烟的时候祈祷吗？"超过90%的人回答说"可以"。尽管这些问题貌似是相同的，但受访者对他们有着不同的理解。第一个问题"在祈祷的时候吸烟"听起来是亵渎神明，而第二个听起来则是个好主意，也许还是必要的。回忆第三章关于为什么要提问的讨论，阐述了强调如何改变简单问题的重点和含义。在一个可复制的调查中，这一点非常重要。

一个用词上的变化就有可能完全改变受访者的回答，并因此改变调查的结果。研究者问一组受访者下述问题：

您认为在美国应该允许公众反对民主的公开演讲吗？

研究结果是21%的人认为"应该允许"，62%的人认为"不应该允许"。然后研究者替换了一个词语再问受访者：

您认为美国应该禁止公众反对民主的公开演讲吗？

研究结果是39%的人认为"不应该禁止"，46%的人认为"应该禁止"。[8] 很明显，受访者认为词语"禁止"是比"不允许"更强硬和更危险的行为——或许是反美的——即使这两种政府政策的结果是一样的。

第六章　调查性访谈　　**151**

研究员大卫·耶尔格（David Yeager）和乔恩·克洛斯尼克（Jon Krosnick）近期比较了两种调查访问，即用以测量态度和信念的调查访问，这些调查访问引入模糊问题，例如"一些人认为"和"其他人认为"，与向被访者问直接性问题的调查访问进行对比。他们发现当使用有选项的直接性问题时有效性更高，而使用模糊性词句的问题则需要更长时间进行发问和回答。[9] 符合受访者的知识水平，让每个问题都清晰、明确且适当，既不过于复杂也不过于简单，中性，在社会层面和心理层面都可以接受。做到这一点并不简单，因为受访者可能在性别、文化、年龄、收入水平、教育程度、天分、职业、居住区域和经历等方面有很大差别。美国人口中多样性的日益增长可能源自被访者来自不同的大陆、文化背景。

> 调整词句以适应目标人群中的所有成员。

要小心使用正式名称或被访者并不熟悉的人或机构的首字母、缩写词。不同文化背景的人或许会说英语但会对缩写、白话、格言、行话、委婉语和俚语困惑不解。避免模糊词语和短语，例如许多、常常、非常、大学校，或者最近的发现，这些词有众多含义且含义模糊。

调查研究者警告说，提问中要慎用否定词，因为它们可能产生误解或混淆。例如，杰克·爱德华兹（Jack Edwards）和玛丽·托马斯（Marie Thomas）指出："对一个否定式陈述的否定回答并不一定等于对一个肯定式陈述的肯定回答。"[10] 这个解释听起来也很令人迷惑。他们给出了下面的例子以帮助理解："不同意'我的工作没有意义'的观点，并不就意味着此人会同意'我的工作是有意义的'这样的观点。"他们还注意到，受访者被迫不同意某个否定意见时会感到迷惑。想一想你在考试中遇到否定式多选题时的那种困难处境吧，就可以理解他们了。芭比（Babbie）警告说，许多被访者会在访问过程中听漏问题中的"不"，所以那些赞同"美国不应同伊朗建立外交关系"和不赞同的人会以相同的答案回答。[11] 爱德华兹和托马斯警告说，否定式陈述可能使得"你也许永远也不知道哪个是哪个"。

> 慎用含否定式措辞的提问。

提问改进的范例

在你制订访谈计划时，许多问题也可以改进，特别是对于定量调查而言。请看下面的例子，一个关于驾驶过程中发短信的问题，看它在准备期间是如何改进的。

　　你对国家法律强制性反对在驾驶过程中发短信的规定有何看法？

仔细审看这个看似中立的问题。"国家强制性"一词会使结果产生误差，因为对一些受访者来说这个词有些专制且违反宪法。问题的开

> 在改进提问措辞的时候不要忘记记录答案。

头以及含糊的字眼"感觉"会导致得到的回答差别很大，有些回答是积极的（"让我感到更舒适""我就想这样""不惜一切地减少车祸"），有些则是否定的答案（"这是保姆式州政府侵犯我宪法权利的另一种努力""气愤""对下一步措施感到害怕"）。其他受访者会长篇大论地从正反两方面赞成或者反对这项法律，这会给记录和编码都很困难。

设想一下第二个版本，尝试采用封闭式的提问，取消"国家强制"这个字眼。

国家法律反对在开车时发短信，你的态度是赞成、反对或者没有感觉？

_____ 赞成

_____ 反对

_____ 没有感觉

这个版本消除了第一种问法可能导致的偏差（并且解决了记录的问题），但它的不足是对于定性目的和定量目的来说太封闭了。被访者可能并不是简单地赞成或反对法律，他们可能认为，应有例外或者条件，可以允许紧急情况时发短信。感情强度无法评估。"没有感觉"的答案选项也许会产生大量未定信息，而且也无法知晓答案，它即需要大量的探究又减小了问题的影响。同时给答案编码也会很困难。

以下是进一步完善的第三个版本：

2. 国家法律反对在开车时发短信，您对此非常同意、同意、不同意、非常不同意？

2.1 _____ 非常同意

2.2 _____ 同意

2.3 _____ 不同意

2.4 _____ 非常不同意

2.5 _____ 不置可否（在未被询问的情况下不要提供这个选项）

2.6 _____ 为什么？ _____（只有在受访者选择非常同意或非常不同意的情况下才问）

> 嵌入次级提问，以探寻原因、知识水平和限定程度。

第三个版本的提问评估了感情强度，这易于记录和编码，评估感情强度的第三个版本有未声明选项，为调研人员提供了指导，这个版本还包括一个嵌入式次级问题"为什么"以揭示出选择非常赞同和非常反对的原因。作者发现选择温和答案的人头脑中一般没有现成理由同意或不同意、赞同或不赞同、喜欢或不喜欢，他们仅仅是有一种普遍的感觉。

用心对待每一个问题，直到它符合了措辞的标准，而且的确是为获取信息而设计。严谨的措辞会避免困惑和不准确的结果，然后我们要进行预调查来发现提问中潜在的问题。

探究型问题

调查中的探究型问题较少且通常是提前策划的。例如，如果调查对象给出了一个不明确的回答，你也许会问："为什么这样说？""你怎样解释？""我听到你说……这就是你想要表达的吗？"如果受访者提供了一个非常简洁的回答，或者表现出不愿详尽描述，那么就要用沉默式来探究，或者用一种轻轻推进的探究方式，例如："嗯？"又或者使用一种情报式探究方式，例如："你可以告诉我更多关于……的信息吗"？如果你不确定你的调查对象是否已告诉你相关问题的一切内容，就是用全面式的探究方式："还有吗？""您还有其他内容要增加吗？"记住，为了后期制表和分析，要认真、清晰且准确地记录探究型问题和答案。

你的目标是能够一遍又一遍地重复进行几乎相同的调查性访谈。但是如果您或其他访问者在提问时暗示自己喜欢的答案，或者引导不同回答者提供不同的答案，那么现场探究可能会导致访问者偏见的产生。而且如果一些访员问探究型问题而其他人不问，这次调查获得的信息的数量和类型和下一次就会不一样，并且会导致不可信数据产生或者数据无法以一定置信度来制表和分析。

提问策略

访员们总结了五种提问策略，用来评估知识水平、诚实度和一致性，减少不确定性答案，防止因顺序问题而引起的偏差。

过滤策略

过滤策略有助于了解受访者对话题的了解程度。例如：

> **采访者**：您是否了解自来水公司下一年预设的增长率。
> **受访者**：了解。
> **采访者**：自来水公司的预设是多少？

假如受访者说不熟悉，采访者就应该转入下一个问题。假如受访者说熟悉，那么采访者就应该要求受访者说出他了解多少和精确程度。后续问题可以发现调查对象是困惑不解还是获得了错误消息。许多受访者习惯对二元性问题做出肯定回答，即使他们对于采访者所问的问

> 别把"是的"作为最终答案。

题一无所知，因为他们并不想表现出他们是无知的，而过滤策略可以发现并排除这种趋势。

重复策略

重复策略能够帮助你判断受访者在回答同一话题时是否保持一致，特别是对有争议的话题。你可以隔几分钟问相同的问题，然后把两个答案进行比较看是否具有一致性。这个策略的一个变种是改个说法来伪装同一问题。

6. 您监督您的孩子在家使用电脑吗？
6.1 _____ 是
6.2 _____ 否
14. 您的孩子在家能够随意使用电脑吗？
14.1 _____ 是
14.2 _____ 否

> 重复提问必须和确定答案的一致性相对应。

重复策略的另一种应用是先问一个一般性的封闭式问题，再问一个高度封闭性问题，例如：

11. 一周中您饮用几次酒精饮料？ _____
20. 我要读一份您每周饮用酒精饮料的频率清单，如果哪一个选项跟您的饮用情况最相符，就告诉我停下来。

20.1 _____ 每周少于 1 次
20.2 _____ 每周 1 ~ 2 次
20.3 _____ 每周 3 ~ 4 次
20.4 _____ 每周 5 ~ 6 次
20.5 _____ 每周 7 次以上

不要重复的太明显或与初始问题过于近似，确保对问题的重新表述不会改变它的最初含义。

倾向性提问策略

许多被访者常常不愿表明立场或做决定，部分原因是他们不想暴露自己的感觉和意图。在这种情况下，可以采用倾向性提问（leaning question），来减少答案中"无法确定"或"不知道"选项的数量。切忌把倾向性提问与诱导型提问（leading question）搞混淆。下面的例子是一个典型的**倾向性提问策略**：

9a. 您在秋季选举中计划投票赞成还是反对学校公投？（如果不确定，请回答 9b）

_____赞成

_____反对

9b. 那你今天是更倾向于赞成还是反对呢？

_____赞成

_____反对

_____无法确定

题 9b 仍然要保留"无法确定"的选项，因为有的被访者可能真的在这一刻无法确定。倾向性提问的一个变种是："如果你今天就投票的话,你会怎样投？"如果问卷中有一个明确的选项"无法确定"或者"不知道"，那很多人可能会选择这一项，特别是提问要求对某人、机构或者产品做出批评时情况更明显。然而，还是有建议要在所有问题中包含"不知道"或"不合适"的答案选项，用以减少被访者的困惑，提供最大限度的诚实和准确的答案，除非所有的被访者都会有一个确切的答案。[12]

> 倾向性提问促使被访者选择某个立场或做出某种判断。

洗牌策略

问题中答案选项的次序也许会影响被访者的回答。研究表明，提问的最后一个选项容易得到负面的或者表面化的评价，因为这时受访者可能感到疲劳或厌烦了。有时受访者选择某个选项，只是因为它是第一个提到的或者最后听到的那一个。**洗牌策略**就是为了防止这种**顺序偏差**，它在一个接一个的访问中会依次改变提问或答案选项的顺序。在对实施调查的采访者进行培训的时候，要对这种依次循环的方法详加解释，注意下面例子中对采访者的内部指令：

> 现在我要念出美国销售量最为畅销的五种啤酒的列表。我想让你告诉我你对每款啤酒所持的态度是非常喜欢、喜欢、中立、不喜欢、非常不喜欢。（在进行后面的调查访谈中依次循环排列啤酒品牌的顺序，并相应处理得到的答案。）

	非常喜欢	喜欢	中立	不喜欢	非常不喜欢
米勒淡啤（Miller light）	5	4	3	2	1
百威啤酒（Budweiser）	5	4	3	2	1
库尔斯淡啤（Coors light）	5	4	3	2	1
百威淡啤（Bud light）	5	4	3	2	1
科罗娜啤酒（Corona Extra）	5	4	3	2	1

> 顺序偏差既是事实又是神话。

在政治调查、说服性调查和广告调查中，潜在的顺序偏差导致了一些奇怪事件的发生。几年以前，印第安纳州一个政治候选人合法地将自己的名字改为以 A 开头，这样就能在选举时将他的名字排在候选人名单中的首位，他这么做是相信投票人习惯选候选人名单上的第一个名字。结果他失算了，但是此类行为促使许多州政府将名字打混排列而不是按字母顺序排列。

链式或随机制宜策略

精密设计的标准化调查格式允许预先设计问题，以便让你能够探查出答案，这叫作链式或随机制宜策略。如下面的来自某市场调查中的一组提问所示。注意其中的内部指令以及为了便于记录答案和处理数据而进行的预编码。

> 调查中的所有追问都应该事先包括在访问表里。

1a. 上个月，你收到过免费早餐谷物样品吗？（在答案后画 ×）

是的 _____ 1——回答问题 1b
没有 _____ 2——回答问题 2b

1b. 你收到了哪一种早餐谷物？

麦圈 _____ 1
冻麦片 _____ 2
全麦维 _____ 3
宝氏 _____ 4
小麦片 _____ 5

1c.（在问题 1b 中没有提到宝氏的情况下发问；否则则跳转至 1d）

你收到宝氏的免费样品了吗？

收到了 _____ 1——回答 1d
未收到 _____ 2——跳转至 2a

1d. 你使用宝氏的免费样品了吗？

使用了 _____ 1——跳转至 2a
未使用 _____ 2——继续回答 1e

1e. 为什么你没有使用宝氏的免费样品？

_____
_____

> 可复制性意味着完全重复访问。

这一链式或随机制宜策略使你能够进一步探究答案，但要在确保控制过程和可重复性的基础上，这样每次调查才能尽可能地保持一致性。

问题量表

研究者们设计了多种量表和多选题，它们可以比二元问题更深入地探究主题和测量感觉，而且仍然可以方便地记录和处理数据。

等距量表

等距量表使测量尺度之间拉开了一定距离。例如，**评估等距量表**（通常称之为**李克特量表**），要求被访者对人、地点或观点做出判断。它会在相反的两极之间（比如"非常喜欢……到非常不喜欢"，"十分同意……十分不同意"或者"非常重要……一点也不重要"）给出五到九个答案选项（五个选项最普遍）作为测量尺度。下面是一个评估等距量表的例子：

> 2016年，学校计划实行每年三学期制，对此您非常同意、同意、中立、不同意、非常不同意。
>
> 5 非常同意 _____
>
> 4 同意 _____
>
> 3 中立 _____
>
> 2 不同意 _____
>
> 1 非常不同意 _____

> 李克特量表提供了一个感觉、态度和想法的变化区间。

对于那些复杂的问题或者需要记忆多个选项的提问，你可以给被访者提供卡片（卡片用不同颜色编码以作区分），这可以消除许多被访者犯过的记忆上的错误。他们可以通过卡片来研究答案和评估等级的目标，而不必记住所有口头表述的选项。下面是一个使用卡片的例子：

> 请选择卡片上的提示语来说明，你近期收看的关于国家海岸沙丘新建的水上公园的电视广告会对你去游览公园产生什么影响？
>
> 5 极大提高了我的兴趣 _____
>
> 4 提高了一点兴趣 _____
>
> 3 没有影响 _____
>
> 2 降低了一点兴趣 _____
>
> 1 极大降低了我的兴趣 _____

> 为被访者回忆选项提供帮助。

频次等距量表要求被访者选择一个数字，能最精确地反映他们做某事或使用某物的频次。例如：

> 您吃猪肉的频率是？
>
> 每周一次以上 _____

> 频次量表处理次数问题。

每周一次　　　　　　　_____
隔一周一次　　　　　　_____
一个月一到两次　　　　_____
一个月一次或以下　　　_____
不吃　　　　　　　　　_____

> 数值量表处理范围问题。

数值等距量表要求被访者选择一个范围或级别，能最精确地反映他们年龄、收入、教育程度或者在机构中的地位。例如：

我将要念一些年龄段，如果念到你的年龄段时请告诉我停下来。

18～24　　　　　　　_____
25～34　　　　　　　_____
35～49　　　　　　　_____
50～64　　　　　　　_____
65及以上　　　　　　_____

定类量表

> 定类量表涉及的是命名和选择问题。

定类量表提供了相互排斥的变量并且要求被访者从中选出最合适的变量。它是自评式的，不要求被访者像对待定距量表那样从可评估的、数量式的选项者频次集里选择某个答案,也不要求对选项评定等级。选项会按照任意顺序排列。举例来说，你可以这么问：

你认为你会成为一名：
民主主义者　　　_____
共和主义者　　　_____
自由意志主义者　_____
无党派者　　　　_____
其他　　　　　　_____

你最近一次在餐馆吃饭时，你的主菜是：
牛肉　　　　　_____
猪肉　　　　　_____
羊肉　　　　　_____
家禽类　　　　_____
鱼肉　　　　　_____
其他　　　　　_____（请写下名字）

在定类变量所列的问题中，各选项之间都是相互排斥的，而且一定包括可以选择的最可能选项。这就是为什么"其他"是例子中最后一个选项的原因。被访者必须能够选择定义选项中的其中之一，或者自己命名一个没有列出的选项。

定序量表

定序量表要求被访者根据隐含或明示的关系对选项进行评价或定级，而不像定距或定类变量那样直接给最合适的选项命名。

下面就是一个**评估定序量表**：

> 过去的五年你游历了这个国家，相信你已经住过了许多酒店和汽车旅馆。请根据非常好、比较好、一般、较差、非常差来评估以下宾馆和汽车旅馆。

假日酒店	非常好	比较好	一般	较差	非常差	未住过
希尔顿花园酒店	非常好	比较好	一般	较差	非常差	未住过
恒廷酒店	非常好	比较好	一般	较差	非常差	未住过
德鲁酒店	非常好	比较好	一般	较差	非常差	未住过
Comfort 酒店	非常好	比较好	一般	较差	非常差	未住过
courtyard	非常好	比较好	一般	较差	非常差	未住过

注意这个评估量表产生了六个答案，包括没有住过的酒店或汽车旅馆选项。接下来是一个**等级定序量表**：

> 下面的卡片上有五个新闻节目的名字，请按照真实性和可信性将它们排序，1 代表最高、5 代表最低：
>
> 　　　　　　　　　　排序
> ABC 世界新闻　　　_____
> CBS 晚间新闻　　　_____
> CNN 新闻室　　　　_____
> FOX 报道　　　　　_____
> NBC 夜间新闻　　　_____

下面的定序问题要求受访者从选项中选出答案并排序。

> 卡片上有几个原因，这些原因常常被引证到给予贫困小学和高中学生教育补助金券。选择三个你认为最重要的，而且按照你认为的重要性排序。
>
> _____公平　　　_____减少工会权力
> _____竞争　　　_____提高教育质量
> _____花费　　　_____减少政府管控

> 定序量表要求评价或定级。

_____家长参与

鲍格德斯量表（社会距离量表）

> 鲍格德斯量表测量双方不同关系距离产生的影响。

鲍格德斯量表测量的是人们如何感知他们之间的社会关系和社会距离。你想要知道，当某个问题逐渐关乎被访者切身利益的时候，他的态度或感觉是否会随着事件距离他们更近而发生变化。这个量表通常按关系和距离从远到近地移动来探测关系极近时发生的变化。例如，你可以使用下面的鲍格德斯社会距离量表来测量受访者对于扩大石油钻探的感受。

1. 你赞成美国扩大石油钻探吗？　　　　　___ 赞成 ___ 反对
2. 你赞成美国中西部扩大石油钻探吗？　　___ 赞成 ___ 反对
3. 你赞成你所在的州扩大石油钻探吗？　　___ 赞成 ___ 反对
4. 你赞成你所在的郡扩大石油钻探吗？　　___ 赞成 ___ 反对
5. 你赞成你所在的小镇扩大石油钻探吗？　___ 赞成 ___ 反对

在许多问题的回答中，受访者在表达对于某一产品、问题、行为或人的态度或感觉时，确实会发生变化。鲍格德斯社会距离量表把问题逐渐引向关乎被访者自身，而不再只是某个非个人化的或者在他处影响他人的问题。

> 调查中尽可能减少臆测。

量表是为了获得一定范围内的结果和第2层级和第3层级更深层次的发现，但是许多受访者背离了采访者的想法。研究者们在做标准化测试时发现了这种情况。例如，受访者可能会在定类量表和定序量表中选择"一般的"答案，在定距量表中选择一个安全的、温和的或中庸的选项。他们不承认自己不知道正确答案，在没有正确答案时，受访者可能会选择那个比较突出的选项，比如在包括10%、15%、20%、30%和40%在内的一组答案中选择第二个。如果受访者一开始就同意某种特定行为会使大多数人感到不舒服，那他就不太可能承认他曾经做过那种行为，而可能尝试改变话题。[13]

> 预先想到测量问题可能产生的困惑。

要对量表中的提问斟酌措辞以避免对方敷衍、猜测和困惑。在进行访问测试时注意倾听和观察受访者的反应，从而发现回答模式、被访者的理解水平以及回答时的犹豫。量表太长、过于复杂的评估或定级程序、冗长的说明可能会使受访者感到困惑，也许当时任何一方都没有意识到这一点。

提问序列

在第四章讨论过的提问序列同样适用于调查性访谈。如果不需要进行策略组合，那么隧道式提问是有用的。盖洛普的五步提问法，或者它的某个变种，适用于测量态度与观点的强度。漏斗式提问法、倒置漏斗式提问法、沙漏式提问法以及钻石式提问顺序包括开放式问题，答案通常很难记录，而且可能给数据编码和制表带来困难。但是，可能从适度开放式问题中获得的丰富信息令人觉得冒这一类风险也许是值得的。一个对于提问顺序效果的研究表明，一个概括性提问后面应该紧跟一个更详细些的提问，这就是一个漏斗式提问顺序。[14]

> 提问顺序是提问策略的有效补充。

选择受访者

要仔细选择受访者，因为他们是你调查数据的来源。如果你与错误的人在错误的时间和错误的地点进行了调查性访谈，那么再好的问题设计都收效甚微。

定义人群

选择被访者的第一步是定义你要研究的**目标群体**。这个目标群体可能规模很小且同质化，如一个销售团队的成员；也可能规模很大，并且具有多样性，例如汽车工厂的所有雇员。你可以选择一个大目标群体中的某个子集，例如在一个仓储部门中年龄高于 50 岁的所有雇员。你确定的这个独特的目标群体应该包括全体有能力且具备资格回答你问题的人，以及你要从中得出结论的所有人。

假如你的目标群体规模很小（如健身俱乐部成员），你就可以访谈他们中的所有人。但是，绝大部分调查要研究的总体远远超出调查时间、资金和人员允许的范围，比如目标群体是一个大学里 3.5 万个大学生

■ 选取受访者的第一步是确认你要研究的总体或目标群体。

或者一个 25 万人口的城市里所有年满 18 岁的居民。区区几十个访员不可能接触到这个目标群体中的所有人，更别说是调查并对他们进行访谈了，因此你只访问他们中的**抽样样本**并且把结论扩展到适用于他们所有人。这当中普遍存在的问题是不愿花费必要的时间来确保选取抽样样本的总体是完整且比较清晰的。[15]

抽样规则

抽样最基本的原则是，样本必须代表所要研究的目标群体和目标受众。市场上从前卖西瓜的人小心翼翼在西瓜上切下一小块时，他们便实践了这个原则，这一小块楔形西瓜就代表着整个西瓜。

在确定的目标群体中每一个潜在的被访者都必须有均等的机会被抽到，你必须确定每个人被抽到的可能性，它取决于**误差幅度**。调查的精确度是"用同样的方法得出的样本结果与总体结果间的相似度。"[16] 绝大多数调查采用 95% 的**置信度**，也就是说，不管以何种方式计算，在 5% 的误差下 100 个被访者中都会有 95 个得出和访问总体所得相同的结果。关于媒体常规报道的调查结果，调查的允许误差幅度是 4%。这意味着如果 42% 的被访者赞成国会履行职责的方式，那么实际的数字是 38% 那么低或者 46% 那么高。

允许的误差幅度取决于如何使用调查结果。假如你想预测选举结果或者一个新药的疗效，就应尽量把误差控制得更小些，控制在 3% 或者更低。假如你进行调查是想知道员工们对新娱乐设施的感觉，那可以让误差稍高一点，控制在 4% 或 5%。

样本量取决于目标群体总体大小和允许误差的范围。一些调查机构实施精确性全国调查，使用大约 1 500 个样本可以将误差幅度控制在 3%。标准公式显示，随着受访群体总体数量的增加，最小样本数量占总体的比例下降很快。换句话说，为了获取同样精确的结果，你对 5 000 人的访问比例要远远大于对 50 000 人的访问比例。公式还显示，要把误差从 5% 降到 4% 再降到 3%，你必须增加很多样本。为了减少这一点误差也许不值得提高那么多费用来增加访问量。菲利普·迈耶（Philip Meyer）提供了下面的表格，来展示在一个 5% 的误差范围下，95% 的置信度水平上，不同总体所必需的样本量。[17]

> 样本是整体的微缩版。

> 误差幅度决定了调查价值。

> 样本量是访谈对象的实际人数。

目标群体总数	样本数
无限	384
50 万	384
10 万	383
5 万	381

续表

目标群体总数	样本数
1 万	370
5 000	357
3 000	341
2 000	322
1 000	278

创造性的研究系统作为公共服务提供了一个样本数计算法。[18] 如果你知道了置信区间（3%、4% 或 5%）、置信水平（你所得到的有效百分比，例如 95%）以及你的目标受众规模，你便可以使用其算法。

抽样技术

样本量大小很重要，但是，对于调查的有效性来说，如何实施抽样更重要。正如 W. 查尔斯·瑞丁（W.Charles Redding）几年前警告的，"坏调查比不调查更恶劣"。[19] 有两个普遍的样本选取类型，**随机抽样**和**非随机抽样**。[20] 在随机抽样中，你知道你的调查群体中每个成员都有接受访谈的某种机会。在非随机抽样中，你不知道你的目标群体的每个成员都有接受访问的机会。有五种常见的随机抽样方法，也是最准确的抽样技术。

随机抽样

随机抽样是从目标总体中抽取代表性样本的最简单方法。例如，假如你有一个目标群体总体人员的全部名册，你就可以将所有的名字放在一个容器中，将它们整体打乱，然后一次抽取一个名字直到取够样本，这样你就有了一个样本。

> 随机抽样就好像"从帽子里抽取人名"。

随机数字表

一种较为复杂的随机抽样方法是，给每一个潜在的被访者编号，然后建立或购买一个**随机数字表**，闭上眼睛，用手指随便点一个数字，然后读出它上下左右或对角线上的相邻数字。把这个数字代表的被访者作为一个样本，或者取这个数字（假设它为 46）的后一个数字 6，和它右边相邻数字（假设为 29）的前一个数字 2，把两个数字合起来作为被访者的编号 62。重复这个过程直到取够样本。

等距抽样或随机数位抽样

在**等距抽样或随机数位抽样**中，你在电话簿中每隔十个抽取一个电话号码，在顾客花名册里每隔五个抽取一人，或者选择在超市里每

> 等距抽样是指，你从名单列表中每隔 n 个名字抽取一个名字。

隔一个碰到的人。随机数字拨号系统广泛应用于调查"在目标电话地区号和前置区号的区域中随机产生的电话号码","让区域中每个电话号码都有被呼叫的可能性",并保证匿名。[21] 这种常用的抽样技术会有一些内在缺陷,例如,不列入名单的电话号码或者使用手机的群体占比在不断增加。另一方面,越来越多的家庭拥有不止一个电话号码,这增加了向一个家庭打多个电话的可能性。一个投票人、顾客或成员名单可能不是最新的。一天中的什么时间,一周内的哪一天,以及位置都可能决定适合访谈的人的类型。

分层随机抽样

> 分层抽样最能代表总体。

随机抽样可能无法提供总体中全部有代表性的子群体。如果总体里的各子群体可以清晰定义,如男性或者女性、年龄、教育水平、收入水平、以及不同文化团体,那么就可以使用**分层随机抽样**。这个方法允许你按照每个群体在目标总体中所占比例分别从中抽出最小样本。例如,如果目标群体包括 30% 的大一学生,25% 的大二学生,20% 的大三学生,20% 的大四学生以及 5% 的毕业生,调查样本就要反映出这些比例。

抽样点

> 一个抽样点通常是一个地理区域。

每一个抽样点代表着一个包含特定类型人群(如农场主或退休人员)的地理区域(如一个街区或一英里之内)。给访员的指令可能会要求他挑过街拐角的房子(街拐角的房子通常更贵),然后每隔一个房子选取一户,直到他们得到两个男性和两个女性作为被访者。美国农业部通过对农场和农作物进行航拍的照片来确定要作为访问对象的农场主,以此推断每年不同农作物的种植数量和可能产量。**抽样点**或**街区抽样**使调查设计人员不必借助人员名单、随机数位或者电话号码就可以控制访谈对象的选取。

下面是两种非随机抽样的一般方法,是最不准确的抽样形式。调查访问人员使用它们是因为它们方便且造价不高。

自发性回应抽样

> 自发性回应抽样是抽样方法中最没有代表性的一种。

精确度最低的抽样方法是**自发性回应抽样**。你几乎每天都能在广播电视的脱口秀节目、新闻报道和互联网中看到这种自发的方法。谁最可能给有线卫星公众事务网络(C-SPAN)、拉什·林博(Rush Limbaugh,美国著名电台脱口秀节目主持人,译者注)或者电视台打电话?你猜对了,是那些正处于极度气愤情绪中的人,或者对某一行为持极端反对或赞同态度的人。态度平和的人很少打电话或者写信。这就很容易预测,关于枪支管控、健康改革和工会等问题的自发性回应调查会得出什么结果。

便利抽样

便利抽样很流行，因为被访者很多且易于找到。举例说明就是访员在学生们进入教室时、在购物者走进商场时或者人们在街道行走时拦截他们。选择的唯一标准是被访者是否便利。抽样中目标受众构成的随机形式的多样元素，其中的随机因素和代表性因素是不被考虑的。[22]

选择并培训访员

确定调查手段和访问对象样本对于有效的调查来说非常关键，而选择和培训访员从而合乎规范地进行访问同样重要。

访员规模

如果访问对象人数很少，而且访问很简单，可能一个访员就能胜任。但对于调查来说，更经常的情况是需要有多个访员来组织访问，尤其是在访问时间较长、样本量较大、指定的调查时间较短、被访者散居于较大范围的地理区域时。大规模和困难的调查任务会导致访员严重疲劳，也减少了访员的积极性，[23]这些会影响调查和所得数据的质量。

> 你很少能完全靠自己来完成。

资格

精密设计的标准化访谈不要求访员在调查主题上是专家，也不需要在问卷措辞上或者探究答案上极富技巧。它需要的是一个能够理解访问大纲并严格按照大纲实施的访员，能够逐字逐句地读出问题，并且快速准确地记录答案。如果访员使用的是精密设计的访谈形式，要求其能够熟练地获取答案，那么访员必须有随机应变的能力，能适应不同的调查对象，处理意料之外的受访者拒绝和担忧的情况发生，对于奇怪的回答能够有效且平静的应对。对于这种类型的调查，对访员进行专门培训，这样可以更有效地进行访问，并得出精度更高的调查结果。在近期《舆论季刊》（*Public Opinion Quarterly*）中的一项研究发现，"有经验的访员比没有经验的访员获得更高的顺从报告率，即使考虑到访员和被访者性格存在潜在差异。访员之间的差异不是根据访谈节奏，而是根据访谈长度测量而得，这意味着有经验的访员同没有经验的访员在访谈行为上可能存在差异"。[24]

> 访员必须遵循规定。

个人性格

> 访员让人感到可信在调查中非常重要。

不考虑访员的经验的话,那些年龄偏大、让人感到没有威胁、乐观的访员能够得到更高的应答率和配合率。因为年龄会让对方感觉更可依赖、更自信、更乐观,能够鼓励被访者合作。[25]一项研究发现,访员的个性和态度是形成受访者所持态度的最重要的因素。[26]

受访者的怀疑

> 受访者对调查的警惕性在日益增加。

研究显示,几乎有近三分之一的受访者认为回答调查问卷上的问题对自己没有好处,而且自己回不回答也不影响最后结果。他们认为调查太多、太长,认为访员问了过多的私人问题。在一项研究中,36%的受访者说他们曾经被要求参加"假调查",明明是商业或政治活动,却装扮成信息调查。在一个关于盖洛普公司如何操纵舆论投票的报道中,作者指出:"公众的问题表明,对民意调查的质疑是有益的。然而,他们的问题通常伴随一种强烈而真诚的愿望——想知道盖洛普的民意调查背后到底遮蔽了什么。"[27]显然,访员必须注意到影响双方关系的维度,比如热情、参与度、主导权,以及信任度,并且通过表现出友好、放松和值得信任,尽最大努力与每一个受访者建立积极的关系。

访员与被访者的相似度

> 相似,但不是对方的镜像,这很重要。

在调查访问中,相似度是非常重要的关系维度。访员的穿着应该与被访者差不多,因为被访者可能会认为,如果访员穿着与我相似,我更愿意配合并适当地回答问题。如果访员与被访者是"群体内"(in-group)关系(黑人对黑人、城镇长者对城镇长者、拉美裔美国人对拉美裔美国人),那可能会避免文化和交流上的障碍,增强信任感,因为访问对象可能会认为访员是安全的、能理解他的、同情他的。重要的是访员能够用他们共同的语言来与被访者进行交谈,这种共同性包括方言和地域差别特征。[28]

培训访员

> 糟糕的执行会破坏所有的前期准备工作。

不管访员是否有过此类经验,都要用精心撰写的操作指南来对所有访员进行培训。培训可以使访员更好地追问、反馈和发出指令。

要和访员就调查中调查对象的一般性意见进行讨论,并向他们强调完全按照印制好的访问计划进行访问的重要性。要对复杂的问题和记录方法加以解释,确保访员理解调查所使用的抽样方法。要强调访问具有可复制性的重要,目的是为了提高可重复性以及获得可接受的误差和置信度。向访员描述整个过程和目的,和他们讨论被访者持有偏见的特征和危害。你也许需要帮助访员阅读报纸并识别目标家庭。演练调查，包括开场、提问题和记录答案——关键是如果追问问题也包括在内，或者需要访员在现场及时追问并结束调查。以下是访员的典型操作指南。

访问准备

彻底研究访问计划上的问题和答案选项，以便于你能更好地提问题而不是读问题，同时能够快速准确地记录答案。穿着得体、整洁并略作修饰。不要佩戴能够识别出你是某个特定组织或者持有特定立场的纽扣及徽章，以避免调查对象可能会因此产生偏见。选择某一周和某一天的合适时间。

> 提防访员偏见。

实施访问[29]

要友好、有效率且对访问话题感兴趣。发音要清晰、响亮，使被访者容易听清。与被访者保持眼神交流，同时经常微笑。针对所有问题提问时要清晰、不犹豫且保持中立。采取口语化的说话方式，避免以朗读或背诵的方式处理访问的开头、提问和结尾。

开始访问

从访问开始的一刻便鼓励受访者。说出你的名字，报出你所在机构，如果适合的话亮出你的身份证件。向受访者解释调查的目的、长度、性质和重要性，然后进入你的第一个问题，但不要给受访者施加压力来参与调查。

提问

逐字准确地问所有问题，包括答案选项。你也许要重复问题但是不要改变表述或给提问中的某个词下定义。不要改变问题或答案选项的顺序，除非计划好要这样做。如果你在作一个定性调查，认真地探究答案来获得深入而全面的答案，不要歧义和模糊的表述。

> 任何问题都不能有任何改变。

获取并记录答案

给被访者充足的时间来回答，然后按照先前培训和计划规定的方式记录答案。将答案认真地记录下来或者打印出来。在整个过程中保持中立，对被访者的态度既不积极也不消极。

> 自始至终保持令人愉悦的"不动声色"的表情。

结束访问

当你得到最后一个问题的答案后，要感谢受访者的合作并态度谦和地告辞。保持礼貌且体贴，向受访者明确表达他对你的调查很有帮助。不要就调查同受访者进行讨论。

调查性访谈的实施

所有准备完成后，就该用一部分目标受众进行**预调查**，这是为了发现提问与答案选项可能存在的问题。

预调查

> 缺乏预调查会导致灾难性的后果。

写在纸上的完美计划可能在真正访问时无法操作，所以要进行预调查。要对访问的开头、提问、记录答案和结束部分完整地进行测试。

要把调查做得没有漏洞。例如，我们的一个班级在做教学方面的民意测验时，学生们删除了"你对所学专业哪些喜欢哪些不喜欢？"这个问题，因为它浪费太多时间却会得到很少的有用数据，而且因为回答多种多样而使得编码非常困难。在另一个项目中，当被访者拿到一张列有某职位候选人名单，并且并被问到"你喜欢或不喜欢……？"时，许多人会感到很尴尬，或者给出一个模糊的答案，因为他们没听说过名单中的一些候选人。这个问题可以用李克特量表代替，从"非常喜欢"到"非常不喜欢"，包含一个"不知道"选项。然后访员再对那些在量表上对某位候选人表现出极端立场的受访者进一步追问，追问他们强烈喜欢或不喜欢的原因，一般来说，受访者对于他们非常喜欢或不喜欢的候选人有所了解。本书的一位作者发现，在有关政治选举过程中竞争对手互相揭发隐私的调查里，量表式提问容易使年长的被访者感到困惑，所以他对复杂问题增加了一些特别的解释。

> 不要遗留任何问题。

在进行预调查时要问以下问题。受访者知晓调查的目的和原因吗？某些问题的措辞为一些受访者造成困扰了吗？受访者对某些问题表现出消极反应甚至拒绝回答了吗？每个问题都能获得想要的信息吗？记录答案过程中产生问题了吗？

一旦你研究过预调查的结果，并对访问程序、问题和答案选项作出调整后，就可以正式开始调查了。

面对面调查访谈

理想状态下，调查性访谈应该采取面对面的人际访谈的形式进行，因为通过人际交往能获得一个较好的回应率，受访者能够看到、听到访员，而且能够感觉、触摸、体验或试吃产品。相对于其他调查方式，面对面调查访谈有很多优势。[30] 通过外在形象、穿着打扮、眼神交流和相关资格证书的现场呈递，访员容易建立别人对他的信任感。而且访员可以确保调查有针对性的回应，包括在特定时间特定地点"边缘人群"的回应。受访者更愿意参加时间稍长一些的调查访谈，因为这可以使访员就复杂事件问更多的问题,并且将重点放在深入的态度和详细的信息上。面对面访谈调查可以使访员通过面部表情、眼神接触、姿势和手势观察到受访者的态度和反应。由于处于"自然的"情境下,受访者更易于提供发自内心的和更为准确的答案。

面对面调查访谈也有一些缺点。它昂贵、耗时且慢。它需要相当数量的经过全面培训的访员,他们可能会也可能不会采访调查所需的代表性样本,而且在一个较广阔的地理区域内也不可能实施面对面调查访谈。

电话调查

由于面对面调查造价高且耗时,而且社会变化使人们很难预测受访者何时可能会接受访问。电话调查访谈——特别是随着随即拨号数字技术的出现——已经变成了主流。但电话调查访谈也有自己的一系列问题。

当一些研究表明电话调查和面对面调查访谈产生相似的调查结果时,研究人员针对如何选择调查方法发出警告。一项研究发现,许多访员不喜欢电话访问,这种态度可能会影响回答。另一项研究发现,较少的受访者(特别是老年人)更倾向于电话访问。[31] 人们在跟看不到的陌生人讨论敏感问题时会感到不自在。[32] 那些人使用自动回复设备、自动回复服务和标识号码来过滤他们不想接的电话,其中就包括调查来电。[33] 手机的到来以及依赖手机而非固定电话的人数的日渐增加,对于曾经只依赖电话簿抽样的访员来说已经产生了新问题。有研究者警告说,如果将只拥有手机的受访者(通常更年轻或经济地位较低)排除在外,会导致调查对象覆盖面产生偏差。[34] 尽管一些早期研究表明在手机上回答调查会比固定电话更不准确,但是近期一项研究得出结论,"没有不同设备产生不同效果的证据"[35]。

不管电话调查存在多少潜在弊端,由于其具有明显的优势,电话调查已经成为调查的主要手段。[36] 电话访谈不仅更便宜,而且它能提供更为快速的回答,如果需要的话甚至整夜都可以进行调查。而且电话访谈也会较少受到访员(比如访员偏见)的影响,因为电话访谈能够增加访员在行为举止和信息传递方式上的一致性,而且访谈效果也不受衣着、外貌、举止、面部表情和眼神接触等的影响。相比进入危险地区,访员会觉得使用电话进行访谈更安全,尤其是在夜里。受访者在电话访谈里会提供较少的社会可接受的答案,也许是因为他们觉得比较安全(他们不必让陌生人进入自己的家里或者公司),而且在回答一些有争议的或是隐私问题时,他们更喜欢通过匿名的电话。

以下是使用电话进行调查的指导方法。

> 电话调查可能花费不多但在结果上损失很大。

开始电话调查

绝大部分对电话调查的拒绝都是发生在第一个实质性的提问之前，三分之一发生在开始的几秒钟，三分之一发生在介绍情况阶段，三分之一发生在要求对方列举家庭成员时。谈话技巧，比如语音语调、声音变化、响亮度、说话的语速及清晰度，似乎比内容更重要，特别是在开始阶段。一项研究认为，"调查对象对访员的声音传达出来的信号作出反应，并且可能因此同意或拒绝调查"[37]。电话访员必须能通过声音和口头表达来建立信任感，这就好像面对面访谈的访员要通过他的外表、介绍信和调查材料来加强信任感一样。

如何使用电话

■ 作为便捷且费用低廉的调查和民意测验方式，电话调查的数量日益增长

很多有关调查访问的文献为电话访员提供了重要的建议。这些指导方针跟面对面访谈在道理上是相通的。[38]

> 电话调查的开始很重要。

> 在电话调查过程中除了提问和倾听，其他的什么也不要做。

- 不要给被访者理由或者机会挂断电话。培养一种非正式但又很专业的风格，表现得既有礼貌（不命令）又很友好（没有攻击性）。尽快让被访者进入回答问题的状态，有着活跃参与动机的人会更有效地参与访问和回答问题。

- 认真且积极地倾听。集中精神去听被访者在说什么而不是在这过程中喝东西、吃东西、整理问卷或者玩你桌上的东西。不要与房间中的其他人进行非口语交谈，并且不要说任何你不想让受访者听到的话，因为他可能会听到，即使你认为你已经盖住了听筒。如果有几秒钟的停顿或沉默，要对受访者解释，并发出一些信号来表示你正在听，如"嗯""是的""好的"。

- 有效的运用你的声音。直接对着话筒讲话。说话足够大声、缓慢、清晰，因为被访者只能依赖你的声音。清楚地说出每个答案选项，用语调强调重点词语，并且在每个选项之间略作停顿以帮助被访者理解和回忆。

- 使用计算机辅助电话访谈系统能够让你迅速的拨打随机电话号码并且在结束访问几分钟之内编译结果。

网络调查

目前越来越多的调查性访谈是通过互联网——电子邮件、网页以及计算机直接完成。[39] 它们比电话访谈或面对面访谈更为廉价且更迅速。投放到一个受欢迎的网站的一个调查能够在几个小时内得到上千次的回答。[40] 因为网络调查具有高度的灵活性，所以能够把相距千里的大量人群作为目标受众。由于网络调查具有匿名性和可感知的安全性，传统调查性访谈的一个重要弊端——受访者试图提供一个社会可接受的答案——得到减弱。同时在面对面调查和电话调查中令人担忧的一个严重问题——访员偏见，在互联网调查中也不再是问题。对于敏感话题，被访者会给出更为诚实的答案。不同于纸与笔的调查、面对面调查和电话调查，网络调查中对于开放式问题受访者往往会给出更为详尽的答案，可能是由于在键盘上打出长答案很容易且快速，并且当问题适合他们时他们就会回答。

然而另一方面，当你使用互联网进行调查访问的时候，将损失重要的能够辅助面对面访谈和电话访谈的非语言交流，而且调查的回应率也会遭遇重创，因为网络调查更难建立起对于调查和调查来源的可信度，同时也很难区分调查访谈和那些华而不实的销售访谈。在互联网给受访者时间进行思考的同时，也会失去面对面交流和电话访问自发性的相互交流；它基本上成为电子公告栏。然而，实时聊天软件能够保证自发性交流，但是也几乎不可能追问问题的答案，或是使用诸如洗牌策略、相倚策略和重复策略等提问策略。证据显示，在网络调查中长调查的完成率会更少；受访者在调查过程中感到很厌烦，只好退出网页。

在较大区间内定位你想要选取样本的特定目标受众很困难。互联网调查中，你也许不会知道一个家庭、公司、学校或一个州中谁接触了你的调查。你的样本，连同你的调查结果都会因此令人怀疑。那些对于某个问题感觉最强烈的人，通常都是持有反对态度，而这可能使得否定性结果在自主选择参与的网络调查中占有压倒性比例。这让研究人员克里斯·曼（Chris Mann）和菲奥娜·斯图尔特（Fiona Stewart）发出警告："毫无疑问，当前互联网访问的不具代表性依然是在线数据收集最大的问题。"[41]

编码、制表和分析

一旦所有的调查都结束了，调查的最终阶段便开始了。这个阶段包括对所得信息的编码、制表和分析。

编码与制表

调查的最后阶段是从对所有未预编码的答案进行编码开始的，通常是针对开放式问题。例如，如果问题 20 是："你说你反对用大赦作为解决非法入境的移民引起的移民问题的方法，你为什么这样认为？"这个问题会引起很宽泛的答案。如果问题 20 编码为 #20，每个答案可编码为 20-1,20-2,20-3,20-4 等等，例如：

20-1 这是给予非法入境的人的奖励。
20-2 新的非法入境浪潮将会冲击我国。
20-3 作为一种社会分工与政治话题，这不会解决非法移民问题。
20-4 非法移民会继续从美国民众手里夺走工作机会并降低所有工人的工资水平。
20-5 非法移民会为整个州和城市造成全面的负担。
20-6 非法移民增加了对美国的恐怖袭击威胁。

> 记录开放式问题的答案时要非常仔细。

在建立一个编码系统前，对开放性问题的回答需要分析和建立框架。例如，在一项关于投票人对政治竞选中揭发隐私行为的看法研究中，访员问："如果要您用三个或四个词来描述某位把揭露隐私作为竞选策略的政客，你会用什么词？"回答包含了 100 多个不同的词语，但是分析揭示大多数词都可以归结到五个种类：不值得信任、无能力、不讨喜、不可靠和不成熟。[42] 第六个种类即"其他"，接收不能归结到这五个种类中的词。所有的词都被放置于六个种类之中，并且从 1 到 6 进行编码。

分析

> 分析使数据产生意义。

一旦所有的答案编码完成，把结果制好表，分析阶段就开始了。这个任务可能是令人崩溃的。[43] 调查中有 48 个问题乘以 354 名被访者，得到了 16 992 条信息。

在大多数调查中，访员如何能够处理数额庞大的信息？查尔斯·雷丁（Charles Redding）提供了几条有益的建议。[44]

• 要有选择性。自问："什么样的发现最有用？""如果我获得了这样的信息我会怎样处理这些信息？"如果你毫无头绪，就不要问了。

• 利用数据的潜力。将数据尽可能地细分，以发现人口统计学意义上的次级群体之间的不同。

• 挖掘"黄金"。什么才是真正隐藏在原始数据和简单制表中的重要的东西？举例来说，在关于已登记选民态度的民意调查中，访员经常发现赞成候选人的女性受访者远低于男性受访者，并且新近成为公民的美国人比第三代、第四代美国人更可能对移民持完全不同的观点。

- 查缺补漏。你没有发现的也许比你发现的更为重要。什么信息你没有得到？

在数据分析过程中，要不断问自己这些问题：你能得到什么结论且哪些事是准确的？你能把结论推广到哪部分目标人群？加诸样本、问题设计、调查步骤和访员中的限制条件是什么？调查完成后，发生了哪些可能使调查过期或令人置疑的意外事件或变化？在调查中对于"无法确定""不知道"调查表上未填写的或空白应该怎么处理？

谨慎对于所有访员来说是重要的。举例来说，记者在写新闻标题和做出预测时必须谨慎。政府官员在依据调查结果做出政治决策时必须要谨慎。选民在根据候选人表现投票时必须要谨慎。你要将数据归结在设计好的数据分析中来检测信度和数据意义。芭比（Babbie）和其他方法论研究人员为指导复杂数据分析提供了详尽的指导方法。

当数据分析完成后，你就可以确定你的调查意图和目标是否实现。如果是，什么是报告结果的最好方式？

调查性访谈中的受访者

每天，由政府机构、代理公司、政治候选人和党派团体、广告商和市场代表、特殊利益团体和积极分子、慈善和宗教机构、大学和学生主持的调查正在不断增加，对这些组织严密的调查要确保你的参与。当然这些调查几乎没有什么强制性，因此你可以随意地说"不"，但如果你这样做了，你也许就失去了能够参与重大决策的机会，这些决策可能会影响到你自己、你的家庭、你的工作区域、你的社区。不要走开，不要关闭门窗，不要挂掉电话或者过于匆忙地点击删除键，你要以积极的批判精神来谨慎地接受所有的调查请求。

开始

积极地参加开始部分，并通过观察、听、问来了解访员的身份、访员的证书、调查的机构认证、调查的目的、你为什么以及如何被选中、调查的长度、你给出的信息将如何被利用，以及对你的答案和身份的保密。在回答问题之前全面地了解。如果访员不提供重要信息，那就追问。当一位作者去距家2000多公里的温哥华看望女儿及其家人时，他在一个营销研究员的带领下进入了商场。研究员解释了她是谁、她在做什么以及为什么这样做。她并未说明她要访谈的是一位当地居民。当谈到他从美国中西部来到这里探访是否有什么不同，访员说她只想要那些定期来商场的人。调查终止了。

开始的几分钟让你确定访谈是否是一个调查，或者是假装调查的狡猾的推销访谈。这是一个由全国知名且声誉不错的民调机构发起的无党派政治调查，还是为某一特定候选人或政党而开展的政治竞选活动的组成部分？本书的作者之一曾在他家中回应门铃时，一位大学生年龄的人声称她在进行一项针对孩子暑期实习问题的家庭调查。然而几个问题后便发现她是在推销一本针对儿童的暑期工作杂志，根本不是她开头说的她学校发起的实习工作。

问题阶段

> 敏锐倾听。

认真听每个问题，特别是含有定距、定类和定序问题的答案选项。如果问题或答案难以记忆，那就要求访员慢速地重复问题。如果问题不清晰，解释一下为什么不清晰并要求访员解释说明。避免重复回答先前问题，特别是当你觉得你"弄糟了"的时候。不要试图从采访者说出的第一个词语开始就猜测下面的问题。你也许会猜错或变得困惑，给出一个愚蠢的答案，或者会不必要地强迫采访者把一个本来完全清晰的问题再重说一遍。

> 回答前要思考。

仔细思考每一个问题以清晰准确地回答。你的回答最好能代表你的观念、态度和行为。不要让采访者的偏好影响你，给出一个采访者想听到或其他受访者可能会回答的答案。

作为受访者你拥有一些权利。你可以拒绝回答那些设计很糟糕的问题或者诱导性的问题，也可以拒绝提供看起来无关的或者侵犯个人隐私的内容。例如，最近一位采访者问本书的作者之一："你是否赞成能源需求的专业解决方案，比如可以为重点工业和城市建设提供电力的风力发电厂和环保型核电站？"词语"专业"清楚地表明了访员的偏好和接下来的访谈议程。你可以期待并要求采访者的调查访谈是值得的、敏锐的和有礼貌的。你可以坚持要有充分的时间回答问题。如果你同意了一个十分钟的调查而且这个调查在超过十分钟后依然继续，就提醒采访者先前的承诺并坚持结束调查，除非你可以接受多几分钟。如果双方都能平等相待的话，那么调查访谈也可以是有意思的、令人感兴趣的且增长见闻的。

本章总结

调查性访谈是设计和实施起来最精细严格的一类访谈。设计从确定一个定义明晰的目的开始，然后就是实施调查。所有调查访谈的目的都是建立一个坚实的事实基础,能够从中得出结论、作出解释并决定未来行动进程。只有做到了以上部分,调查创建者才能够用适当的策略、量表、序列、编码和记录方法来建构调查和创建问卷。选择被访者,包括描绘调查的目标群体并选择这个群体中能够代表群体的样本。调查创建人员选择抽样方法,决定样本规模并计划可接受的误差幅度。每一个选择都有优势和劣势,因为没有一个正确的方法能够适用于所有的调查情况。

调查受访者必须在决定是否参加调查之前明确调查的性质和目的。如果你决定参加,作为受访者就有责任仔细倾听每一个问题并准确作答。要确保自己理解每一个问题和答案选项。要求足够的时间来思考答案。你尽可以拒绝回答那些有明显的诱导性或是措辞糟糕的需要你提供一个有偏好答案的问题,你也可以拒绝选择答案选项,因为其中并没包括你的感觉和喜好。

关键术语和概念

鲍格德斯社会距离量表 Bogardus Social Distance Scale	李克特量表 Likert scale
随机数字拨号 Random digital dialing	链式或随机制宜策略 Chain or contingency strategy
纵贯式调查 Longitudinal survey	随机抽样 Random sampling
便利抽样 Convenience sample Margin of error	误差幅度 Margin of error
等级定序量表 Ranking ordinal scale	覆盖偏差 Coverage bias
横断式调查法 Cross-sectional survey	评估等距量表 Evaluative interval scale
面对面访谈 Face-to-face interview	过滤策略 Filter strategy
频率等距量表 Frequency interval scale	网络访谈 Internet interview
等距量表 Interval scale	相倚问题策略 Leaning question strategy
置信水平 Level of confidence	边缘化人群受访者 Marginalized respondent
定类量表 Nominal scale	非随机抽样 Non-probability sampling
数字等距量表 Numerical interval scale	顺序偏差 Order bias
回归量表 Ordinal scale	人际调查 Personal interview
目标群体 Population	随机抽样 Probability sampling
定性调查 Qualitative survey	定量调查 Quantitative survey
精确新闻学 Precision journalism	评估回归量表 Rating ordinal scale

续表

信度 Reliability	重复策略 Repeat strategy
可重复性 Replicability	样本点，取样点 Sample point
抽样原理 Sampling principle	自发性回应抽样 Self-selection
洗牌策略 Shuffle strategy	等距跳跃抽样 Skip interval scale
分层随机抽样 Stratified random sample	随机数字表 Table of random numbers
网络调查 Web survey	

调查性访谈案例及分析

本次调查的目的是发现学龄儿童（从幼儿园到12年级）的父母是如何在日常生活中发现他们的孩子或者其他孩子受人欺负的，不论是校内还是校外。应该做些什么来帮助受害儿童和谋划伤害儿童的人，谁应该帮助他们？

在阅读这个调查计划时，请注意调查开始的部分，包括开头和甄别问题，识别问题策略，问题量和问题顺序。如何为访员植入问题、指导方案？如何帮助访员并确保访员操作的调查的准确性和可复制性，提前做出答案？简洁预制的结尾是如何组合制作的？

如何改进开头部分，包括人口统计方面问题和甄别问题的顺序和位置？作为一个潜在的被访者，你在进行调查之前对访员有什么问题？哪一个问题的措辞更有效果？对于访员和调查对象来说，开放性问题有什么毛病吗？在本次研究调查中，问题对所研究领域的覆盖是怎样的？为了制表的便利，答案选项应该如何提前编码？

学龄儿童遭遇的欺凌

向居家的学龄儿童（从幼儿园到12年级）的家长说，你好，我的名字是_____，在ISU作咨询服务的毕业生。我在协助一项关于学龄儿童的家长如何在日常生活中发现他们的孩子或其他家长的孩子受到欺负。调查结果将发表于专业期刊及报纸上。调查仅用几分钟。

1. 我将读几个年龄区间，在我读到包含你的年龄区间时请让我停止。
    18～24 _____
    25～34 _____
    35～49 _____
    50及以上 _____

2. 你接受正式教育的最后一个年龄段是?
   8～11岁
   12～15岁
   高中学历
   大学学历
   研究生学历

3. 你是学龄儿童（幼儿园到12年级）的父母吗？（如果回答不是，那么就问在这个住宅区有没有这样的父母，如果没有父母居住于这个住宅区，那么就结束访谈。如果回答是，继续进行问题3a）

3a. 你有几个学龄儿童?
   1～2 _____   5～6 _____
   3～4 _____   7个以上 _____

3b. 他们的年龄是多少?
   5～7 _____   14～16 _____
   8～10 _____   17～19 _____
   11～13 _____

4a. 现在当你想到欺凌和学龄儿童时，你脑海中首先想到的是什么?
   _____

4b. 你认为欺凌的主要原因是什么?
   _____

4c. 欺凌的其他原因可能是什么?
   _____
   _____
   _____

5. 许多家长告诉我对于现如今学龄儿童（小孩子）来说，欺凌是件非常严重的事。你如何评估在解决这件事上父母的表现？（在第7题提供的量表上将答案画圈）

6. 你如何评估学校在解决学龄儿童欺凌问题上的表现？（在第7题提供的量表上将答案画圈）

7. 你如何评估法律保障在解决欺凌问题上的作用？（在如下所列量表中画圈）

	家 长	学 校	法律保证
非常棒	1	1	1
很好	2	2	2
一般	3	3	3
不是很好	4	4	4
很差	5	5	5

你的孩子可以自由接触网络吗？

是 _____

否 _____

9. 这些卡片（将卡片交给被访者）上列举了家长认为的学龄儿童面临的主要问题（将卡片的顺序在不同调查中打乱）。你认为谁可能更有效率地解决这些问题，家长、学校、法律或者政府？

	家 长	学 校	法 律	政 府
吸毒	1	2	3	4
酗酒	1	2	3	4
攻击他人	1	2	3	4
抢劫	1	2	3	4
枪支暴力	1	2	3	4
强奸	1	2	3	4
性侵	1	2	3	4
欺负弱小	1	2	3	4
自杀	1	2	3	4

10. 许多家长告诉我们他们关注学龄儿童的欺凌问题。卡片（将卡片递给被访者）上列举了几个对于欺凌问题的解决方案，你认为哪一个能够更有效地遏制？

在校内外布置更多的成年人监督　　　　　　　　　　　1

对欺负学龄儿童的人给予更重的罚款　　　　　　　　　2

对包括父母在内的忽略欺凌问题的人给予更重的罚款　　3

一项要求教师和家长报告所有欺凌案例的法律　　　　　4

对任何被发现欺负其他同学的学生予以永久开除　　　　5

11. 与我们谈论的许多家长都感到，当他们进入学校时，感觉学校已经变得更为暴力和具有威胁性。这些卡片（将卡片递给受访者）列举出了常被引述的现如今学龄儿童面临的暴力和威胁的原因。你认为这里的哪一个是最大的原因？（记录答案）哪一个是次等原因？（记录答案）哪一个是再次等原因？（记录答案）

	第一	第二	第三	第四
在家中缺乏约束	1	2	3	4
缺乏成年人的监督	1	2	3	4
在校园中缺乏约束	1	2	3	4
在校内缺乏监督	1	2	3	4
无限制地接触社交媒体	1	2	3	4
学校和社区的帮派活动	1	2	3	4
家庭中的暴力	1	2	3	4
社会中的暴力	1	2	3	4
媒体中的暴力	1	2	3	4

12. 一些材料表明减少学龄儿童欺凌问题的唯一途径是巩固美国的传统家庭。请告诉我你对以下建议巩固传统家庭的途径的态度是非常同意、同意、反对、非常反对。(在下面的空白处记录答案并在不同的调查中打乱观点的顺序)

   A. 家庭暴力是离婚的唯一理由
   B. 人工流产是非法的
   C. 宪法修正案应禁止同性婚姻
   D. 新的所得税扣除应保证更多的女人在家陪伴她们的孩子
   E. 通奸应被判为重罪
   F. 应为每一个家庭提供适当的最低工资

	a	b	c	d	e	f
非常同意	1	1	1	1	1	1
同意	2	2	2	2	2	2
不知道	3	3	3	3	3	3
反对	4	4	4	4	4	4
非常反对	5	5	5	5	5	5

13a. 你是否熟悉所谓的"不退让法"?

   了解 _____ (如果是,回答问题12b)

   不了解 _____

13b. 你所知道的"不退让法"是什么?

   _____

   _____

14. 在家中你是否控制/限制你的孩子接触网络?

   是的 _____

   不管 _____

15a. 教育心理学家称欺凌是学龄儿童面临的主要问题。你同意还是反对将欺凌作为可以实施逮捕和监禁的一种非法行为？

同意 _____

反对 _____

15b. 为什么你会这样认为？

_____

_____

15c. 你对此感受的强烈程度是？

强烈 _____

非常强烈 _____

16. 随着对于青少年犯罪的关注度不断提高，青少年及未成年人因协助成人犯下欺凌、攻击、抢劫、强奸、盗窃等罪行而遭逮捕的人数也在逐年攀升，而且在实施犯罪过程中还使用了枪支，诸如这些使得许多社区正在建立青少年犯罪中心来拘留这些年轻的罪犯。

a. 你赞同在你的所在州建立这样的中心吗？

赞同 _____ 不赞同 _____

b. 你赞同在你的所在郡建立这样的中心吗？

赞同 _____ 不赞同 _____

c. 你同意在你的所在城市里建立这样的中心吗？

赞同 _____ 不赞同 _____

d. 你同意在你的所在社区建立这样的中心吗？

赞同 _____ 不赞同 _____

这就是所有的问题。调研结果会在5～6周公开。

现在我将问你一些个人问题，这样我们就能知道不同家庭背景的人们在学龄儿童面临欺凌问题上的感受。

17. 你一般认为你自己是保守的、自由的、中立的还是其他？

保守 _____

自由 _____

中立 _____

其他 _____

18. 你的孩子在上公立学校、私人学校，还是在家教育？

公立学校 _____

私人学校 _____
在家教育 _____

19. 我将要读几个家庭收入区间。当我读到您的家庭年收入所属区间时请让我停止。

0 ~ 14,999 美元 _____
15 000 ~ 24999 美元 _____
25 000 ~ 49 999 美元 _____
50 000 ~ 74 999 美元 _____
75 000 ~ 99 999 美元 _____
100 000 美元以上 _____

这就是我所有的问题。非常感谢您参与这次重要的调查中。调查结果将在六个月内公布。

调查性访谈中的角色扮演案例

校园中酗酒

校园酗酒事件往往引起社会的关注，尤其是校外公寓和酒吧。访员主持了学生事务委员会，对教师和学生进行调查，了解他们处理校园酗酒事件的经历，他们对于学生安全的担心和关注焦点，以及其他相关信息，同时听取他们关于如何使校园无论是感觉上还是实际上更加安全的建议。

医疗改革

一个由医疗人员、政府工作人员和宗教领袖联合组成的小组共同合作调查，了解一些具有代表性的成年人（凡年满18岁及以上者）对于医疗现状存在的问题、其关注焦点和态度，以指导他们为未来的医疗改革提出讨论和建议。

对全天候儿童保育设施的需求

你和四个在当地富有保育经验的朋友意识到，在你的社区需要一个便利机构来提供全天候儿童保育。所有当地机构都是在早上6点上班，晚上6点下班。但越来越多的父母，包括单身父母要从下午4点工作至午夜，或从午夜工作到上午8点。他们需要晚间时段的轮班看护。你们五个人开始考虑建立一个全天候看护机构并配备相关人员，但是你们需要评估要服务的潜在顾客和孩子的数量，以确保这个方案在经济上是可行的。你不但要设计一个调查表，还要决定你的目标群体。

健身中心

十年前，你获得物理医学的学位从大学毕业，并自此供职于位于西海岸的一系列康复和健身中心。尽管这些职位是有益的，而且也为你积累了作为临床医生和管理人员的大量经验，但是你仍然想要回到家庭所在的西肯塔基州，并且想在一个中型城市中安顿下来。你决定在鲍灵格林、帕丁顿和亨德森进行一项调查，以论证创建一个属于自己的针对40岁及以上年龄人士的康复与健身中心的可行性和类型。

学生活动

1. 在你的校园和社区进行的调查中作一名志愿访员。你受到了什么样的指导与训练？受访者是如何确定的？在选择适当的且合作的受访者时遇到了什么问题？对于调查计划你有什么问题？你从中学到的最重要的东西是什么？你想要给你志愿服务的机构什么样的建议？

2. 进行一个简单的访员偏见试验。就一个当前的问题进行几个简短的意见访谈，对所有受访者使用同一个问题列表。在对其中的五个进行访谈时，穿一件有显著标识的T恤，如纽扣或一枚徽章，这些标识能让对方辨认出你是某机构的成员或者支持这个机构，而该机构可能支持你正在访谈的议题的某一立场：共和党、民主党、十字架或犹太教的大卫之星、一个机构的品牌标志或一个产品的标语口号。对比结果判断，你的意见偏向对受访者对于同一问题的回答是否有影响，以及是如何影响的。

3. 将用于面对面调查、电话调查和网络调查的一些市场调查计划进行对比。开端部分有什么相似或者不同？计划与顺序是否相似和不同？问题策略以及问题规模是否相似与不同？结尾部分的相似与不同是什么样的？在你的对比中有什么奇妙的发现？

4. 采访一位在调研机构工作的人，他曾为各类顾客开展调查。这项工作会包含以下方面：决定调查目的、进行研究、选择目标受众、选择抽样方法、达到可接受的误差幅度、创造并预测调查计划、选择并培训访员，决定调查方法（面对面访谈、电话调查和网络调查）。

注释

1. Jeffrey Henning, "Survey Nation: 7 Billion Survey Invites a Year," http://blog.vovici/blog/bid/51106/Survey-Nation-7-Billion-Survey-Invites-a-Year, accessed June 4, 2012.
2. Jibum Kim, Carl Gerschenson, Patrick Glaser, and Tom W. Smith, "Trends—Trends in Surveys on Surveys," *Public Opinion Quarterly* 75 (Spring 2011), pp. 165–191.
3. Leslie A. Baxter and Earl Babbie, *The Basics of Communication Research* (Belmont, CA: Wadsworth/Thomson, 2004), p. 22.
4. http://www.socialresearchmethods.net/kb/interview.htm, accessed September 29, 2006.
5. Morgan M. Millar and Don A. Dillman, "Improving Response to Web and Mixed-Mode Surveys," *Public Opinion Quarterly* 75 (Summer 2011), pp. 249–269; Jens Bonke and Peter Fallesen, "The impact of incentives and interview methods on response quantity and quality in diary- and booklet-based surveys," *Survey Research Methods* 4 (2010), pp. 91–101.
6. Diane K. Willimack, Howard Schuman, Beth-Ellen Pennell, and James M. Lepkowski, "Effects of a Prepaid Nonmonetary Incentive on Response Rates and Response Quality in Face-to-Face Survey," *Public Opinion Quarterly* 59 (1995), pp. 78–92.
7. Eleanor Singer and Mick P. Couper, "Do Incentives Exert Undue Influence on Survey Participation? Experimental Evidence," http://www.ncbi.nim.nih.gov/pmc/articles/PMC2600442, accessed June 6, 2012.
8. Stanley L. Payne, *The Art of Asking Questions* (Princeton, NJ: Princeton University Press, 1980), p. 57.
9. David Yeager and Jon Krosnick, "Does Mentioning 'Some People' and 'Other People' in an Opinion Question Improve Measurement Quality?" *Public Opinion Quarterly* 76 (Spring 2012), pp. 131–141.
10. Jack E. Edwards and Marie D. Thomas, "The Organizational Survey Process," *American Behavioral Scientist* 36 (1993), pp. 425–426.
11. Earl Babbie, *The Practice of Social Research* (Belmont, CA: Wadsworth/Thomson, 1995), p. 145.
12. Creative Research Systems, "The Survey System," file://C:DOCUME~1\stewart\LOCALS\Temp\G2BBVAF.htm, accessed September 29, 2006.
13. Norman M. Bradburn, Seymour Sudman, Ed Blair, and Carol Stocking, "Question Threat and Response Bias," *Public Opinion Quarterly* 42 (1978), pp. 221–234.
14. Sam G. McFarland, "Effects of Question Order on Survey Responses," *Public Opinion Quarterly* 45 (1981), pp. 208–215.
15. "Common Pitfalls in Conducting a Survey," Fairfax County Department of Systems Management for Human Services, April 2003.
16. W. Charles Redding, *How to Conduct a Readership Survey: A Guide for Organizational Editors and Communication Managers* (Chicago: Lawrence Ragan Communications, 1982), pp. 27–28.
17. Philip Meyer, *Precision Journalism* (Bloomington: Indiana University Press, 1979), p. 123; Redding, pp. 31–36.
18. "Sample Size Calculator," http://www.surveysystem.com/sscalc.htm, accessed August 14, 2009.
19. Redding, p. 1.
20. "Survey Sampling Methods," http://startreck.com/survey-research/sampling-methods.aspx, accessed June 10, 2012; "Probability and Nonprobability Sampling," http://

www.emathzone.com/tutorials-basic-statistics/probability-and-nonprobability-sampling.html, accessed June 27, 2012.

21. "Designing the Survey Instrument and Process," http://www.airhealthwatch.com/mdph_instrument.htm, accessed September 29, 2006.
22. "Sampling (Statistics)," http://en.wikipedia.org/wiki/sampling_%28statistics29, accessed August 14, 2009.
23. Kristen Olson and Ipek Bilgen, "The Role of Interviewer Experience on Acquiescence," *Public Opinion Quarterly* 75 (Spring 2011), pp. 99–114.
24. Eleanor Singer, Martin R. Frankel, and Marc B. Glassman, "The Effect of Interviewer Characteristics and Expectations on Response," *Public Opinion Quarterly* 47 (1983), pp. 68-83.
25. Stephan Schleifer, "Trends in Attitudes toward and Participation in Survey Research," *Public Opinion Quarterly* 50 (1986), pp. 17–26.
26. Frank Newport, Lydia Saad, and David Moore, "How Polls Are Conducted," in *Where America Stands,* John Wiley & Sons, 1997, http://www.janda.org/c10/Lectures/topic05/GallupFAQ.htm, accessed June 11, 2012.
27. "Evaluation Tools for Racial Equity: Tip Sheets," http://www.Evaluationtoolsforracialequity.org/, accessed September 29, 2006.
28. Jennifer Dewey, "Guidelines for Survey Interviewing," NCREL, September 14, 2000, accessed June 10, 2012; William M.K. Trochim, "Interviews," Research Methods Knowledge Base, 2006, http://www.socialresearchmethods.net/kb/interview.php, accessed June 2, 2012.
29. Roger W. Shuy, "In-Person versus Telephone Interviewing," in *Inside Interviewing: New Lenses, New Concerns,* James A. Holstein and Jaber F. Gubrium, eds. (Thousand Oaks, CA: Sage, 2003), pp. 175–183.
30. Lawrence A. Jordan, Alfred C. Marcus, and Leo G. Reeder, "Response Style in Telephone and Household Interviewing," *Public Opinion Quarterly* 44 (1980), pp. 210–222; Peter V. Miller and Charles F. Cannell, "A Study of Experimental Techniques in Telephoning Interviewing," *Public Opinion Quarterly* 46 (1982), pp. 250–269.
31. William S. Aquilino, "Interview Mode Effects in Surveys on Drug and Alcohol Use," *Public Opinion Quarterly* 58 (1994), pp. 210–240.
32. Michael W. Link and Robert W. Oldendick, "Call Screening: Is It Really a Problem for Survey Research?" *Public Opinion Quarterly* 63 (Winter 1999), pp. 577–589.
33. John Ehlen and Patrick Ehlen, "Cellular-Only Substitution in the United States as Lifestyle Adoption: Implications for Telephone Survey Coverage," *Public Opinion Quarterly* 71 (2007), pp. 717–733.
34. Courtney Kennedy and Stephen E. Everett, "Use of Cognitive Shortcuts in Landline and Cell Phone Interviews," *Public Opinion Quarterly* 75 (Summer 2011), pp. 336–348.
35. DJS Research, "What Are the Pros and Cons of Data Collection Methods," http://www.marketresearchworld.net/index2.php?option=com_content&task=view&id=21, accessed June 26, 2012; Campbell Rinker, "Surveys," http://www.campbellrinker.com/surveys.html, accessed June 26, 2012.
36. Lois Okenberg, Lerita Coleman, and Charles F. Cannell, "Interviewers' Voices and Refusal Rates in Telephone Surveys," *Public Opinion Quarterly* 50 (1986), pp. 97–111.
37. Joe Hopper, "How to Conduct a Telephone Survey for Gold Standard Research," http://www.verstaresearch.com/blog/how-to-conduct-a-telephone-survey-for-gold-standard-research, accessed 26 June 2012.
38. "Personal Surveys vs. Web Surveys: A Comparison," http://knowledge-base.supersurvey.com/in-person-vs-web-surveys.htm, accessed September 29, 2006; Creative Research Systems,"The Survey System."

39. "Personal Interviews vs. Web Surveys: A Comparison," http://knowledge-base.supersurvey.com/in-person-vs-web-surveys.htm, accessed August 10, 2009.
40. "Online Survey vs. Telephone Survey," hppt://www.eventavenue.com/content/resources/online_surveys.php, accessed June 26, 2012; Dirk Heerwegh and Geert Loosveldt, "Face-to-Face versus Web Surveying in a High-Internet-Coverage Population: Differences in Response Quality," *Public Opinion Quarterly* 72 (2008), 836-846.
41. Chris Mann and Fiona Stewart, "Internet Interviewing," in Holstein and Gubrium, p. 243.
42. Charles J. Stewart, "Voter Perception of Mudslinging in Political Communication," *Central States Speech Journal* 26 (1975), pp. 279–286.
43. Charles J. Stewart, "The Interview and the Clergy: A Survey of Training, Experiences, and Needs," *Religious Communication Today* 3 (1980), pp. 19–22.
44. Redding, pp. 119–123.

资料来源

Conrad, Frederick G., and Michael F. Schober, eds. *Envisioning the Survey Interview of the Future*. San Francisco: Wiley-Interscience, 2007.

Fink, Arlene. *How to Conduct Surveys: A Step-by-Step Guide*. Thousand Oaks, CA: Sage, 2012.

Gwartney, Patricia A. *The Telephone Interviewer's Handbook*. San Francisco: Jossey-Bass, 2007.

Holstein, James A., and Jaber F. Gubrium, eds. *Inside Interviewing: New Lenses, New Concerns*. Newbury Park, CA: Sage, 2003.

Meyer, Philip. *Precision Journalism*. Lanham, MD: Rowman & Littlefield, 2002.

Scheuren, Fritz. *What Is a Survey?* Alexandria, VA: American Statistical Association, 2004.

第七章

招聘式访谈

> 招聘是一项既昂贵又复杂的工作。

招聘新员工对于所有组织而言都是一项艰巨的任务,因为组织的未来依赖于员工。汤姆·皮特(Tom Peter)在《重新想象》(*Re-Imagine*)一书中写道,如今"能力掌控一切",因此,管理层必须致力于吸引、拥有新型人才。[1] 其他学者也响应了皮特的论断。威廉·路易斯(William Lewis)写到,付出合理的代价寻求人才并加以培养是影响企业成败的关键因素。[2] 一位高级经理曾告诉作者:"任何人都可以花钱买技术,但全球竞争的关键因素在人力!"

招募高质量员工的任务并不轻松,这是一项艰巨的工作。正如一位研究管理人员对作者所言:"你不可能在一次访谈中就知晓、学习或者经历得足够多。"招聘访谈中牵涉多种交流。它是一个充满各式各样人际问题和容易产生偏见和误会的复杂过程。尽管有诸如此类的问题,面试仍然是选拔过程中的重要组成部分,因为雇主必须深切地意识到并探究可能促使雇员成为其**组织**或**职位理想人**选的各种因素,即技能、态度、表现及能力。[3]

卢克·科拉德(Luke Collard)是斯科特招聘公司的一名高级咨询师,他认为:"如果面试由一位经验丰富的专业人员经手,他会了解他们在寻找哪类人才,能够提出正确的问题,并避开烦琐程序,做出正确的评判以便判断面试的个人是否适合该职位。"[4]

一个普遍但错误的观念是人力资源岗位是专为组织招聘新员工设置的。事实上,人力资源人员在招聘过程中扮演次要角色,因为如果为了任何组织的单一事项而指派专人,尤其是当所需为高素质受训人员时,工作就变得过于重要和复杂了。比如,所需人才为销售代表、教育人员、律师、医师、工程师、心理治疗师、科研人员以及财务经理等,不一而足。大学期间,你可能已经参加过一些招聘活动,当然,毕业之后,不管你的事业或前途如何,你也一定会参加招聘。我们见证了许多学生在毕业后的一年内返校帮助其企业招聘人才，因为他们很认可他们的母校以及同学。

本章旨在介绍成功雇用员工的基本原则，其中包括寻求高质量求职者，准备招聘流程，获取并审核求职者信息，组织面试，引导面试并评估面试。学习这些原则并加以应用将使你成为你所在机构的有价值员工，同时也提升了你未来共事伙伴的水平。

何处寻求优质员工

从大学毕业生到年长公民，以及几乎所有领域都有众多资源可供企业寻找有质量的求职者。社交网络和职业领域中的人际关系对你来说是不可多得的资源。这些资源会帮助你找到经验丰富的求职者，他们因为表现优异、成绩突出而受人瞩目。查看你的"潜力股"档案，在该行业以及专业会议中吸引你注意力的那些人都可能成为你的优质员工。不要忽略这一因素：目前是或者过去是实习生的人不仅有潜力成为全职员工，而且还能帮公司联系优秀的求职者。实习生还能成为优秀的招聘人员，因为他们拥戴公司但并非心有企图，而且他们乐于与大学生打成一片。大学招聘中心能够让你与应届毕业生以及校友取得联系，并安排面试。

要参加大学校园、商场、主办城市（如芝加哥、西雅图）的工作**招聘会**，以及类似专业会议类的活动。面对众多有潜力的应聘者，个人联系信息、有吸引力的展台，以及诸如小册子、书包和廉价笔一类的促销资源会帮助你留下姓名，并帮助他们回想起你以及你是谁。要确保那些在招聘会上的工作人员有着非凡的交际能力，乐于接见求职者，并且能够在条件允许的情况下实施现场面试。如果你目前未雇用他人，就诚实告知对方。确保你准备了措辞严谨的描述职位的资料以吸引那些对你提供的职位感兴趣并有资历任职的应聘人员。准备申请表格和签约表格以便了解应聘者的信息。此外，还要做笔记、收集简历。在会后短时间内与那些看起来最具资历以及对职位或组织最感兴趣的应试者保持联系。[5]

你的机构可能决定雇用**人力资源公司**（有时也被称为就业辅导机构、招聘机构或者猎头公司）以便寻找有质量的求职者或者安排初试。要认真选择这类公司，从而判断它们对于你公司或招聘职位的成功率以及适合程度是否如你所愿。美国短工供应协会就为如何做出最好的决定提供了重要参考，包括如何比较和筛选，如何确定你需要的员工类型，如何制造良好的第一印象，人力资源公司如何选择雇员（筛选、测试以及培训），以及公司在多大程度上了解企业及其需求。[6]

> 仅仅发布招聘会消息是不够的。

> 网站从未取代人际交往。

许多机构,特别是零售行业,都拥有店内招聘终端以吸引那些原本无意求职的人。这样的情况就使机构能够在商店开门的每一分钟更新一个前瞻性数据库,而且还可以通过对应试者的申请信息进行分类来寻找最够资格的应试者。[7]如果店内招聘终端不适合该公司或不能用,还有许多可以利用的履历数据库。这些数据库包括全国履历数据库、区域数据库、本地数据库、包含22个职业领域的分类数据库、联邦契约计划办公室以及"凯业必达"职场网站。[8]

毫不夸张地说,有数以百计的网络以及电子资源可供寻求优质应聘者,其中包括大学网站、宗教组织、老年人俱乐部、政治团体以及特殊爱好组织。以下是部分关键资源:

- 凯业必达网站(CareerBuilder.com)
- 肯尼迪专业行政管理和招聘人员目录网址(support@RecruiterRedBook.com)
- 美国蒙斯特求职网站(http://jobsearch.monster.com)
- 美国蒙斯特网站(www.monster.com)
- 华尔街日报求职网(http://wsj.com)

大多数组织都努力使其劳动力多样化,尤其是从种族集体当中寻找劳动力。乔伊斯·乔依亚(Joyce Gioia)建议要通过不同的种族媒介(比如,使用该种族语言的报纸、杂志、网站、广播、电视),以及在电影院等人群高度密集,可以吸引客户的场所发布广告。[9]乔依亚还写到,要用全球化的角度思考问题,因为从不同的种族群体中招募员工"为公司赢得了比实现野心更宝贵的机会"。

不要忽视你公司的网站,因为大多数有意愿的应试者都会通过登录网站判断你的公司是否足够有吸引力,是否有适合自己的职位。一项研究表明每两位潜在的应聘者中就有一位认为雇主公司的网站很"重要",每四位当中就有一位会由于公司网站不好而拒绝雇主伸出的橄榄枝。[10]你公司网站的内容应该简单易懂、生动有趣,并且丰富。一种简单又实际的检验网站质量的方式就是伪装成有意愿的应试者登录你公司的网站,进而查看该网站是否符合上述标准。

为招募过程做准备

因为招募过程是吸引和选择雇员的中心部分,招聘人员必须系统地了解这个过程并学会怎样为此作准备、参与并予以评估。专业的面试不仅仅是挑选优秀的雇员,而且也是给雇员留下关于面试机构的印象的过程。[11]"一场成功的面试和选择过程的关键在于好的计划。计划帮助你了解每位应试者的必要信息,与此同时也避免了面试过程中可能存在的法律陷阱。"[12]

回顾美国的《平等雇用法》

在招募之前，先仔细回顾美国的**《平等雇用法》**，其中包括你将去面试的所在州的法律。这些州的雇用法律可能比联邦法律更为严格。虽然这些法律（以及执行条律）可以追溯到1866年的《国民权利法案》，你还是必须熟练掌握其中的六条。[13]

- 1963年的《平等付费法》要求，如果男女所干的工作一样，使用的技术也一样，同样努力、负责，工作条件也一样，那就必须付给们一样的工资。
- 1964年的《国民权利法案》，尤其是第七条，禁止基于种族、性别、宗教或国籍挑选员工，并要求雇主要发现歧视性行为并消除它们。
- 在1967年雇用法案所含的《年龄歧视法》中，禁止拥有25个以上雇员的雇主因为年龄而歧视员工。
- 1973年的《复职法案》（第501节和第505节）责令联邦合同者有义务雇用有身体残疾的人，包括那些酗酒、患哮喘病以及患风湿病或患癫痫的人。
- 1991年的《国民权利法案》强调对雇员损失的补偿，提供司法审判，并建立了一个委员会，调查未成年人、妇女所面临的瓶颈问题，同时奖励为这些人群的发展进步提供机会的机构组织。
- 1990年的《美国残疾人法案》（1992年7月25日生效）中第一条和第五条禁止歧视有生理或心理疾病的人。这类疾病很大程度上限制了他们的行为、工作条件以及任期长短。在这种情况下，他们可以从事一种或多种活动，并向其雇主索取合理的膳宿安排。

理解并遵守《平等雇佣法》对发展商业大有裨益。例如，那些婴儿潮一代成长起来正渐渐老去的人们以及年长的公民，并不像之前想的会给组织带来拖累，反而他们会给工作带来宝贵的经验；他们很清楚自己能做什么，不能做什么；乐意掌握主动权；忠诚；表现出学习、改变以及适应的兴趣；当面对困境时，有耐心、也愿意解决难题；他们是很好的倾听者；而且拥有办事的能力。[14] 因为年龄而首先不雇用这些人不仅仅是违法的，而且还可能夺走你公司有价值的资源。

> 无意违反也是违反。

遵守《平等雇佣法》

尽管《平等雇佣法》已经生效数十年，但一些招聘人员还是继续有意无意地违反它。一项研究报告表明，在200个经过最好的培训的招聘人员中，约有70%竟然认为在12个不合法的问题中至少有5个是安全的，而他们当中还有为《财富》500强企业进行招聘人员。[15]另一项关于求职者的调查研究表明，12%的人认为询问与政治信仰相关的问题是可以接受的，27%的人认为可以询问与家庭背景相关的问题，30%的人认为询问求职者有关配偶的问题是可接受的，45%的人认为可以询问求职者的个人生活问题。[16]职业歧视案件在2008—2010年的金融危机期间达到了空前最高值，这很大程度上是由于大幅度解雇和小幅度雇用引起的。其中最主要的指控是关于种族、性别、年龄和残疾歧视。[17]

> BFOQs是无歧视雇佣的关键。

《平等雇佣法》条例可能看起来会使应聘过程/筛选过程复杂化，但遵守条例其实很简单。你在遴选过程中所做的每件事、所说的每句话或所问的每个问题都必须遵守**诚信、专业的职业资质原则（BFOQs）**，这是做好一项具体工作的基本要求。BFOQs包括工作经验、接受过的培训、教育程度、技能、犯罪记录、生理特征和性格特征等，这些是一个人能否胜任一份工作的直接参照。BFOQs排除了性别、年龄、民族、宗教、婚姻状况、外貌特征、生理缺陷、公民权和种族等因素，因为这些因素对评价一个人胜任工作的能力毫无意义。

> 违反平等雇佣法是很容易避免的。

除了法律和规则外，如果招聘者能够列举一个或更多的非法律规定的适合某职位的特征是非常重要的。例如，对于寻求模特职位的人来说，外表是一项职业资质，对于牧师职位而言宗教就是一项职业资质，年龄是某些工作的职业资质。还有，对于飞机驾驶员来说，身体素质要求良好的视力和身体敏捷是职业资质；对建筑工人来说，体力是一项职业资质；在美国受雇用的合法权利，以及英语教师应该拥有英语能力，这些都是诚信、专业的职业资质。

如果你利用在公司培训中所学，能掌握专业报刊及网上提供的信息资源，并且参与帮助遵守平等雇用法的网上课程，你就可能避免违反《平等雇佣法》以及你雇主的诉讼。[18]

有资料建议，在和身患残疾的应聘者握手时，不要主动去推应聘者的轮椅，除非对方要求你这么做；如果应聘者是盲人，就要切实让你自己和他人都意识到这一点。要适当地利用身体语言、面部表情等；如果应聘者有听力障碍，就要通过书写而不要用口头语言和他交流。[19]众多资源可以帮助你获取最新的法律信息。例如，一些来自后备军或现役军队的学生告诉我们，他们曾被招聘者问及退役部队的类型。这类军队的士兵通常会被派往伊拉克或阿富汗服役。这类问题是不合法的，因为关乎工作性质，也可能与求职者的医疗情况或伤残情况有关。[20]

避免违反《平等雇佣法》有一些简单的方法。第一，通过建立合法的**遴选标准**来完成对工作相关性的测试；第二，确认所有问题与这些遴选标准相关；第三，对应聘的所有人所提问题要一致，如果你仅仅问女性、残疾人、年长者或少数求职者某些问题，那么你无疑是在问非法问题；第四，在设置情景问题时要格外小心，因为问这些问题很容易违反平等雇用法；第五，在非正式的交流中，通常是开场白或正式面试后的几分钟，要避免闲谈，因为此时是你最容易问及家庭、婚姻状况、种族背景和非专业问题的时候；第六，把问题集中于应聘者能干什么，而不要集中于不能干什么；第七，如果一个应聘者开始自己主动提供一些非法的信息，小心地建议他回到与职位相关的问题上来。

> 关注积极的方面，而不是消极的方面。

> 你希望别人如何看待你，你就应该怎样对待求职者。

练习1 测试你对《平等雇佣法》的掌握程度

通过下列各种问题检测你对《平等雇佣法》的掌握程度，其中包括合法的问题（可以提出的问题）、视情况而定的问题，以及不合法的问题（不能提出的问题）。并解释为什么该问题合法、不合法或者需要视情况而定。

合法　不合法　视情况而定

1. 我了解到您是国民警卫队的一员，您在服役之后有什么改变呢？
2. 您的法语有多流利？
3. 您是否被捕过？
4. 您在美国工作是合法的吗？
5. 您是在伊拉克受伤失去手臂的吗？
6. 您的婚姻状况如何？
7. 您曾经在哪些专业机构任职过呢？
8. 您是否饮用酒精类饮料？
9. 您会庆祝哪些宗教节日呢？
10. 您会拜访查理斯吗？
11. 如果让您迁居别国，您有问题吗？
12. 我注意到你走路有些跛。
13. 您打算再干多久退休呢？
14. 温伯格（Weinberg）……这是个犹太人名吗？

在招聘过程中严格遵守以下原则：
- 除非州立法更加严格，否则联邦法就高于州立法。
- 平等机会雇用委员会（EEOC）和法庭并不关心动机，他们关心的是结果。

- 全方位登广告以保证所有的求职者都拥有平等的机会了解信息。
- 即便你所在的机构并没有征询不合法的信息，但如果持有或利用非法信息，那么意味着仍然是有非法倾向的。
- 不要在申请表上留字迹或记笔记。因为在求职者的申请表上乱写乱画，看上去会像可以辨识的密码，具有暗示性。
- 近来，法律上有三大热点：国内合作伙伴问题、同性婚姻，以及听力障碍问题。一种合适的回答是："我们雇用员工是基于对他们所知道的以及他们会如何做好这份工作的考虑，而不是基于对他们的个人偏见或残疾缺陷的考虑。"组织机构应该为加强电话招聘、网上招聘做好准备。
- 《平等雇佣法》主要针对员工人数为15人及其以上的雇主。

> 即使信息不是必需的，但是接受不符合《平等雇佣法》的信息仍会对企业造成影响。

给求职者画像

当你对美国《平等雇佣法》有了清楚的认知后，你应该勾勒出一幅理想的**求职者个人能力（特征）测验图**，所有求职者都应通过这一图像来衡量其是否契合应聘岗位。通用的模型包括了特殊的技能、能力、教育、培训、经验、知识水平、性格和人际关系。[21] 每个求职者都是通过这个画像来测量的，可以说是一套评价标准体系，目的是为了找到最适合工作职位的那个人。这个测试图使得招聘过程更加客观，鼓励所有招聘人员的提问涵盖相同的话题与特征，从而减少**鸟类同羽综合征（birds of a feather syndrome）**，即招聘人员喜欢寻找和他们相似的人（通常是男性）。

> 在美国，模型必须是BFOQs的组成部分。

> 模型是理想的，通过它，所有的求职者都能得到衡量。

> 过去的表现能预测将来的表现吗？

如今越来越多的公司企业开始采用一项技巧，此技巧基于行为的选择，目的是确保每一位面试官都能基于已建立的求职者数据库模型提出相应的具体的面试问题。基于行为选择技巧的面试有两个密切关联的原则：过去工作岗位上的相关行为是对将来某一岗位上的相关行为的最好预测，过往表现与成就是对未来表现与成就的最好洞见。面试官会要求面试者描述他们在特定工作场景下其特殊技能与能力的应用。[22] 美国国家卫生署的一份刊物中称："基于行为的面试选择技巧试图探求面试者在给定的面试场景下所表现的潜在行为，而非面试者的未来行为。"[23] 基于行为的选择技巧用来分析职位所需的素质，进而决定哪些行为对一个特殊职位是必需的，如下态度和行为所体现出的素质对于某些特殊的职位是非常重要的：

进步和满足感　　　　　　领导力

自我管控与督促　　　　　创造力

申请	经营能力
维持现状	理解与动手能力
提出意见与寻求帮助	提出建议

其他一些公司组织则会将此基于行为分析的选人方法进一步衍生为**基于个人特质或天赋特质的遴选方法**，在此方法的遴选过程中，职位分析与选拔将更侧重求职者的个人特质和天赋而非其行为。下面列举了一些个人可能具备的特质：

成就	可靠性	口头传播能力
雄心壮志	主动性	人缘
自信心	倾听的能力	责任心
竞争力	动机	反应力

无论你使用什么样的方法，都需要仔细审视每个测试图所涵盖的特征。每个特征对出色的工作表现都是必需的吗？例如，领导力对刚刚参加工作的人是必需的吗？对于这个职位是必需的吗？你希望一些招聘人员在评估某些特征时表现得像个心理学家吗？某些特征要求是否会伤害到招聘机构的多样性追求或者无意中带有歧视色彩？例如，像竞争力、进取心、直接的眼神接触、强势以及口语传播技巧等，都有可能与很多非主流群体的教养和文化相抵触。[24] 值得记住的是，招聘职位所要求的特征都应该在 BFOQs 中寻找定位并对其进行清晰的定义，这样才能令所有的招聘人员寻找到具有同一性的对象。

> 你的测试模型适用于非主流群体的应聘者吗？

一旦完成了求职者模型的建立，接下来你便需"概述所提供岗位的要求"。凯文·科菲（Kaven O' Keefe）写道："岗位描述对随后进行的面试工作极其关键，因此，提前做好充分准备将使面试过程更有效率，及时发现相应岗位的合适人选。"[25] 最大的失误莫过于马马虎虎做准备。

评估求职者的需求

鉴于招新面试如同挑选优秀员工一样具有吸引力，那么深入了解所要选择的目标就势在必行了。

求职者在职位和职业中想要什么？

年轻的受过大学教育的求职者，与那些 10 年前、20 年前、30 年前的求职者所要面临的情况大不一样。力求稳定，留在一个单位里直到得到稳定而并不高的工资、奖励、保险、住房等多项待遇的想法不仅不具有吸引力，甚至对于一些人来说是令人厌恶的。同时，他们也明白就当下的社会环境而言，要寻求一份稳定的工作不切实际。与企业知名度相比，求职者更感兴趣的是招聘机构的诚信度。

> 时间在变，人也在变。

稳定的薪水和福利不再是影响职业吸引力的关键因素，年轻的求职者对压力训练、专业指导、咨询、管理以及职业生涯规划等课程更感兴趣。[26] 他们在面试前想知道更多有关职位和应聘机构的信息。

新的工作促使人们深刻地意识到现实的多样性，他们希望并欢迎与不同教育背景、年龄、种族和民族的人一同工作。由于在国外旅游、学习和工作的人越来越多，政治和地理上的界线在逐渐消失。

求职者对面试官有什么要求？

如今的求职者在面试中有很明显的偏好。面试谈话是否令人满意在很大程度上影响着求职者的决定，而他们对招聘人员的吸引力也就意味着他们能否引起招聘机构的注意。[27] 招聘人员的行为举止被看作雇主形象的代言，因此，一次负面的经历可能会使得求职者完全打消对招聘机构的进一步考虑。

> 求职者对于信息的需求正在增加。

求职者希望面试人员友好、专注、敏感、热情、诚实、正直、人性化并真正对求职者感兴趣。他们不想受到强制或在说话时被打断。他们喜欢招聘人员言行举止自然，而不是机械地读问题、磨时间或做出程序化的行为。

> 在求职者眼里，招聘人员是代表其所在机构的。

求职者希望招聘人员都是内行，知道他们在谈什么。调查显示，93%的求职者希望面试时能遇到相对较新的雇员并和他们一起学习，而不是那些阅历丰富的作为招聘机构代言人的老雇员。[28] 非主流群体（女性、少数民族、下层社会）表示他们更愿意和自身比较相像的雇员来开诚布公地交流并感到他们能被别人理解。不幸的是，如果求职者有被某一个招聘人员盘查的感觉，那么这种公开和放松的气氛就可能会变得令人疑惑、紧张。[29]

> 根据求职者心目中的典型形象来选择招聘人员。

现如今，求职者更愿意让面试人员在面试中询问与其相关的、开放性的问题，并给予他们自我表达的机会。他们不喜欢招聘人员滔滔不绝地谈论自己，希望招聘人员不要把注意力从求职者身上移开。[30] 求职者想要得到与职位和应聘机构相关的详细信息。

获取并熟悉求职者的信息

在计划周全、面试工作即将展开的情况下，通过求职者表格、简历、推荐信、客观测试和社交网络形成求职者专业及个性特征信息库。反复阅读这些信息，从而使自己形成对求职者与自身关系的清晰明了的认识。这是判断某个求职者究竟是否契合你们公司组织的职位以及独特企业文化的第一次机会。[31] 反复阅读并熟悉求职者信息将会有助于你在面试环节向求职者提出相关问题，例如对于相同的问题，求职者口头和书面回答的差异。弗雷德里克·雅布兰（Fredric Jablin）和弗农·米列尔（Vernon Miller）研究发现面试时已经对求职者信息充分了解的面试者能够询问更多、更丰富的问题。[32] 因此，他们也能从求职者的回答中获取更多有意义的信息，从而使招聘方做出更明智正确的用人选择。

求职者表格

根据头脑里的求职者模型来设计**求职者表格**时，要注意避免设计与相关法律规定、道德要求有冲突的条目，比如性别、年龄、种族、人种、婚姻状况、生理特征、拘留记录、服兵役的类型、提供照片等等。在表格中还要设计一些开放式问题，就像求职面试中的提问一样。要留出足够的空间给求职者填写所有问题的答案。最后，在求职表中检查哪些问题已被包括，哪些还没有。求职者是怎样回答开放性问题以及就业和教育的差异的。

> 修改求职者表格使之符合求职者模型。

求职信

求职信通常是求职者与招聘者的第一次"会面"，认真审阅每一封求职信，它适应招聘单位的职位和组织吗？或者只是一封适用于任何招聘的通用求职信？又或者这封求职信的目标正是你们公司的某个职位？如果是，那么足以表明求职者进入你们公司工作的热情与兴趣。它展示了什么样的职业目标和资质？大多数情况下，求职者会向他们无法胜任的工作岗位寄出成百上千封求职信。它写得专业吗？有没有任何拼写、语法和断句方面的错误？人力资源专家苏珊·希斯菲尔德（Susan Heathfield）承认她自己可能有点古板，但同时表示如此谬误即可展现出求职者的全貌，你想雇用一个粗心、草率而又不负责任的求职者吗？我深感质疑。办公桌上和电脑屏幕里的求职信便是最好的证据。[33]

简历

一份完整的简历通常会包含求职信或者以电邮的方式附上。请在面试前反复阅读。帕特丽夏·布勒的书中（Patricia Buhler）写道："第一次见面时，在求职者面前念简历会给人留下准备不充分、不够重视面试场合的印象。"[34] 在面试前删除简历中的非法信息（照片、年龄、婚姻状况、宗教信仰等）。如果你没有删除此类信息（即使此类信息并非你所要求获得），你同样可能会因歧视而承担相应的责任。

要注意到求职者的职业生涯和求职者模型的吻合程度。如果是吻合的，那么再评估求职者的教育背景、专业训练和阅历，作为对职业

■ 面试前仔细查阅求职者的简历，面试时，你便可以将所有精力放在面试过程本身

> 一些求职者与他们简历上说的并不相符。

> 如果你们公司吸引了众多的求职者，就考虑购入一个扫描仪。

> 求职信往往是认识求职者的第一机会。

目标和求职者模型的补充。医疗卫生行业有其通行的"红旗示警"标准供面试官遴选简历所用。其中包括没有列出更换工作的具体日期，对细节的马虎（如漏字、排印错误、剪贴错误、日期错误），对招聘方的职位布告缺乏自我理解，夸大自己的资格和工作经验。[35]

要注意很多简历上的信息并非百分之百真实。Careershop（美国的一家求职招聘网站）的调查显示，73% 的求职者承认他们在简历上会有夸大的成分，其中包括学位、工作职称、阅历、工作年限、跳槽次数、工作单位、现在的薪水、工作责任感和业绩成就以及独揽团队的努力成果。[36] 简历上关于高级军事勋章或奖章包括国会荣誉奖章的虚假信息迫使美国国会于 2006 年通过了《偷窃勋章法案》(*The Stolen Valor Act*)，从而将此行为定义为犯罪。2012 年，由于裁定此法案侵犯了美国宪法第一修正案中公民言论自由的原则而被美国最高法院判决违宪。[37] 简历中频频出现此类虚假信息的诱因有很多，可能求职者想借公众对伊拉克和阿富汗战争中英勇行为的赞许与崇敬来炒作自己，或者是因为长期失业，或者受困于目前糟糕的工作，或者是不具备 21 世纪对应聘者的受教育程度、工作经验和职业技能持续增长的要求，另外还有彼得原理在其中起作用，该原理强调人们如果被提升至他们所不能胜任的位置后，会面临众所周知的事业瓶颈，或者被降职甚至被开除。

如果你所在机构需要雇用大批新员工或你们的招聘启事收到了大量投递简历，那么使用一款合适的简历扫描系统软件则是明智的。此类扫描系统可以快速而有效地扫描简历，甄别出最符合你们机构的求职者人选从而控制你们的面试规模，该系统同样可以储存大量简历信息以便在你需要时重新调出简历数据库。Capterra 网站列出了 244 款此类软件供你选择。[38] 简历扫描系统根据求职者简历中列出的关键词、相关技能、兴趣和工作经历来甄别求职者，认真输入这些信息，最大限度将出类拔萃的面试者筛选出来。例如，有些优秀的求职者仅因为使用的词语不同，其信息就有可能会被系统删除，同时还会收到系统发出的一封拒绝信。如果求职者其他方面的信息与系统默认设置不一样，也会发生同样的事情，你的系统只会确认出那些与系统默认设置最匹配的简历，而不会挑出真正优秀的员工。³⁹ 解决这个问题的办法是，在招聘宣传中就将招聘准则明晰化，另外逐一扫描电子简历，这样才能使求职者获得平等的竞争机会。

推荐信和介绍信

有选择地阅读**推荐信**，因为几乎所有的推荐信都是由申请者的朋友或令人仰慕的人写的，这样的推荐信很少包括负面的信息。推荐信就是要揭示谁会为求职者写推荐信，还有一些关于求职者为什么适合该职位的信息。

介绍信通常是由求职者个人精心挑选的，以确保起到较好的推荐作用。然而，给介绍人打电话意味着允许你提出一些开放性的问题并且探究一些超越介绍信表面的或谨慎的字词的答案。可惜的是，由于公司机构大都担心被牵扯进诉讼案件，所以他们纷纷制定政策要求求职者仅可以提供入学或入职时间，公司机构还可能要求面试人员只有在获得求职者允许的情况下方能联系介绍信的作者或者阅读介绍信。鲍勃建议，将介绍人列出名单来，从中挑出那些与求职者保持一般关系的人，即关系没有近到可以为求职者撒谎的地步，但又足以对求职者做出恰当的评价。⁴⁰

> 对诉讼的担心妨碍了介绍信的信息获取。

标准化测验

越来越多的机构使用标准化测验来作为对招聘过程的补充。一些资料称如今被广泛应用的基于行为特征的面试方法"在结合了标准化测验后更具效率，此类方法大都在互联网上进行操作"⁴¹。满足此类需求的产业已逐渐成型，这类公司宣称他们的产品能够测验职位与求职者的契合度，得出相应结果，从而避免面试过程中的主观性。在确定面试中采取何种测验方法之前，要确定你使用的任何测验都是与工作相关的，经代表性人群检验是有效的、没有歧视的。如果一项测验筛选出的人群具有特定的偏向，请不要使用此类测验标准。平等就业机会委员会已经对一些诉状展开调查，其中包括一些测验"对黑人和拉丁裔的求职者存在负面影响"，需要"精通英语语言从而形成对非英语母语求职者的歧视"，还有违反美国残疾人法案的测验，这类测验要求求职者提供入职前的医疗检查或者检测其是否为抑郁症和狂想症患者。⁴² 面试中有四类常用的测验标准：天赋测验、个性测验、基本技能测验和诚实测验。

> 谨慎选择测验标准。
>
> 所有测验必须事先仔细预测。

天赋测验用以鉴别具有潜力的求职者并能用于尝试甄选能够较好且迅速适应你所提供职位的求职者。天赋测验有时泛指IQ或智力测验，此类测验的缺憾是其并不包括至关重要且难以捉摸、变幻莫测的所谓"常识"。[43]

个性测验评估求职者的个人特征。最为人知的个性测验当属创始于 1943 年的 Myers-Briggs。现如今经过研究和对数以百万计的求职者的评估,个性测验变得日臻成熟。[44] 诸如此类测验还包括 Wilson 和 Miller 类比测验,它们均用以辨认个性类别及求职者的思考方式。

基本技能测验用来衡量数学、测算以及读写技能。在代表个人或团队提交有关其设备或人员所面临难题的详细报告时,读写技能的欠缺会影响问题的解决。一些测验对最基本的问题做了描述并要求求职者撰写五到七个句子来描述这个问题。检查者或考官运用通行标准来衡量拼写、句子结构、动词时态的用法以及可读性。

诚实测验通过书面测试或**诚实访谈**来评估求职者的道德、诚实和正直。市场上有许多此类书面测试,但其中一些却带来了负面效果。例如,由茱莉亚·莱瓦斯娜(Julia Levashina)和迈克尔·坎皮恩(Michael Campion)共同创立的甄别面试中虚假行为的机构 IFB(Interview Faking Behavior Scale)发现九成大学生求职者对面试中的虚假行为感到内疚(即有意弄虚作假),这些行为包括夸大事实、过度包装、刻意疏漏和故意隐藏大学名称、虚假学位、职位头衔、薪资水平、工作经历、责任担当以及入职时间。[45] 诚实测验的使用及其有效性曾招致很多批评。根据美国心理学会对 200 多项研究的回顾所得出的结论,诚实测验能确认出谁在工作岗位上有偷窃的倾向性。但令批评者担心的是,难道那些中等倾向和低水平倾向的员工就一定不会发生偷窃行为吗?[46] 专攻雇用法的华盛顿律师罗伯特·菲茨帕特里克(Robert Fitzpatrick)这样提醒人们:"诚实测验也许会检测出大家不愿意接受的员工候选人,但同时,它也会挑出一定比例的诚实员工。"[47] 如果你使用诚实测验,请务必确保测验样本涵盖美国社会人口的各个阶层以避免因歧视而受到指控。

诚信度面试可以用来评价求职者的诚实或正直性。[48] 真诚的求职者会倾向于承认雇员具有偷盗的可能性,毫不犹豫地回答反对对此的宽恕行为,以及期待令人满意的测验结果。面试人员中流传着一个奇怪的被称作"以机智取胜"的现象,即求职者对有损职业道德的行为都乐意承认,因为他们相信他们是平常人,而这类事情"每个人都会做"[49]。有两种格式经常使用。第一种由关注于求职者道德和正直性的访谈组成,此法主要是通过调查求职者以前的工作经验来确定与所求职位的相关性有多大。与工作相关的问题会使求职者对有关人品的访谈和招聘机构有正面的印象。求职者反馈说自己感觉被公正地对待。第二,如果以前的工作经验与所求职位的相关性不大,那么面试人员会使用精心设计的衡量道德和行为的提问来考核求职者。唐那·保罗斯基（Donna Pawlowski）和霍尔维茨（Hollwitz）规划出一个架构性的情境访谈，即"基于意图来预测行为的假设"[50]。面试者设计一些遐想的情节让求职者回答，然后再通过5级量表来考量后者的回答。其他测量维度还包括关系处理、人际欺骗（说谎）、违反安全规划（泄露商业机密），以及性骚扰（如好说下流的笑话或展示裸体画）等。

> 关注真实或假想的工作场景。

网络资源

诚信度面试在招聘中已经变得越来越普遍，因为雇主想在诚信尤其可贵的时代测验求职者的人品。诚信之所以变得这么重要，是因为诚信的人在如今不再是标准和榜样，而是例外。很多雇主和研究者越来越注重在诚实测验中有针对性地提出严肃的问题。在网上可以找到很多关于诚实测验的各种书面的和口头评论。这些网站是：www.Infoseek.com，www.psycinfo.com，www.monster.com，www.careermosiac.com，www.psychlit.com。

社交媒体

有相当可观的求职者使用博客和社交网络如MySpace和Facebook，从中能获取大量的个人信息。这些信息与他们将要谋取的职位资格可能并没有太大关系，但是它们却能为这些求职者能否很好地融入你们机构的企业文化做辅证，这其中包含了求职者的求职动机、工作习惯、工作态度和职场规划。评估此类信息不难，一些面试人员惯例性地询问求职者社交账号的密码。注意，美国国会曾于2012年试图通过一项旨在判定此类行为为非法的法案，但最终草案未能获得通过。现在一些地方州政府正在考虑自行修订此类法案，但进展缓慢。深入调查社交网络可能会侵犯包括年龄、种族、性别、健康情况、婚姻状况以及性取向等个人隐私，而这违反了美国《平等雇佣法》。布莱恩·莉比（Brian Libby）建议应当"事先询问求职者是否允许查看他们的社交账号"[51]。

> 小心探寻社交媒体上的信息。

安排面试

一旦你获得并熟悉了大量关于求职者的信息，你就可以准备安排面试了。

面试氛围及环境

营造好的面试氛围有利于信息、感受、态度以及兴趣等的交流。在理想的情况下，你应该将面试安排在一个舒适、安静的私人场所，因此噪音及其他事物的干扰就可以降到最低。应该选择合适的位置以便双方的对话可以达到最好的效果。还应该关门，关掉手机、电脑以及寻呼机等干扰性设备。然而，就实际情况而言，你可能很难找到这样安静的场所。作者就曾经在酒店大厅、酒店楼梯、酒店走廊、餐厅、酒吧、舞厅待客室、户外的公园长椅以及招聘会等场所进行过面试。不管怎样，尽最大的可能为应试者创造最好的面试环境。

> 面试氛围可能导致一场面试的成败。

尽可能接受每次面试，并将此列为你每日工作的首要事宜。在面试中，要态度积极并保持专注，因为该面试也许是那位应聘者的人生大事。尽管那场面试对你来说只是例行公事，也许只是你那天安排的第六场面试，但是，认真为公司吸引和选择优秀雇员是极其重要的。帕特丽夏·布勒（Patricia Buhler）的书中写道："一场面试就好比一条双向的街道。一边，面试官们在审视应试者们，看他们是否符合公司或组织所需；另一边，应试者们也在权衡该公司是否适合自己。因此，我们可以将面试视为一种建立公共联系的工具。"对此，她提出警告："组织机构的公众形象不好，一定会臭名远扬。"[52] 应试者们不会将面试官与其公司区分开。优秀的应试者会更乐于接受他们眼里的优质面试官们所在公司的聘书。因此，作为面试人员，要心态开放，态度诚恳。这也是你对应试者的要求。此外，为应试者描述的职位情况要符合实际。将**"意识透明化"**付诸实践，通过这种方式你可以与应试者交流信息，解释提出面试问题的目的何在，并且在相互支持的氛围中促进对话交流。[53]

面试双方

一场传统的招聘面试由两人组成：一位是面试官，一位是求职者。现如今则演变为**"面试链"**的形式。其中，一位面试官与一位应试者进行15~20分钟对话，话题可能围绕应试者的基本信息展开，以此对应试者有一个大体印象。紧接着，该应试者将与第二位面试官见面。这一过程主要探究应试者具备的具体的职业技能有哪些。随后，第三位人员将接管面试并对应试者的专业知识做出评估。"面试链"模式在"公司"或"现场"进行是很普遍的。这一过程也决定了筛选之后的面试流程。一系列的面试流程可能会花费不止一天的时间，其中还包括午餐和晚餐时间以及额外的工作人员。

一些组织机构实验了另一种面试模式：由二至五位面试官组成的**面试小组**同时面试一位应试者。面试小组的成员将分工合作。例如，第一位成员面试应试者的工作经验；第二位面试教育背景和接受培训的情况；第三位面试专业知识；第四位面试相关技能。研究表明："就预测应试者的工作表现而言，面试小组的模式比一对一的面试模式更加有效。然而，面试官和应聘者都更倾向于传统的面试模式。"[54] 在安排跨文化面试时，小组面试的方式是可取的。借此，可以消除偏见，保证交流和理解。

面试小组包含组织各部门的成员的情况是普遍的。例如，公司的学术人员、医疗中心的公关人员以及信息技术专家都常在列，应聘者要参加一系列确定性的被称作"部门之旅"的面试筛选。这种方式给应聘者与未来的各种岗位的可能同事提供了交流机会，就是在他们投票是否雇用应聘者之前应聘者提问并倾听其回答。他们都听到了对关键问题的同样的答案，这样可以减少由于面试官不同而产生的问题，而如果在一对一的面试过程中他们听到的可能会是完全不同的答案。

由一位或多位面试官同时面试多位应试者的**"研讨会小组"**模式比"一对一"的面试模式花费的时间更少，使组织能够看见多位应试者同时回答同一问题时的表现，还可以为判断应试者可能会在团队中如何与他人合作提供有价值的参考。如果面试安排得有技术含量，应试者将不会把面试视为一场竞争，而是看作给他人留下印象、展示资历和经验的机会。如果你在寻找好的领导者，那么如果应试者受控于这种面试模式，而且大体上保持沉默，他可能就不适合这一职位。

开始面试

开头是每场面试的关键部分。它为面试奠定了基调，并且为你和公司给应试者留下了极其重要的第一印象。

建立友好关系

面试开头，先以温和、友好的语气询问应试者其姓名，以坚定但不强势的握手方式与其建立友好**关系**。做关于自己公司的介绍。如果这是第一次面试，不要让应试者直接称呼你的名字，因为部分应试者会习以为常。建立友好关系在跨文化面试中尤为重要。要在面试初始与应试者建立基于"信任、理解和接纳"的友好关系，并将"说同种语言就意味着分享同种文化"铭记于心。[55]

可以与求职者进行一些非争议性的对话，但是不要长时间闲谈或者沉浸于无聊的话题。例如："你觉得今天的天气如何？""你的旅行愉快吗？"这类问题引出的回答意义不大，而且对和应聘者建立关系不重要。长时间闲谈会让人对面试产生悬而未决的焦虑感，由此加重应聘者的紧张情绪。

情况介绍

进行到开场白的情况介绍阶段，你应该向求职者说明面试是如何进行的。就传统的面试模式而言，情况介绍是指招聘人员向应聘者提问，向应聘者提供招聘机构和职位信息，以及应聘者发问。

> 情况介绍要系统、有创造性。

首先给出信息会延迟求职者的主动参与性，也可能向求职者传达了他们打算控制整场面试的信息。你可以告知求职者面试会持续多久，以及你大概会在每个环节参与多长时间。如果面试是在现场或培训计划的过程中举行，那么就为求职者提供与会行程、参与筛选的人员姓名以及职位信息。

> 与求职者分享控制权。

传统的面试方法是招聘人员控制面试，而目前一些招聘人员正在推荐求职者控制面试的方法。例如，专职于雇用销售人员的鲍勃·艾尔丝（Bob Ayrer）就强调面试过程中要为情况介绍环节安排充足的时间。"在这一时间段，招聘人员应该闭嘴！"他写道，"让有希望的销售人员来控制面试。"（这正是你雇用他们所要干的事，不是吗？）[56]

开放式问题

开放式问题环节是开场白到面试主体部分的过度环节。这一环节是开场白的结尾，又以易回答的问题开始。问题围绕同样的主题（教育背景、工作经验、基本信息、最近的实习情况）。这一环节为整场面试奠定了基调——应试者为说话人，面试者倾听并观察。

> 以开放式问题开头，但问题不能过于开放。

仔细设置开场问题，不要总是以同样的问题开始整场面试。问题要尽量围绕你之前熟悉的关于应试者的信息展开。最常见的开场问题就是："请你向我介绍一下你自己。"这样的问题太宽泛以至于应试者不知道从何回答起或者应该回答哪些信息合适。他们是应该先谈谈出生情况、小学情况、中学情况、大学情况，还是现在的状况？还是应该谈谈兴趣爱好、教育背景、工作经验以及经历的重大事件？这类宽泛、普遍的问题既不能让应试者感到放松，也没能让他们谈论有意义的话题。一种较好的开场问题就是（让问题具体化）："请你向我们介绍一下你在目前的职位中的主要工作（或责任）是什么。"

> 不要让求职者过早陷于困境。

不要太早让求职者陷于困境，因为招聘人员常倾向于给求职者增加负面情绪。此外，面试者越早施压，其结果也就越坏。因此，作为面试人员，在面试初始，你应该向应试者提出容易回答的、范围合理的问题，让应试者有话说，并准备好回答更难的问题。

面试的主体

面试主体会根据不同的面试方安排不同的面试流程，但研究表明，采用结构化招聘模式的企业更能有效招聘到高素质人才。[57]"凭直觉""即兴的""无法预料的""漫谈式的"面试存在着极大的危险性。没有设计架构的、闲聊式的、无目标的面试无法让面试官有效地了解求职者的信息。[58]例如，招聘人员谈论的比求职者多，而推荐的比例则是求职者占80%，招聘人员占20%。招聘人员通常在头四分钟内做决定，而这时还远远没有获取相应的信息。事实上的信息即求职简历上显而易见的信息又被重复提及，在此过程中，面试官易对求职者产生刻板印象和偏见，也更易询问违反美国《平等雇佣法》的问题。许多高素质求职者给人的第一印象未必优异，但随着他们一一道出工作经历、职场目标和其专业技能，对你们机构特定人才需求的意识和职场规划，以及与企业文化的契合程度，这些都将提高他们在你心中的分数。

> 非结构化的面试不能招聘到高素质的求职者。

高度结构化的面试

越来越多的案例证明，所有问题都提前准备和测试并且对求职者一视同仁的高度结构化的面试是值得提倡的。高度结构化的面试要比非结构化的面试更加可靠，因为所有求职者都会被问及相同或相近的问题，面试官在整个面试过程中都要全神贯注而非仅仅开头几分钟。许多机构运用高度结构化的面试，聚焦于求职者简历中的个人特性（社交能力、电脑技能、团队经验）或面试指南（此求职者能胜任这份工作吗？愿意从事这份工作吗？能否融入集体？）。

> 高度结构化面试的结果更加可靠，但缺乏灵活性和适用性。

是否适合职位以及能否融入集体越来越被看重，因为许多机构发现一些求职者职业素养很高，但无法适应企业文化，从而导致工作过程中表现较差，进而导致企业员工流失率很高。一些专家建议在面试中涵盖一些特别的话题，如公司氛围、管理影响力以及同事的关系。

基于行为的选择方法正在越来越普遍得到应用。一家机构发展了一种高度结构化的面试，这种面试可以熟练设计和选择问题，记录求职者的反应，根据预先设定的尺度对求职者的表现评级。在下面的例子中，招聘者会根据求职者的单个或多个行为以及传递的信息，用一个五分的表对每个回答评级，5=强烈表现，1=几乎无表现。

> 基于行为举止的选择技术针对的是与工作相关的技能。

评级	行为	提问
_____	主动性	举一个你解决员工之间矛盾的例子。
_____	活力	你做这个多久了？
_____	一般智力	你对以前的工作怎么看？
_____	决断力	你怎样摸索和做出决定？
_____	适应力	当碰到僵局，你会怎么做？

比如，当听到第一个问题的回答时，你要试图发现求职者所说的是哪种问题，问题的复杂度如何。预先设计好进一步的提问以考察求

职者的经验，包括求职者解决问题时所用的方法和最终结果。答案会反映出求职者的许多别的性格特点。比如沟通能力、敏感力、公正以及遵守规程。

> 设计富有洞察力的次级提问。

虽然高度结构化的面试可能会降低陈规的影响，减少因面试官不同而引起的误差，降低因违反相关法律和道德而遭到诉讼、质疑的几率，但它也有如下缺点。[59] 首先，它加强了招聘人员的控制力，而这种控制力可能对处于被支配地位的求职者产生不利影响。其次，它限制了求职者介绍与工作相关信息的能力。再次，这种模式的面试阻碍了招聘人员提出其他问题，导致他们无法创造性地探究求职者的回答，因此双方在面试过程中也就无法分享更多的信息，因而导致了不公平。最后，它只为招聘机构的利益服务，而不是在招聘人和求职者之间创造互相沟通的过程。

威廉·基尔伍德（William Kirkwood）和史蒂夫·拉尔斯通（Steven Ralston）认为，高度结构化的面试与求职者在工作中面临的情形基本不同。因此，求职者不能展示自己在实际工作中的能力，而招聘人员也看不到这些能力。[60] 这种面试手段阻碍了面试官深入探寻求职者的问题，也导致了一种结果，即无法对求职者做更深入的了解，无论是从自然人本身的角度还是从潜力员工的角度。我们建议采用一种适度结构化的面试，使得双方能够展开更有意义的交流，同时有助于求职者更好地展示自己。

> 将求职者置于现实工作环境中。

提问顺序

> 让求职者畅所欲言。

为面试和求职者选择一个或多个**提问顺序**，一般是漏斗型顺序或是隧道型顺序。一项研究发现，面试官倾向于用反漏斗型的顺序，即在面试的最初几分钟内问一些封闭式的主要问题，而在面试的最后几分钟问一些不太重要的开放式问题。[61] 还有一些面试官先用反漏斗型顺序，然后又换成漏斗型顺序来测试那些他们觉得最符合要求的求职者。求职者倾向于用较简短的回答试探提问者的封闭式问题，对开放式的问题则给出较长的回答和较多的信息。由于信息太少，面试官会在面试开始的几分钟内就做出仓促的决定。而且，让求职者放松的最好办法就是让他们畅所欲言。以漏斗型或隧道型问题顺序开始，使得求职者畅所欲言，放松并最大化传递信息。

结束面试

如果你是在工作招聘会、校园职业中心、会议或者现场进行**筛选面试**，你可能会对求职者有进一步的考虑。面试就好比摸底调查，面试者要做的就是在求职者中进行筛选，并发现谁会在众多求职者中脱颖而出。随后你会决定是否需要安排额外的面试。你的面试结束语可能会是以下内容：

> 杰克，我很享受今早与你的谈话。（稍作停顿，让应试者说话。）我们正在许多中西部校园为我公司堪萨斯州分公司的职位招聘工作人员。我们计划在未来几个星期邀请四五名应试者到堪萨斯城参加额外的面试。关于你是否将会被邀请，我们会在十天之内告知。你最后还有什么问题吗？（稍作停顿，让应试者说话。）如果你需要与我取得联系或者有其他的问题，可以拨打我的手机、办公室电话或者发邮件给我，这是我的名片。

> 致结束语时需保持面试时的积极语气。

如果你在进行一场**决定性面试**，而接下来会是一场或多场筛选性面试，那么你可能就要决定求职者是否能继续下一场面试。然而，你不能在面试过程中表现出这一点。对求职者要坦率。如果该职位有多名优秀的求职者，不要给任何人留下他表现最好的印象。

> 不要无端地鼓励求职者或使他们泄气。

注意你的言行，在送求职者到门口、停车点或机场，或者陪同他去见机构中其他人的过程中，注意对求职者提出的问题要遵循面试结束流程规则。在这类非正式场合，可能会发生违反《平等雇佣法》的行为。不要做任何可能影响你在面试过程中与应试者小心翼翼建立起的关系的言行。

一切按计划办事。你与你的代表应该签署所有协议并一式几份。在拒绝求职者时，不要无用地"吊着他们"或者给他们错误的希望。让他们平和地接受落选，而不要试图给出只能引起问题和争论的解释。招聘人员有两种惯用表达："我们有许多非常优秀的应聘者。""我们试图寻找最适合招聘岗位的人选。"招聘者要通过交流努力维护公司为所有求职者都提供了同等竞争机会的好形象。

> 尽快地做出决定并通知求职者。

提问

提问是获取信息，评估应试者是否符合简历描述、公司职位，以及探究应试者对公司及申请职位的了解程度的主要工具。

问题应该是开放的、中立的、富有洞察力的以及与工作相关的。开放式问题可以鼓励应试者大胆地说话，与此同时，你可以倾听、观察以及提出有效的、探究性的问题。应试者会对开放式问题给出较长的回答，并且对以开放式问题和探究性问题为主导的面试感到更满意。[62]

> 保证问题的开放性。

一般的陷阱问题

招聘者常常创造或改编一些问题以考察求职者的相关行为并探究其行为细节、办事透明度以及暗含意味。这种自发的举动使得面试时双方的对话生动、有见解，但也使得应聘者容易掉进一般的提问陷阱。除了我们在第三章和第五章讨论过的提问陷阱，以下三种提问陷阱与面试招聘相关。

> 警惕引入型提问和探究型提问中的陷阱。

1. 评价性的回答：面试者对应试者的回答表达自己的主观判断，这有可能导致应试者接下来的回答存在偏见。
   孩子，我建议你再考虑一下那个决定。
   这不是一个放弃工作的好理由，不是吗？
   那是犯错，不是吗？

> 评价性的回答会引出应试者无关痛痒的、肤浅的回答。

2. 违反《平等雇佣法》的情况：面试者提了不合法的问题。
   你多久参加一次教堂活动？
   你的假肢对你远距离开车阻碍有多大？
   如果你的丈夫转业，你会怎么做？

> 不要问已知的信息。

3. 简历或求职信的问题：面试者提的问题在简历或求职信中已经回答了。
   你在哪儿取得的刑事学学位？
   你留过学吗？
   你有过怎样的实习经验呢？

传统的面试问题

下面是**传统的面试问题**。这些问题避免了提问陷阱，而且收集了重要的与工作相关的信息。

- 对机构的兴趣
  你为何愿为我们工作？
  你对我公司的了解有哪些？
  你对我们的产品和服务有哪些了解？
- 工作相关（大致情况）
  请你就你最满意的职位谈谈看法。
  你以前的工作经验对这个职位有哪些帮助？
  你在前一个工作岗位有什么创新的举动？
- 工作相关（具体情况）
  请描述一项你会采用的鼓励员工的典型策略。
  你在给他人分配任务时会遵守什么样的原则？
  你如何跟进安排给下属的工作？

- 团队以及团队工作
  当你所得的报酬的一部分是基于团队合作的成果，你会怎么想？
  团队工作这个词对你来说意味着什么？
  你如何看待在跨职能团队中工作？
- 教育和培训
  请告诉我你用过哪些电脑程序。
  你受过的教育对这个职位有何帮助？
  如果要你重新接受教育，你会做何不同选择？
- 职业规划和目标
  如果加入我公司，在未来五年你准备做什么？
  到目前为止，你觉得你的职业道路进展如何？
  你正在为你的升职做哪些准备？
- 执行力
  对于一个项目策划来说，你认为最重要的行动准则是什么？
  所有人都有优缺点。你的优点（或缺点）是什么？
  你如何做出不同的决定？
- 薪水和福利
  你期望的薪水是多少？
  哪种额外福利对你最重要？
  与你的上个职位相比，我公司的工资水平如何？
- 事业
  在你看来，你的事业面临的最大的挑战是什么？
  你认为你的事业生涯中的下一个重要成就是什么？
  你如何看待你的职业领域中的环境法则？

非传统的面试问题

当招聘者意识到大多数传统面试的问题都不能评估应试者是如何有效处理与工作相关的情况时，他们开始研究并实施一系列新的"与职位相关的"问题的解决策略。这些策略也使招聘人员能够应对求职者常用的印象管理技巧。比如，自我推销（目的在于"引起对自己能力的关注"）和奉承的能力（目的在于"增强人际关系吸引力"），这些技巧都证明是"与面试者评估标准明确相关的面试策略"[63]。

> 面试趋势是提问关于工作的问题。

基于行为的面试问题

引导基于行为的面试的招聘人员会问应试者关于过去如何处理与职位相关的情况的问题。例如，面试人员可能会问：[64]

讲一个你的想法，这个想法的实现主要是通过你的努力而实现的。

当情况在最后一分钟有变，你是如何处理这样的情况的？

讲一段最难相处的团队伙伴关系。你又是如何处理的？

描述一段你在班级中、体育运动中、工作中遇到挫折的经历。你是如何克服困难的？

讲一次你遇到愤怒的顾客或客户而你又必须处理的情况。

举一个例子说明你是如何向你的同事推销你的不受欢迎的想法的。

紧急事件

> 紧急事件类提问是考察求职者在真正的工作环境中处理问题的能力。

在**关于紧急情况处理的提问**中，招聘者会提到他所在的机构正在面临的现实危机或曾经出现过的问题，要求求职者回答他将怎样处理这些问题或者以前是如何处理类似情况的。例如：

我们在金属冶炼过程中正面临越来越严重的资源浪费问题，如果我们雇用你，你有什么办法？

去年我们的办事人员之间有许多冲突。如果你是我们中的一员，你会怎么做？

像许多公司一样，我们的传统产品的销售情况呈下滑趋势。对此你有什么好的建议？

在招聘多元人才方面，我们一直面临许多传统的问题。这是由于我们大多数工厂都位于西部偏远地区的小城市。你会建议我们如何提高招聘能力？

假设情形类问题

假设类问题提问经常受到批评，因为面试者提出的问题是不现实的，甚至是愚蠢的情况。例如："你打算如何数清楚美国所有的高尔夫球有多少？"[65]假设类问题就像紧急事件类问题一样，是招聘面试中的有用手段。贾斯汀·门克斯（Justin Menkes）写到，像这类问题是有用的，因为招聘人员"提出的问题或者假设的情景都是应试者从未遇见的"，而且这类问题应试者们也无法提前准备。[66]在假设情形类问题中，面试者会创造性地提出高度现实但属假设性的情况，并向应试者提问如何一一处理这些情况。

假如你怀疑有工人修改他们的时间卡，你会怎么做？

如果你的公司突然宣布你将于1月1日前离开公司。你会怎么做？

如果一位女员工向你控诉遭到性骚扰，你将怎么处理？

案例方式

在个案访谈中，求职者被置于一个精心设计的情境中，要求花时间研究并解决问题。这可以是个人的、管理的、设计方面或生产方面的问题。其中一些是精心设计的模拟情形，要求角色扮演，也可能涉及几个人，包括其他求职者。

> 案例方式是最逼真的与工作相关的问题模式。

探究性问题

不管在传统面试、基于行为的面试、紧急事件或者假设情形类面试中你的措辞有多严谨，第一时间接收到回复并进入下一个问题的情况都是很少见的。观察，仔细倾听求职者说了什么，没说什么，接着探究求职者情况。安静的、循序渐进的探究可能是有效的手段，因为当招聘人员用简单的语言或神态询问求职者以便不打断对方时，会使求职者感到威胁较小，并且更受到尊重。通常你需要"深度探究"以寻求特殊人才。你要提出措辞严谨的探究性问题以寻求建议或考察应试者回答中暗含的意思；要将意思明晰化；迫使求职者避免无关痛痒的肤浅回答，从而获知其感情、动机、偏好和专业知识。用所有可能的方法获得有用信息来选择最好的求职者。

要探究求职者的真实想法，而不是准备好的或计划好的答案，从而寻找真正可以为你效力的人。基于行为的面试问题，并未提及传统问题，对求职者来说有足够的时间想出招聘者想要什么样的人或想听到什么样的回答。求职者通过职业顾问、网站、研讨会以及有经验的前辈逐字训练他们如何最好地回答各种各样的面试问题。**要记住每场面试中总有两种求职者：真实的求职者和让你信以为真的求职者。**你的任务就是决定你所看到的和听到的有多少是虚假的，有多少是真实的。例如，当数名工商管理学硕士被问及并要求描述他们遇到挑战的时段，六名硕士生给出了相同的回答，都是在资金筹集委员会工作的那段时间。而之后的调查却显示这六名学生中没有任何一人曾参加过这一委员会。[67]

> 提探究性问题使人产生洞察力。

一些招聘者开始非常关注基于行为的面试中的不诚实的、预设好的回答，因此，他们提出以下奇怪的问题并希望应试者给出诚实的回答。例如："如果你是小说中的某一角色，你想成为谁呢？""如果你是一份沙拉，你希望自己是哪种呢？""如果你是一种水果，你希望成为哪种？"如果我们忽略这类与工作毫不相关的问题，那么求职者听到正常提问并给出准备好的答案只是时间问题。一个较好的策略就是去探究基于行为的面试问题和"与工作相关的"问题的答案。当一名记者问到丹纳·奥伦（Dana Olen），斯瑞克（Stryker）公司的招聘者（一家 500 强财富企业，通过基于行为的面试提问方法招聘人才），如果一位求职者回答基于行为的面试问题时提供了可疑的答案，这个答案太好以至于像标准答案，她会怎么做。丹纳·奥伦立即给出了六个探究性的问题，其中包括："你曾与谁一起负责这个项目？"如果这个项目是公司赞助的，就提问："这个公司是哪家？""这家公司的结构是如何整合到这个项目中的？"如果是个分阶段项目，就提问："请描述一下你的团队。""与你共事的人有多少呢？"

> 探寻诚实的回答。

不幸的是，深入探究也有陷阱。在对求职者的虚假行为的研究中，莱瓦希纳（Levashina）和坎皮恩（Campion）发现，"连续性问题模式会增加情景面试和基于行为的面试中的虚假行为"。在非正式的报告听取会中，参与者表示标准的连续性提问（比如："你能描述得详细一点吗？"）被认为是象征性线索，标志所需的信息对面试很重要，而且提示求职者要回答得更具体，鼓励回答者造假。[68] 在你重新思考探究问题的可行性之前，研究者们还发现，"过去基于行为的面试没有连续性的提问，是最容易答案造假的面试"。解决的办法似乎更像是探究性问题。例如，奥伦建议的那些问题不单单是"多告诉我一些情况"。探究性问题的目的在于判断求职者回答的真实程度的同时，获取其经验、能力相关的具体信息。当你的探究性问题暴露了你可能违反《平等雇佣法》时，要准备好做出快速的反应。罗歇尔·坎帕拉（Rochelle Kaplan）提到一次面试事件。在这次事件中，应试者回答了关于大学最大的挑战是什么的问题。他答道："在我的朋友和家人看来，我是一名男同性恋。"[69] 而其他的求职者则谈到了宗教和政治。

关于面试提问方式的总结性思考

所有关于工作的提问（行为选择、紧急事件、假设情形）都基于一个原则：最好的评价工作能力的方法就是观察求职者怎么做工作。招聘人员发现，许多求职者会告诉你他们要用到的理论和原则，但他们却不能将这些理论和原则活学活用到实际中。研究如何有效地面试和进行有效地面试不是一回事。

> 不要满足于初级层面的交流。

在询问有关工作事宜的问题时，还有两个额外因素需要考虑。第一，有经验的求职者往往能给出十分丰富的例证，而即将毕业的大学生和那些几乎没有什么工作经验的求职者则相反。如果你要求求职者应当具备多个层次的经验，那么你就应该提供一个公平的竞争环境。第二，行为选择、紧急事件和假设情形的提问方法更适用于那些能言善辩者，他们或许是社交能手、口才达人，但其实际工作表现和工作能力可能并不尽如人意。[70]

面试官要避免的就是，对求职者的回答总是回复"好""不错"或"很棒",因为受访者会渐渐期待这些赞扬,而一旦停止赞扬,他们就会担心自己哪里出了问题。面试时保持一种愉悦的、积极的面部表情即可,不应显露你对其回答的个人态度。

> 做出反应,但不要说话。

提供信息

在面试前和面试中所获得的信息是影响求职者满意度以及对公司运作态度的决定因素。在你开始提供信息前,要先问求职者两个重要的过渡性问题:"你对这个职位有何了解?""你对我们公司有何了解?"对这两个问题的回答表明:首先,求职者预先对面试做了哪些准备,这能体现求职者的兴趣爱好水平以及职业道德;其次,显示了求职者都知道些什么,这样你就可以从求职者所不了解的地方开始进行面试,免去向求职者提供已知信息或公司网站上的已有信息。

> 相关信息是求职者最关心的。

给求职者足够的信息以开启面试的**相互配合过程**。公司的声誉、环境、地位以及晋升机会对于求职者是非常重要的。告诉求职者通常的工作日会是怎样。比较你的公司和其他公司,但注意不要对其他公司作负面评价。

告诉求职者所提供职位和公司的优势,但不要夸大事实,故意隐瞒招聘职务和公司的缺点。这些行为很大程度上会引起雇员的不满或流失,而雇员流失造成的损失是很大的。避免无用的闲谈,也不要过多地谈论自己,这是面试中常有的问题。

> 在面试中尽量减少你自己受关注的程度。

当面试官需要向求职者传递相关信息时,注意一定不要让你的信息占用太多面试时间。一项研究表明,在一个典型的30分钟面试里,求职者平均只说了10分钟。[71]这个时间应该颠倒过来,因为你可以通过倾听而不是喋喋不休来更好地了解求职者。请注意一下在第十二章中关于信息传递的基本原则。下面是关于信息传递的一些建议:

> 法则一:多听少说。

• 练习沟通技巧,因为求职者会根据语言或非语言的信息传递来判断信息的可信度。

• 鼓励求职者对你提供的信息提出问题,这样你就能知道你的信息是否及时准确地被接收到。

• 不要给求职者提供过多信息。

• 系统、逻辑地组织你要提供的信息。

评估面试

在面试过程中做好笔记以提高反馈和评价的准确性。[72]面试结束后仔细回顾你的想法和笔记,尽可能地在每次面试后记录下对每个求

> 及时记录你对求职者的印象。

职者的感想。在面试间隔期间及时做这些工作。许多公司向招聘人员提供标准评估表以便让求职者能与每个职位的招聘期望都匹配。

面试评估通常包括两部分：一套标准的问题以及评论空间。请看表 7.1 的面试评估表样本。标准化的部分应包括每个职位真正需要的职业素质，并且应该保持相当的灵活性，以便决定求职者是否具备这些素质。要关注求职者的工作素质而非其他无关因素。北德克萨斯大学的一项研究表明面试官经常基于口音来选择应聘者，那些被鉴别出带有特定地方口音的求职者一般不会在工作中委以重任，更多的是从事较低层次的、低交流频率的职位。[73]

表 7.1 面试评估报告

面试人 _____　　　　　　　　　日期_____
求职者 _____　　　　　　　　　应聘职位_____

	非常好	较好	好	中	差
教育 / 培训状况					
工作经验					
沟通能力					
专业技能					
动机 / 主动性					
团队精神					
对公司的了解					
对该职位的兴趣					

以下是典型的开放式提问，常用于面试后的评估：
- 求职者对于该职位的优势是什么？
- 求职者对于该职位的劣势是什么？
- 对于这个职位，求职者与其他竞争者相比如何？
- 什么使得该求职者能较好或不能适应我们公司？

> 评价面试双方的表现。

利用评估阶段可以评价你的面试技巧和表现。我如何成功地营造了一个非正式的、轻松的面试氛围以有效鼓励求职者坦率而又毫无拘束地自由谈话？我如何有效地倾听求职者的讲话以考察求职者的职业素质？我如何提供足够的关于该职位和公司的信息？我是否为求职者提供了询问咨询的足够时间？我对求职者提出的问题反应如何？我如何成功有效地结束面试并让面试和公司给求职者留下好印象？

本章总结

招聘面试是选择雇员的有效途径,但这需要花时间提前做一些准备,包括熟悉相关法律和道德规范,了解求职者简历等。获取、熟悉求职者信息并且构思整个面试过程。预先充分准备是面试专业化的前提。这样的面试包括有效的开始、技巧娴熟的提问、探究答案、全面提供信息、对诚实而详细的答复,以及富有成效的结束。你必须练习有效的沟通技巧,包括语言的选择、非语言交流、倾听和共鸣。

当面试结束后,对求职者和你自己进行评价。首先是要注意求职者是否适合该职位,其次是你作为招聘者和评估者的效率。

关键术语和概念

基本技能测验 Basic skills tests	职业生涯展示 Career fairs
诚实测验 Honesty tests	基于行为的选择 Behavior-based
面试链模式 Chain format	诚实访谈 Integrity interviews
选择 Selection	基于专业技能的选择 Competency-based
面试评估 Interview evaluation	鸟类同羽综合征 Birds of a feather
求职者测试图 Applicant profile	招聘会 Job fairs
委员会面试 Board interview	有意识的透明 Conscious transparency
配合过程 Matching process	求职信 Cover letters
扫描软件 Scanning software	善意职业资质 Bona fide occupational qualification(BFQQ)
紧急事件问题 Critical incident questions	基于天赋的选择 Talent-based selection
平等雇用法 EEO laws	基于个人特性的选择 Trait-based selection

招聘式访谈案例及分析

特伦特·道格拉斯(Trent Douglas)正在申请 TBD 电子公司的入门级管理职位,该公司为几家汽车制造商生产零部件。伊丽莎白·普罗哈斯基(Elizabeth Prohosky)刚从大学毕业,她作为 TBD 的面试官已连续一周分别面试了来自加利福尼亚州立大学管理、监管和组织沟通三个专业的毕业生。

开始阶段考验双方的默契和情况介绍要达到何种程度才是理想的?面试者在符合相关法律和道德规范的前提下,如何有效避免问题陷阱？招聘者如何有效地对求职者的回答深入探究、快速反应？招聘者心中是否已有招聘期望？雇主的信息如何完整地传递？招聘者是否过多、过少或是恰当地控制面试？面试结束阶段令人满意的程度如何？

1. **招聘者：**你好！我是 TBD 电子公司的伊丽莎白·普罗哈斯基。
2. **求职者：**你好！我是特伦特·道格拉斯。
3. **招聘者：**很高兴我们能在今天下午见面，请叫我伊丽莎白。
4. **求职者：**好的。
5. **招聘者：**这学期如何？
6. **求职者：**这是个艰难的学期。
7. **招聘者：**嗯，那么让我们开始吧。我将会询问你一些问题以考察你是否适合我们公开招聘的岗位，然后我将为你简要介绍我们公司，最后，我会回答你提出的问题。可以开始了吗？
8. **求职者：**当然，我非常期待本次面试。
9. **招聘者：**很好。首先，你在加利福尼亚州立大学求学的第一年为什么要临时更换校区？
10. **求职者：**坦诚地说，是因为我的女朋友在长滩校区。
11. **招聘者：**这样，仅仅是这个原因吗？
12. **求职者：**这是主要原因，不过我也查看了长滩校区的管理学课程，觉得这门课程设置非常棒，和富勒顿校区不相上下。
13. **招聘者：**你的人际关系如何？
14. **求职者：**这是我的优势之一，我喜欢和人打交道，参加了很多俱乐部，在大学联谊会里很活跃，现在是"未来经理俱乐部"的社交秘书，诸如此类。
15. **招聘者：**看起来挺不错的，你有过团队工作的经验吗？
16. **求职者：**我在学校演讲队里待了三年，在我的第二个学年，我还参加了学校的橄榄球队。当然，在我的本专业管理课程尤其是管理策略课程上，我们班集体很团结，我深受团队精神的吸引。
17. **招聘者：**很棒，有过相关的实习、合作和国外学习的经历吗？
18. **求职者：**我的简历有相关信息，我在家乡的 TRW 工厂有过一段实习期，这家工厂生产供轿车和卡车使用的齿轮。另外，中间有一个暑期我去了墨西哥旅游。
19. **招聘者：**很好，你有过解决复杂问题的经历吗？
20. **求职者：**让我想一想，我想起了当演讲队教练要求我将研究任务分配到每个小队成员以便我们将所有这些想法汇总，为即将到来的即兴演讲比赛做充分准备。但是有两个成员没有完成他们的任务，导致没能完稿。

21. 招聘者：你是怎么处理的？
22. 求职者：我把小组成员全部叫到咖啡厅，告诉他们完成研究任务和演讲稿是共赢，这对我们接下来的比赛至关重要，我们必须且一定能完成。
23. 招聘者：你们的教练怎么评价你的作为？
24. 求职者：他没多说。
25. 招聘者：如果让你再做一次，你会换种方式吗？
26. 求职者：这个问题我想了很多，我想我会首先安排和没有完成任务的队员见面。
27. 招聘者：嗯。
28. 求职者：其中一些队员觉得很尴尬，他们误读了我对他们的批评，这确实影响到了那一年我们之间的关系。
29. 招聘者：我同意。问一句，你们下一个演讲比赛的地点在哪儿？
30. 求职者：我想一想，我记得应该是在圣迭戈州……或者是康科德，这次我们准备充分。
31. 招聘者：你们研究的重点是什么？
32. 求职者：我想……呃，是和控制投资公司有关的。
33. 招聘者：好的，特伦特，告诉我是什么吸引了你前来应聘本公司的管理职位？
34. 求职者：我喜欢贵公司坐落于西部的地理位置，另外，我一直对汽车制造业有着浓厚的兴趣。
35. 招聘者：特伦特，给我们一个选择你而非其他竞争者的理由。
36. 求职者：这真是一个棘手的问题。首先，我的学业平均绩点很优秀。其次，我有大量和人打交道的经历。最后，我对汽车工业非常感兴趣。
37. 招聘者：好的，顺便问一下，你的学业总绩点是多少？
38. 求职者：我的管理课程绩点是 2.9 分，满分 4 分。
39. 招聘者：总绩点呢？
40. 求职者：大概 2.1 分。
41. 招聘者：好的，你对我们公司有何了解？
42. 求职者：贵公司在丹佛、博伊西和西雅图和其他一些地方有分公司，为几家国内国外的汽车制造商生产电子元件。
43. 招聘者：（沉默）
44. 求职者：我想我有看到过贵公司有意开始进入军工领域，为军队生产电子设备。

45. **招聘者**：预测很准确，实际上我们打算为海军和一些小飞机制造商生产电子设备。1994年我们打算转投汽车工业，主攻防抱死制动和行车轨迹控制系统，福特、通用是我们的第一批客户，现在我们与克莱斯勒、本田、起亚和现代都有合作。我们已经研发出了具有革命意义的点火装置和全球定位系统。我们将公司总部设立于圣迭戈与我们早期和海军的关系有着渊源。下面还有一点时间你可以提一到两个问题。
46. **求职者**：在经济萧条期，贵公司的股票价值如何？
47. **招聘者**：像其他大多数和汽车厂商做生意的公司股票一样，我们在早期遭受打击，特别是当通用削减产量，克莱斯勒关闭工厂为期数月。现在我们挺过来了。
48. **求职者**：贵公司当下的研发重点是什么？
49. **招聘者**：我们正在非常努力的研发早期预警系统，该系统旨在当双方车辆距离过近时向驾驶员发出警报。
50. **求职者**：听上去很棒。
51. **招聘者**：好吧，特伦特，时间差不多了，很高兴与你交谈，两周内我们会联系你，如果期间没有收到回复，你可以发电邮咨询。
52. **求职者**：我非常期待贵公司的回复，谢谢！
53. **招聘者**：（握手）很高兴你这么说，祝你求职好运！

招聘式访谈中的角色扮演案例

飞机维护监管人

你就职于一家大型航空公司，是其中三位飞机维护监管人之一，现在你们公司正在芝加哥的招聘会上进行视频招聘。你在寻找能填补位于丹佛的国家维护设施的两个飞机维护监管人的求职者。你的特定目标是近期知名理工学院维护工程专业毕业的学生和军队中有维护与你们公司相似飞机经验的相关人员。有飞行实际经验和监管经历者优先。

营销职位

你所在的家居装饰公司正在寻找营销人员，他们需要拜访那些有意购置新门、窗或壁板的业主。该职位要求求职者有营销经验、沟通能力，具备建筑材料和改建方式及问题的知识。尽管你们公司拥有两家知名的家具制造商，但求职者必须要全面熟知其他几家制造商以便对顾客答疑解惑。拥有学士学位或两年制建筑学学位者优先考虑，拥有丰富从业经历的求职者也会被考虑。

体育播音员

你是广播电台新上任的业主经理。你所在的城市拥有 7.5 万名居民。在过去的 15 年间，广播电台陆续换过几次所有者，每一次换台长都伴随着新的节目风格：经典摇滚、脱口秀、杂谈，最近又偏向乡村和西部风格。你想要保持现有风格（乡村和西部风格），因为你觉得这更适合社会大众，但同时你也想要雇用一个体育广播播音员，专职对当地大学和中学的校队比赛进行足球和篮球赛事的广播直播。你想要雇用一个一流的现场直播的体育播音员，要求其能与当地市镇的社区、大学和学校建立良好的关系。你面临两个问题：你能提供的薪水和福利有限；你们的城市地处偏远。

学生活动

1. 许多招聘人员认为面试者的动机很重要。联系你们的校园就业中心，向一些面试官提出两个问题：你们会询问哪些涉及动机的问题？你们如何从求职者简历、回答和问题中评估其动机？
2. 联系不同职业领域的招聘人员，询问他们大学应届毕业生求职的优势和劣势。探究其中的特点和例子（不要出现求职者姓名）。他们能发现近十年大学应届毕业生发生了哪些变化吗？
3. 联系招聘人员并询问以求职者的行为、特性或天赋为评判基础雇用求职者的比率，其动机是什么？这三种标准有何不同？招聘人员是如何使用其中一种或更多标准来检测求职者诚实与否的？
4. 上网查询美国《平等雇佣法》及其相关规定和条款是如何规范招聘人员的提问和求职者的回应的。过去五年间，发生的哪些变化影响了招聘面试？最具争议又时常违背《平等雇佣法》及其相关规定的事情是什么？哪个州的相关法律比联邦的《平等雇佣法》更为严格？

注释

1. Tom Peters, *Re-Imagine: Business Excellence in a Disruptive Age* (London: Dorling Kindersley, 2003), pp. 18 and 81.

2. William W. Lewis, *The Power of Productivity: Wealth, Poverty, and the Threat to Global Stability* (Chicago: University of Chicago Press/McKinsey and Company, 2004).
3. Patricia M. Buhler, "Interviewing Basics: A Critical Competency for All Managers," *Supervision* 66 (March 2005), pp. 20–22; Adam Agard, "Pre-employment Skills Testing: An Important Step in the Hiring Process," *Supervision* 64 (June 2003), pp. 7–8.
4. Luke Collard, "Interviews Are a Waste of Time?" http://www.recruitingblogs.com/profiles/blogs/interviews-are-a-waste-of-time, accessed July 11, 2012.
5. Curtis Burk, "Finding Suitable Job Candidates at Career Fairs," http://job.ezinemark.com/finding-suitable-job-candidates-at-career-fairs--7d366fc25c1f.htmo, accessed July 11, 2012.
6. "How to Select a Staffing Firm," http://www.american staffing.net/staffing customers/select.cfm, accessed July 10, 2012.
7. Roger Herman and Joyce Gioia, "You've Heard of E-Business…How About E-Recruiting?" The Workforce Stability Institute, http://www.employee.org/article_you_heard_of_e-business.html, accessed September 14, 2006.
8. "Find Quality Candidates in the Resume Database," http://www.careerbuilder.com/jobposter/staffing-recruiting/page.aspx?pagever=RBU_ProdSearch, accessed July 10, 2012.
9. Joyce Gioia, "Special Report: Changing the Face(s) in Your Recruiting Efforts," Workforce Stability Institute, http://www.employee.org/article_changing_the_face.html, accessed September 14, 2006.
10. Joyce Gioia, "Are Prospective Applicants Saying 'No'—Based on Your Website?" Workforce Stability Institute, http://www.employee.org/article_prospective_saying_no.html, accessed September 14, 2006.
11. Michael A. McDaniel, Deborah H. Whetzel, Frank L. Schmidt, and Steven D. Mauer, "The Validity of Employment Interviews: A Comprehensive Review and Meta-Analysis," *Journal of Applied Psychology* 79 (1994), pp. 599–616.
12. "The Interview and Selection Process," LSU AgCenter Research & Extention, http://www.Lsuagcenter.com/...Interview-Selection-Process-08-06.pdf, accessed July 13, 2012.
13. "Federal Laws Prohibiting Job Discrimination Questions and Answers," http://www.hum.wa.gov/FAQ/FAQEEO.html, accessed July 12, 2012.
14. Roger Herman, "Older Workers—A Hidden Treasure," Workforce Stability Institute, http://www.employee.org/article_older_workers_hidden_treasure.html, accessed September 14, 2006; "Old, Smart, Productive," *BusinessWeek Online,* June 27, 2005, http://www.businessweek.com, accessed September 11, 2006.
15. Junda Woo, "Job Interviews Pose Risk to Employers," *The Wall Street Journal,* March 11, 1992, pp. B1 and B5.
16. Clive Fletcher, "Ethics and the Job Interview," *Personnel Management,* March 1992, pp. 36–39.
17. "Job Discrimination Claims Rise to Record Levels," http://www.msnbc.com/id/29554931/, accessed March 13, 2009.
18. "Human Resource Training Curriculum on CD-ROM," http://www.bizhotline.com/html/interviewing_skills_laws_gove.html, accessed September 18, 2009; "EEOC Is Watching You: Recruitment Discrimination Comes to the Forefront," http://www.multicultural/advantage.com/recruit/eeo-employment-law/EEOC-is-watching, accessed September 18, 2009; "The Do's and Don'ts of Interviewing," University of Minnesota, http://www.dumn.edu?~kgilbert/rec4315-/InterviewDos&donts.pdf, accessed July 12, 2012.
19. "Etiquette for Interviewing Candidates with Disabilities," *Personnel Journal* supplement, September 1992, p. 6.
20. Personnel Policy Service, "You Can't Ask That: Application and Interview Pitfalls," http://www.pps.publishers.com/articles/application_interview.htm, accessed September 18 2009; University of Connecticut, Office of Diversity and Equity,

第七章 招聘式访谈

21. Kevin Wheeler, "Interviewing Doesn't Work Very Well," *Electronic Recruiting Exchange,* http://www.ere.net, accessed September 14, 2006; West Virginia Bureau of Employment Programs, "Guidelines for Pre-employment Inquiries," http://www.wvbep.org/bep/Bepeeo/empinqu.htm, October 18, 2007.
22. University of Minnesota, College of Liberal Arts, "Behavior-Based Interviewing," http://www/cclc.umn.edu/interviews/behavior.html, accessed February 26, 2009; Katharine Hansen, "Quintessential Careers: Behavior Interviewing Strategies," http://www.quintcareers.com/printable/behavioral_interviewing.html, accessed February 26, 2009; About.com.Job Searching, "Behavioral Interview," http://jobsearch.about.com/cs/interviews/a/behavioral.htm?p=1, accessed February 26, 2009.
23. "Behavior Interview Guide," National Institutes of Health, Equal Employment Opportunity Specialist, GS – 260," hr.od.gov/hrguidance/employment/interview/…260-intrerview.do…, accessed July 12, 2012.
24. Patrice M. Buzzanell, "Employment Interviewing Research: Ways We Can Study Underrepresented Group Members' Experiences as Applicants," *Journal of Business Communication* 39 (2002), pp. 257–275; Patrice M. Buzzanell and Rebecca J. Meisenbach, "Gendered Performance and Communication in the Employment Interview," in *Gender and Communication at Work,* Mary Barrett and Marilyn J. Davidson, eds. (Hampshire, England: Ashgate Publishing, 2006), pp. 19–37.
25. Karen O'Keefe, "Five Secrets to Successful Interviewing and Hiring," http://www.writingassist.com, accessed September 14, 2006.
26. Troy Behrens, "How Employers Can Ace Their Campus and Site Interviews," *Journal of Career Planning & Employment,* Winter 2001, pp. 30–32; Deborah Shane, "52% of US Companies Say Job Applicants Are NOT Qualified?" http://www.deborahshaneroolbox.com/millions -of-jobs-and-no-qualified-applicants-how-can-that-be/, accessed July 13, 2012.
27. Steven M. Ralston and Robert Brady, "The Relative Influence of Interview Communication Satisfaction on Applicants' Recruitment Decisions," *Journal of Business Communication* 31 (1994), pp. 61–77; Camille S. DeBell, Marilyn J. Montgomery, Patricia R. McCarthy, and Richard P. Lanthier, "The Critical Contact: A Study of Recruiter Verbal Behavior during Campus Interviews," *The Journal of Business Communication* 35 (1998), pp. 202–224.
28. Behrens, pp. 30–32.
29. Patrice M. Buzzanell, "Tensions and Burdens in Employment Interviewing Processes: Perspectives of Nondominant Group Applicants," *Journal of Business Communication* 36 (1999), pp. 134–162.
30. DeBell, Montgomery, McCarthy, and Lanthier, pp. 204–224.
31. Louis Rovner, "Job Interview or Horror Movie?" *Occupational Health & Safety*, February 2001, p. 22.
32. Fredric M. Jablin and Vernon D. Miller, "Interviewer and Applicant Questioning Behavior in Employment Interviews," *Management Communication Quarterly* 4 (1990), pp. 51–86.
33. Susan M. Heathfield, "5 Resume Red Flags for Employers," http://humanresources.about.com/od/hire-employees/tp/resume-red-flags-for-employers.html, accessed July 13, 2012; M. Susan Heathfield, "5 More Resume Red Flags for Employers," http://human resources.about.com/od/hire-employees/tp/five-more-resume-red-flags.html, accessed July 13, 2012.
34. Buhler.
35. Susan M. Heathfield, "Gone in Thirty Seconds: How to Review a Resume," http://humanresources.about.com/od/selectemployees/a/resume_review_2.html, accesses July 9, 2012.
36. Wayne Tomkins, "Lying on Resumes Is Common; Catching It Can Be Challenging," Lafayette, Indiana *Journal and Courier,* September 1, 2000, p. C7; Landy Chase,

"Buyer Beware: How to Spot a Deceptive Sales Resume," *New Orleans City Business,* November 4, 2002, p. 22; Kim Isaacs, "Lying on Your Resume: What Are the Career Consequences?" http://career-advice.monster.com/resumes-cover-letters/resume-writing-tips/lying-on-your-resume/article.aspx, accessed July 13, 2012.

37. Tejinder Singh, "Court Holds Stolen Valor Act Unconstitutional, Dismisses First American Financial v. Edwards," http://www.scotusblog.com/2012/06/court-holds-stolen-valor-act-unconstitutional-dismisses-first-american-financial-v-edwards, accessed July 13, 2012.

38. "Applicant Tracking Software Programs," http://www.capterra.com/applicant-tracking-software?gclid=CObNx17GmbECFbEBQAodEQkCeg, accessed July 14, 2012.

39. "Creating a Scannable Resume," http://careerempowering.com/resume-empower/creating-a-scannable-resume.html, accessed July 14, 2012; Toni Bowers, "Quick resume tip: Negotiating resume scanning software," http://www.techrepublic.com/blog/career/quick-resume-tip-negotiating-resume-scanning-software/1950, accessed July 9, 2012.

40. Bob Ayrer, "Hiring Salespeople—Getting behind the Mask," *American Salesman,* December 1997, pp. 18–21.

41. Stephanie Clifford, Brian Scudamore, Andy Blumberg, and Jess Levine, "The New Science of Hiring," *Inc* 28 (August 2006), pp. 90–98, http://www.wf2la7.webfeat.org, accessed September 13, 2006; Bill Angus, "Uses of Pre-Employment Tests in Selection Procedures," http://www.psychtest.com/PreEmploy.html, accessed July 16, 2012.

42. Rochelle Kaplan, "Do Assessment Tests Predict Behavior or Screen Out a Diverse Work Force?" *Journal of Career Planning & Employment,* Spring 1999, pp. 9–12; "Employers Aim to Measure Personality, Skill," http://www.brainbench.com/xml/bb/business/newsletter/050606/050606article.xml, accessed July 16, 2012.

43. Angus.

44. "Myers Briggs Test: What Is Your Myers Briggs Personality Type?" http://www.personalitypathways.com/type_inventory.html, accessed July 16, 2012.

45. Julia Levashina and Michael A. Campion, "Measuring Faking in the Employment Interview: Development and Validation of an Interview Faking Behavior Scale," *Journal of Applied Psychology* 92 (2007), pp. 1638–1656.

46. Wayne J. Camara, "Employee Honesty Testing: Traps and Opportunities," *Boardroom Reports,* December 15, 1991.

47. Carol Kleiman, "From Genetics to Honesty, Firms Expand Employee Tests, Screening," *Chicago Tribune,* February 9, 1992, p. 8–1.

48. Donna R. Pawlowski and John Hollwitz, "Work Values, Cognitive Strategies, and Applicant Reactions in a Structured Pre-Employment Interview for Ethical Integrity," *The Journal of Business Communication* 37 (2000), pp. 58–75.

49. Pawlowski and Hollwitz, pp. 58–75.

50. Pawlowski and Hollwitz, p. 61.

51. Brian Libby, "How to Conduct a Job Interview," http://www.cbsnews.com/8301-505125_162-5105294/how-to-conduct-a-job-interview, accessed July 9, 2012; Dirk Stemerman, "Dirk Stemerman: Social Media and Job Applicants," http://www.montereyherald.com/business/ci_20381226/dirk-stemerman-social-media-and-..., accessed June 25, 2012.

52. Buhler.

53. Kirkwood and Ralston, pp. 69–71.

54. Marlene Dixon, Sheng Wang, Jennifer Calvin, Brian Dineen, and Edward Tomlinson, "The Panel Interview: A Review of Empirical Research and Guidelines for Practice," *Public Personnel Management* 31 (2002), pp. 397–428.

55. Choon-Hwa Lim, Richard Winter, and Christopher C.A. Chan, "Cross-Cultural Interviewing in the Hiring Process: Challenges and Strategies," *The Career Development Quarterly* 54 (March 2006), p. 267.
56. Ayrer, pp. 18–21.
57. Arthur H. Bell, "Gut Feelings Be Damned," *Across the Board,* September 1999, pp. 57–62; Allen I. Huffcutt and Winfred Arthus, "Hunter and Hunter (1984) Revisited: Interview Validity for Entry-Level Jobs," *Journal of Applied Psychology* 79 (1994), pp. 184–190; Karen I. van der Zee, Arnold Bakker, and Paulien Bakker, "Why Are Structured Interviews So Rarely Used in Personnel Selection?" *Journal of Applied Psychology* 87 (2002), pp. 176–184.
58. Clifford, Scudamore, Blumberg, and Levine.
59. Buzzanell, pp. 134–162.
60. William G. Kirkwood and Steven M. Ralston, "Inviting Meaningful Applicant Performances in Employment Interviews," *The Journal of Business Communication* 36 (1999), p. 66.
61. Craig D. Tengler and Fredric M. Jablin, "Effects of Question Type, Orientation, and Sequencing in the Employment Screening Interview," *Communication Monographs* 50 (1983), pp. 245–263.
62. Jablin and Miller, pp. 51–86; Gerald Vinton, "Open versus Closed Questions—an Open Issue?" *Management Decision* 33 (1995), pp. 27–32.
63. Aleksander P. J. Ellis, Bradley J. West, Ann Marie Ryan, and Richard P. DeShon, "The Use of Impression Management Tactics in Structured Interviews: A Function of Question Type," *Journal of Applied Psychology* 87 (2002), pp. 1200–1208.
64. Randy Myers, "Interviewing Techniques from the Pros," *Journal of Accounting* 202 (August 2006), pp. 53–55; "Using Behavioral Interviewing to Help You Hire the Best of the Best," *HR Focus* 81 (August 2006), p. 56; Slippery Rock University, "Behavior Based Interview Questions," http://www.sru.edu/pages/11217.asp, accessed February 26, 2009.
65. Myers.
66. Menkes.
67. Jim Kennedy, "What to Do When Job Applicants Tell ...Tales of Invented Lives," *Training*, October 1999, pp. 110–114.
68. Levashina and Campion, pp. 1650–1651.
69. Kaplan, pp. 9-12.
70. Justin Menkes, "Hiring for Smarts," *Harvard Business Review* 83 (November 2005), pp. 100–109.
71. Thomas Gergmann and M. Susan Taylor, "College Recruitment: What Attracts Students to Organizations?" *Personnel* 61 (1984), pp. 34–36; Fredric M. Jablin, "Organizational Entry, Assimilation, and Exit," *Handbook of Organizational Communication* (Beverly Hills, CA: Sage, 1987).
72. Catherine Houdek Middendorf and Therese Hoff Macan, "Note-Taking in the Employment Interview: Effects on Recall and Judgments," *Journal of Applied Psychology* 87 (2002), pp. 293–303.
73. "If They Say Tomato, and You Say To-Mah-To, What Then?" Workforce Stability Institute, http://www.employee.org/article_tomato.html, accessed September 14, 2006.

资料来源

Barrett, Mary, and Marilyn J. Davidson, eds. *Gender and Communication at Work*. Hampshire, England: Ashgate Publishing, 2006.

Bunting, Sandra. *The Interviewer's Handbook*. London, England: Kogan Page, 2005.

Lynn, Adele. *The EQ Interview*. New York: AMACOM, 2008.

Powell, Larry, and Jonathan H. Amsbary. *Interviewing: Situations and Contexts*. Boston: Pearson Education, 2005.

Yeung, Rob. *Successful Interviewing and Recruitment*. London, England: Kogan Page, 2008.

第八章

求 职 访 谈

即使在经济景气的时代，寻找一份能够达到你的期望、需求和长远目标的职位也从来不是一件简单的事，何况当下以及今后四五年你所要面对的经济现实会很惨淡。你所梦寐以求的工作虚位以待，但是竞争激烈且雇主们会很挑剔。没有简单的公式、神奇的魔法抑或捷径会帮助你找到理想的工作，唯有刻苦努力才是唯一途径。在寻找心仪工作的过程中，你必须掌握系统的搜寻方法并且学会分析。

本章的目标是让读者学会掌握求职访谈过程中的一系列步骤，首先是对自身的全面剖析进而过渡到做好充足的准备，开始寻找潜在目标职位，准备个人简历，努力给面试官留下积极的第一印象，回答问题，提出问题，结束面试，在奔赴下场面试前对之前的面试进行分析分析，最后学会面对不可避免的拒绝。下面让我们从对自身的系统分析开始。

自我分析

> 如果你不了解自我，就不能成功推销自己。

知己知彼，百战不殆。只有当我们自己了解自己时，我们才能判定适合自己的职业、职位和单位。招聘方会询问一些精心设计的问题，通过你的回答，来分析你的身份、成就以及潜力，当然还包括你与其具体职位的契合度。只有当你自己了解自己时，你的回答方能具有洞察力和说服力，其实求职访谈就是推销自己，倘若不自知，面试考官是不会领情的，道理很简单，下面我们开始具体步骤。

引导自我分析的问题

自我分析是一个痛苦的过程，因为几乎没有人愿意深入诚恳地剖析自身的优缺点、成功和失败，其实除了你自己并没有任何人能看到你对自己的分析，所以对自身的分析尽管痛苦，但还是要真实诚恳，这是你以后成功的基石。下面这些问题和特质可以引导你进行自我分析。[1]

- 你的性格？
    - _____ 上进心
    - _____ 思维开放
    - _____ 适应力
    - _____ 灵活性
    - _____ 敢于冒险
    - _____ 自信心
    - _____ 压力下的工作能力
    - _____ 接受批评的能力
- 你可靠吗？
    - _____ 诚实
    - _____ 可靠
    - _____ 道德水准
    - _____ 公正
    - _____ 心胸宽广
    - _____ 真诚
    - _____ 自我管控
    - _____ 温和
- 你智力方面的优缺点有哪些？
    - _____ 智商
    - _____ 创造力
    - _____ 组织能力
    - _____ 策划能力
    - _____ 分析能力
    - _____ 推理能力
    - _____ 评判能力
- 你在交流沟通方面的优缺点有哪些？
    - _____ 口语交流技能
    - _____ 书面交流技能
    - _____ 新媒体技能
    - _____ 倾听的技巧
    - _____ 人际关系技巧
    - _____ 社交技能
    - _____ 与下属、同事以及上级的关系
- 你曾经取得的成绩和遭遇的失败有哪些？
    - _____ 学业
    - _____ 课外活动和爱好
    - _____ 工作
    - _____ 专业
    - _____ 目标及其实现
- 你专业方面的优缺点有哪些？
    - _____ 正规教育
    - _____ 非正规教育
    - _____ 培训
    - _____ 经验
    - _____ 技能
- 在一家公司或者一个职位上你想扮演什么角色，做什么工作？
    - _____ 职责
    - _____ 独立性
    - _____ 权威
    - _____ 声誉
    - _____ 与人沟通
    - _____ 安全保卫机构
    - _____ 工作的多样性
    - _____ 薪水

> 关注你的优点和缺点。

_____ 工作种类　　　_____ 利益回报
　　_____ 决策
- 你最重要的需求是什么？
　　_____ 家庭　　　　　_____ 闲暇时间
　　_____ 收入　　　　　_____ 消遣活动
　　_____ 财产　　　　　_____ 成就感
　　_____ 地理位置
- 你事业的兴趣是什么？
　　_____ 短期目标　　　_____ 自我成长
　　_____ 长期目标　　　_____ 同行认同
　　_____ 自我提高
- 你对自己的专业领域有成熟的现实的洞察力吗？
　　_____ 历史　　　　　_____ 发展
　　_____ 趋势　　　　　_____ 专业化
　　_____ 行业挑战　　　_____ 当下存在的问题
　　_____ 未来可能出现的问题
　　_____ 基础教育/培训　_____ 主要经历
　　_____ 就业前景

　　当你全面而又诚实地回答完这些问题后，你应该能够了解你是谁，你有资格做什么，你喜欢做什么以及你生活的目标与意义。总之，通过以上问题，你便可以"明晰自己与其他竞争者的区别"，如此，你就能将自我的特性展现于简历、求职信和面试中。[2]

> 过去，你为什么做决定？又是怎样做决定的？

准备工作

　　研究自己的职业领域、将要应聘的公司和职位、目前的形势和面试的程序，这些是求职访谈的第二步。高管招聘师埃里克·拉尔森（Eric Larson）说："准备充足总没有错。"[3] 职业生涯与工作研究课题的权威人士埃里森·格林（Alison Green）写道："面试没有所谓80%的成功概率，只有当你全面充分地准备，你才能取得好成绩。准备充足同时可以让你感到放松，避免紧张。"[4]

了解你的行业

　　全面了解你即将从事的行业的情况，包括此行业过去和未来的发展趋势，对这个行业有一个成熟且客观的认识，了解人们日常的工作内容。

> 熟知自己的行业对选择目标公司和求职计划非常关键。

你一定不想在上岗的第一天发现你并不喜欢这份工作，实习、参加的合作项目协议、从事的兼职、访问、随同工作以及志愿者的经历都是全面了解某一行业的捷径。每一个规模庞大的职业领域都有其相应的出版物资源和网络资料供你参考，例如从代理和广告到视觉艺术和写作，你只需谷歌一下便一目了然：

Career.org

CareerOne-Stop

Campus Explorer

AOL.Jobs

Peterson's Job Opportunities

Occupational Outlook Handbook

WetFeet.com

Vault.com

> 准备工作将赋予你深刻回答问题和提出问题的能力。

老板都希望应聘者能够清楚地明了自己为什么选择那个特定的职业领域，并以积极的态度对待该领域。同时希望应聘者明确知道自己选择做这一行的原因，并且能够意识到此职位在本行业内的机遇与局限。同时，他们还希望应聘者能够熟悉机构组织的生活。

了解招聘职位

> 你到底有多适合这个岗位？

一旦你确定了行业内你所要应聘的职位，你便要尽一切努力了解你所应征职位的情况，认真查看工作描述，判断自己与此岗位的契合度，其中包括职责，任务，必需的技能，对教育、培训和经验的要求，管理监督的方式，发展潜力，出差的数量，工作所在地，企业文化，保险，年终分红，培训项目，工资和佣金，变换职位的相关政策和可能性，新雇人员比率，同事，开始工作的日期，等等。你不必完美契合所应聘岗位，但必须有能力胜任其工作，如岗位要求三至五年的工作经验，而你只有一年的相关工作经历但却非常出色，你同样可以积极尝试与争取。如你是建筑施工技术专业而招聘岗位是土木工程，你亦可碰碰运气。另一方面，如果招聘启事注明需要社会工作专业及其相关经验，而你的专业是英语，且工作经验限于出版社，诸如此类情况就别再浪费你和招聘方的时间了。如果你没打算从密西根上半岛千里迢迢来到波士顿工作，那么也请你主动放弃。埃里森•格林建议可以通过"自身模拟该岗位的工作状态"[5]来对你所要应聘的职位做充足的了解，对应聘岗位全面充分的理解会使你在面试时的回答更有效率，同时可以保证在招聘方抛出橄榄枝时，你可以提出有意义的问题。

研究聘用单位

你需要了解聘用单位的一切信息。如今的网络时代改变了过去费时耗力的大量工作，公司不论规模大小，都会有官方网址，例如，如果你想了解沃巴什国营公司里的某个你感兴趣的职位，你只需登录该公司的官方网站，鼠标轻点几下便可获取诸如职业生涯、投资者、公司历史、前景、使命、企业价值观、产品、地理位置、企业新闻、最新动态以及相关信息等。只有在仔细调查研究的基础上，你才能够从容回答面试中两个无法回避的问题，"你有多了解我们？""你为什么要为我们工作？"

其他资源可以使你更加深入地了解聘用单位，这些资源一般不会出现在公司网页里，例如，裁员计划、潜在并购、财政状况、行业声誉、近期挫折和企业文化。你可以与现在或曾经就职于该公司的员工、客户、教授、朋友以及亲属交谈。查阅报刊文章、行业期刊讨论或市和校图书馆。附一些具有价值的资源：美国商业光盘、邓白氏电子商业名录、胡佛在线商业信息直通车、标准普尔公司名录以及托马斯美国制造商名录。

提前熟悉了解目标公司的相关信息非常重要。对于面试时的开场提问，如"你有多了解我们？"糟糕的回答会直接导致面试失败。对招聘职位和公司机构一知半解是面试官拒绝求职者的主要原因。一项调查显示，188名面试官中，68%认为"研究了解目标公司和应聘职位是准备面试过程中非常重要的步骤。""对目标公司和应聘职位缺乏清晰认识"是面试失败33种原因中首当其冲的。[6]

> 提前做好对应聘机构的研究工作将帮助你高效率回答关键问题。

调查招聘者

如果可能，请提前确认招聘者的身份，从你的朋友、同事、教授、个人就业指导中心、面试单位和诸如人际关系网和微博这类社交媒体上获取大量招聘者个人和专业信息，比如他们的职位、专业背景、工作单位、性格和面试特点。招聘者可能对幽默不感冒，可能来自不同文化背景，或者是个工作狂。这些信息有助于你在面试前提前了解招聘者。如果招聘者是工作狂，你就应明智地避开闲聊、冗谈和幽默。

> 尽可能提前掌握招聘者的情况。

现状考察

紧跟时代潮流，知晓在这个世界上正在发生什么。在美国，《新闻周刊》《时代》《商业周刊》《财富》《华尔街日报》以及网络新闻都是很好的消息来源，它们告诉你这个世界的发展和变化。招聘者都希望应聘者成熟而富有经验，知道相关领域在本地、国内以及国外的最新发展，对于一些重大问题已经形成了理智并且颇有见地的看法。

熟知与求职单位、行业和职业生涯相关的现状、变化、发展、研究和并购信息。如果你愿意成为一名高中音乐老师，就必须对现如今在多个州进行的教育改革保持敏感，由于州政府财政预算问题，音乐课程排课量减少，流行乐队、管弦乐队和合唱团数量也随之减少。如果你有意进入医药业，就必须了解新式药品、前景研究以及有关新药品和价格的争议。如果你打算去海外工作，例如印度或希腊，就必须了解其与本国之间的国家关系、文化差异、生活成本以及影响海外员工的政策法规。

> 时刻与世界保持同步，知道行业信息以及这个世界正在发生怎样的变化。

了解面试程序

尽你所能发现招聘面试的过程中可能发生的情况，其目的在于避免发生错误和意外，或者至少将错误和意外发生率降到最低。开始研究之前，先回顾一下第七章关于招聘式访谈的内容，然后再与同行交流。他们可以是最近刚参加过招聘面试的同行，也可以是经常参加面试，掌握行业最新情况的专家，还可以是招聘人员。互联网可以就面试的方方面面提供充分的信息和观点。可以提出诸如下列问题："为一场面试，我能做的最重要的准备是什么？""外在有多重要？""招聘者会问怎样的问题？""招聘者期待怎样的回答？""招聘者会提供哪些关于公司以及公司招聘会的信息？""我应该问哪类问题？""实训面试与筛选性面试有何区别？"

> 不要只依赖单一信息源了解面试情况。

当你倾注精力到招聘过程中时，你要意识到引导一场面试是没有标准套路的。如果你与四五名招聘者交谈，即使他们来自同一组织，你还是像在经历四五场面试一样。学生们经常问，为什么我们不将一位面试者带到课堂"向我们展示面试到底是如何进行的"。我们的回答始终没有变过：要展示面试是怎样进行的，需要数名招聘者，而非一名。有些招聘者是进行基于行为的面试，有些则不是。有些招聘者是进行结构高度缜密的面试，有些也不是。有些招聘者提出探究性问题以寻求答案。还有些招聘者向应试者提供组织以及职位的额外信息，有些却不会介绍任何信息。还有些招聘者会提供数十分钟让应试者提问，而另外一些则不会。你的目标应该是在面试中处变不惊，以不变应万变。

> 诚信是所有职位的基本要求。

正如我们在第七章谈论的，招聘者对应试者持续关注就是为了判断应试者的**诚实程度**。一名有着高学历、高素质、高能力却不忠实、不道德、不真诚的雇员很快会成为损害组织利益的人。招聘人员可能会对你进行口头或笔头的诚实测试。这类测试是专为检测或引导你自行检测（在家拿支铅笔和一些纸张测试，再用打印机墨盒或笔记本电脑测试，将二者的测试结果进行对比）你的诚实程度而设计的。招聘人员可能会组织一场**考验诚实度的面试**或者将问题纳入面试中以检验应试者的诚实程度。一个重要的原则就是对于面试之前的所有材料（申请表、求职信、履历），你都要诚实填写，而且面试过程中的每个答案都要是诚实的。任何不诚实或模棱两可的痕迹都可能会导致面试失败。

你对于面试过程所做的研究可能会产生意想不到的结果。例如，最近的研究表明面试案例中50%的"言语行为"都是陈述性表达而非提出问题或给出答案。大多数面试官都未受过面试培训。一项研究调查了49场面试，其中10场面试都没有给应试者提供提问的机会。招聘人员越来越将面试视为检验工作能力的机会，并注重应试者表现出的职场行为。你能做这项工作吗？你会做这份工作吗？你能多好地适应组织呢？经济萧条往往导致高失业率，一项惊人的研究结果就是老板发现找到足以胜任公司职位的雇员是非常困难的。在美国，有资历的雇员的短缺率从2010年的14%上升到2011年的52%。[7]

> 期待惊喜。

就业研究指导

现在你已经进行了自我分析并完成了相关研究，可以开始着手寻找特定机构的特定岗位。不要忽视任何有助于为你提供契合简历和兴趣的面试机会的资源。

人际网络

大多人力资源主管表示他们凭借口头交流定位应聘者，因此**人际网络**也就成了定位职位的最好途径。一项研究调查显示41%到80%的求职者通过人际网找到了工作。[8] 那么要如何开始构建自己的人际网呢？

首先你需要绘制一张主要联系人的**人际网树状图**。这些人可以是你的亲属、朋友、同事、熟人、邻居、伙伴、前雇主、实习单位主管、老师、教授、校友和教堂或健身房认识的朋友，写下每个人的电话号码（固话和手机）、邮箱和电邮地址。现在开始绘制树状图的分枝，即那些私交外的人际网：朋友的朋友或和朋友有联系的人际网络，例如最好朋友的老板、前室友的配偶、你的牙医的邻居，还有退伍老兵组织的成员。在你着手开始求职时，继续扩展你的人际网络树状图，删除那些没有联系的人际网。

> 舍弃树状图中没有发展潜能的名字。

当你合理扩展了人际网络树状图后，重新建构自己的社交网，直接联系树状图上出现的人，不要急于道出向其求助的目的，而应和对方打趣地交谈，其间描述你的境况和目标，强调你未来的职业方向而

> 维系并更新你的人脉。

非过去和当下。将你的求助信息具体化，如"我正在寻找一份高档餐厅经理的职位。"而非"我正在找工作，你有什么好的推荐吗？"此类泛泛之谈。在你获得有价值的信息后，写下完整信息，包括岗位、机构以及联络人的电话以了解信息提供者的身份，并且要询问是否方便使用联络者的姓名。联络人可能对你获取有价值信息大有裨益。如果联络者没有提供有价值的信息，向其询问是否有可以提供就业机会的其他人脉资源，并将这些人脉绘制在人际网树状图上。

确保维系你的人际网络，可以向别人提供你的简历，寻求关于求职的建议和帮助，但不要苛求别人能给你工作。保持人脉网，随时让其知晓你在做什么以及你所取得的进展。接收他们从求职单位转接的电话和转寄的电子邮件，告知他们你被录取和你接受录取入职的具体时间。一定对其给予的帮助表示感谢并愿意为人际网中的其他人提供就业帮助。人际网络互惠互利。

社交媒体

> 社交媒体会拓展你的人际网络。

人际关系网、脸书和微博这类社交媒体的广泛使用使得传统网络与在线网络的界限越来越模糊。[9]例如，你可以在线联系朋友并且与朋友面对面谈论你找工作的事情。你可以在网上发布信息，通过已有的人际网络和电子网络找工作，让他们知晓你在找工作以及你想找的工作类型。你可以在社交媒体上制作和发布简历，时刻更新你的求职状态，与过去的人取得联系，并结识不认识的人。在人际关系网上，你可以添加职业标题，例如："咨询师"或者"在线老师"。亚力克西斯·格兰特（Alexis Grant），在一个名为 MONEY 的帖子里发表了一篇《求职过程中使用社交媒体的十种方法》的文章，在文章中他建议要通过微信平台加入公司聊天平台以获取时刻更新的公司信息，建立有用的联系，并展示你的专业知识。[10]

虽然求职者中超过一半的人表示更倾向于在脸书上找工作，并且准备用社交媒体核实组织、职位和招聘者信息，但是当潜在的招聘者要求他们提供 Facebook 密码或博客网站时，他们却含糊其词。他们希望运用社交媒体的同时保护自己的隐私。[11]但是找工作的人不可能兼顾二者。潜在的雇主会更多地分析你对社交媒体的使用情况，如：脸书、"我的空间"在线社交网络、博客、人际关系网和交友网的使用。你可能对与他人分享的信息感到安全和放心——游手好闲的记录、聚会醉酒的记录、性暴露照片、随意的语言、性骚扰方面的吹嘘以及酒后恶作剧——显然，招聘者们不会面试这类人或者说可以很容易就排除这类人。有资料提醒："有的网站看起来保留时间短暂，但是可能某晚你随意发布的信息就会永远存在于这个网站。"[12]

招聘者们关注的是你能在多大程度上适应他们公司的文化，熟练地完成你的工作，并且在公众面前呈现公司的积极形象。一项由普渡大学的金伯莉·谢伊（Kimberly Shea）和吉尔·韦斯利（Jill Wesley）进行的一项研究发现，超过三分之一的面试官总是会上网搜寻求职者的个人信息。接近一半的人通过某种技术筛选应试者，其中75%的情况表明他们的发现结果会影响他们的决定，其中又有50%的决定是消极的。[13] 其他组织则雇用大学生和实习生搜索同龄人用得最多的网站。谢伊和韦斯利强烈建议求职者在上传图片和故事前要三思，而且要问自己："你乐意与你的爷爷奶奶分享你的网址/博客/脸书档案吗？"

> 谨慎使用社交媒体。

网站、分类广告以及时事通讯

几乎每个机构都有网站，并且网站都包括招聘岗位的信息。你需要做的就是找出你感兴趣的工作并且查询相关网站。许多机构在当地报纸、区域性报纸及全国报纸上刊登分类广告。这类广告不仅吸引求职者们，而且满足平等就业委员会的要求，即：岗位可以被所有感兴趣或能胜任的人知晓。你不仅要加入协会以彰显你的专业身份，帮您跟进行业最新动态，并且这些机构印刷或在线发布的时事信息可以为你所用。许多信息都列出了你的招聘职位。

> 不要忽略任何资源。

网络资源

在完成你的教育或者培训之后，选择一个你感兴趣的职业。选择至少三个网站进行搜索，查找你心仪的职位、单位所在地、招聘的组织机构以及职位本身的特质。你可以在以下网站里查找。它们是：Job Hunt（http://www.job-hunt.org），CareerBuilder Center（http://www.careerbuilder.com）以及 MonsterTrak（http://www.monstertrak.com）。在搜集完上述基本的信息之后，做决定去应聘某个职位之前，你要列出一系列面试中可能出现的问题，并作答。

就业中心及求职机构

几乎每所大学都有就业指导中心免费为所有学生提供就业机会，同样也为校友提供就业机会。你所在的大学就业指导中心可以帮你判断哪些职业最符合你的兴趣、教育背景和经历。它还能够为你做网上研究提供充足的与机构相关的材料和建议。咨询师会帮你制作适合你职业兴趣和资历的履历，并辅助你有效书写求职信。最重要的可能就是，就业指导中心可以提供多种行业的面试机会。为了省去学生的经济和时间花费，这类面试有些会在你的校内举行。

> 你的大学是一个藏宝库。

有数以百计的求职机构，有时特指猎头公司，可以帮助你找到职位并安排面试。[14] 有些机构专职于具体的工作岗位，比如：医疗、教学、管理、交际、工程以及政府岗位。当你与代理机构签约，这家机构就"成了你的诉讼人，并且'代表你'"——这一关系从你申请工作到按要求制作简历都有效。¹⁵ 求职机构也能完成与大学就业指导中心相似的任务。

> 如果听起来特别像真的，那么它可能就是真的。

收费职业介绍所会帮你安置一个职位，但是要付费。付费标准通常是如果他们帮助你成功地找到了一份工作，他们会收取你第一年工资的百分之一作为费用。大多数求职机构都提供无偿**付费职位**，这就是说求职机构保留这些职位，并付费寻找优秀的求职者，你不用付费。如果你通过收费机构找工作，就要警惕这些机构可能会向你索取登记费以验证你的证书。大多数机构拥有职业道德，并且想为客户寻找很棒的职位，但是他们也会适度地撒谎。如果求职机构在事前就向你索取大笔费用，只为了验证你的简历或者声称要为几乎所有的求职者安排高薪职位，你可以再找其他机构了。要警惕那些想为你制作录像带或者其他高费用证书的求职机构。

招聘会

> 知晓如何充分发掘招聘会的作用。

校园、当地商场或市区周边的招聘会是与众多公司机构接触，发现空缺职位，扩展人际网，进行点对点、面对面面试的绝佳机会。有些招聘会针对专业领域，如医疗、航空、工程、农业、文学、教育或制药。一些规模较大的机构或政府部门可能会有自己独办的招聘会。还有一些招聘会会限制特定人群参加，如退伍老兵或那些近期由于公司关闭分支机构而失业的人。

参加招聘会要做好充分准备。众多资源可供你参考，例如，弗吉尼亚理工学院学生处展示了"如何准备参加招聘会"的相关优质资源，¹⁶ 以帮助学生解决如下问题和疑惑："我是否应该前去参加招聘会？""为什么要去？""参加招聘会前的注意事项。""招聘会中的小贴士。""如何在招聘会上取得成功？""如果我还没有准备好去找工作，我该怎么办？"下面提供一些参考。

确定并清楚自己的职业目标，想与谁交流以及在你的职业生涯中你想要得到什么，否则你和面试官都在浪费各自的时间。面试官希望你能有清晰的职业焦点或目标。艾莉森·道尔（Allison Doylle）建议应当准备一段一分钟的陈述，强调你的优势、目标和你将来想进入公司的具体部门。

参加招聘会着装应规范专业，简历应有复印件并随身携带。提前对招聘会现场进行勘察，记录下到场人员、地点和机构组织的标识，留意这些招聘单位是在开幕当天前来招募人员还是仅仅在此登录其机构信息。[18] 收集打印好的招聘资料，边走边听，注意观察，试着问自己，你想为这家机构服务吗？你是否能胜任其所提供的职务？如果答案是否定的，就不要浪费双方的时间了。

当你与面试官面对面时，要明白此时此刻他正快速打量你的言行举止。努力做到自信、热情和冷静。"你们能提供什么样的职位？"此类糟糕的问题要避免。当被问及个人清晰的职业目标和想要获得的回报时，你回答"一份工作"，这可能是一种幽默，但是面试官会马上予以拒绝。[19]

如果你附近有招聘会或你想扩大搜索范围的话，可以上网搜索以寻找国内的招聘会。

如果招聘会地址太远，无法前往，可以考虑线上招聘会。领英（Unisfair）集团的唐·贝斯特（Don Best）写道："线上招聘会和普通的招聘会并无不同，只是没有真实的空间感罢了，你会体验与现场招聘会不同的交谈方式。"[20] 即使你与面试官交流的方式是文本形式，也要按照面对面方式的流程准备线上招聘会。做好充分准备，及时给面试官留下好印象，确保文本没有语法和拼写错误。对问题的回答要全面，同时你的提问要机智、深刻。

上门求职

如果你的环境里没有广告招聘，你可能会用老办法寻找工作，那就是上门求职。例如，如果你在寻找一份广播杂志、销售员、医疗、教学或者园林设计方面的职位，那么就选出一家感兴趣的机构。这家机构可能需要单一性人才或者能够立即为公司产品或服务带来效益的人。招聘机构总是在寻找杰出的、经验丰富的员工。登门拜访吧！要明确你在寻找的职位类型，你能够为公司提供什么，以及你的专长是什么。一些组织也许不能立即给你安排职位，但晚些时候一定会安排。至少这类机构可以使你参加一些行业招聘会，并把你介绍给行内朋友。这些朋友也就成了你的人际网络的一部分。要持之以恒！几乎所有的招聘人员都有一段关于一位求职者的故事。一位求职者不断登门拜访，最终这位招聘人员对这位求职者持之以恒的精神和文凭留下了深刻印象，并为这位求职者提供了机会发挥其毅力和能力。

> 申请所有职位都用一份简历是行不通的。

> 登门拜访是有用的。

向招聘者展示自我

到目前为止，对于你职业规划的研究应该到了以下阶段。你应该已经了解自身情况、行情、求职公司情况、招聘者信息以及去哪儿找工作等信息。

事实上，你一直在为应聘作准备，现在是时候向潜在雇主展示自我了。不是通过面对面交流的方式，而是通过社交媒体、履历、档案和求职信来创建个人身份。

品牌化

> 你的品牌使你独一无二。

品牌化不仅是 21 世纪初的术语，而且还指你通过社交媒体向潜在雇主留下的精心策划的形象。品牌化的目的就在于让你区别于数以百计的其他人，那些与你的专业相同，有着同样的专业经验和兴趣的毕业生。你必须向招聘者展示，而不是只用言语说明为什么你有价值。你的"品牌"强调的是你的才能、强项以及专业能力，它们让你独树一帜并且能迎合你雇主的需求。[21] 正如畅销书《我 2.0：四步成就你的未来》的作者丹·斯柯伯尔（Dan Schawbel）所言："个人品牌化就是一个将你拥有的特殊才能和市场所需的才能展现出来，然后将你的价值发挥用处的过程。"[22] 于是，你的名牌就是"你的精华所在，以及你出现在目前的和未来的雇主面前必须呈现的最佳状态。"[23] 你必须表现出对事业的热情，强调你的强项，以及说明你的短期目标和长期目标。斯柯伯尔建议："在网络上展示你良好的个人形象，并将其定位在你真正热爱的工作上。"

> 招聘者们会做在线调查工作。

在本章的前半部分，我们重点谈论了社交媒体对建立人际网络和寻找职位的重要性，我们也提醒了社交媒体可能带来的负面影响。现在，我们该强调一下利用社交媒体的好处了。成就事业公司（Career Owner）的拥有者芭芭拉·斯蒂芬妮（Barbara Stefani）在其书中写道："超过 90% 的招聘者在做出雇佣决定前会对求职者进行网上调查，而且超过半数的招聘者会根据求职者的网络社交表现强化他们的决定。"[24] 品牌化资源激励了求职者们通过创建个人网页、开通博客、利用视频表现自我、更新网络状态，以及在线交流工作或者事业兴趣，进而拓展和加强他们的网上存在感。通过回答问题、回帖以及发帖，分享关于时事趋势和新闻的观点。如果你对建立网上资料没什么经验，有许多资源，比如 Brand-Youself.com，可以为你提供帮助。[25]

简历

准备一份完美的简历会帮助你在线上线下都得到许多关注，以至于你可能会相信一份简历就像是一颗魔法子弹，会带你找到事业或者帮你把事业走得更远。请等一下！投简历的唯一目的就是获取更多面试，并且最终找到工作。要注意一份完美的简历是几乎不存在的。如果你想以一应百，你找到工作的可能性就很小了。简历专家们存在共识：你的简历必须符合该工作的专业术语规范，还要满足雇主的要求。[26]

你的简历对你来说就是一名无言的推销代表，而且这通常是一次让潜在雇主必须见你的机会。大多数雇主只会花费数十秒浏览你发的简历。因此，你的简历必须为你留下并维持一个正面的印象，才能鼓励他们花更长时间阅读你的简历。当招聘职位特殊或者专业性很强时，好的简历留下的印象最深。詹姆斯·坎皮恩（James Campion）建议求职者：如果想获得这份职位，就要"像老板一样思考"。[27] 你会雇你自己吗？

简历内容

尽管对于简历的具体内容包括什么、不包括什么以及形式如何的看法有很大争议，但是网上及公共资源还是不缺声称提供"优秀简历"或"完美简历"的。理查德·波利斯（Richard Billes）的知名作品《你的降落伞是什么颜色》每年更新一次。他声称收集各类履历，并跟他的雇主朋友们展示。他们表示这类优等简历以及完美简历并不会为任何人争取到一份工作。[28] 对于脑海里存在多种偏见的人，我们就会提供适用于多种情况的建议。当然，不要忘记每份工作都需要你按要求制作简历。适用于一家公司或一份职业的要求可能完全不适用于另一家公司或另一个职位。换句话说，要量体裁衣。

联系信息：将你的全名置于整页顶部的中央，字体要大于简历中的其他内容并加粗，不要用昵称。提供一两个邮件地址，并附上邮政编码。还要提供一个你经常登录的邮箱地址。提供一个固定电话的联系方式，并附上区号，还要提供手机号。这样做的目的在于为招聘者快速地联系上你提供方便。除非你想做喜剧演员，否则不要把你的回复设置得愚蠢、不成熟。如果你提供的是在校联系方式，要注明可用期限。为需要此类信息的潜在招聘人员列出你的公务电话号码。

职业重心：创建你的独一无二的品牌不是只能在网上。你对职业重心的描述是利用品牌快速吸引雇主的理想手段。职业重心描述有时是在标签简介、专业概述、专业背景、专业总结、资历总结、事业目标或者

让面试人员容易找到你。

描述事业目标时要措辞严谨。

让你的履历有针对性。

帮助招聘者找到你。

让你的职业重心可调配。

简化目标中呈现。由于招聘者很可能只会花几十秒浏览你的简历，你必须通过设计标题来强调你就是他们寻找的人，以鼓励他们更多地阅读你的简历，使你脱颖而出。一些专业人士建议简历不要包括传统简历模板中的"目标"，因为那只会突出你想要的，而不是招聘者想要的。忽略标签类信息，成功的关键在于强调招聘者需求而非个人目标。[29]

> 不要在简历中夸大其词。

简历要简单化，但要包括招聘广告中的关键字。例如，如果一则庭园设计的招聘广告要求应试者有庭园建筑文凭，强调住宅建设、城市房地产开发，你的简历就应该突出你符合这方面要求、受过相应培训并且有此类工作经验。不要运用广告商那些听起来很厉害但没有意义的陈词滥调。避免用老掉牙的描述，比如："我擅长与他人合作""我的人际交往的能力很强""我擅长解决问题""我积极性很高"，以及"我会付出110%的努力"。[30] 陈词滥调会将你的简历置于死地。要记住，简历的其余内容必须符合你在职业重心板块的关键字描述。

> 你的教育背景对你的第一个职位来说非常重要。

教育背景和培训情况：如果你正处于完成学业或培训的过程中，或者最近刚刚完成，你的工作经验很少或者经验与工作无关，那么你的教育背景通常是紧随其后的重要因素。一项由约翰·坎宁安（John Cunningham）经手的关于188名大学招聘者的调查显示：57%的人更喜欢把教育背景列在简历的第一位，即使大学生应聘者有着相当不错的工作经验也是如此。[31] 调查结果重点强调了你的教育背景和受训情况在多大程度上符合你所寻找的这一职位。以**时间倒序的方式**排列你的学位和培训经历，这样招聘者就可以清楚地知道你最近已经完成了什么，你目前正在做什么。如果你不能完整准确地说明你的学校的名称（很多大学有多个学院或者多所大学名字相同）、主修和辅修专业，那么你应该列出你的学位、毕业证、证书、毕业日期、学校及其地址。如果你缺乏相关的经验，你可以列出与应聘职位相关的可供选择的课程。如果你在校时的成绩良好或者更优，那么你要写上你的平均分（GPA）并标明你所在学校的计分体制，例如：3.35（总绩点为4.0）或者3.35/4.0。课程、专业以及学位都不要使用缩写，因为招聘者可能不知道 Eng. 是代表英语（English）还是工程（Engineering）。

> 相关的工作经验可以使你从人群中脱颖而出。

> 强调与职位相关的工作经验。

与职位相关的工作经验：简历的下一项内容要展现与该公司职位相关的工作经验。一项研究表明，88%的招聘者认为工作经历非常重要，或者说重要性高于一般考核因素。[32] 如果你很年轻并且刚刚完成学业或培训，你的工作经历可能有限，但是你应该拥有可以展示的相关经验。你所在的大学、实习机构、研究或教学辅导员工作以及志愿者活动都应该有合作项目。例如，如果你在找一份建筑行业的工作，那么一份仁人家园（多伦多人道建屋计划）的建筑工作或者一个为穷人、老人重新修建住所的项目经验会让人印象深刻。上述引用的研究结果表明招聘者认为以下经历非常重要,或者说比一般考核因素更为重要,其中,学生组织中的领导职位占86%,志愿者、社区服务的经历占58%。所有组织机构都青睐有领导能力的人和实干家,因此你的简历便脱颖而出。

社会或学校活动:如果你在某一行业或者多个领域有多年工作经验,列出你的工作经历,或者教育背景/培训经验。在此之后,你需要列出你参加过的社会或学校活动。这类活动主要包括大学活动、专业相关的活动、社区活动和小组活动等,要会选择重点,并不断更新你的简历。高中的校园活动当然不包含在大学毕业生和大学组织之内。而且一旦你有了工作经验,这类活动经历在简历中就会被排除。让招聘者更感兴趣的是有执行力的人而不是活跃分子,因此,一长串与领导职位无关的活动经历反而会给招聘者留下不好的印象。这类组织包括荣誉组织、专业组织或职前培训机构(例如美国公共关系学生协会)。对于招聘者可能不熟悉的组织要做一个简短的描述。

> 招聘者寻找的是领导型人才。

志愿者经历:如果你有很棒的志愿者经历,这些经历可能与申请的职位关系不大,但是可以向招聘者展示你的一些重要信息,你可以将这类经历列为简历的一个板块。如果重要性很小,就将其列为活动板块的一部分。

> 只提供相关的信息。

有一些内容不能出现在你的简历当中。不要列参考资料。如果需要,招聘者会告知你附上的。不要有个人信息(种族、年龄、婚姻状况、父母状况、健康情况或者残疾状况、身高和体重)、照片、政治状况、宗教信仰和民族活动等信息。如果招聘者保留或利用这些信息,可能会导致违反《平等雇佣法》问题。即使你这样做了,你也没有违法,但你提供的是不符合职业资格(BFOQ)的信息。

简历的类型

简历类型主要有两种:年表型简历和职能型简历。如果你正在制作年表型简历,一种最常见的简历,你要用**时间倒序的方式**列出你所有的工作经历(包括实习经历、合作组织的经历、助理经历、无薪的工作经历和参加组织活动的经历),以便招聘者快速地知晓你目前的状况。具体情况请参看图8.1年表型简历。在其中列出你曾经工作的单位、职位头衔或职位、工作时间以及工作内容。强调与应聘职位最相关的技能和经历。招聘者首先关注的就是求职者的成就或成功之处。而年表型简历容易组织、填写,又强调了相关经验和技能并且容易阅读,因此深受招聘者喜爱。

图 8.1 年表型简历

南希·A. 麦克威廉姆斯
1214 枫叶大道
谢尔比维尔街道，46176
（317）226-3499/（317）413-2679
namcwilliams@hotmail.com

工作目标：	管理家庭事务，服务对象是需要此类服务的家庭或孩子
教育背景：	**印第安纳大学、普渡大学** （2010年8月至今） 社会工作学位 辅修心理学 平均绩点：总分 3.17/4.0 主修 3.4/4.0
工作或实习经历：	法庭指定儿童特殊照顾中心（CASA） 2012年9月至今 印第安纳州玛丽安县 ● 孩子教育的代理父母 ● 与 DCS 的家庭事务经理共事 ● 担任孩子父母的法庭条款顾问 ● 在儿童服务中心（CHINS）工作 ● 担任学校和心理顾问咨询师 ● 作为青少年法庭旁听撰写报告 2010年6月至2012年8月在印第安纳州平原镇的妇女危机中心做志愿者 ● 登记前往救助中心的妇女名单 ● 为救助中心的儿童组织活动 ● 从晚8点到第二天中午12点维持中心秩序 2009年、2010年、2011年和2012年在印第安纳州贝茨维尔的 Bar Q 农场工作 ● 为有特殊需要的孩子担任马匹治疗师 ● 制定有针对性的课程以让孩子们学习和放松 ● 指导孩子骑马
社会或学校活动：	2012年至今担任社会工作学生协会副主席和主席一职 ● 计划学生活动 ● 举行月度会议 ● 协调年度资金赞助人

如果你正在做**职能型简历**，此类型简历适用于创新型以及那些对于文书要求很高的岗位，在标题栏下写明自己的工作经历，强调自己对于此岗位的任职资格（参见图 8.2）。你可以使用以下典型的小标题：管理、销售、广告、培训、行动计划、团队建设、企业发展、招聘、财政、教授、行政、监督、项目经理和市场。在每个表示职责的小标题下面，你可以列出与之相关的岗位、实习和企业公司的具体内容。当你以往的实习岗位与所应聘的职位无直接关联时，这些信息会让招聘人员眼前一亮。

在职能型简历里，你可以列出组织名称或者在经历栏里的主标题下列出这些单位名称，或者将这些信息与你的工作技能与经验一同呈现。这些信息可以突出你的事业心、沟通技巧、与人合作的能力、工作原则和领导能力，同时证明你有较广的专业知识面。

图 8.2 中的职能型简历简练明了，此类型简历多用于强调工作经历，对于面试官来说搜索其目标信息也更轻松。

职能型简历采取有的放矢的策略，聚焦于应聘者的相关技能，而对经历以及其他与应聘者职位不太相关的教育和工作背景不太看重。同样的工作技能和经验也不因为你曾从事的职位而重复提到，因此这类简历比较紧凑、简洁。许多面试官不喜欢职能型简历，因为此类型简历均不标注接受教育和培训，或者更为重要的工作经历的具体日期。此外，此类简历让面试官无法了解与求职者在面试过程中的沟通瓶颈，从而导致沟通障碍。年表型简历同样易于阅读查看。还有一些简历混合了职能型和年表型简历的特点。

> 选择最适合自己的简历类型。

图 8.2　职能型简历

南希·A. 麦克威廉姆斯
1214 枫叶大道
谢尔比维尔街道，46176
（317）226-3499/（317）413-2679
namcwilliams@hotmail.com

工作目标： 管理家庭事务，服务对象是需要此类服务的家庭或孩子
教育背景： 印第安纳大学、普渡大学
（2010 年 8 月至今）
社会工作学位
辅修心理学
平均绩点：总分 3.17/4.0 主修 3.4/4.0
工作或实习经历： 咨询顾问
● 以学校的课程体系做孩子教育的代理父母
● 与 DCS 的家庭事务经理共事
● 担任学校和心理顾问咨询师
咨询服务
● 担任孩子父母的法庭条款顾问
● 为发生人际关系冲突的女孩提供咨询帮助
● 为有特殊需要的孩子担任马匹治疗师
协调工作
● 为孩子计划筹办活动
● 为女生举办水上运动
● 协调年度资金赞助人
执行工作
● 月度会议
● 妇女救助中心名单登记
● 为孩子制定针对性课程以使其学习与放松
撰写工作
● 为青少年法庭撰写报告
社会或学校活动： 担任社会工作学生协会副主席和主席一职

简历指南

现在不要去想你应该选择什么类型的简历，遵循下列指南制作一份准确、充实、具有说服力的简历。对于一份简历来说，最大的说服力就是要真挚诚恳。

> 重视简历的内容和外观。

诚实是简历最大的说服力：保守估计，六分之一的大学生在简历和申请表上做假，但是一些专家称此比例高达五成。[33] 简历做假内容涵盖工作经历、培训课程、毕业绩点和学位学历。令人感到可悲的是，应聘者谋求的职位越高，其在就业经历、职位头衔、事业责任和工作业绩上做假的可能性就越高，他们会独揽团队成果，编造虚构的雇主。[34] 道德学会总理事迈克尔·约瑟夫森（Michael Josephson）警告称："说谎就像吃薯片，不可能只吃一片。"[35]

> 不诚实是填写简历的大忌。

一些求职者试图掩盖真相，而另一些则认为些许夸大事实能够让他们求职成功并获得上升空间。面试官和伦理学家都认为这种错误的认识会导致将来的苦果。一份资料警告称，"当你在简历上做假时，或许这些谎言永远都无法被察觉，但这些谎言会像定时炸弹一样随时爆炸，给你的职业生涯和个人信誉带来无法挽回的损失。"[36] 斯科特·里夫斯（Scott Reeves）直接写道："真挚诚恳助你成功，虚伪假意致你失败。"[37]

> 小心谨慎地措辞。

谨慎选择措辞：谨慎遴选每一个单词和词组，面试官可能因为简历措辞就立刻将你淘汰。例如，面试官表示下列这些单词和词组毫无意义：可靠的工作业绩、职责、刻苦、目标明确、计划周密和雄心壮志。面试官更偏好如下动词以证明你是一个行动者：

管理	促进	监督
建议	塑造	执行
仲裁	规划	说服
安排	建立	计划
建设	产生	推荐
预算	提高	重新配置
指导	增加	研究
查阅	教授	销售
提议	领导	解决
创造	维持	监管
设计	经营	测试
命令	更改	训练
编辑	协商	更新
消除	运转	撰写

分析　　　组织

当然，所有这些动词必须有实例支持而不只是空谈。

反复校对：校对每个单词和词组的拼写、语法，然后校对每个标点符号。注意那些经常出现却容易被忽视的排印错误。求职和简历撰写专家丹尼尔·洛伦兹（Danielle Lorenz）写道："我敢说面试官一发现简历中的拼写或语法错误便会立即将此人淘汰。"[38] 美国在线（AOL）求职协调员黛布拉·奥尔巴赫（Debra Auerbach）称，当面试官被问及淘汰求职者的原因时，超过六成面试官的回答是简历排印错误。[39] 下面这些错误是让面试官最无法忍受的[40]：

> 细心全面地校对你的简历。

"Ruining an eight-person team."

"I am very interested in the newspaper add for the accounting position."

Under abilities: "Speak English and Spinach."

"I am a very capable proofreader."

"Deetail-oriented."

别让电脑代替人工校对。如果你不擅长校对，向擅长的人求助。

认真对待技术性细节：注意简历的样式和版面设计。将简历打印在白色、乳白色或浅褐色的纸上面。注意简历的封装以使其看上去整洁、吸引人、有组织、策划精细且疏朗有致。招聘者不希望看到满格灌的简历，所以每部分的句首要缩进，两部分之间要空两行，在四周留有页边距。另外，要把你的名字写成粗体放在中间顶端的位置，以便凸现出来。用不同的字体标明标题，以免招聘者漏掉重要信息。招聘者也希望你能用粗体圆点把一些重要信息标示出来，这样可以提高他们浏览的效率。如果你填写了两个不同的联系地址，那么你应该把它们分别写在名字下方的两侧。如果你只提供了一个地址，那么把它放在中间或者右端。

> 制作清晰美观的简历。

一页篇幅的简历比较受招聘者欢迎。有时候为了让简历包含更多有价值的信息，两页纸也可以接受。不要将文字浪费在没有价值的信息上。不要为了将简历篇幅控制在一页而使用小字体或窄边距。招聘者更愿看到两页疏朗有致的简历，而非一页满格灌的简历。如果内容太多，你可以考虑把它们写在一张纸的正反两面，以防丢失。但要注意的是你应该在纸的正反两面都标明页码。如果你制作了一份两页纸的简历，那么你要在每一页纸的左上方写上你的名字，右上方写明页码。

简历的内容应当专业。不要在简历中讨人喜好或者天马行空。不要使用草书，也不要在一份简历中使用不同的字体和字号。除非你在应聘一些对创造力有要求的行业职位，如广告、视频制作和图形设计，否则不要使用过分艳丽的颜色或过多的图片。不要将你宠物的照片放在简历里，也不要用可爱的兔子或小猫之类的萌宠来装饰你的简历。不要将你的姓名打印在信函封面以博得面试官的眼球。这些行为都是在求职过程中的愚蠢行为。

可电子扫描的简历

现如今很多公司机构越来越多地使用简历扫描软件以节省时间和成本。如果你了解到一家公司机构需要接受成百上千的简历以寻求空缺职位的合适人选，那么面试官可能就会使用扫描软件来查看你的简历。遵循下面这些适用于可电子扫描的简历的基本技术和措辞规则。

> 电子扫描简历不同于纸质简历。

可电子扫描的简历的**技术规则**极其重要，因为你要确保你的个人简历能够被电子扫描仪完整**读出**。[41] 使用黑色墨水和 8.5 英寸规格白纸的单面，不要使用订书钉，页边距最少应留有 1.6 英寸，每行字数应限定在 75 或更少。不要使用文本框或文本栏。使用 11 到 14 字号的字体，过小的字体扫描仪可能无法读出。避免使用花哨的字体，推荐使用 Times Roman Numeral, Arial 和 Times New Roman 这三种字体。尽量不要使用标点符号，因为其可能会对扫描仪产生干扰，但是你可以使用黑体字或全部使用大写字母。不要使用项目符号（实心或中空）、斜体、下划线、图形或在你的姓名字母之间使用空格。

> 电子简历中的关键词及其重要。

尽管技术规则在可电子扫描的简历中非常重要，但**关键词**才是让招聘者决定给你面试机会还是淘汰你的简历的最重要的因素，其中包括与招聘职位相关的词汇，这些词汇能够帮助扫描仪定位招聘者想要从中获取的信息。[42] 由于一些招聘者会依据职业生涯目标将简历分类放入不同职位的文件夹内，所以确保你的职业目标或与空缺职位相关的简况清晰明了。电子求职专家乔伊斯·莱恩·肯尼迪（Joyce Lain Kennedy）建议："关键词越多指向你自己，你在当时、半年或一年后从电子简历数据库中被提拔出来的可能性就越大。"[43] 普渡在线写作实验室（The Purdue Online Writing Lab）建议用名词替换动词以让扫描仪更易识别。例如，将制造改成制造监理，设计改成设计助理，生产改成产品经理，注射制模改成注射制模巡检员。[44] 确保扫描仪能够识别你使用的新词语、标记和名称。下面给出一些例子，告诉你在可扫描的简历里，什么是正确的，什么是错误的：

正确	错误
人力资源	人事

行政助理	秘书
销售合伙人	销售员
信息系统	资料处理
环境服务	家政
会计师	记账员
设备工程	维护
销售内勤	客户关系

> 术语和标记是决定简历能否被扫描的关键。

应聘者掌握的技能达不到招聘者要求的50%或者以上水平，就有很大概率会被淘汰。

现如今很多机构组织正在接受或者要求求职者发送电子简历以节省时间成本，并用以建立求职者的电子档案。确保你的软件系统能将你的简历做得漂亮。一些大学的老师和学生称，有些公司机构要求所有求职者将其简历文件刻录成光盘寄送，纸质文件不予接受。另一方面，许多的公司机构被成百上千不合格的电子简历所淹没，这些简历粗制滥造、刻板生硬且被大量群发，并没有特定机构职位的指向。如无明确告知，请在求职信中注明你申请的职位并强调你与该职位的契合度。面试时带上求职信和简历的复印本。

网络简历

随着互联网融入我们的生活，公司企业也纷纷开设自己的官网，帮助求职者投递简历，寻找职位。网络简历的优势是易于操作，你可以获得与世界范围内众多潜在求职者接触的机会。

> 谨慎使用网络简历服务。

遗憾的是，这种优势很容易被网络上没有道德底线的人所利用，使求职者蒙受金钱与名誉的损失。卡内基梅隆大学（Carnegie Mellon University）的希瑟·加勒（Heather Galler）制作了一套名为"身份守护者"的电脑程序，此程序用以搜索偷窃者们偏好的网上求职素材，如：姓名、地址和社会保险号。当此程序锁定这些信息后，它会自动给偷窃者潜在的锁定目标发送警告。

加勒还提供了如下建议[45]：首先，仔细阅读隐私条款以决定你的简历的有效期以及如何删除你的简历。"如果没有隐私条款，放弃这家公司"。其次，对虚假招聘信息提高警惕，特别是当它们以需要某些背景调查做幌子要求查看你的驾驶证或其他个人信息时，主动要求求职者提供相关证件，证实他们是否属于当地或国家应聘者机构联盟。再者，求职过程中，注册两个电邮地址，使用一部手机，提供邮政信箱作为地址。最后，如果你想要了解你的个人信息是否已经上线，你可以在网页上输入你的姓名和社会保险号的后四位。你提供的信息越多，偷窃者就可以利用间谍软件获取更多你的个人信息。

附加文件

> 作品是最好的工作证明。

如果你的专业是摄影、广告、公共关系、艺术与设计、新闻、建筑或者专业写作，那么你应该在求职资料里附上你的作品或者相关的文件。作品数量不必多，但是质量要高，并全面展示自己。同时，材料的组织不能杂乱无章，你可以按照不同的主题进行整理，使其看上去赏心悦目。任何粘有油迹的、褪色的、做过标记或者褶皱的材料都不应该呈现在招聘者眼前。招聘者想知道你的真实能力，而作品是最好的自我展示方式。

如果你打算进入广播电视业，那么你应该准备一些磁带或者录像带来展示你的语言能力和形象。数量无关紧要，质量才是关键。

一些学院和大学鼓励并要求学生制作可以容纳大量有价值的、紧凑简洁且易用的电子版附加文件。通过查阅电子版附加文件，能够看出应聘者的专业能力。此外，电子版附加文件还可以用以展示应聘者对新技术的掌握程度以及应用能力。

自荐信

> 一封漫无目的的自荐信不会受到重视。

你的自荐信通常是你与应聘者第一次接触的媒介，所以自荐信的内容要真实积极，点睛切题。自荐信的根本目的是引起应聘者的关注并使其阅读你的简历。想要引起应聘者对你自荐信的关注，你就需要通过表现出积极向上的态度和随和易处的个性，来给应聘者留下良好的印象。你必须充满斗志、热情洋溢。而想要使应聘者阅读你的信函，你则需要点明你在受教育程度、岗位培训和工作经验上对于特定岗位契合的兴趣点和能力值。寄送简历一定勿忘附上自荐信。

> 要根据职位要求和单位情况来设计你的自荐信。

自荐信的技术规则：自荐信应简洁明了，篇幅通常为三到四段，不要超过一页。见图 8.3。页边距应留有 1.5 英寸，适当调整信函顶部和底部边缘以适应自荐信的主体页面。如果你觉得一页纸无法将所必需的所有信息展现出来，调整页面边距以保持仍将所有信息呈现在一页纸上。字号可以选择简单易读的 10 号至 12 号。弗吉尼亚理工大学网站建议应当寻找另一个人来阅读你的简历，如果阅读简历的人提及字体的问题，勿忘事后及时修改。[46] 自荐信必须简洁美观，白纸为宜，专业且没有排印、语法、标点或拼写错误。我们新闻专业之前的一名学生申请了一份《辛辛那提问询报》编辑一职，然而却在自荐信中将辛辛那提这个单词拼写错误。最终这名学生应聘失败，并且编辑还愤怒地给这名学生所在学院的院长发送了一封连带学生自荐信原件的邮件。

图 8.3　求职信

> 1214 枫叶大道
> 谢尔比维尔街道，46176
> 2014 年 3 月 14 日
>
> 斯科特·邓普西先生
> 印第安纳儿童服务中心
> 第三大道 1783 号
> 布卢明顿 47404 街
>
> 尊敬的邓普西先生：
>
> 　　为回复贵公司上周网站中登出的 FCM 职位信息，我决定致信一封，我知道受聘之后，我将在 2014 年 6 月 14 日左右赴职。我对此职位十分感兴趣，认为此职位与我个人的职业规划目标、受教育程度和工作经历契合。
>
> 　　我即将于今年 5 月从大学毕业并获得社会工作学位，2009 年在 CASA 工作期间，我与从事 FCM 的同事合作紧密，这使得我能够观察研究他们与孩子以及其父母的工作流程，期间让我意识到了此工作在维系家庭关系时的重要性，孩子们即使失去了家庭也能够在安全和有爱的环境中成长。我相信我在 CASA 的经历、在妇女危机中心充当志愿者的经历以及为儿童提供特殊需求服务的马匹治疗师的经历都使我能够胜任此岗位。
>
> 　　我期待着能够与您面见，并向您展示我的兴趣和在 FCM 职位的履历背景。附件呈上我的个人简历，其中提供更多关于我的岗位资质和工作经历的细节。您可以随时通过电话联系我，或者寄发邮件，只要您时间合适，我随时都可以与您见面。
>
> 此致
> 敬礼！
>
> 　　　　　　　　　　　　　　　　　　　南希·A. 麦克威廉姆斯
>
> 附件：个人简历

自荐信的内容：向特定职位和机构投递内容指向明确的自荐信，千篇一律的信函内容很难打动招聘方。试着将信函寄送给某个特定的负责人，不要将此人的姓名拼写错误。留意对于"先生"或者"女士"称呼的使用。例如，姓氏为 Jordan 或 Chris 的可能是男性也可能是女性。那些"给某个可能关注此事的人"或"亲爱的先生"的信件几乎都石沉大海，杳无音讯。自荐信分三段为宜[47]，第一段解释你写信的原因，阐明你感兴趣的职位和原因。告诉对方你是怎样发现这个职位空缺的，以及你对该单位的了解。第二段通过你的教育、培训、经历、各种身份和参加的活动，说明为什么你是理想的人选。可以参考简历，但不要一味地重复。最后一段再次强调你对于此岗位的热忱，并主动寻求与该机构人力资源部门负责人见面细谈的机会，告诉他们你的时间安排，如有需要可以提供相关附件和额外信息。最后不忘表达你对招聘方的谢意。

> 充分展示出你对该职位的兴趣和热情，否则就不要申请。

留下良好的第一印象

当你进入面试这个环节，请切记：你的**态度**是面试成功与否的关键。[48] 全面的准备是非常必要的。一旦你发觉你对该职位和公司知之甚少，回答一些问题很吃力，或者不知道该问什么问题，那么你的焦虑就会增加，如果你感觉你无法在面试中有很好的表现，那么就选择放弃。

> 不要随便许诺。

将面试当作一次商品的销售过程，你就是那件商品，因此要对自己知根知底。如果你连自己都不能说服，又怎能让招聘者信服？无论是对于你自己，还是你目前和过去的老板、合作伙伴、教授和客户都要持积极、肯定的态度。整个面试过程中要保持专业和克制，不要诋毁他人，也不要谈论别人的隐私。研究表明，良好的**第一印象**可以给招聘者带来积极的影响。招聘者可能会提供给你重要的工作信息，透露招聘单位的情况，缩短面试的时间。[49]

> 要知道何时、怎样控制面试的局面。

如果是电话面试，避开如冲厕所、洗碗碟、狗吠和回复电子邮件等常见干扰事件。[50] 在一个安静的环境里全身心投入到面试环节中。因为手机信号可能会中断且其通话质量较低，所以电话面试尽量不要使用手机。

面试双方的关系

要估计一下你和招聘者之间可能存在的关系。在面试中，你怎样变被动为主动呢？这取决于多种因素，比如就业市场、该单位要填补空缺职位的迫切程度。成功的应聘者可以控制面试的局面，并懂得适时地让招聘者掌握控制权。失败的面试者或者完全服从于考官的权威，或者不识时务地抢夺招聘者的领地。

那么在面试环节中，你和招聘者的参与度分别是怎样的？如果在过去的几个月里你已经被拒绝过很多次，或者你对应聘的职位或公司根本没有兴趣，那么你很难对该面试全情投入。例如，你应聘一个销售的职位仅仅是因为你不能做管理吗？

通过面试前的会面、电话和信件，你与招聘者之间相互喜欢的程度是怎样的？你们是否相互信任，相互尊敬，并建立起了友谊？你与招聘者在年龄、性别、民族、社团、背景、教育或者从业方面有什么相似之处吗？研究表明，种族的同一性能影响面试的结果。[51]

打扮和着装

着装和打扮决定了你是否能在初次面试中给对方留下良好的印象。一项关于大学招聘人员的调查显示，95%的被访者认为职业形象是重要或非常重要的。[52] 面试者认为着装和饰品就是一种自我展示和表现自信的方式，它会给善于此道的面试者加分。你的着装仪表展现了你对该机构职位的兴致，对面试官的尊敬，对细节的用心和对正式商务场合着装仪表规范的掌握。尽管很多公司提倡员工穿便服，但是调查显示，81%的人认为在正式场合应该穿职业装。一位招聘者补充说："我们需要知道在商务会议或者讲座中，这些应聘者将会怎样展示自我。"纽约雅顿联合公司首席教练兼执行官玛丽·戴恩·雅顿（Mary Dawne Arden）称，"没人会因为你在面试时着装打扮过于正式而挑剔指责你，仪表草率马虎甚至太过随意才是面试大忌。"[53]

管理和形象咨询顾问大卫·麦克奈特（David A. McKnight）表示，"记住，当你仪表整洁大方，你便会感觉良好，而当你感觉良好，你便更有可能激发出自身的灵感智慧，巧妙娴熟地回答问题。"[54] "九成的面试官表示，当应聘者其他条件不相上下时，他们会录用仪表端庄，具有吸引力或能更好展现自我的求职者。"[55]

给所有求职者的建议

对于大多数面试建议最好选择保守的，职业的和单色的着装。多注意提升能力，与人沟通，尊重他人和表现得体而非仅仅是打扮时尚。宁可过分打扮也不能太过随便。[56] 全国职业咨询和就业机构创始人和董事长凯特·米德尔顿（Kate Middleton）给出了她的经验，"着装应该比你所应聘的职位等级高一或两个档次。"[57] 面试的大忌就是在现今越来越随意的社会，你的穿着也过于随意。

尽管这些着装建议适用于大多数面试场合，然而你还是必须要了解你所打算入职的行业的规范。每个公司机构都有其独特的企业文化和职场环境。[58] 如果你对面试着装的礼节存有疑问的话，可以请教你的教授、行业协会的成员和此行业的从业人员。主动联系组织面试的公司机构，直接询问其对面试着装有何要求。金融、政府、人力资源、银行、销售和酒店行业对正式着装有一定的要求，而广告、公共关系、图形设计、技术和贸易行业则可以接受非正式的着装，例如商务休闲装、阔腿裤和纽扣衫。不要以雇员的着装标准来决定你面试时的着装。着装仪表不可马虎。

你不必在着装上花费太多，但是要保证钱都用在刀刃上。一套干

> 了解并调整、适应你与招聘者的关系。

> 为一个正规的商业场合进行着装。

> 整洁而朴素可以拔得头筹。

净平整无褶皱和线头的外套和一双磨光发亮的皮鞋,确保外套上没有缺失的纽扣或者忘记取下的商品标签。不要携带书包或背包。认真刷牙、梳头,可以含一片薄荷,勤洗手,定期修剪指甲。

你希望你的着装和仪表能在面试过程中起到显著的积极作用[59],但是,你一定更希望面试官是因为你的陈述技艺、社交能力、回答深度和作为你能否被看中的最重要的因素——你的任职资格而被记住。

给男性求职者的建议

> 穿着打扮不要太前卫。

对于男士来说,标准的面试服装是深色(蓝色、灰色、黑色)的西服套装,白色的或者色彩柔和的衬衫,再配上合适的领带。即使招聘者穿着很随便,作为应聘者的你着装也要保守、职业和正式。即使是在夏天也要记得穿长袖衫,不要穿高领衫,选择系鞋带的皮鞋,颜色最好是黑色,看上去不能太过笨拙。皮带应当搭配皮鞋选择。

你的衣服应该大小合适,可以很轻松地做下蹲运动。你可以穿上你的行头快速地下蹲,检查一下你的西装背心、腰带、臀部以及领口是否太紧,塞进腰带的衬衣是否能让你活动自如。如果你的衬衫领口能伸进一根手指,那么就说明它大小合适。如果衬衫太紧,你就换一件大号的;如果太松,你就换一件小号的衬衫,以免看上去显得邋遢。

> 颜色搭配要和谐。

袜子要穿深色的并且盖住小腿的一部分。当你坐下去的时候,不会露出腿部。安全起见,领带的花色一般选择宽条、波尔卡圆点或者其他保守的图案。颜色一般是蓝色、红色、灰色、紫红色。

> 有疑问时,不妨请教他人。

你也要选择适合自己身材的衣服。标准身材,偏瘦或偏胖,个高或个矮,选择的衣服也不尽相同。例如,身材肥大者不适合穿花格呢、宽条纹和浅色的衣服,而应该选择深色细条纹的款式。在一些不是很正式的场合下,例如面试中的晚宴,你可以穿蓝色的夹克衫和浅灰色或者茶色的休闲裤。相比之下,体态纤瘦的人选择更多,只要适合,花格呢的套装也未尝不可。

邦尼·洛(Bonnie Lowe)写道:"你的目的就是要让自己看上去非常专业且稳重。"[60] 除非是非正式场合的聚会或与面试遴选相关的晚宴,穿着运动装会显得有些太过随意。头发需要修剪并梳理整齐。胡须可以保留,但是必须清洁和修剪。专业、保守、稳重的原则还适用于手表、圆珠笔、钢笔、公文包、耳环、文身和香水。在当下的就业市场,保守谨慎,寻求一切优势是明智的做法。

给女性求职者的建议

> 装扮不能太引人注意。

化妆、发型和衣着都可以揭示你的个性。如你是谁?你是怎样自我定义的?你是怎样看待他人的?因此要认真对待这些问题。化妆是必要的,但如果太引人注意,就过头了。招聘者建议,应试者可以每只耳朵佩戴一只耳环或耳钉（而不是长长的耳坠），每只手上戴一枚戒指，但不要戴手镯。彩妆是必要的，化妆顾问可以帮助你选择适合的职业妆。香水用量要合适或者完全不用。面试官仅仅记住了你的香水味，这一定不是你希望的。

要穿定做的职业套装或职业裙装。套装颜色可以是深蓝色、黑色、深灰色或者棕色。职业裙的长度要求是：站立时裙子的下摆应该在膝盖处，坐着时裙子要盖住大腿部分。[61] 如果你在下蹲时不得不拽住你的裙子，那就说明它太短了。不要穿开口长的裙子。选择一身剪裁合适的保守的衬衫，衬衫要和你的正装正好搭配，并且不至于"透明"或者胸部走光。选择合适、干净、整洁的长筒袜与整身衣服相配。低跟、封闭式轻便鞋比高跟鞋更合适。最后，随身携带一个手提包或职业公文包。

> 挑衅的装扮会使你失去面试资格。

非语言交流

非语言交流，如眼神交流、手势和姿势，在整个面试过程中都占有很重要的位置。斯科特·里夫斯（Scott Reeves）举了一个典型的例子。一位简历内容看起来非常有竞争力的应试者"在面试时，握手非常无力，就座时非常懒散，坐立不安，而且与面试官没有眼神交流，回答基本问题时含糊其词"。最终他没有被雇佣。[62] 雅顿（Arden）引用了一项研究，其结果表明："决定面试者第一印象的，7% 在于言辞，38% 在于说话的语气，55% 在于肢体语言。"[63] 如果应试者面带微笑，面部表情丰富，能与面试官保持眼神交流，而且声音清楚有力，那么面试官则更乐意与其互动，而且对他们的评价也更高。科学技术在招聘过程中起着非常重要的作用，但比起"高科技"，面试官们更喜欢在面试过程中与企业新星们的"深入接触"。他们希望通过实际表现认识、倾听并观察应试者。

你的精神状态会通过握手的方式、坐姿、走路的方式、站立的状态、挪动身体的方式传递给面试官。要试着表现出冷静、放松，但认真、有控制力的状态。要避免紧张、不安的行为，包括来回移动，摆弄钢笔或书桌上的任何物件。回答问题时要清楚、自信，但不傲慢，与面试人员保持眼神交流。如果房间里有两位或两位以上的面试官，在回答问题时也要不时与他们进行眼神交流。但主要的眼神交流还是停留在提问者身上，特别是你在回答问题时。

> 要精力充沛，有活力。

谈话时，语气要和进行一般对话时一样。声音要有强弱变化，从而表现你的自信以及交际能力。面试官们更喜欢标准口音。如果英语是你的第二语言，或者你在出生、工作后形成了口音，要确保面试者能够清楚有效地理解你的话语。

> 交际能力对所有职位来说都很重要。

在回答困难的问题之前，可以停顿思考。但回答问题的过程中，频繁的停顿却可能让你表现出犹豫、准备不充分或者反应慢这样的缺点。面试者将一秒或少于一秒的停顿视为有事业心、有自信、有组织和有智力的表现。

面试礼仪

面试时，应早到数十分钟。如果面试不准时，在工作中你还会准时吗？这是你重视这场面试的表现吗？当然也不要太早到面试场地。在约定时间之前，面试人员可能事务繁忙或者还要进行其他面试，因此不想安排人员招待你。要对你遇到的每个人有礼有节。

问候招聘者时要平和、精力充沛。除非经过允许，不要直呼其名。握手时，不要先伸手。[64] 握手时，面试者摇动时你再动，随后再用有力但不过分的力度回应对方。面试者在面试中还要用手呢！被邀请时再就座，而且面试官坐之前不要就座。在面试过程中要积极予以回应。一旦你进入面试的状态，你会变得轻松起来。回答开始的问题时你要尽可能像在进行普通对话一样进行交流。你在面试前几分钟表现出的自我控制力，向面试者透漏了你与人交流的能力。

将你的公文包和其他物品放在地板上，而不是办公桌上。要避免玩弄或打乱桌上的物品。不要将你的脚搭在桌椅上。确保手机关机。面试过程中不要干扰面试官——看手表、阅读你的简历或者查看手机，将注意力放在对话上。避免讲笑话，用不敬的语言或者俚语。不要批评上一位面试你的人。如果你是在用餐时面试，要注意用餐礼仪。在桌上的每个人都准备好之后，再动筷。与我们交流过的一位高级面试官曾有意带应试者到高级餐厅，看他们是否懂得如何使用银类餐具，如何放置餐巾，如何喝汤以及如何将食物递到别人面前。除非受邀请，否则不要喝酒类饮品，并且礼貌地拒绝服务员的推销。嘴上的小失误可能会使你失去工作机会。一定要在每场面试的最后向面试人员道谢。

> 按时到面试场地，并为面试做好准备。

回答问题

现在，我们准备谈论面试的具体内容，即回答面试问题以及提出问题。如果你给面试官留下的第一印象还不错，那么现在是时机把你自己推销出去了。

> 面试是一个不断做决定的过程。

准备回答问题

要做好准备并渴望有效地回答面试问题。当你完全并自信地投入到问题回答中时，紧张感就会降低。成功的求职者会为常见的面试问题做好准备。例如：

- 请做自我介绍。
- 你为什么想进我们公司？
- 你最大的强项和弱项是什么？
- 你短期的事业规划是什么？长期的事业规划呢？
- 你为什么离开现在就职的单位？
- 在单位就职期间你最喜欢的工作是什么？最不喜欢的工作是什么？
- 在众多的应聘者之中，我们为什么要选择你呢？
- 关于我们公司，你都了解什么？

以上这类传统的问题在面试中仍然扮演主要角色，特别是在面试刚刚开始的那几分钟里。面试者利用这些问题打开应聘者的话匣子，让他们感到放松，并了解这些初出茅庐的从业者。

> 为传统的面试问题做好准备。

招聘面试中问题的本质已经改变。面试人员倾向于提出一些更具挑战性的、关于**具体情景**（基于行为的问题）中处理经验的问题，或者将面试者置于模拟的工作情景中，看他们有多适合该职位以及表现得有多像一名雇员。其中的道理很简单，在面试中，对于被假定在某个特定职位的应聘者可能会怎样处理问题，招聘者可以做出最佳的判断。任务型问题可以分析应试者思考、交流的能力，表现其处理压力和意外情况的能力。下面是一些常见的关于工作的提问策略：

- 基于行为的问题：
  "你有过作为小组成员解决一个复杂的技术问题的经历吗？"
  欢迎回答与工作相关的问题。来展示你的能力吧！
- 关于当前的突发性事件：
  "我们正面临这样的处境……如果你在我们的小组中，你认为我们应该怎样解决这一问题？"
- 关于历史性的突发事件：
  "两年前，我们与……有一次冲突。如果当时你是监管人员，你会怎样做？"
- 假设的突发性事件：
  "假设一名客户说他的计算机硬件在运货过程中被损坏了，你将怎样处理这一问题？"
- 奇怪的假设性问题：
  "如果你是一种蔬菜，你想做哪种蔬菜？"
- 任务型问题：
  "给你一张纸，请在上面写一份关于加班的政策说明。"
  面试者可能会拿出一支笔，对应聘者说："向我推销这支笔。"

很多招聘者会问应聘者他专业领域内的问题。向想成为教师的人问关于教学的问题，问想成为销售人员的人关于销售的问题，问想成为工程师的人关于工程的问题，问想成为经理的人关于管理的问题，问想成为设计师的人关于设计的问题。这些关于工作情景、角色扮演、讲演以及日常工作案例等方面的问题会给应聘者带来挑战，让他们充分显示其知识、技能、经历、成熟度以及诚实程度。

组织答案

向求职者提将其置于工作情景中的问题，这类问题主要是要求他们告诉提问者其相关经验。这类关于工作情景的问题有基于行为的问题、关于当前或历史事件的问题以及假设类问题。罗尔斯顿（Ralston）、柯克伍德（Kirkwood）和伯兰特（Burant）的书中写道，基于行为的问题需要应试者讲故事，这对面试成功有很大帮助。招聘者会为好的故事列一些标准。[65] 好的故事与招聘者们坚持的事实具有一致性，与面试问题以及应试者的回答密切相关，能够提供细节以支持应试者的观点，并反映了应试者的信仰和价值观念。尝试一种或多种组织答案的方式，有效地讲故事。

> 结构让回答具有策略性。

微型演讲法：提出问题，特别是需要你讲故事一类的问题，就像你正在做一场简短的演讲一样。这种方式是回答突发性事件类问题和假设型问题的好方法。你不必特别注意你过去的工作经验。你的演讲将分为三个部分。

介绍：告诉面试官你打算告诉他们什么。

演讲的内容：将故事告诉他们。

结语：对所讲内容进行总结。

STAR 法：STAR 手段主要适合回答基于行为的问题，因为这类问题的重点在于应试者过去的经验、行为及技能。而它们与招聘的具体岗位是密切相关的。[66] "STAR"一词由四部分组成。

Situation：描述情景背景，包括时间、地点和人物。

Task：需要完成的任务内容是什么？任务原因以及期望？

Action：你采取了怎样的行为？你是如何完成的？

Results：结果、成绩或者后果如何？

PAR 法：PAR 法是 STAR 法变化而来的。它适合回答基于行为的问题。[67] 每种回答问题的方法的重点都是你过去的工作经验，强调了经历、技能、领导能力以及完成工作的能力。"PAR"一词包括三部分内容。

P：你遇到的问题或被安排的任务；

A：你解决问题或完成任务采取的行动；

R：你行为的结果或后果。

当你被问到关于基于行为的问题、突发性事件类问题、假设型问题或任务型问题时，你就可以仔细想想你准备好的答案，考虑一下未来你和企业的联系之后再作答。可以向面试官询问更多的关于情景和问题的细节信息，并判断你在该情景中应该拥有多大的身份权力处理问题。提出问题会让招聘者对你的成熟、专业以及对组织政策和程序的了解程度印象深刻。

应聘成功者的回答

成功的应试者在面试的开头和结尾都扮演主动的角色。他们会仔细聆听整个问题，并认真思考答案，再精炼、明确并且有针对性地回答问题。例如，如果一位招聘者问："为什么你喜欢在卡特彼勒（Caterpillar）公司做产品监督的工作？"你应该强调卡特彼勒公司产品监督员这一职位的特点，以及为什么这一职位最符合你的兴趣和资历。强调你能为公司做什么。回答问题时要全面，但要适可而止。这一点对电话面试尤为重要，因为你不会收到像面试过程中出现的可以告诉你什么时候不该说话这样的非语言线索（前倾，看笔记，点头，脸部表情以及姿势）。

倾听，思考，再作答。

成功的应试者不仅会提供结构严谨、论点清晰以及内容切题的回答，而且会组织语法，选择显示他是实干家的词语和行为动词作答。迈克尔·斯科伯（Michael Skube）是一位新闻学教授。他发现有很大数量的简单的、常用的词汇经常难倒大学生。这类词汇包括动力、犹豫、明晰、主张、玩忽职守、讽刺、简洁、小说，以及痛苦与折磨。[68]招聘者们正好钻了这些"互动中的空子"。当问你关于小组协作的问题时，他们可能就在聆听你用了哪些人称代词。如果你在小组工作中跟他人合作得不错，你会用到"我们""我们的"这类词。如果你的工作是单独完成的（可能这是你的喜好），你会用到"我""我的"这类词。

三思而后言。

成功的应聘者在整个面试过程中都会表现出诚实、真挚，遵循道德规范。他们不会逃避问题。他们回答问题时不用稿子，不像排练过的一样。他们也不会只说不做。要意识到网上那些所谓能保证让面试官印象深刻的答案并不存在。请记住每个问题都没有标准答案。对于同一个问题，同一家公司的五位面试官可能会期待你做出五种不同的回答。

避免逃避行为。

成功的应聘者是充满热情与活力的。他们会表现出对公司职位的兴趣，对他们的教育背景和工作经验会做出积极的回答，通过人际交往的能力、回答问题以及行为表现出公司理想型人才的特性。他们知道何时该就问题提出问题，用自己的话语诠释问题，寻求解释以及向面试官询问更多公司的相关信息或背景信息。

应聘失败者的回答

失败的应聘者从面试开始到结束都表现得被动和局促。他们与应聘单位的需求不吻合，可能是因为他们对所应聘的职位或公司知之甚少，且对该岗位没有表现出足够的兴趣与热情。这些应聘者对于求职职位或他们的前途犹豫彷徨。他们似乎并没有明确、现实的目标。在面试结束时，他们也不会表达想要入职的强烈愿望。

> 能力弱的应聘者谨慎又推诿。

失败的应聘者选择逃避回答问题，或者回答他们认为面试官想要听到的答案。也许他们是想用从网上搜寻到的面试完美攻略来回答考官的问题。总是逃避可能会导致面试官认为应聘者不诚实。失败的应聘者死板，不愿为该岗位或公司的需求和利益做丝毫迁就。

失败的应聘者态度消极。他们悲观厌世，对自己的前途和能否被公平对待持消极看法。他们可能会苛刻批评他们的前雇主或贬低他们的学校和他们所接受的教育。面试官们明白，如果一个应聘者能对其前雇主恶语相加，那么在雇佣他后，也能做出同样的事。他们还可能通过肢体或言语处处显现自大傲慢。

失败的应聘者的倾听和思考能力很差，会不假思索地说出让他们自己后悔的回答。他们说话不经过大脑。例如，当被问到"我们凭什么选择你？"其中一位应聘者回答说他会成为公司垒球队的重要一员，而另一位则回答他电视看腻了。[69]每个面试官都有能力解读出下列面试结束时应聘者回答的含义：[70]

> 在说话做事之前先倾听并思考。

不好意思打了个哈欠；我通常是看着肥皂剧入睡的。

我辞职是因为我厌倦了努力工作。

也许只看我的简历会觉得我是一个频繁跳槽的人，但是我想说的是我不是刻意这样做的。

面试官也会在面试时讲述一些难以置信的事例，例如：

一位求职者在地板上将身体伸展开来填写求职表格。

一位求职者带着 iPod，说："面试时，我可以同一时间完成多个任务。"

一位求职者说她还没有吃午饭，于是在她面试时她吃了一个汉堡和一袋薯条。

当被问及兴趣爱好时，一位求职者站起来，在办公室里跳了一支舞。

当一位求职者公文包里的闹铃响起时，他将其关闭并要求面试官抓紧时间面试,因为他还有另一场面试。

俗话说:"不要去做统计。"想一想你的言行举止。失败的应聘者不善与人沟通,他们多使用无用的词语并且也不会使用能展现他们工作经历和专业知识储备的技术性术语。他们的回答往往模棱两可,不自信,例如:

"或许""可能"等限定词。

"你知道""知道我在说什么"等没有意义的口头语。

"嗯""啊"等不流畅的言辞。

"像这样的东西""这类事物"等含混的言辞。

玛丽斯特学院做的一份问卷结果显示,诸如"事实上""不论什么""棒极了""不夸张地""喜欢"等词语和像"永远""我把意思说明白了吗""就是这样"和"在最后"等短语是最令人反感的。[71]试想一下,面试官在听到这些后会有什么感受。

对违规问题的回应

尽管在很多国家,有关就业招聘的法律体系和道德规范已经建立起来,但是在招聘过程中,很多应聘者,特别是妇女仍可能会被问到一些违规的问题。从程度轻微的侵犯像"你的丈夫是做什么的"到性骚扰,这都属于人身侵犯的范畴。这类人身侵犯有一些是在闲聊中偶然发生的,有一些则是源于好奇心、传统习惯和对法律的无知。

违规问题让应聘者进退维谷。如果你诚实地回答这些问题,那么你可能因为离题或者违背法律而失去工作;如果你拒绝回答这些问题,那么你可能会由于不合作、逃避或者不友好这三者中的任何一个理由而失去这次机会。

当你遇到这类问题时,要能识别并且巧妙机智地回答。回顾一下第七章的美国《平等雇佣法》和练习,这有助于你判断违规问题。

练习1　哪些是违规问题?为什么?

如果你是拉丁裔的女大学毕业生,正在应聘一家全国零售连锁店的管理职位,那么下列这些问题哪些是非法问题?为什么?你该如何回答?

1. 你是哪里人?
2. 有结婚的打算吗?
3. 说说你在梅西百货实习的情况。
4. 五年之内你的职场晋升计划是怎样的?
5. 你能为我们效力多久?

> 失败的应聘者交际能力差。

> 要知道面试中不能做哪些事,并且在面试中不要做那类事。

> 如果被问到违规问题要保持镇定。

> 要知晓平等雇佣原则以及你的权利。

6. 你的西班牙语讲得如何？
7. 你信仰宗教吗？
8. 你有配偶吗？
9. 工作之余你都会做些什么？
10. 我发现你佩戴助听器，这会影响你的工作效率吗？

> 要警惕招聘者使用诡计获取非法信息。

提防招聘者使用诡计拐弯抹角地得到非法问题的答案。[72] 例如，一位职位较低的职员可能会问你一旦被雇用了，你将购买哪种健康保险。你的回答可能会揭示出你已经结婚了，有孩子，或者你是位单身母亲。在用餐或者参观设备间隙，招聘者会在你放松警惕时趁机问一些非法问题。例如，如果招聘者是一位女性，她可能通过谈论她自己照顾孩子的问题来刺探你。她可能会说："那天太糟糕了。我女儿早上起来就发烧了，我丈夫出门了不在家，而我早上8点钟有会议要参加。你经历过这样的事情吗？"你可能会说一些关于你和孩子或者其他家庭成员之间的问题，而在这过程中不自觉地泄露了一些不相关的、违规的甚至对自身有损害性的信息。招聘者精通于通过合理的询问来得到违规问题的答案。他们会用"你能在晚上、周末或者节假日加班吗？"这类问题代替"你有孩子吗？"这样的问题。有时候，他们会使用一些隐蔽的暗语：

- "我们的员工在工作上都投入了很多精力。"这句话的意思是像你这样年龄比较大的人精力不够充沛。
- "我们的员工都很年轻。"这意味着你不适合我们。
- "我想就像我们拥有自己的企业文化一样，你的前任雇主肯定也有属于他们自己的企业文化。"这句话的意思是你所熟悉和适应的文化可能在这里不合适。
- "我们是一家很传统的公司。"这意味着除了文职人员，我们不雇用妇女。

> 在回答问题之前，先考虑你的需要和追求。

那么当你被问到违规问题，你该怎么做呢？首先，要明确这份工作对你有多重要。你到底有多么想得到它，需要它？你的初衷是想得到一份好工作，一旦被雇佣，你也许会去改变企业的看法和招聘者习以为常的惯例。但此刻作为局外人，你什么也做不了。其次确定问题的违法违规的严重程度。如果这是一个明显的错误，除了拒绝回答之外，还要将招聘人员的情况汇报给他或她的上级，或者汇报给就业中心或其他的权威机构。如果提出违规问题的面试官是该公司机构职员的代表或你被雇佣后的上级，还是理智一些，另寻他处吧。

> 要机智作答。

避免直接回应非法问题，熟练使用各类回答技巧。例如：

1. **面试者**：你多大了？

    应聘者：我想如果我的条件符合职位的要求，年龄并不重要。

2. **面试者**：你计划要孩子吗？
   应聘者：我组建家庭的计划不会影响我在工作中的表现。

你也可以抱着面试者可能会转换到其他相关的、合法的话题上的期望，做出直接但简洁的回答。例如：

1. **面试者**：你的妻子是做什么的？
   应聘者：她是一名药剂师。
2. **面试者**：你会定期做礼拜吗？
   应聘者：是的。／没有。

你可以巧妙地进行质问，以绕开面试者的问题，尝试引导面试者重新提问与工作相关的问题。例如：

1. **面试者**：你的丈夫是做什么的？
   应聘者：你为什么问这个问题？
2. **面试者**：很明显，你坐轮椅，这会影响你的工作表现吗？
   应聘者：我的残疾与计算机程序员这一职位有关系吗？

你可以试着削弱面试者的一些明显的顾虑，例如：

1. **面试者**：你计划组建家庭吗？
   应聘者：是的。我期待着家庭和事业的双重挑战。据我观察，我身边的很多女性教授和同事都可以非常完美地处理好家庭和事业问题。
2. **面试者**：如果你的丈夫调动了工作或者被派往异地，你将怎样做？
   应聘者：如果调动工作或者被派往异地的是我，情况也一样。我们双方都会对此深思熟虑并进行讨论，做出最好的决定。

你可以利用这些违规问题，让其为你的目标服务。例如：

1. **面试者**：你在哪里出生？
   应聘者：我感到十分骄傲的是我出生于_____，因为该背景有助于我和不同背景的人和谐相处，共同工作。
2. **面试者**：你结婚了吗？
   应聘者：是的，我结婚了。我相信婚姻会给我加分。你知道，研究表明，与未婚的员工相比，已婚的员工更加稳定可靠。

> 利用招聘者提出的违规问题。

你也可以试试研究雇佣歧视的权威人士伯妮斯·桑德勒德（Bernice Sandler）的"将军测试法"（Tongue-in-check test response），应聘者使用这种方法准确明了地告诉招聘者，他提出了一个违规问题。但是这一回答必须伴随着得体的非语言信号，以免激怒后者。

1. **招聘者**：谁将照顾你的孩子？
   应聘者：（微笑，令人愉快的音调）这一问题是想测试我是否能在众多问题中将违规问题辨别出来吗？
2. **招聘者**：那你打算为我们工作多长时间？

> 要小聪明的时候要警惕。

应聘者：（微笑，令人愉快的音调）这一问题是想检验，对于违规问题我将怎样作答吗？

提问

几乎所有的应聘者都会核对招聘者给出的问题清单，仔细思考，斟酌合适的答案，却很少有人会用几分钟的时间盘算自己该提出什么样的问题。大多数的招聘者会给你机会提问，抓住提问的机会。

提问指南

在面试中，应聘者的提问不但可以获取信息，帮助他做出重要的事业决定，还可以帮助展示自身，如准备工作是否到位、成熟程度、职业水准、兴趣、动机和价值观。面试中，只有这部分是应聘方主动的，所以要好好把握。

> 提出好的问题不仅仅为你带来信息。

应聘者通常或者主要犯的错误是不问问题或者提出的问题太少。你的问题要么有助于劝服招聘者你是最佳人选，要么毁掉你在面试开始和回答问题时给考官留下的良好印象。

> 提出有见解的、成熟的问题。

如果你事先准备了问题，但是面试官已经在面试的信息陈述环节全部回答了，就不要为了问问题而去问问题了。因为由于没有经过仔细考虑，你提出的问题可能很糟糕。

成功的应聘者倾向于提出更多的问题。他们提出的问题都是开放性的，询问与职位、公司相关的问题或者招聘者的观点，以得到完整、深刻的答案。

> 成功的应聘者会提出深刻锐利的问题。

回顾第三章中有效提问的原则。在这里，我们提供一些针对雇佣方面的问题进行提问的具体要求：

- 避免问以"我"为中心的问题，它们大都与以下三点相关：我将得到什么？我将得到多少？我什么时候会得到它们？这些问题会给面试官你很自私而且不关心他人包括将来的同事和单位的感觉。面试单位期望你有很强的团队意识并且能有一个以公司利益为导向的积极目标，通过实现自己的目标，获得回报和进步。

> 首先提出对你来说最重要的问题。

- 在筛选型面试中，不要问与工资、晋升机会、假期和退休有关的问题。不论在什么情景下，不要把这类问题首先提出来。如果薪水待遇是你在选择岗位和单位时最多顾虑的，那么面试官会即刻将你淘汰。面试官期望上进的员工，希望你能对公司更高层次的职位感兴趣，但是他们同样期望你可以对正在应聘的职位充满热情并能全身心投入。如果休假是你最关注的，那么也许你对为他们工作并没有多大的兴趣。

• 不要浪费时间问那些能在公司的互联网或者图书馆找得到的信息。如果你在面试前做了充分的准备工作，那么你应该知道这些信息而不用去问他们。

提问陷阱

在提问时，你可能会不小心陷入那些常见的问题陷阱中。我们曾在前面的章节里谈过相关的问题，这些陷阱有双管齐下式探查、诱导性施压、"是"或"否"应答、两极性圈套、猜谜游戏、设置闭合开关。除了常见的提问陷阱，应聘者也有自己的问题，包括在面试的关键时刻措辞不当给面试官留下负面印象。

练习2　应聘者陷阱

将下列糟糕的提问重新措辞，使其变成好的提问。

1. 在不得不问的问题中，别让对方觉得你是一名不合作的员工或者不想履行你的主要职责。
   糟糕的提问：我要经常出差吗？
   聪明的提问：

2. 当你想得到一个开放式回答时，不要就相关类型提问。
   糟糕的提问：贵公司提供哪种类型的培训项目？
   聪明的提问：

3. 在恳求型提问中，不要恳求对方作答。
   糟糕的提问：你愿意告诉我公司的扩充计划吗？
   聪明的提问：

4. 在琐碎的提问中，你似乎对细节信息不感兴趣，或许只是为了提问而提问。
   糟糕的提问：请透露一点贵公司在亚特兰大的设备的运营情况。
   聪明的提问：

5. 在获取信息的提问中，不要暴露出你的外行和幼稚。
   糟糕的提问：贵公司为员工提供红利吗？
   聪明的提问：

你要提前准备问题清单以便你能更有效地组织语言，根据重要性调整问题的顺序。不要把关键性问题放在第五位或第六位，因为在耗时20～25分钟的面试中，你根本没有机会提出这么多问题。当你提的是自由回答或者探究性的问题时，就更不可能了。同时，面试官会认为你的头两个问题是你最关心的问题，如果这些问题是关于薪酬和待遇，你被淘汰的可能性会很大。

> 为问题陷阱准备好应对计划。

> 提问的方式比提出的问题更重要。

应聘者提问范例

应聘者的问题应该表现出对应聘职位和公司的兴趣，而不要过多地以自我为中心，要符合提问模式。例如：

> 根据不同的职位和公司，调整你的提问。

- 请描绘一下您认为的理想职员是怎样的。
- 请讲讲贵公司的企业文化。
- 贵公司是怎样鼓励员工提出新观点的？
- 对于工作地点，我有多少种选择？
- 贵公司就职于这一职位的员工的日常工作是怎样的？
- 工作时间的灵活性是怎样的？
- 贵公司是怎样分析职员的？
- 您认为该职位的员工应该具有哪些特质？
- 如果我想攻读 MBA，贵公司会怎样支持我？
- 我作为团队成员开展工作的频率如何？
- 在您看来，贵公司的独特之处在哪里？
- 高学历对我在贵公司的职位有何影响？
- 请告诉我这一职位的员工都被提升到了贵公司的哪些岗位？
- 为贵公司工作，您最喜欢的一点是什么？
- 贵公司与 TelEx 公司合并是什么情况呢？
- 我注意到上周的《华尔街日报》报道，在经济衰退期，贵公司的股票增长了 4%，能解释一下其中的原因吗？
- 我想知道我将与之共事的同事的情况。
- 我想知道有关培训计划的事情。
- 在接下来的五年里，贵公司预计会进行哪些部门的调整？
- 在筛选这一职位的应聘者时，最重要的标准是什么？

下列问题适用于应聘那些刚刚起步的公司提供的各类职位：

- 贵公司哪种产品市场需求量最大？
- 贵公司的主要竞争对手是谁？
- 贵公司的高层领导在这一行业积累了多少经验？
- 贵公司的市场推广计划是怎样的？
- 贵公司商业的主要管理者是哪些人呢？

结尾

> 注意你说的每一句话和做的每一件事。

面试的结尾部分通常很简洁。不要说或者做任何会影响之前树立的良好形象的话语或行为。在面试的结尾部分要积极地表现。要表现出对该职位和公司的兴趣，并且思考接下来会发生什么，在什么时候应该联系哪些人,以及如果有需要,要怎样联系那些人,要有技巧地求职。

"面试的结束并不一定意味着应聘的终结。"如果该公司的员工在谈话过后一直把你送到办公室外面、电梯口或者停车场,那么其实面试并没有结束。如果有人带你参观公司,有人带你去吃饭,或者有人开车载你去飞机场或者火车站,面试也没有结束。招聘者会留意你所说所做的每一个细节。面试者在参观公司时的不良举动、非正式的言谈、会见陌生人时的不当行为、用餐的举止,以及对待酒精饮料的态度都可能会导致应聘的失败。

评估及后续的活动

在每场面试结束之后,立即检视自己。粗略记下你对困难的面试问题的回答、招聘者提供的有效信息,以及招聘者对你提出的问题的回答。列出该职位和公司的优缺点以及你不知道但对做决定至关重要的信息。你觉得你的表现算好还是不算好?注意不要反应过度。你对面试过程中发生的一切的感知可能会过于乐观或悲观。

在面试后的自我总结中,你可以提出以下问题:
- 我的准备有多充分?
- 在面试中我给人的印象有多深刻?
- 我的着装和打扮合适吗?
- 我抓住了哪些机会推销自己,又错过了哪些机会?
- 我的回答有多全面?又有多切题?
- 我的问题是否很好地契合了该职位和公司的情况?
- 我是否有效地表达了我对该公司和职位的兴趣?
- 我是否获得了充分的信息以便我做出好的决定?

面试之后,你应该写一封简洁、专业的信,感谢招聘人员给你提供的机会。内容比技巧更重要。要避免信的内容没有自己的想法。丽萨·赖安(Lisa Ryan)是纽约海曼协会(Heyman Associates of New York)的招聘总监,她讲了一个关于应聘者的故事。她送一位应聘者到电梯后返回办公室,就收到那位应聘者的致谢邮件。这说明那位应聘者在电梯里发了这封邮件。于是,丽萨·赖安建议"把自己的想法写到致谢信里"[73],要强调你对该职位和公司的兴趣。这封信为你提供了一个理由与招聘者联系,让招聘者加深对你的印象,并提供让公司青睐于你的额外信息。

> 请记住:面试比科学更讲究技巧。

> 全面总结。

> 合格的应聘者应该致信感谢招聘者。

处理被拒绝的情况

任何应试者都会面对失败。即使感觉面试情况还不错，失败的情况也会出现。招聘者会因为各种理由拒绝应聘者。常见的理由是不合适或者另一名应试者经验更丰富或能力更强。招聘者们会为一个职位面试许多人，因此很难抉择。有些招聘者可能面试之后就不再回复你。

你如何处理被拒绝的情况会影响你日后面对失败的态度。一位作家告诫求职者："不要太脆弱。疲惫沮丧的求职者做的最糟糕的事，就是抱怨招聘者看不上他们，求职过程不受自己控制以及他们被强大的霉运控制住了。"[74] 不要一味地否定自我。

> 从失败的经历中吸取经验教训。

将每场面试视为一个学习的过程。问问你自己能在下场面试中做出怎样不同的表现。你是怎样处理基于行为的问题和关于突发性事件的问题的？你提出的问题的本质是什么？你本应该如何做出更全面的准备？你的哪些行为可能使招聘者对你失望了？这个职位以你的资历完全能胜任，还是有助于你提升？

本章总结

科技的发展使我们能即时地进行交流，随时接收和发送信息。简历的扫描技术和互联网这个巨大资源库的使用正在改变求职的形势。性格、诚信等崭新的测试手段提供了求职面试的新维度。

作为经济全球化的一部分，我们正在经历第二次工业革命，其标志是整个社会正在从制造业时代过渡到服务业和信息产业时代。未来最好的工作将属于那些对这些变化了如指掌并有所准备的人。你必须了解你自己、工作和公司，这样才能说服招聘者在成百上千的应聘者中选择你。求职不能只把宝押在大学的就业中心，而是必须全面撒网，更多地凭借网络和勤奋的投入。你的简历和自荐信必须全面、专业、有吸引力、有说服力并适用于特定的公司和岗位。

由于招聘者寻找的是具有人际交流技巧的员工，面试技巧显得越来越重要。你在面试过程中，要将这一点发挥得淋漓尽致。在面试一开始就积极参与，全面而有针对性地回答问题，小心组织提问语言。你要用一样的态度对待面试的结束部分，让面试者明确地知道你的期待，为整个面试画上一个完美的句号。

在面试之后，精心写一封感谢信并寄给招聘者，再次表达你对该职位和公司的兴趣。另外，不要忘记深刻地总结经验教训，以便在今后的面试中扬长避短。

关键术语和概念

外貌 Appearance	后续 Follow-up
研究 Research	到达 Arrival
职能型简历 Functional format resume	简历 Resume
态度 Attitudes	诚信测试 Honesty test
筛选性面试 Screening interview	基于行为的 Behavior-based
诚信 Integrity interview	自我分析 Self-analysis
品牌化 Branding	模拟的工作情景 Joblike situations
社交媒体 Social media	招聘会 Career/Job fair
微型演讲法 Mini-speech method	STAR 法 STAR method
事业目标 Career objective	人际网络树状图 Network tree
成功的应聘者 Successful applicants	年表型简历 Chronological format resume
人际网络 Networking	基于才能的 Talent-based
求职信 Cover latter	非语言交流 Nonverbal communication
基于特征的 Trait-based universal	决定性面试 Determinate interview
PAR 法 PAR method	普遍的态度 Universal attitudes
着装 Dress	收费职业介绍所 Percentage agencies
通用技能 Universal skills	电子扫描 Electronically scanned
就业辅导机构 Placement agency	失败的应聘者 Unsuccessful applicants
底薪职位 Fee-paid positions	附加文件 Portfolio
第一印象 First impression	关系 Relationship

求职访谈案例及分析

以下面试中，招聘者是一名高级计算机技术人员，应聘者是一名大学毕业生。招聘公司名叫职业软件技术公司（Software Specialties, Inc.），是一家为航空公司制造计算机软件的公司。随着航空业的发展越来越成熟以及自从"9•11"恐怖事件以来，反恐技术也越来越受到关注，这家公司得到了快速的发展。

在面试开始时，应聘者的表现如何？是积极而令人印象深刻的吗？面试中，应聘者树立了怎样的形象？应聘者的回答合适吗？是全面、切题、有说服力的吗？应聘者是否做了充分的准备工作？应聘者是否强烈地表达了对公司监管职位的兴趣以及他多么适合该职位？应聘者提出的问题符合本章讲到的那些标准吗？应聘者在面试即将结束时的表现如何？

1. **招聘者：** 下午好，卡洛琳。（握手）请坐。

2. **应聘者**：谢谢。
3. **招聘者**：我想在工程和技术人员招聘会上，你已经见过我们中的一些人了。
4. **应聘者**：是的，我见过。还有幸与简·福克斯和杰克·肖特攀谈了两句。
5. **招聘者**：很好。那么我想你也应该看过我们的一些资料。
6. **应聘者**：是的。
7. **招聘者**：很好。这次面试的时间大约为 20 ~ 25 分钟，下面我们开始，我的第一个问题是你选择就读于得州理工计算机技术专业的原因。
8. **应聘者**：我是技术迷，得州理工学院离家很近，学校规模很大。
9. **招聘者**：为什么选择计算机技术这门专业？
10. **应聘者**：在我读大学的第一年，我意识到我的实践和理论能力都很强，而计算机技术专业的课程设置是偏向于实践的。在学习了 CS 软件课程并与老师同学交流后，我决定换专业。
11. **招聘者**：请给我描述一下你理想中的工作。
12. **应聘者**：我想这份工作应该和我在微软实习期间给我的感受一致。它可以为我提供一些有趣的项目，并在过程中解决一些难题。
13. **招聘者**：比如？
14. **应聘者**：比如研发便携式计算机，修复新发布的软件 BUG。
15. **招聘者**：说说你遇到过最棘手的问题。
16. **应聘者**：在我大二那年，父亲患上了心脏病。
17. **招聘者**：你是怎么熬过来的？
18. **应聘者**：我向母亲和姐姐求助。
19. **招聘者**：什么方式？
20. **应聘者**：我和她们谈了很多，经常一起出门散心，她们给了我很多精神鼓励。
21. **招聘者**：那么你最困难的工作经历又是什么？
22. **应聘者**：那时巴恩汉堡店刚关门。
23. **招聘者**：嗯？
24. **应聘者**：我是说我失业了，一无所有。
25. **招聘者**：你当时什么反应？
26. **应聘者**：我又找了一份工作。
27. **招聘者**：了解了。对于工作地点，你有什么想法？
28. **应聘者**：我是个喜欢旅游和社交的人。
29. **招聘者**：你是说你对工作地点没有偏好？

第八章　求职访谈

30. 应聘者：是的，不过我还是喜欢温暖点的地方。
31. 招聘者：你有过团队合作的经历吗？
32. 应聘者：有很多。
33. 招聘者：说一说。
34. 应聘者：我曾参与了大部分 CT 课程的团队和小组活动。在微软实习期间我也经常参与团队工作。
35. 招聘者：频率高吗？
36. 应聘者：可能每周好几次甚至更多。
37. 招聘者：描述一次困难的团队项目。
38. 应聘者：好的。当时是在设计组，团队没有完成任务。我不得不介入、接管并召开会议，分配特定任务。
39. 招聘者：后来呢？
40. 应聘者：我们按时完成任务并取得了 A 的好成绩。
41. 招聘者：所以与其说这是一个团队项目不如说是你的个人项目？
42. 应聘者：不是的，我只是作为领队激励了他们，我们分工明晰。
43. 招聘者：你为何有意进入我们公司？
44. 应聘者：从我获取的信息来看，贵公司是成长发展速度最快的计算机软件公司之一，而且我对研发航空工业和国家安全类的软件十分感兴趣。
45. 招聘者：还有别的原因吗？
46. 应聘者：有，贵公司坐落于佐治亚州的亚特兰大，离玛丽埃塔也就几英里远，那里坐落着洛克希德·马丁公司，他们研发的 F35 闪电战斗机有众多版本可供在不同的起飞环境下使用，包括跑道起降、航母甲板起降或垂直起降。这对于贵公司的员工来说是个绝好的机会。
47. 招聘者：没错。给我们一个录取你的理由。
48. 应聘者：我在大学接受了出色的教育，我想我的知识储备和经历完全能够胜任这份工作。
49. 招聘者：你对我们公司有何了解？
50. 应聘者：贵公司由罗伯特·卡布里尼（Robert Cabrini）一手创建，于 20 世纪 90 年代初上市并成立了软件研发分公司。贵公司现在乔治亚、俄勒冈、华盛顿和内华达州设有分支机构。
51. 招聘者：我们在国内的机构拥有近 1 500 名员工，现在计划在波士顿开设新的分部。你有何问题吗？
52. 应聘者：此岗位的薪资幅度如何？
53. 招聘者：这取决于你的职位层级，我们的薪资水平在同行业是很有竞争力的。

54. **应聘者：** 能告诉我贵公司手册中提到的股票分红计划的具体细节吗？
55. **招聘者：** 在你入职半年后，你才有资格入股。我相信这对我们各方都是有利的。
56. **应聘者：** 我是否需要经常变换工作地点？
57. **招聘者：** 不会。
58. **应聘者：** 贵公司的企业文化是什么？研发部的员工多元化吗？
59. **招聘者：** 研发部的员工来自 12 个不同的国家。还有其他问题吗？
60. **应聘者：** 暂时没有了。
61. **招聘者：** 很好。我们会在两到三周内做出决定。很高兴和你交谈并互相了解。
62. **应聘者：** 谢谢贵公司。我非常渴望能在贵公司工作。
63. **招聘者：** 不客气。保持联系。

求职的角色扮演案例

计算机技术行业的职位

你是一位刚毕业的校园大学生。你有计算机科学、媒体技术以及设计专业的学位。由于高中的一场游泳意外，你的行动受到了限制，只能依靠轮椅，但是在大学四年里，你成功地在一所很大的大学里生活学习，并且加入了轮椅篮球联盟社。你的兴趣是计算机设计。这就需要你有去过美国和日本的许多地方与其他设计者交流学习以及了解科技进步情况的经历。

合作农场的管理职位

你在堪萨斯州一个占地 700 英亩的谷物农场长大。今年春天，你就将从堪萨斯州大学的动物科学专业毕业。由于没有机会管理家里的农场，而且你的兴趣是与牲畜打交道而非谷物，因此你谋求的是合作农场的职位。你与大草原农场（Prairie Farm）的招聘者约定了一次会面。这家合作农场在中西部和西南部都有自己的谷物农场和牲畜农场。这场面试是为南达科他（Dakota）农场招聘一名管理员。这家农场养着不少牛群。它还是中西部牛排餐厅，特别是奥马哈市、堪萨斯州、明尼阿波里斯和芝加哥地区的主要供应商。

销售部门的采购职位

你 20 来岁，并在三年前大学毕业之后在一家女服装店工作。你有零售管理专业的学位。你有着很好的销售经历，而且许多客人都"钦点"你为他们选衣服。然而，你真正的兴趣是采购而不是销售。你将前往芝加哥跟梅西等人进行一场面试。这个职位可能就是你的理想职业。

公 关 职 位

你刚大学毕业，而你的专业是传播学，选专业时你也不确定你想做什么。你目前申请的职位是一家广告机构的公关职位。这家公司的招聘广告强调了公关方面的学位和经历。而你正好在大学期间上了几次公关课，也曾与当地政治家一起工作过，以及在大学公关部工作过，你还帮忙写过新闻工作稿并组织过活动。

学生活动

1. 与规模不同的五家机构的招聘者取得联系，看他们是否运用了基于行为的方法、基于才能的方法或基于特征的方法进行面试。如果是，思考为什么他们会用这种方法？他们又是怎样随着时代的进步进行方法调整以满足他们的特殊需求的？如果不是，想想为什么他们不用这些方法呢？如果他们是多年之后放弃运用该方法的，那么他们为什么要弃用该方法呢？
2. 前往你的大学就业中心，看看它们能提供哪些求职帮助和相关材料。探求它们是怎样帮助那些在喜欢和能胜任的工作间无法抉择的同学的？它们如何帮你安排、准备面试？
3. 尝试迈尔斯-布里格斯性格测试法（Myers-Briggs Personality Indicator）。测试结果与你的自我认知有怎样的差别？这些结果会帮你选择事业和职位吗？
4. 拜访五位与你的专业相同的毕业生。他们的人际网络有多广？他们是如何运用人际网络找工作的？在他们的人际网络中，谁发挥了作用？在拥有现在的职位之前，他们经历了多少场面试？他们经历的是小组面试还是一对一面试？筛选性面试和决定性面试有何区别？那些面试官对他们提出的最难的问题是什么？他们向面试官提出的最难的问题是什么？

注释

1. Charles J. Stewart, *Interviewing Principles and Practices: Applications and Exercises* (Dubuque, IA: Kendall/Hunt, 2011); Lois J. Einhorn, Patricia Hayes Bradley, and John E. Baird, *Effective Employment Interviewing: Unlocking Human Potential* (Glenview, IL: Scott, Foresman, 1981).
2. J. Craig Honaman, "Differentiating Yourself in the Job Market," *Healthcare Executive,* July–August 2003, p. 66.

3. Wendy Rose Gould, "How to Prepare for the Job Interview," http://www.ehow/how_1721_prepare-job-interview.html, accessed July 25, 2012.

4. Alison Green, "How to Prepare for a Job Interview," http://money.usnews.com/money/blogs/outside-voices-careers/2011/02/07/how-to-prepare-for-a-job-interview, accessed July 25, 2012.

5. Green.

6. John R. Cunningham, *The Inside Scoop: Recruiters Tell College Students Their Secrets for Success in the Job Search* (New York: McGraw-Hill, 1998), pp. 120 and 184.

7. Deborah Shane, "52% of U.S. Companies Say Job Applicants Are NOT Qualified?" http://www.deborahshanetoolbox.com/millions-of-jobs-and-no-qualified-applicants-how-can-that-be, accessed July 13, 2012.

8. Barbara Safani, "The Ultimate Guide to Job Searching," http://jobs.aol.com/articles/2011/01/24/ultimate-guide-to-job-searching, accessed July 25, 2012; Susan Adams, "Networking Is Still the Best Way To Find a Job, Survey Says," http://www.forbes.com/sites/susanadams/2011/1/06/07/networking-is-still-the-way-to-find-a-job-survey-says, accessed July 27, 2012.

9. Adams; Rachel Levy, "How to Use Social Media in Your Job Search," http://jobsearch.about.com/od/networking/a/socialmedia.html, accessed July 27, 2012; Alexis Grant, "10 Smart Ways to Use Social Media in Your Job Search," http://money.usnews.com/money/careers/slideshows/10-smart-ways-to-use-social-media-in-your-job-search/4-1, accessed July 28/2012.

10. Grant.

11. Grant; Joe Light, "Recruiters Troll Facebook for Candidates They Like," http://online.wsj.com/article/SB10001424053111903885604576490763256558794.html, accessed January 6, 2012.

12. Brad Stone, "Web of Risks," Newsweek, August 28, 2006, p. 77.

13. Kimberly Shea and Jill Wesley, "FaceBook, and Friendster, and Blogging—Oh My! Helping Students to Develop a Positive Internet Presence," Center for Career Opportunities, Purdue University, unpublished manuscript, 2006.

14. "Headhunters Directory.com," http://www.headhuntersdirectory.com, accessed July 30, 2012.

15. "Top Ten Tips for Using Employment Agencies," http://www.libgig.com/toptenemployment agencies, accessed July 30, 2012.

16. "How to Prepare for a Job Fair/Career Fair," http://www.career.vt.edu/JobSearch-Guide/JobCareerFairPrep.html, accessed July 30, 2012.

17. Allison Doyle, "Job Fair Participation Tips," http://jobsearch.about.com/od/jobfairs/a/jobfairs.htm?p=1, accessed October 2, 2009.

18. "The Walkabout Technique," College Grad.com, http://www.collegegrad.com/job-search/Job-Fair-Success/The-Walkabout-Technique, accessed October 2, 2009.

19. "Job Fair Success," College Grad.com, http://www.collegegrad.com/jobsearch/Job-Fair-Success/, accessed October 2, 2009.

20. Anita Bruzzese, "Virtual Job Fairs Expand Search Options for Those Seeking Work," Lafayette, IN, *Journal & Courier*, July 30, 2008, p. D2.

21. Lindsay Olson, "On Careers: How to Brand Yourself for the Job Hunt," http://money.usnews.com/money/blogs/outside-voices-careers/2011/12/06/how-to-brand-yourself-for-the-job-hunt, accessed July 30, 2012; Gallup, "It's Time to Brand Yourself," http://business-journal.gallup.com/content/121430/time-brand-yourself.aspx, accessed July 30, 2012.

22. Tim Estiloz, "The Key to Job Search Success? Try Branding Yourself!" http://jobs.aol.com/articles/2011/01/11/hranding-yourself-in-2011, accessed July 30, 2012.

23. "It's Time to Brand Yourself."
24. Barbara Safini, "Hot Job Site: Brand-Yourself.com," http://jobs.aol.com/articles/2011/01//10/hot-job-site-brand-yourself-com, accessed July 30, 2012.
25. Safani.
26. "Tips for Success—The Resume," http://www.worksmart.ca.gov/tips_resume.html, accessed July 9, 2012.
27. "Extra Touches Help Resume Dazzle," Lafayette, IN, *Journal & Courier,* May 21, 1995, p. C3.
28. Richard N. Bolles, *What Color Is Your Parachute? 2010* (Berkeley, CA: Ten Speed Press, 2010), p. 53.
29. Barbara Safani, "The Ultimate Guide to Resumes," http://jobs.aol.com/articles/2011/01/25ultimate-guide-to-resumes/?icid=main%7Chp-deskt, accessed January 28, 2011; Evelyn U. Salvador, *Step-by-Step Resumes* (Indianapolis: JIST Works, 2006), p. 138.
30. Wes Weller, "5 Tips for Turning Your Resume into an Interview," http://blog.hiredmyway.com/5-tips-for-turning-your-resume-into-an-interview, accessed August 3, 2012; Fleur Bradley, "10 phrases to Ban from Your Resume," http://www.msnbc.com/id 37219334/ns/business-careers/t/phrases-ban-your-resume, accessed August 3, 2012.
31. Cunningham, p. 68.
32. Robert Reardon, Janet Lenz, and Byron Folsom, "Employer Ratings of Student Participation in Non-Classroom-Based Activities: Findings from a Campus Survey," *Journal of Career Planning and Employment,* Summer 1998, pp. 37–39.
33. Kim Isaacs, "Lying on Your Resume," https://career-advice-monster.com/resumes-cover-letters/resume-writing-tips/lying-on-your-resume/article.aspx, accessed July 13, 2012.
34. Isaacs.
35. Kris Frieswick, "Liar, Liar—Grapevine—Lying on Resumes," *CFO: Magazine for Senior Financial Executives,* http://www.findarticles.com, accessed October 2, 2006.
36. "Lying on Resumes: Why Some Can't Resist," *Dallas Morning News,* The Integrity Center, http://www.integctr.com, accessed October 2, 2006.
37. Scott Reeves, "The Truth About Lies," http://www.forbes.com, accessed October 2, 2006.
38. Danielle Lorenz, "Job Hunting and Career Building," http://talentegg.ca/discuss-view-topic/how-do-employers-conduct-a-primary-scan-of-resumes, accessed July 9, 2012.
39. Debra Auerbach, "Incredibly Dumb Resume Mistakes That Hiring Managers Hate," http://jobs.aol.com/articles/2012/07/11/incredibly-dumb-resume-mistakes-that-hiring-managers-hate, accessed August 7, 2013.
40. Jeff Wuorio, "5 ways to make your resume shine," *USA Weekend*, September 16-18, 2011, p. 4; "Proofread Your Resume," http://www.cvtips.com/resumes-and-cvs/proofread-your-resume.htm, accessed August 7, 2012.
41. Toni Bowers, "Quick Resume Tip: Negotiating resume scanning software," http://www.techrepublic.com/blog/career/quick-resume-tip-negotiating-resume-scanning-software/1950, accessed July 9, 2012; "Preparing a 'Scannable Resume'," http://www.buffalostate.edu/offices/edc/scannable.html, accessed August 7, 2012; "What You Need to Know about Scannable Resumes," http://www.moneyinstructor.com/art/scanresume.asp, accessed July 9, 2012.
42. Tom Washington and Gary Kanter, "Creating a Scannable Resume," http://careerempowering.com/resume-empower/creating-a-scannable-resume. html, accessed July 14, 2012
43. "The New Electronic Job Search Phenomenon," an Interview with Joyce Lain Kennedy, Wiley, http://archives.obs-us.com/obs/german/books/kennedy/JLKInterview.html, accessed December 2, 2008.
44. "Scannable Resumes Presentation," https://owl.english.purdue.edu/owl/

resource/700/1, accessed August 7, 2012.

45. Annette Bruzzeze, "Online Resumes Can Trigger Identity Theft," Lafayette, IN, *Journal & Courier*, August 30, 2006, p. D3.

46. "Cover Letters: ypes and samples," http://www.career.vt.edu/jobsearchguide/coverlettersamples.htm, accessed August 8, 2012.

47. Cover letters: types and samples; Louise M. Kursmark, Best Resumes for College Students and New Grads (Indianapolis: JIST Works, 2012).

48. Benjamin Ellis, "The Four A's of the Successful Job Search," *Black Collegian*, October 2000, p. 50.

49. Thomas W. Dougherty, Daniel B. Turban, and John C. Callender, "Confirming First Impressions in the Employment Interview: A Field Study of Interviewer Behavior," *Journal of Applied Psychology* 79 (1994), pp. 659–665.

50. Sarah E. Needleman, "Four Tips for Acing Interviews by Phone," *The Wall Street Journal*, http://www.career;journal.com, accessed September 11, 2006.

51. Amelia J. Prewett-Livingston, Hubert S. Field, John G. Veres III, and Philip M. Lewis, "Effects of Race on Interview Ratings in a Situational Panel Interview," *Journal of Applied Psychology* 81 (1996), pp. 178–186.

52. Karol A. D. Johansen and Markell Steele, "Keeping Up Appearances," *Journal of Career Planning & Employment*, Summer 1999, pp. 45–50.

53. Scott Reeves, "Is Your Body Betraying You in Job Interviews?" http://www.forbes.com, accessed October 20, 2006.

54. "Interview Appearance and Attire," http://www/career.vt.edu/Interviewing/InterviewAppearance.htm, accessed August 10, 2012; Carole Martin, "The 2-Minute Drill," http://career-advice.monster.com/job-interview/interview-appearance/the 2-minute-drill/article.aspzx, accessed August 10, 2012.

55. Robert DiGiacomo, "Six Style Tips for Interview Success," http://career-advice-monster.com/job-interview/interview-appearance-stype-tips-for-interview-success-hot-jobs/articls.aspzx, accessed August 10, 2012.

56. Carole Martin, "10 Interview Fashion Blunders," http://career-advice.monster.com/job-interview/interview-appearance/10-interview-fashion-blunders/article.aspx, accessed August 10, 2012; Thad Peterson, "Dress Appropriately for Interviews," http://career-advice.monster.com/job-interview/interview-appearance/appropriate-interview-dress/article.aspx, accessed August 10, 2012.

57. Thad Peterson, "Dress Appropriately for Interviews," http://career-advice.monster.com/job-interview/Interview-Appearance/Appropriate-Interviews, accessed October 2, 2009.

58. Peterson; Carole Martin, "Casual or Casualty?" http://career-advice.monster.com/job-interview/interview-appearance/casual-or-casualty/article.aspx, accessed August 10, 2012.

59. "Interview Appearance and Attire."

60. Bonnie Lowe, "Job Interviews: Plan Your Appearance to Make a Great First Impression," Ezine Articles, http://ezinearticles.com/?Job-Interview:-Plan-Your-Appearance-to-Make-a-Great-First-Impression, accessed October 2, 2009.

61. "How to Dress for an Interview," http://www.123getajob.com/jobsearch 2.html, accessed October 2, 2009; Cheryl Ferguson, "Recruiting Roundtable: Interview Fashion and Grooming Tips," http://career-advice.monster.com/job-interview/inetrview-appearance/recruiter-roundtable-fashion-grooming-tips-hot-jobs/article.aspx, accessed August 10, 2012; DiGiacomo.

62. Reeves, "Is Your Body Betraying You in Job Interviews?"

63. Reeves, "Is Your Body Betraying You in Job Interviews?"

64. Penny Kiley, "Business etiquette and the job interview," hppt://gradireland.wordpress.com/2011/11/07/business-etiquette-and-the-job-interview, accessed August 10, 2012; Margaret Page, "Outclass the Competition with Simple Interview Etiquette," http://etiquettepage.com/business-etiquette/outclass-the-competition-eith-simple-interview-etiquette, accessed August 10, 2012; Didi Lorillard, "Business Etiquette & Manners: Job Interviews," http://www.golocalprov.com/business/business-etiquette-manners-job-interviews, accessed August 10, 2012.

65. Steven M. Ralston, William G. Kirkwood, and Patricia A. Burant, "Helping Interviewees Tell Their Stories," Business Communication Quarterly, September 2003, pp. 8–22.

66. "STAR Method of Answering Questions," https://www.cco.purdue.edu/Student/JobSearchSkillsBehavioralInterviewing.shtm, accessed August 10, 2012; Nagesh Belludi, "The 'STAR' Technique to Answer Behavioral Interview Questions,"http://www.right-attitudes.com/2008/07/15/star-technique-answer-interview-questions, accessed July 9, 2012; Lindsay Browning"P.A.R. Interview Technique," http://www.lindsaybrowning.ie/2010/08/23/p-a-r-interview-technique, accessed July 9, 2012.

67. Korey Dowling, "Interview Tips: Using the S.T.A.R Method," http://www.adventis-templyoment.org.au/items/interview-tips-using-the-s-t-a-r-method, accessed July 9, 2012; "Nurse Interview Questions and Answers – Part 2," http://www.job-interview-site.com/nurse-interview-questions-and-answers-part-2.html, accessed August 28, 2012; Maureen Malone, "Behavior-Based Interview Tips," http://www.ehow.com/list_6520299_behavior_based-interview-tips.html, Accessed August 28, 2012.

68. Michael Skube, "College Students Lack Familiarity with Language, Ideas," Lafayette, IN, *Journal & Courier*, August 30, 2006, p. A5.

69. "Why Should I Hire You?" *Afp Exchange,* November–December 2003, p. 8.

70. "Run That One by Me Again: You Did What at Your Last Job?" *Barron's,* January 13, 2003, p. 12.

71. Marist Poll, "12/16: Whatever, Still Most Annoying Word, You Know. Like, Seriously? Just Sayin'." http://maristpoll.marist.edu/1216-whatever-still-most-annoying-word-you-know-like-seriously-just-sayin'/, accessed August 31, 2012.

72. William Poundstone, "Why Are Manhole Covers Round (and How to Deal with Other Trick Interview Questions)," *Business,* July 2003, p. 14.

73. Kris Maher, "The Jungle: Focus on Recruitment, Pay and Getting Ahead," *The Wall Street Journal,* January 14, 2003, p. B10.

74. "Job Seekers, Take Heart—and Control," *BusinessWeek Online,* http://www.businessweek.com, accessed September 11, 2006.

资料来源

Bolles, Richard N. *What Color Is Your Parachute? 2010: A Practical Manual for Job-Hunters and Career-Changers.* Berkeley, CA: Ten Speed Press, 2013.

Enelow, Wendy S., and Shelly Goldman. *Insider's Guide to Finding a Job.* Indianapolis, IN: JIST Works, 2005.

Kursmark, Louise M. *Best Resumes for College Students and New Grads.* Indianapolis: JIST Works, 2012.

Martin, Carole. *Perfect Phrases for the Perfect Interview.* New York: McGraw-Hill, 2005.

Salvador, Evelyn U. *Step-by-Step Resumes.* Indianapolis: JIST Works, 2006.

Yate, Martin. *Knock 'Em Dead: The Ultimate Job Seekers Guide.* Adam, MA: Adam Media Corp., 2006.

第九章

绩效评估访谈

> 绩效访谈尚存争议。

现代组织中鲜有哪种制度能与员工绩效评估的重要性相比。数年前一位主流高科技企业的高管告诉作者:"如今每个企业都有同样的电脑、技术和大厦,因此最大的区别就在于员工及其创造性贡献。我的工作就是吸引、发展、壮大和留住我所发现的最好的人才和创新精神。"绩效访谈是发展壮大和留住员工的关键。然而,在阅读了关于评估流程方面的详尽文献和研究以后,迈克尔·戈登(Michael Gorden)和弗农·米勒(Vernon Miller)得出结论:"尽管是出于一个良好的、有价值的目的,绩效评估却造成了普遍的不满。"[1] 众多批评者呼吁取消评估流程。戈登米勒反驳了这一观点,他们引用了这句话:"严肃文献提供了充足可信的证据,证明绩效评估值得花力气进行,也是一项必不可少的管理职责之一。"[2] 我们中那些曾近距离参与过绩效评估的人也表示它也许是最难的管理职责。

> 面试是绩效评估的关键。

戈登和米勒在《工作绩效访谈:传播学视角下的评估流程》中报告了他们的文献综述与研究。他们的关键原则是"评估面试是关于绩效的对话"这一概念,他们称之为"评估面试中的决定性时刻"[3]。然而他们也宣称访谈仍是绩效评估流程的"阿喀琉斯之踵"和"对流程不满的来源之一"[4]。造成这种不满情绪的原因是参加绩效评估访谈的双方几乎都没有受过有关开展或参与批评性谈话方面的训练。

本章的目标是向读者介绍绩效评估访谈是一个培训过程,在机构内开展批评性谈话的有效方法,各种各样的访谈模式,开展和参与绩效访谈的原则,以及如何开展绩效问题访谈。让我们从绩效评估访谈作为一个辅导机会开始。

把绩效评估访谈看作一个辅导机会

那些强调发展、壮大和留住最优秀人才的企业的新愿景恰恰与绩效访谈的愿景相吻合,用戈登和米勒的话来说就是"关于绩效的谈话"。管理顾问杰拉德·马克尔(Garold L.Markle)将其称为"催化辅导"。其核心是:

> 一个综合的、集成的绩效管理系统建立在发展范式上。其目的是个人能够提高其生产能力,发挥潜能,最终使整个组织产生更好的经营成果。其特色是明确定义的基础结构、方法论和系列技能。催化辅导给员工布置了清楚的职业发展责任,奠定了老板作为职业发展指导的角色。[5]

催化辅导更着眼于将来而非过去,让职员而非主管来承担责任,并且以间接的方式处理工资问题。主管变成了指导者而非评估者。马克尔宣称这种方法将意味着我们所熟知的"绩效评估的终结"。

当我们评估用于培养员工、提升绩效的几个绩效评估模式时,辅导的概念——非评判式气氛中的有效交流——是其核心。前职业足球教练唐·舒拉(Don Shula)和前职业足球运动员肯·布兰查德(Ken Blanchard)开发出了一套基础原则,首字母拼出来正好是辅导"Coach"这个词。[6]

- 信念驱动(Conviction driven)——永远不要违背自己的信念
- 超越学习(Overlearning)——实践直至完美
- 听得见的准备(Audible ready)——对评估做出预回应
- 领导力的连贯性(Consistency of leadership)——绩效的连贯性
- 以诚为本(Honesty based)——言出必行

马克尔、舒拉、布兰查德都强调了坚持优秀、诚实、责任和团队合作的重要性,因为这些会带来有效的人际交流。这样评估才会提供有意义的反馈,并提升绩效水平。

强调辅导的理论而非主观评判表现,就要求更频繁及更有质量的绩效访谈、讨论和研发。主管和员工之间的频繁交流会带来更有利的、与工作更相关的绩效分级。[7]肯尼斯·韦克斯利(Kenneth Wexley)宣称:"如果一个经理只是在现行的基础上提供辅导,评估访谈会成为对过去问题的回顾,而这些问题经理和雇员以前就已经讨论过了。"[8]

各种组织机构都在以各种方式进行更频繁的绩效评估,并将其与发展和培训计划更紧密地联系起来。员工更喜欢支持性的氛围,其中包含了相互信任、听取下属意见、制定规划、明确评估流程。他们希

> 创造一种被评估者能够参与的支持性氛围。

望能有一个乐于助人的、客观的面试官慎重对待他们。他们想为评估的每个方面做出贡献，希望自己的观点得到认可，清楚面试流程，有能力实现高层对他们的期望，收到定期的反馈，并因工作出色得到奖励。最重要的，员工必须在绩效面试中能亲眼看到"公平"，因为它是"绩效面试中所发生的交流的本质"，这"尤其关乎对流程的公平感"。[9]

通过持续监督员工的进步，用表扬和赞美的形式提供心理支持，助其改正错误，提供实质性的反馈，就可以创造出一种更轻松的、积极的、支持性的氛围。让评估以绩效而非个人主观判断为依据。提供与绩效相关的信息，用前期评估中商定的具体标准来评估绩效。当主管鼓励员工表达自己的想法和体会，并平等地参与绩效访谈时，员工们就会认为主管乐于助人、有建设性并愿意帮助他们解决与绩效相关的问题。[10]

> 评估过于频繁是常见的投诉。

定期提供反馈可以避免正式的、一年一度的、"拔牙式"的访谈，这种访谈是双方都畏惧的。在给组织造成损害、员工也无可挽救之前就应该评估表现较差的绩效。在访谈中要直言，不要把批评意见保留至正式评估期间，以免造成震惊。如有必要，进行多次访谈以确保工作正确无误。

准备绩效评估访谈

> 谨慎判断不易衡量的事项。

培训对成功的绩效访谈至关重要。你必须清楚如何与被面试人开展真正的对话。做一个好的倾听者。当另一方想发表意见时，你不要开口；要鼓励雇员自由公开地表达看法。[11]通过问合适的、有技巧的问题而成为一个积极的倾听者；而非一个鲜少能给另一方指导和支持的被动听众。避免问"为什么"这类迫使被面试者采取守势的问题，因为他们有意无意间都会传达一些不满、怀疑或不信任。扮演评估者的角色会减少双向交流，并对你们的关系造成消极影响。被面试人能觉察这样的面试官，他们知道如何处理与绩效相关的信息、分配任务，并在绩效访谈中提供反馈以便使访谈变得平等、准确、清晰，换言之，使访谈变得可信。

熟悉相关规则、法律及法规

没有直接针对绩效评估的法律，但是《平等雇佣法》及其指导方针同样适用于绩效访谈流程。在访谈中你需要非常熟悉以下法律以避免在访谈过程中因非法操作而受到指控。这些法律包括1964年修订的《民权法案》，1967年通过的《就业年龄歧视法案》，以及1990年的美

■ 各级主管都发现定期与下属进行私事或者公事访谈都大有裨益。

国《残疾人法案》。该法案明确禁止基于年龄、种族、肤色、性别、宗教、原籍国、生理及心理缺陷的歧视。民权法和《平等雇佣法》的指导方针涵盖了就业流程的所有要素,包括雇佣、培训、赔偿、晋升、换岗和辞退。

谨慎评估诸如诚实、正直、外表、主动性、领导力、态度和忠诚这些难以客观公正地分级的特质。"使用不可靠的、无法验证的绩效评估"系统会导致严重的法律问题,因为个人的倾向、偏见和第一印象会导致有意提高或降低绩效等级来实施报复,甚至惩罚员工或将其调动到其他部门。[12]

法律没有要求必须进行评估面试,但是进行的面试必须在形式和管理上都标准化,能衡量工作表现,并平等地应用于所有员工。古德(Goodall)、威尔逊(Wilson)和瓦德(Waagen)都警告说,在评估过程中上级和下级的交流容易导致一种表达的仪式化,会受到大众熟知的文化和社会刻板模式、传统礼仪、性别角色的影响。[13] 果然如此的话,毫不意外,你会违反《平等雇佣法》。美国的劳动力大军正日益老化,尽管老年工人的表现比年轻工人要好,但年龄歧视引起的诉讼正日益成为突出的问题。[14]

戴安娜·钦(Diane Chinn)和毛里斯·巴斯金(Maurice Baskin)两位是绩效评估和《平等雇佣法》方面的权威,他们提供了一些使所有的访谈符合法律、避免诉讼的建议。[15] 进行绩效评估的主管必须受到详细的书面指南和指导,并且接受开展评估所需的全面培训,尤其是访谈环节。他们必须严格遵守这些指南。派两位及以上评估人员分别对员工评估的准确性进行复核,去除成见。确保绩效评估经员工检查认可,保证他们在签字之前有机会提出建议、表达关注。员工应该有权限取得关于他们工作的所有记录。

> 随着婴儿潮一代步入五六十岁,年龄问题将日趋严重。

选择评估模式

为了符合《平等雇佣法》,并能够对不同类型的职位和组织进行公正的、客观的、以绩效为中心的评估,理论家和各个机构已经开发出了绩效评估模式。他们的目标是培养胜任力,设定目标和期望值,监督表现,并提供有价值的反馈。[16]

行为锚定等级评价法(BARS 模式)

> BARS 模式注重技能。

在行为锚定等级评价法中,通常是在行业工程师的协助下,通过职位分析和标准设定,对某一个具体职位的核心技能进行确定。行为被规范、标准已确定的典型工作有电话调查员(以每小时完成一定量的通话数为标准)、公共事业公司的抄表员(以每小时完成一定量的抄表数为标准)、数据录入人员和程序员(以每小时录入一定量的行数为标准)。工作分析专家确定具体技能,并衡量其相对价值和用途。每个工作都有具体的、可衡量的技能,这就消除了面试官的游戏心态和主观诠释。

员工对 BARS 模式反映了很高的满意度,因其感觉自己可以对评估流程产生更大影响,并认为面试官是支持性的。[17] 他们清楚自己被期待具备哪些技能、他们对组织的相对价值,以及自己的绩效是如何被衡量的。然而,并不是每个工作都有可量化、易确定的技能,就何时、如何、由谁来设定标准也常有争议。戈登和米勒也发现"为了实现目标(比如维护人际关系和团队和睦),评级者会利用主观手段扭曲评估,而不是对雇员的表现进行准确的评估"[18]。

目标管理模式(MBO 模式)

> MBO 模式关注目标。

MBO 模式让主管和雇员共同参与一个设置(双方各占 50%),该设置是以结果为导向的目标,而非以活动为评估对象。MBO 模式的倡议者主张基于行为的量化评估可以更好地诠释工作的复杂性,根据员工的作为直接分级,把员工不能控制的因素最小化。该模式明确了一个工作需要哪些具体作为,因此比基于人的评价减少了职能模糊性和主观性。该模式鼓励雇主和员工讨论优缺点,这有利于绩效反馈和目标设定。

> MBO 模式运用四项标准评估每个职位:质量、数量、时间和成本。

MBO 模式把所有工作根据四个主要元素进行分类。这四个元素是输入、活动、产出和反馈。[19] 输入包括设备、工具、材料、资金和完成该工作所需的员工。活动指实际进行的工作,如打字、撰写、画图、计算、销售、装运。产出是结果、终端产品、收益、准备妥的报告或提供的服务。反馈指的是管理者对输出的后续反应（或者缺乏反应）。当评估者使用 MBO 模式时，要铭记以下几点：

1. 要一直考虑质量、数量、时间和成本。使用的标准越多，准确测量的概率就越高。
2. 要就一定范围而非绝对地说明结果。预留一些移动和调整的空间。
3. 要把跟绩效评估关系重大的可量化目标的数量控制在 6 ~ 8 项以内，并且设置一个共同的环境。

> 不要设置太多目标。

4. 当目标或标准有冲突时要做出取舍。一个过于复杂的目标会弄巧成拙。例如，试图同时减少劳动力和降低成本造成的问题可能比解决的多。

> 谨慎设置复杂目标。

5. 当绩效的价值很抽象时，启动一些实践使之可以量化。
6. 如无法预估绩效成功所必须的条件时，使用一个浮动或滑动目标，使你可以适应变化的情况。不幸的是，MBO 模式的优点，包括它的互动本质和对复杂职责的良好适应性，也导致了很多企业放弃了这种方式，因其需要大量的会议和文档。[20] 戈登和米勒撰文指出 MBO 模式与其他评估模式不同，无法进行标准化以便于在个人和组织单位之间进行比较。

通用的绩效评估访谈模式

威廉·凯什（William Cash）开发出了一套通用的绩效访谈模式—UPI 模式并在 40 多个组织中进行了测试。该测试从四个基本的问题开始，这些问题可以反映公平指导方针和雇员之间的对比。访谈者必须详细说明哪部分缺失，哪部分做得不足，以便能提供反馈进行修正。

> UPI 模式关注绩效和工作要求。

1. 该进行的工作哪些没有正在进行？
2. 哪些期望值还未被实现？鉴于何种标准？
3. 如果有动力，该雇员是否可以完成该工作？
4. 该雇员个人是否具备完成该工作的必备能力？

把每个问题细化到一个可辅导的答案。比如，客户编号至关重要，因为它会驱动系统，使之更容易访问计费和该编号下的其他信息。但是可能在电话服务开始的时候没有人强调过要 100% 地记录客户编号，又或者雇员心里记住了客户编号，只是想等客户挂电话之后再把信息录入屏幕中的正确位置。这种观察判断困境是评估者们一直都会遇到的问题。

> 理解为何绩效落后。

四个基本问题结合图 9.1 中的 6 个关键词能够使面试官对员工表现作出几项评价。该模式可以与其他方法一起运用（如流行的 360 度评估法），或者与主管、同事、客户（内部的和外部的）的独立评估一起运用，可以互相对比一致性、趋势和评估者可信度。

图 9.1 通用绩效访谈模式的 6 个关键词

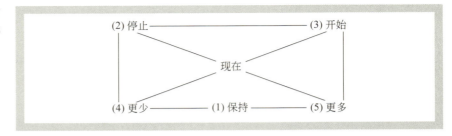

在一页纸上分栏写上四个基本问题，这样可以为定期辅导提供一个基础。对生产工人建议每周进行一次辅导，对专业人士每月一次。每个季度进行一次总结，每年进行一次评估以确定来年的目标，评估进步，并看看发展需要。[21]

> 估评既要认识到问题，也要认识到优点。

一旦你回答完了四个基本问题，从图中的"保持"开始运用该评估模式。当一个员工很好地执行任务时，要确保他知道你欣赏他的优秀表现。然后进行"停止"项，随后进行"开始""更少""更多"项，最后给出一个提高业绩的时间范围。"现在"这个词强调的是立即做出适当的改变。把"现在"这个词具体定义到周或者月。

> 扮演教练而非评估者或纪律执行者的角色。

通用绩效访谈模式可以使你以教练的身份从你希望员工保持的积极行为开始访谈，随后是你希望他现在改正的行为。这使得访谈从一个积极的音符开始。你的"停止"名单应该最短，留给那些数量上或程序上有错误的行为，或者使雇员处于风险中的行为，又或者会对工作场所中的其他员工构成损害的行为。

你可以在不同的词汇和非词汇层面呈现四个基本问题和六个关键词汇的一个，可以采用暗示、建议和纠正的形式。比如，你可以说：

我希望你停止做……　　　你必须多做……
我要求你现在停止做……　你必须少做……

访谈者可能花太多时间做分析结论，而把太少时间留给了亟待改正的具体行为和思考如何改正的措施。如果你未能提供一个具体的替代办法，那么绩效评估访谈就毫无必要了。

我们以前文提到的客服代表为例。假设该客服代表知道很多客户编号，因为某些客户来电频繁从而记住了他们的客户编号。她认为直到她与客户讨论完具体问题，才有必要把客户编号录入系统。用下列方式之一来呈现问题，而无须把问题扩大化。

> 不要把小事变大。

• 暗示：（愉快地微笑）我驻足观察你的时候，我注意到今天早上你很忙。我只是想如果在每个通话开始的时候记录客户编号，是否会让你的工作变得更容易。

• 建议：（中性的微笑加就事论事的声调变化）这只是从我今晨的观察得出的一点想法。我希望你能早点儿记录每位客户的编号，这样就不会在忙于回答其他客户电话的混乱中把客户编号遗失了。

- 纠正：（严厉的声音和表情）根据我今天早上的观察，（我建议）你在系统上为某一编号的客户做任何事情以前，必须确保先记录客户的编号。该编号驱动我们的整个系统，当编号未被准确记录时，就会出现问题。

> 在纠正以前先给暗示和建议。

绩效评估访谈的目的是就每个应该改正、改变或消除的问题及时向员工提供准确的反馈。大多数雇员都想做好工作，绩效导师或教练可以提供解决问题的方向。

该绩效访谈模式的另外两个关键因素是双 S，即具体（Specific）和多个（Several）。绩效访谈不是猜谜游戏。双 S 方针能保证访谈者提供多个具体的例子来说明访谈反映出的问题不是孤例而是趋势。

> 模糊的建议和评价会损害双方关系，并无法提高表现。

图 9.2 包括的通用绩效评估访谈模式的各个部分。它使你能够衡量和观察在岗行为，将之与目标相对比，并迅速纠正哪怕最小的错误。

```
        (2) 停止 ──────────────── (3) 开始
           \                      /
       具体   \                  /   暗示
       多项    \      现在      /   建议
                \              /    改正
                 \            /
        (4) 更少 ──── (1) 保持 ──── (5) 更多
           (培训)                   (动力)
```

图 9.2

360 度绩效评估

360 度的绩效评估方式已经赢得了广泛的接受度，尤其是在世界财富 500 强企业中。它"使组织成员接受对绩效评估的反馈。反馈通常是匿名的，来自他们所服务的各个主要领域"，如主管、同事、下属、承包商、客户，等等。[22]

> 360 度方式涉及多重观察者。

每个公司都采用某种独特的 360 度评估流程、调查问卷和访谈安排。我们仅描述典型的流程。接受评估的雇员与主管协作挑选出一定数量的评估者，比如直属上司、平级员工、同事，以及与该雇员有定期业务往来的其他部门的个人。360 度方式要求团队协作和人际交往技能。涵盖技能、知识和工作方式等方面的调查问卷会送到评估者手中。问卷完成后要进行总结。在某些案例中，还会在分析表中显示评分。之后经理从原评价小组中选出几位成员组成一个专门小组来进行一个反馈访谈。面试官（也是协调人）会从调查问卷中抽取原始数据，与评估者进行访谈。接受评估的雇员会在会议前就收到数据。每位会议参与者都必须提出辅导意见或改变不良表现的思路。访谈的目的不

> 被评估者参与筛选评估者。

> 360 度方式运用小组反馈访谈。

是攻击或责备雇员，而是提供客观的、基于表现的反馈，并就需要改进之处提供建议。如果雇员没有太多需要改进的地方，可以予以表扬。

面试官（也是协调人）可以从请被评估人对调查数据做出回应开始会议，然后以一种中性的盘问方式问一些开放的问题。如：

> 采用开放的问题并探索答案。

- 请描述一下你在开发部的职责。
  请讲得详细一点。
  请向我解释一下。
  请描述一下你对顾问培训手册的意见。
- 如果你即将进行一个相似的项目，你会增加什么，减少什么？
  你说会计部的人员是"数豆子的人"，这是什么意思？
  他们的行为如何？
  他们说了什么？
  他们做了什么？

反馈阶段一完成，双方就应该共同制订一个改进计划。

> 改进计划是必要的。

在自上而下设定目标的组织中，多源反馈对职员的发展效果最好。[23] 360度评估方法有很多好处。问卷和访谈提供了雇员改进和提升绩效所需要的客观数据和反馈，因为这些反馈来自多个源头，如主管、同事、下属和客户。雇员不仅能够控制由谁提供数据，而且能够读到、听取和讨论这些数据，这些都给解决绩效问题提供了参考资料。

> 认识每个评估模式的优缺点。

尽管360度评估模式广为流行，它还是有批评者。洁·葛培德（Jai Ghorpade）撰文指出这种模式含有五个重要的悖论。[24]（1）尽管它被设计成以员工发展为目标，但是却与评估流程交织在一起。（2）多重评估者可能会扩大提供给雇员的信息范围，而非向其提供优选信息。（3）匿名评估可能不准确、不完整，甚至带有偏见。（4）"对一般行为量化的、结构化的反馈是容易获得、评分和传播的"，但是在准确性、公平性和诠释方式方面存在严重问题，因为很难控制评估者的倾向。（5）"让权威人士参与可能使评估流程变质，并失去可信度。"安吉洛·丹耐思（Angelo DeNisi）和乌拉罕·克鲁格（Avraham Kluger）承认360度反馈法存在类似问题，并撰文指出，尽管大多数反馈评估会带来绩效提升，38%的效果是消极的。[25] 他们提供了如下建议：（1）把这个评估系统用于发展目的而非决策目的；（2）帮助雇员对评估做出诠释和回应；（3）把提供给雇员的信息最小化；（4）不要让绩效评估团队成员全方位评估一个雇员；（5）定期使用360度评估系统而非一次性或偶尔使用。弗农·米勒（Vernon Miller）和弗雷德里克·雅布兰（Fredric Jablin）援引来自不同评估者的评分，包括被评估者本人、未受过培训的评估者、对所评估的领域没有经验的评估者，之后提出了增加评估者数量会提升反馈质量的假设。[26]

> **网络资源**
>
> 当你开始严肃认真地考虑具体职业和组织时，调查一下该组织是如何评估职员绩效的。用互联网搜索一下你感兴趣的组织所使用的绩效评估模式。访问两种资源。第一，通过通用资源网站研究该组织机构，如凯业必达（http://www.Careerbuilder.com），Monster trak（http://www.monstertrap.com）和 Monster（http://www.monster.com），第二，搜索一些具体组织的网站，如普华永道（http://www.pwc.com），福特（http://www.ford.com）和电子数据系统（http://www.eds.com）。

杰拉德·马克尔撰文指出 360 度方法是非常低效的，因为对访谈者和被访谈者而言都非常耗时，通常需要数周甚至数月的周期。时间耽搁造成的后果是双方都忘记了在访谈中要谈的话。[27]

360 度方法的批评者指出了其不足，但也承认它的优势。他们提出了一些解决方法，使之成为一种评估和提高绩效的更有效、更可靠的方法。[28] 例如，仅把 360 度评估模式作为评估的一个固定部分，仅供决策参考；不要把这种方法作为"向下传递反馈的主要机制"；给所有评估者提供培训和指导，强调评级的客观性，减少偏见，把评估者局限在各自的专业领域；不要假设更多评估者等同于高质量的反馈，小心信息过多造成被评估者压力过大。

选择对你的组织和雇员们来说最好的评估方式对评估流程至关重要。但是如果绩效访谈进行得缺乏技巧，或者任何一方对访谈的本质和结果不满时，最好的模式也会失败。研究显示各个组织常常不断尝试各种模式，甚至也会采用其他组织抛弃的系统。[29] 必须认识到访谈中发生的交流对每种模式来说都很关键。

绩效评估访谈的实施

研究雇员过去的记录和最近的绩效表现。评估雇员的自我评价。理解雇员的职位和工作的核心。尤其要注意雇员与职位、组织之间的匹配性。提前确定访谈的主要目的，特别是该雇员要同时进行多个访谈时。准备好你要用的与可量化目标相关的关键问题和表格。

人性化地认识自己和雇员。你清楚自己可能持有的偏见吗？你知道在访谈中如何把自己的偏见最小化或者消除它们吗？你要从评估的角度还是职业发展的角度来着手进行访谈？如果是从评估的角度出发，你就会将绩效访谈视为组织要求和安排的、由上级进行和主导的、自上而下控制的、以结果为基础的、以过去为导向的、关注问题而非解决方法、要让组织满意的。相反，如果从发展的角度出发，访谈可以由个人在任何需要的时候发起，变成由下级进行和主导的、自下而上

> 选择和理解访谈的角度。

控制的、以技能为基础的、以现在和将来为导向的、关注解决方法的、合作性的和令自我满足的。所以应该选择发展的方法，即马克尔的"催化剂辅导"，而非选择评估的方式。

> 关系影响访谈双方和访谈的本质。

理解你和雇员之间的关系。你们的关系过去怎么样？你是担任访谈角色的最佳人选吗？还是被访谈者更中意别的人选？双方有多大的动力参与访谈？如何分享控制权？研究显示，因为关系不同，两位及以上访谈者在评估同一个雇员时常常给出不同的成绩。

提前几天安排好访谈以便双方都能进行充分的准备。访谈之后准备一份可行的行动计划以便实施。

开始访谈

> 开始访谈时要做好准备，并保留弹性空间。

用一个愉快友好的问候开始访谈，让被访谈者处于一个放松的状态。安排会场时要做到布局没有威胁感、没有上下级明显区分，再请被访谈者入座。对绩效访谈可能产生的结果心怀恐惧可能会妨碍双方的交流，使得访谈难以达到预期的效果。[30]

通过鼓励员工并进行几分钟的闲聊来营造一种融洽的气氛。通过给出一个简短的提纲、说明你希望访谈如何进行，来引导雇员。如果雇员想首先讨论某个事项，尽管讨论。为了改善交流氛围而改变你的访谈计划是值得的。鼓励雇员提问、提出议题，并积极参与访谈全程。

讨论绩效

> 运用所有聆听技巧。

交流技巧对成功的绩效访谈至关重要。要清楚自己的非语言的暗示，也要观察被访谈者散发出的暗示线索。说话的方式有时比所说的内容能表达更多信息。认真倾听被访谈者的话，根据访谈不断变化的需要改变自己的聆听方式。当需要理解时就努力倾听并理解；必须做出评估时要倾听并评估；当你必须表现敏锐性和理解力时要做到感同身受；当需要确定行动方向以提高业绩时，就边听边想解决措施。

"做一个积极的聆听者"是好建议也是常识，但是古德、威尔逊和瓦根警告访谈者必须知道自己为什么正在认真聆听，"动机可能包含展示有效的评估行为的欲望，或者对被访谈者的疾苦表示关注，或者收集证据以备今后评估该雇员时支持或反对他"[31]。前两项是积极的，但是最后一项可能会损害访谈或将来的互动。

> 反馈是绩效访谈的核心。

通过保持敏锐、提供反馈、积极地强化、反馈你的感受和交流信息，来维持超越第一层次的双向交流氛围。反馈可能是你最重要的交流技巧。用一组访谈者而非单一访谈者。研究显示专家小组的访谈方式会带来更高的判断信度，更好的、发展性的行动计划，更符合《平等雇佣法》，更实际的升职期待，并减少对偏袒的疑虑。

以提升个人和组织的绩效为目标，双方进行充分、公开的讨论。成功的关键是你高效地沟通信息和鼓励公开对话的能力。努力担当一个职业管理和发展教练的角色。

> 与受访者开展真正的对话。

讨论受访者的总体表现而非单一事件。从表现卓越的方面开始，以便使你能关注受访者的优点。努力做出一个客观的、积极的、结合工作和成果的整体评估。评估达到标准的方面，并鼓励受访者认识自己的实力。交流事实的、与绩效相关的信息，并提供具体事例。

不论过度表扬还是过度批评都会导致焦虑和不信任。雇员期待并渴望讨论表现不足的方面。没有收到消极反馈和改进建议的雇员不清楚要改变哪些做法。就具体的行为讨论需要改进的地方，采用一种建设性的、非命令式的、就事论事解决问题的方式。雇员很可能知道他没做到什么，但是不知道该做什么。让雇员提供信息输入。有技巧地、敏感地探究问题原因。相反，不要集中火力批评雇员。你越是指出雇员的不足，他就越可能变得感到威胁、焦虑和自卫。当一个人觉得备受威胁时，他对你和评估流程就会持消极态度。我们试图达到的目标不重要，而对方所相信的才是我们应该试图达到的。这是经常发生的情况。

> 努力在表扬和批评之间力求平衡。

特里·罗威（Terry Lowe）确定了毁掉绩效评估的 7 种方式。[32] 当被评估者仅有一项表现出色，而你却对所有职责项给出了有利评分的时候，晕轮效应就产生了。音叉效应导致对评估的所有方面给出负面评分，因为你不喜欢其他方面中的一个特质。中间趋势导致你避免对绩效的各个部分给出极端的评级。当你过于依赖最近的事件或表现水平时，近因误差就产生了。被评估者的服务长度可能让你误以为他过去的业绩表现优秀就一定意味着他现在的表现也很优秀。宽松的评估者不愿意指出缺点，总是着眼于平均水平或业绩突出的方面。严格的评估者认为没有雇员能够完全按照标准行事。还有，竞争性的评估者认为没有人能超过他们的绩效水平。

总结绩效讨论，在设定目标前确保雇员有充足的机会提问和发表评论。用反省式的探究和反思性的问题来核实收到的信息和给出的反馈。用大扫除式的问题确保雇员没有更多的疑虑或评论。

> 运用提问手段来获得并核实信息。

设定新目标和行动计划

目标设定对绩效访谈能否成功是关键，应该占整个访谈的 75%。关注未来的绩效和职业发展。希尔（Hill）撰文指出："尽管基于过于的业绩评估很重要，同样重要的还包括预测将来的增长、设定目标和奠定职业发展道路。"[33]

> 关注未来而非过去。

> 被访谈者必须是积极的参与者。

在讨论和设定目标时遵守以下指导方针。在制定新目标以前必须检讨以前的目标，因为双方都必须确定哪些目标已经实现及实现原因。制定少量的、具体的、定义清楚的目标，而非模糊的、实践性的、过于容易或过于困难的、可预见的目标。避免模棱两可的陈述、要求和最后通牒。把反馈、雇员的建议和清晰的目标设定结合起来，同时避免有意或无意地强加目标，这样才能产生最高的员工满意度。跟雇员一起决定后续的跟进流程和如何实现既定目标。

结束访谈

> 结束时要让人感觉到访谈对双方都极具价值。

不要急于结束访谈。确保被访谈者理解了所发生的一切。用一种信任和开放式交流的基调总结访谈。要用这种感觉结束访谈，即该访谈对受访者、访谈者和组织来说都是一个重要的会议。如果你已经填好了必要的表格，就在协议上签字完成。如果组织政策允许，允许雇员在他们感受强烈的条目下加注笔记。提供一份已经签好字的表格复印件，作为此后评估的计划记录。

接受绩效评估访谈的员工

> 在访谈之前做一个自我评估。

保存一个完整、详细、准确和可核实的记录，用来记录你的职业活动、创始项目、业绩、成就和存在问题的领域。[34] 把你上次绩效评估中设定的目标列成一张表。把来自于你的上司、同事、下属、客户、顾客和管理层的，包含自发的积极评价的信件或电子邮件保存下来。分析你的优势和弱点，并准备好改正措施，用自己的想法去改进。自我批评会软化来自他人的批评。

> 以积极的心态接受访谈。

绩效评估访谈是否能成功有一半的机会取决于你。要以访谈是一种关于发展前景的、有价值的信息来源的心态接受访谈；把访谈当作获得有意义的反馈的一次机会，它可以告诉你组织是如何看待你的绩效和将来的；更要把访谈看作一个展示你的优点和强项的机会。准备好具体事例，用来说明你如何达到或超出了期待值。准备好睿智的、深思熟虑的问题。准备好讨论你的职业目标。

> 避免不必要的辩护。

跟你的访谈者保持一种富有创造力的、积极的关系；除非有值得辩护的事情，否则不要变得防备。如果访谈者让你处于守势，跟他保持直接的目光接触，并在回答指控前澄清事实，可以问："这个问题是怎么引起您的注意的？"或者"第三季度准确的产量数据是多少？"这样会给你时间了解全面的形势，并据此形成一个透彻的、合理的回答。要求澄清你不理解的问题。提供解释而非借口。合理评估自己的绩效和能力，对自己和上司都以诚相待。认清自己是什么样子，自己在自己心目中是什么样子，和在别人心目中是什么样子，以及希望自己成为什么样子，就可以描绘出不同的人。

绩效评估访谈不是表示害羞或谦逊的时机。要提及业绩，如特别的或额外的项目，你给予其他雇员的帮助，或代表组织进行的社区活动。在谈及你预计将来会遇到的问题或挑战时，要坦诚陈述。访谈者如果有错误表达或错误假设，要大胆改正。不要怕寻求帮助。

如果你面临一个严重的问题，说出你需要多长时间可以解决它。尽快提出建议，或要求对方拿出方案以解决你们之间的分歧。访谈者不是来羞辱你的，而是来帮助你和组织成长的。保持冷静。斥责你的上司可能给你带来短暂的满足感，但是发过脾气之后，他仍然是你的上司，问题会变得更糟。不要试图一次性改善所有问题。在短期和长期目标中都选出一些该优先处理的。

在结束时，用自己的话总结或重述问题、解决措施和新的目标。确保自己理解了所发生的事情，和下个评估期的一致目标。确保奖励匹配你的绩效。用你决心完成新目标的积极态度结束访谈。

> 好的进攻强过好的防御。

> 把情绪留在门外。

问题员工的绩效评估访谈

当雇主与雇员发生问题时，情况可能包括严重缺勤、不遵守规则和程序、不服从上级，或者威胁到其他同事、上司、组织、顾客和客户的安全健康的行为。除极端案例以外，目前的做法是把以上情况作为需要辅导的绩效问题来处理，避免使用处分的说法，因为处分暗示有罪。在很多情况下，雇主必须拿出正当理由才能处分雇员或者解除雇佣关系。

确定正当理由

正当理由"意味着法律上有充分的理由"采取行动，诉讼当事人要在法庭上能提出令法官满意的证明。[35] 当运用到雇佣关系中，正当理由意味着雇主必须拿出充分的正当理由才能处分员工，以便提高业绩（而非作为惩罚），或者因为"雇员的不可调解的错误行为或未能遵守雇佣合同"而结束雇佣关系。[36] 与正当理由相对的是随意解除合同，指的是"任何一方都可以在任何时间、以任何理由结束雇佣关系"[37]。

美国西北大学的卡罗尔·多尔蒂（Carroll Daugherty）于1966年开发出了正当理由的七种测试方法，应用于工会工人和雇主之间的申诉仲裁。[38] 自此这些方法就成为了标准规范，被广泛运用于工会和非工会组织来处理处分和解约事宜。[39] 以下关于正当理由的七个测试或者标准可以用来指导如何进行绩效问题访谈。

- 就未能遵守某项规则或指令可能造成的纪律处分后果，该雇员是否已经得到了清楚的而非模糊的警告？

在做出口头警告后必须在短期内出具书面警告。

- 该规则或指令是否与保障该组织的有序、有效和安全运营直接相关？

> 公正、平等地对待所有雇员。

该规则或指令必须经常、平等地运用于所有同类别的雇员。

- 在采取行动之前，被指控的事件是否已经及时调查以便认定该雇员是否违反了某项规则或指令？

及时通常指调查在两到三天内进行。

- 调查是否是用一种公正、客观、不偏不倚的方式进行的？

雇主是否约谈了事件涉及的各方并获取了必要的证据或文件资料？

- 是否收集了充分的证据和文件资料以证明确实存在违反某项规则或指令的行为？

在安排绩效问题访谈之前，写下问题的细节，拿到必要的证据和录音。

- 被认定违反了某项规则或指令的雇员是否得到了平等的对待？

组织在进行绩效问题调查时，必须用完全一致的方式，不得表现出歧视。

> 惩罚必须与违规行为相匹配。

- 实施的惩罚是否与问题的严重性和雇员的总体绩效水平合理匹配？

惩罚必须适合绩效问题，且在本质上是进步的而非退步的。

准备访谈

通过参与实际的角色扮演案例来准备绩效问题访谈。这些排练可以减轻焦虑，并帮你预测雇员的反应、问题和反驳。多经历一些情况和雇员类型会帮助你改善你的立案、质询和回应。

> 在实际进行之前多加练习。

角色扮演、对各种绩效问题情况进行文献研究、与有经验的访谈者进行讨论，这些都能帮你学会应对访谈。比如，门罗（Monroe）、博尔兹（Borzi）和迪萨尔多（DiSalvo）发现，在93%的案例中雇员有四种共同的回应模式。[40]

1. 明显的顺从：过于礼貌和恭敬，道歉，做出承诺或陈述良好意图。
2. 关系筹码：声明他们比访谈者为组织服务的时间更久，因此最清楚情况；或他们是最优秀的人，因此不能被解雇或处分；提到组织内的朋友或亲戚，或表示他们与其关系紧密。

3. 不在场证明：声称劳累、生病、超负荷工作、预算削减、家庭问题，总之是别人的错，或者上级做出的指令或提供的信息有误。
4. 回避：以病假或休假为由离开，不回复备忘录或不接电话，或不来赴约。

回顾你是怎样知道员工的违规行为的？你直接看到了违规操作吗？比如在旷工、工艺质量差、醉酒、骚扰其他员工或拒绝服从情况下？你是通过第三方间接了解到情况的吗？还是通过观察结果，比如迟到报告、低劣的产品质量抑或是既定目标没达到，而得出的结论？还是你因为之前的事件、行为或刻板印象预见到了违规？比如，非裔美国人和其他少数民族经常比其他人受到更严格的监督，因为主管们相信他们更可能违规。相反，主管们对那些他们认为讨人喜欢的、跟他们相似的、社会地位更高的、才能出色的人更宽宏大量。有些人一旦与之发生冲突就会"爆炸"，主管们也许会避免跟他们正面交锋。不直接发生冲突是更简单的摆脱方法。

> 你掌握了哪些违规证据？

接下来要决定我们发现的问题是否值得引发一场访谈。旷工和绩效低下通常被认为比拖延和嬉戏打闹更严重。没法判断违规行为的原因，因为这将影响你如何进行访谈以及采取什么行动。

翻阅该员工过去的绩效记录。有两个基本的原因需要我们采取行动：糟糕的绩效和问题员工。当一个员工的绩效逐渐或突然下降时，原因可能是有关动机的、私人的、与工作相关的，或与管理者相关的。绩效下降可以通过员工突然转变的行为显示出来。注意观察这些指数，如出勤率、工作质量或工作数量、接受指令的意愿和合作性。

一个问题员工可能酗酒或有毒瘾，婚姻不稳定，子女出现问题，或者受抑郁等情绪问题困扰。一个员工可能会从单位里偷窃去满足他的赌瘾、毒瘾或酒瘾，或供养男朋友或女朋友。这些员工需要专业的咨询服务。

> 关系维度在绩效问题访谈中很重要。

对于哪些原则适用于绩效问题访谈，请参考本章和**第十一章关于咨询访谈**的部分。参考**第二章探讨过的关系维度**。通常在双方都不愿意参加的情况下，作为监管人员，你可能会拖延面谈，一直到问题堆积如山再也拖延不起。当一个特定的问题到了紧要关头，矛盾激化时，你和员工可能变得互不喜欢或互不信任，甚至到了恶语相向乃至拳脚相加的地步。

保持对自我和局面的控制

如果你想在问题变得严重之前把它化解，就不要选择在生气的时候进行绩效问题访谈。如果你不能控制你自己，你将无法控制访谈。在一个充满威胁的环境中是很难实现信任、合作和开诚布公的。当一

> 不受控制的怒气会破坏访谈。

方或双方难以克制愤怒或敌意时，请遵循以下建议。

- 在一个私人的场所举行访谈。选一个你和雇员能公开自由地讨论的地方。
- 当出现严重问题时，考虑推迟正面交锋，并申请协助。等情绪平静下来，采取行动之前考虑好是否要咨询专业顾问或叫保安来。
- 邀请一位证人参加访谈。证人应该是一位主管，因为请一位雇员做证人指证另一位雇员对双方来说都是危险的做法。严格遵守工会合同和公司政策所规定的程序。

聚焦于问题

> 依据事实而不是印象和观点来处理问题。

处理具体的事实，如缺勤、证据、部门记录和之前的纪律处分。不要让现场沦为一场交易："那么请看一下我准时出勤的次数。"或者"为什么其他人犯错却没有受到处分？"

- 记录下所有你获得的事实资料。工会、平等就业机会委员会和律师经常需要完整准确的记录。做详细的笔记，在所有今后可能用到的材料上记录下时间和日期，出于法律保护目的要取得被访谈者的签名或姓名缩写。建立文件追踪系统。

> 避免没有证据的指控。

- 不要控诉。避免使用这样的词汇或陈述，如麻烦制造者、酒鬼、小偷、骗子等。你不能做出医疗诊断，所以请避免医学术语。

> 问一些能让受访者开口的问题。

- 开始评论时要谨慎。用以下措辞来开始你的评论，如："根据你的出勤报告……"或"据我所知……"或"我观察到……"这样的措辞迫使你实事求是，避免在证明其清白以前就控诉一个雇员有罪。
- 问一些能促使雇员表达感想或解释其行为的问题。可以以这样的问题开头，如"告诉我发生了什么事……"或"当他说那些话的时候，你的反应是什么……"或"你为什么感到……"开放性的问题能让你从雇员那里获得事实、感想和解释。

避免在访谈中下结论

匆忙得出结论带来的问题比解决的问题更多。一些组织会培训主管们在特定情况下使用标准陈述。如果你要求一位雇员暂停工作，你可能会说：

"我相信你今天不在工作状态，所以我让你回家。请明天来向我报到。"

"我要求你去医疗机构进行测试，并带着医生证明回到办公室。"

■ 永远不要在愤怒时进行绩效问题访谈，应在私下场合进行访谈

"我要求你现在暂停工作。明天 9 点给我打电话,讨论我会采取的后续措施。"

这样的陈述会给你跟其他人商量的时间,思考可能的解决措施,或者给涉事双方一个冷静期。

结束访谈

以中立的态度结束访谈。如果处分是合适的,那就实施。但要认识到,延迟行动可能会让你把整个事件考虑得更清楚。要组织政策、劳动契约保持一致,对所有雇员一视同仁。参考组织规定的对具体违规行为的处罚措施。

> 不要急于得出结论。

本章总结

根据双方事前达成一致的标准来评估雇员。对执行某一具体职责的雇员平等地使用同样的绩效目标。用研究和良好的判断力来支配访谈,在不同的环节分别讨论绩效、升职和有问题的方面。绩效评估访谈应该至少每半年进行一次,而升职、薪水,或绩效问题访谈在任何必要的时候都可以进行。在绩效问题还未扰乱雇员的工作或者影响到组织时就将其解决。选择最适合你的组织、雇员和岗位的绩效评估模式。

对雇主和雇员来说,弹性和开放心态都是绩效评估访谈成功的关键。弹性应该与理解和包容个体差异相调和。绩效流程必须不间断,没有具体的开始或结尾。主管和下属都一直会被周围的人评判。通过洞察自己的行为及其对他人的影响,双方都会成为更优秀的人和更好的组织成员。

关键术语和概念

360 度绩效评估法 360-degree approach	竞争性的评估者 Competitive rater
近期偏差 Recency error	随意解除 At will
光环效应 Halo effect	支持性氛围 Supportive climate
基于行为的反馈 Behavior-based feedback	正当理由 Just cause
严格评估者 Tight rater	行为锚定等级评价法 Behaviorally anchored rating scales
宽松评估者 Loose rater	通用绩效访谈模式 Universal performance interviewing model

催化辅导 Catalytic coaching	目标管理模式 Management by objectives
多源反馈 Multisource feedback	中间趋势 Central tendency
干草叉效应 Pitchfork effect	

绩效评估访谈案例及分析

"居于壮观户外"公司是一家位于上中西部地区的百货商品连锁店，主要服务于在野外生活、工作和娱乐的客户。它拥有儿童和成人户外服装、钓具、打猎装备、登山装备、滑雪装备，以及木屋和度假屋等全套生产线。梅丽莎·斯文森（Melissa Swenson）是"居于壮观户外"公司位于明尼苏达州德卢斯市的大型专卖店的经理。加布·约翰森（Gabe Johansen）已经担任码头经理一年有余了。这是一次年中绩效评估访谈。访谈于星期五下午三点半在经理办公室举行，在加布计划周末休三天假以前。

分析一下开头部分在营造友好融洽气氛并引导员工方面的有效性如何？访谈氛围是支持性的还是防御性的？在涉及消极方面以前，经理和码头经理是如何处理访谈的积极方面的？任何一方主导了访谈的某个阶段吗？双方是如何有效地为下一个评估期设定目标的？访谈是如何有效地结束的？经理是如何有效地担任辅导者角色的？

1. **访谈者**：下午好，加布，请坐。
2. **受访者**：谢谢，这周有三天周末呢，真是秋天里的好日子。
3. **访谈者**：有安排吗？
4. **受访者**：是的。安迪从北达科他州回来了，我们打算去苏必利尔湖附近去远足。
5. **访谈者**：太好了！跟你的儿子一起这样度周末真是好办法。在我们开始秋季评估前你有任何问题吗？
6. **受访者**：没有。我们已经就我的绩效和发货码头的问题进行过几次讨论了。
7. **访谈者**：这些讨论很有帮助，对不对？如我之前所说的，我们对你作为码头经理的工作表现非常满意。在你接受该工作以前，我们常常卸一卡车货物就需要一天多时间，那就意味着司机要过夜，他的装备就要白白浪费一天。
8. **受访者**：我从来也没搞清楚为什么卸货需要那么久。你只需要保证事情有序进行就好了。

9. 访谈者：对。你现在通常半天就可以卸一车货了。
10. 受访者：这很大一部分要归功于我的团队。他们真的积极参与新程序和任务。坦白地说，随着预算削减，恐怕下个季度我们的记录就没有这么好了。
11. 访谈者：不要担心预算。我在你背后支持你。
12. 受访者：听上去很美，但是不要站得太往后哦。
13. 访谈者：（微笑）我不会的。我们现在关注的是家居产品的损坏加剧问题。我们的记录显示随着卸货时间下降，家居产品的损坏率也缓慢持续上升。想评论一下这一点吗？
14. 受访者：哦，我没留心到损毁增加了。当你把成千上万的货物从卡车搬进商店、放在地上时，东西会掉下来是不可避免的。尤其是把易碎品从集装箱里取出并放在架子上的时候。
15. 访谈者：大部分的损毁发生在从卡车上卸到地面上时，而不是发生在把产品搬进商店或放在货架上或陈列架上时。
16. 受访者：你是如何知道的？
17. 访谈者：我已经指示理货员，当打开集装箱发现损毁时，就立即联络我。几乎所有的损毁都发生在从卡车卸到地面的过程中。在把产品放在货架上或陈列架上时，我发现极少发生损毁。
18. 受访者：有可能某些损毁，可能是多数损毁，发生在装车过程中，他们真的是使用叉车把东西使劲儿塞进去。
19. 访谈者：现在所有的货品在装箱前都要经过仔细检查，然后由负责主管签单，并监督装车。
20. 受访者：我知道了。你什么时候打算告诉我这个问题的？
21. 访谈者：我在确保跟你面对面核实之前，收集到了所有必要的信息，并记录在案。就我个人而言，我当然不是在责备你。我当然不相信是你个人损坏了货品，但是你要更密切监督你的码头工人，不论是在卸车还是在把产品搬进商店放在地板上时。
22. 受访者：但是很难做到同时兼顾两处的工作。我们已经大大减少了卸货时间，提高了运货卡车的掉头率，这是靠我全程在卸货现场监督做到的。如果我离开卸货场，晃进商店，我担心卸货速度会减慢。
23. 访谈者：加布，你需要选你信任的人工作，他们不需要你持续监督也能完成好自己的工作。我不指望你又卸车又忙着监督。你是经理，不是工人。

24. 受访者：我懂你的话，但是我一直是亲力亲为的类型。我认为我的工人们尊重我，因为我不怕把我的手弄脏。
25. 访谈者：你必须在经理和工人的一员这两者之间取得平衡。依靠那些你能信任的人，把职责托付给他们，从而减少你花在监督工作上的精力。是你自己挑的工人，现在你要从中挑出领导者。
26. 受访者：好的。还有什么事情？
27. 访谈者：别的就没什么了。我希望你能更灵活地适应工作安排。
28. 受访者：你这话是什么意思？
29. 访谈者：就是当你没有卸车安排的时候，我们需要你在其他区域帮忙。
30. 受访者：比如？大部分时间码头上的工作就够我忙的了。而且我是码头经理。
31. 访谈者：是的，你是。而且我知道有货车进来时你非常忙。但是我们需要你帮忙把货品放在展架上，或取出来放在地板上。当其他区需要帮忙时，你好像不太乐意。
32. 受访者：我想不起来这些人什么时候主动或者被要求来码头帮过我们。我肯定大部分人连去码头的路都找不到。
33. 访谈者：我理解你的感受，但是当别处需要你帮忙时不要那么怒气冲冲的。
34. 受访者：我怒气冲冲的？
35. 访谈者：好吧，我们还是以积极的态度结束吧。我对你作为码头经理的表现非常满意，这是你的首要职责。我所要求的就是你盯紧一点，减少破损率；有时间的时候多帮帮其他区的同事。
36. 受访者：好的。这我做得到。还有其他事吗？
37. 访谈者：没有了，就这些。周末愉快，好好跟儿子去远足。

绩效评估访谈角色扮演案例

一位飞机维修专家

访谈者是美国中部航空公司（一家地区运输公司）的维修保养中心的维修总监。他正在跟一位维修专家进行一场季度绩效评估访谈，该专家三年前毕业于一家大学的航空技术专业，一毕业就进入了这家公司。他的工作记录非常出色，似乎仅有几个小问题需要解决。不幸的是，这家航空公司最近发生了两起航空事故，两排座位在飞行中松动了，这让他们遭受大量舆论攻击。虽然没发生伤亡，但是美国联邦航空局和消费者权益保护组织都在讨要一个说法。因为受访者的主要职责是检查和维修客机座位，访谈者必须探究发生这些可能导致乘客伤亡事件的原因，并了解受访者已经采取了哪些措施，和计划如何保证座椅不会在飞行中再次松动。

一位排球教练

这位访谈者是福布斯大学的体育部主任。在 8 月下旬赛季开始之前，以及 1 月至 5 月赛季结束之后，他负责评估所有教练的绩效。受访者是女子排球队的首席教练。该队在过去 3 年中的每一年都赢了 54% 的比赛。因为该队已经积累了丰富的经验，并且有两位优秀球员加入，今年成绩有望实现突破。本次访谈聚焦于靠本赛季扬名的前景，和教练应如何既动员队员个人又动员整个团队。她的团队一贯在赛季开始时势头凌厉，但是在赛季末时就表现褪色了。本赛季的成功程度将决定该教练在福布斯大学的将来。

一位零售经理

访谈者是一家大型百货商店的经理，对部门经理进行年中绩效访谈。受访者是女装部经理。她是一位 42 岁的单亲妈妈，有四位从 13 岁到 19 岁的子女。受访者一贯表现出色。她能预见到问题，针对每个问题都能想出合适的解决方式，并且在仪表和着装上都非常专业。但是，她最近频繁迟到，并且似乎为每次迟到都准备好了借口，其中一些借口非常不可信。访谈者必须决定如何在不影响她的出色表现的情况下，让她认识到她的迟到给她的部门带来了怎样的影响。她不想失去这位经理，但是她必须帮助她改正这个问题。

故障诊断专家

访谈者是一家大型纸制品制造公司的副总裁，该公司在全美和其他几个国家都有工厂。他负责监管工厂经理和工程故障诊断专家，这些专家经常要出差到不同的工厂解决生产问题、安装设备、诊断新电脑系统的故障、培训新生产设备的操作人员。受访者是前工厂经理，现在是一位出色的故障诊断专家，对于频繁出差、远离家庭感到苦恼。这次访谈在评估绩效的同时，旨在帮助受访者改善情绪、继续留任。

学生活动

1. 就绩效评估问题访谈一位大中型组织的人力资源总监。提问如下：您采用哪种绩效评估系统或模式？为什么您选用该系统？您如何使该模式适应您的组织？您是如何培训访谈者成为教练而非裁判的？您如何解决绩效评估中的潜在偏见？
2. 把杰拉德·马克尔的绩效评估催化辅导法与行为锚定评估法、目标管理法及通用绩效访谈法进行类比和对比。催化辅导法是如何改变和提升每种方法的？
3. 联系工业组织、学术组织和宗教组织等三种不同类型组织的主管。询问他们在过去三年中遇到的雇员行为问题的类型和严重程度。询问这些问题的起因是什么？他们是如何运用绩效访谈解决这些问题的？哪些人参与了访谈？如何根据行为问题的类型和严重性调整访谈？访谈是如何有效地解决问题而不需要解雇雇员的？
4. 对组织来说解雇雇员总是一个困难的决定，而且问题重重，如愤怒的职员指控解雇不公平、不合理的诉讼，解雇之后的暴力问题，等等。访谈三位在解雇员工方面有经验的主管，了解他们如何准备解雇文案，进行达成解雇的绩效问题访谈，以及他们如何试图防止法律诉讼和潜在的暴力事件。

注释

1. Michael E. Gordon and Vernon D. Miller, *Conversations About Job Performance: A Communication Perspective on the Appraisal Process* (New York: Business Expert Press, 2012), p. 6.
2. Gordon and Miller, p. 7.
3. Gordon and Miller, p. x.
4. Gordon and Miller, pp. ix and 7.
5. Garold L. Markle, *Catalytic Coaching: The End of the Performance Review* (Westport, CT: Quorum Books, 2000), p. 4.
6. Taken from *Everyone's a Coach* by Don Shula and Ken Blanchard. Copyright 1995 by Shula Enterprises and Blanchard Family Partnership. Used by permission of Zondervan Publishing House (http://www.zondervan.com).
7. K. Michele Kacmar, L. A. Witt, Suzanne Zivnuska, and Stanley M. Gully, "The Interactive Effect of Leader-Member Exchange and Communication Frequency on Performance Ratings," *Journal of Applied Psychology* 88 (2003), pp. 764–772.
8. Kenneth N. Wexley, "Appraisal Interview," in R. A. Berk (ed), *Performance Appraisal: Methods and Applications* (Baltimore: Johns Hopkins Press, 1986), p. 168.
9. Gordon and Miller, pp. 25–26.
10. Ronald J. Burke, William F. Weitzell, and Tamara Weir, "Characteristics of Effective Employee Performance Review and Development Interviews: One More Time,"

Psychological Reports 47 (1980), pp. 683–695; H. Kent Baker and Philip I. Morgan, "Two Goals in Every Performance Appraisal," *Personnel Journal* 63 (1984), pp. 74–78.

11. "Guidelines for Conducting the Performance Interview," http://www.lcms.org, accessed December 19, 2006.
12. "Performance Appraisal," Answer.com, http://www.answers.com/topic/performance-appraisal?&print=true, accessed October 9, 2009.
13. H. Lloyd Goodall, Jr., Gerald L. Wilson, and Christopher F. Waagen, "The Performance Appraisal Interview: An Interpretive Reassessment," *Quarterly Journal of Speech* 72 (1986), pp. 74–75.
14. Gerald R. Ferris and Thomas R. King, "The Politics of Age Discrimination in Organizations," *Journal of Business Ethics* 11 (1992), pp. 342–350.
15. Diane Chinn, "Legal Implications Associated With a Performance Appraisal," http://www.eHow.com/info_8038194_legal-implications-associated-performance-appraisal.htm, accessed September 28, 2012; Maurice Baskin, "Legal Guidelines for Associations for Conducting Employee Evaluations and Performance Appraisals," http://www.asaecenter.org/Resources/whitepaperdetail.cfm?itemnumber=12208, accessed September 28, 2012.
16 David Martone, "A Guide to Developing a Competency-Based Performance-Management System," *Employment Relations Today* 30 (2003), pp. 23–32.
17. Stanley Silverman and Kenneth N. Wexley, "Reaction of Employees to Performance Appraisal Interviews as a Function of Their Participation in Rating Scale Development," *Personnel Psychology* 37 (1984), pp. 703–710.
18. Gordon and Miller, pp. 21 and 23.
19. This explanation comes from a booklet prepared by Baxter/Travenol Laboratories titled *Performance Measurement Guide*. The model and system were developed by William B. Cash, Jr., Chris Janiak, and Sandy Mauch.
20. Gordon and Miller, p. 25.
21. Jack Zigon, "Making Performance Appraisals Work for Teams," *Training,* June 1994, pp. 58–63.
22. Jai Ghorpade, "Managing Five Paradoxes of 360-Degree Feedback," *The Academy of Management Executive* 14 (1993), p. 140.
23. Anthony T. Dalession, "Multi-Source Feedback for Employee Development and Personnel Decisions," in *Performance Appraisal: State of the Art in Practice,* James W. Smitter, ed. (San Francisco: Jossey-Bass, 1998).
24. Ghorpade, pp. 140–150.
25. Angelo S. DeNisi and Avraham N. Kluger, "Feedback Effectiveness: Can 360-Degree Appraisals Be Improved?" *The Academy of Management Executive* 14 (1993), pp. 129–139.
26. Vernon D. Miller and Fredric M. Jablin, "Maximizing Employees' Performance Appraisal Interviews: A Research and Training Agenda," paper presented at the 2003 annual meeting of the National Communication Association at Miami Beach; correspondence with Vernon Miller, December 12, 2008.
27. Markle, pp. 76, 78.
28. Miller and Jablin; DeNisi and Kluger, pp. 136–137; Ghorpade, pp. 144–147; Markle, p. 79; Gordon and Miller, pp. 23–24.
29. Gordon and Miller, pp. ix and 17.
30. Goodall, Wilson, and Waagen, pp. 74–87; Arthur Pell, "Benefiting from the Performance Appraisal," *Bottomline* 3 (1996), pp. 51–52.

31. Goodall, Wilson, and Waagen, p. 76.
32. Terry R. Lowe, "Eight Ways to Ruin a Performance Review," *Personnel Journal* 65 (1986), pp. 60–62.
33. Hill, p. 7.
34. "Powering Up Your Annual Performance Reviews," July 23, 2009, *Executive Career Insights,* http://www.executivecareerinsights.com/my_weblog/performance-reviews/, accessed October 8, 2009.
35. "Just Cause & Legal Definition," http://definitions.uslegal.com/j/just-cause, accessed October 4, 2012.
36. "Just Cause Definition," http://www.duhaime.org/LegalDictionary/J/JustCause.aspx, accessed October 4, 2012; Diane Chinn, "Standard of Proof in an Employee's Discipline Case," http://smallbusiness.chron.com/standard-proof-emp oyees-discipline-case-14236.html, accessed October 4, 2012.
37. Kirk A. Johnson and Elizabeth Moser, "Improvement #4: Limit 'Just Cause' Discipline and Discharge Clauses," http://www.mackinac.org/4915, accessed October 4, 2012.
38. Chinn, "Standard of Proof in an Employee's Discipline Case."
39. "What Is Just Cause?" http://www.hr.ucdavis.edu/supervisor/Er/copy_of-Justcause, accessed October 4, 2012; "Seven Tests of Just Cause," http://hrweb.berkeley.edu/guides/managing-hr/er-labor/disciplinary/just-cause, accessed October 4, 2012; Diane Chinn, "Standard of Proof in an Employee's Discipline Case"; Improvement #4.
40. Craig Monroe, Mark G. Borzi, and Vincent DiSalvo, "Conflict Behaviors of Difficult Subordinates," *Southern Communication Journal* 54 (1989), pp. 311–329.

资料来源

Fletcher, Clive. *Appraisal, Feedback, and Development: Making Performance Work.* New York: Routledge, 2008.

Harvard Business Review Staff. *Harvard Business Review on Appraising Employee Performance.* Cambridge, MA: Harvard Business School Press, 2005.

Markle, Garold L. *Catalytic Coaching: The End of the Performance Review.* Westport, CT: Quorum Books, 2000.

Gordon, Michael E., and Vernon D. Miller. *Conversations About Job Performance: A Communication Perspective on the Appraisal Process.* New York: Business Expert Press, 2012.

Winter, Graham. *The Man Who Cured the Performance Review.* New York: John Wiley, 2009.

第十章

说服性访谈

> 在我们的社会中，你不能避免说服。

本章聚焦的说服性访谈（Persuasive Interview），其基本目标是影响当事人如何思考、感知和行动。这是一个相互作用的过程，这是因为说服需要双方的积极参与才能发挥重要作用，而非单方面。你可以加入到每天的说服性访谈之中，如顾客与售货员、委托人与代理人、病患与医生、学生与教授、选举人与候选人、新兵与征兵人员，以及小孩与父母等。得克萨斯州立大学传播学院院长罗德里克·哈特（Roderick Hart）依据日常生活中无处不在的说服例证，写道："一个人了解一些关于说服的知识就像呼吸那么重要。"[1]

本章的目标在于帮助你了解两点：第一，双方在说服过程中的伦理问题和责任；第二，如何准备和参与说服性访谈的基本原理，这些基本原理包括充分了解对方、情况、事件，做充分的应对准备，成为至关重要且思想开放的参与者。

说服的伦理观

> 伦理与说服息息相关。

两千多年以前希腊理论家伊苏克拉底（Isocrates）曾写道：仅仅学习说服力的技巧是远远不够的；当试图改变或强化信念或其他行为时，我们必须意识到道德的责任。[2] 伊苏克拉底提及的古希腊关于伦理学的论述依旧值得21世纪的社会进行思考。一份最新的关于"行业诚信与伦理"盖洛普民意测试调查显示：低于20%的调查对象认为如下行业中从业者具有很高或较高的伦理道德（排名按递减顺序排列）：律师、商务专员、工会领导、股票经纪人、广告从业者、电话销售员、说客、国会代表、汽车销售员。[3] 这种存在于我们社会中被认为不诚实的行为使得政治学家大卫·卡拉汉（David Callahan）出版题为《欺骗文化：为什么大多数的美国人都在做错误的事情》（*The Cheating Culture:Why*

Most Americans Are Doing Wrong to Get Ahead）一书。[4]

由于说服性访谈是共同活动，因而双方共同遵守伦理要求显得十分必要。伦理与说服领域的权威理查德·约翰内森（Richard Johannesen）写道，"作为说服的传者和受者，我们有责任树立恰当的说服伦理准则。"[5] 赫伯特·西蒙斯（Herbert Simons），作为几本关于说服书籍的作者，主张"在你的角色为说服信息的传者和受者时，试问自己：什么样的伦理标准在这样一个独有的情况下引导我的决断？我对其他方面是否还有期待？"[6]

什么是伦理？

> 我们何时跨越了道德边界？

约翰内森写道，"**伦理问题**是关于人类行为的对与错、优点与缺点的程度和伦理责任的价值判断。"[7] 注意关键词"程度（degrees）"。当一个人兜售一个骗人的投资项目或是房屋修缮计划，尤其对象是来自弱势群体或是无家可归之人，我们很容易判定此人是不道德的。但是其他情况就不容易下结论。比如说，你可能批评一个政客或是保险销售代表，因为他们试图通过诉诸恐惧威吓来诱使我们做出决定，但是当你为了说服一个朋友戒烟，或者劝告小孩子不要上陌生人的车时会采用同样的手段。

在本章所讨论的每一种策略和技巧，即便针对说服对象做了仔细的分析和调整，仍然可能会被认为是操纵性的，并因此而被认为是不道德的。

基本道德准则

> 黄金法则的含义是什么？

肯尼思·安德森（Kenneth Andersen）写道，"尽管我们不希望将一套既定的价值体系或道德准则强加于读者身上，但是我们的确认为，他/她有责任形成一套标准。我们认为这很有必要，这既是出于利己的直接实际的目的，也有利他的理由：一个人在说服过程中既作为接受者又作为发起者承担着该如何做的责任。"[8] 古老的黄金法则仍然是相关的伦理操守："己所不欲，勿施于人。" 虽然很难制定被所有人接受且适用于所有劝说场景的伦理准则，但是加里·伍德沃德（Gary Woodward）和罗伯特·丹顿（Robert Denton）为我们提供了一个起点，他们写道，"合乎道德的交流应该是公正的、诚信的，并且它的目的不是伤害别人。"[9]

保持诚信（Be Honest）：我们大多数人基本上是诚实的，很少讲弥天大谎，但我们可能会撒些关于逃课或上班迟到的"小谎"，或者"夸张"一点以获得批准或同情，或是有目的、有预谋的"忽悠"。如果我

第十章　说服性访谈　　**299**

们是真正诚实的，我们就不会试图隐瞒自己的真实动机，不会为在说服访谈中占据主动地位而妥协我们的想法，或放弃揭露我们认为的疑点，或是假装不愿意履行承诺。赫伯特·西蒙（Hebert Simons）建议我们提出两个问题来评估我们的诚实："在访谈结束之后我如何评价自己？如果被要求将访谈行为公开，我会公开吗？"[10]

保持公正（Be Fair）：如果你遵循黄金准则，那么公平性将不会是一个问题。问问自己解决公平性的问题。对方因社会地位（权力、专业知识、年龄、健康状况、财务状况、所持的立场）的不同是如何处于弱势的？这次访谈可能带来的后果的严重性程度是多少？我的观点、事实、语言、策略和要求是如何充分体现公正的？我是否在访谈时表现出积压已久的异议与不满？我是否抛出了无关紧要的、琐碎的，或是牵强的想法和观点影响了访谈？[11] 强烈的情感上的异议在说服性访谈中很常见，但是不公正的策略会在此刻造成对方无法弥补的伤害且影响之后的互动。

> 保持公正是基本的道德准则。

保持怀疑（Be Skeptical）：信任别人，但不要轻信。每一个骗子依赖你的帮助和轻信。[12] 平衡你的信任与怀疑。不要让贪婪或不劳而获的想法使你成为帮凶。提防简单的说法、主张、承诺和保证又快又好的解决方案。例如，狡猾的经营商伯尼·麦道夫（Bernie Madoff）曾成功欺诈家人、朋友，以及备受尊敬的投资者、名人和追求财富者，涉案金额高达500亿美元，这些受害者都没提过什么问题，也不做调查，并且拒绝听从要谨慎的忠告。

做出全面周到且深思熟虑的判断（Be Thoughtful and Deliberate in Judgment）：在麦道夫的审判中，许多相关证人怀疑他的投资计划，但仅仅怀疑是不够的。"买家当心"（buyer beware）这样一个道德概念，在麦道夫的企业设计的骗局中屡试不爽，一旦出现问题会将全部责任推卸给说服对象。经过聆听、思考、质疑和综合研究之后再决定是否接受一个人的想法或建议。[13] 双方在说服性访谈中应该问询关键问题和寻找确凿的证据支撑的答案。研究表明，表面与实质相比，我们通常对表面更感兴趣。我们似乎更倾向于与相貌、行动、声音和谈吐相似的人建立起合适的联系，这一假设是合理且富有依据的。[14] 推理的出现可能比实质更重要。我们倾向于接受信息源和"专家"，只要他们同意我们的信念、态度和价值观。约翰内森称，"对于信息的传递者和接收者而言，负责任的沟通方式中最基本的一个要素就是做出全面周到且深思熟虑的判断。"[15]

> 表面往往胜过实质。

拥有开放的心态（Be Open-Minded）：拥有开放的心态并不意味着你没有强烈的信念、态度、价值观或承诺。这只是说你不会事先设定好说服者的职业、政治党派、宗教信仰、种族、性别、年龄或文化

> 对对立观点持开放的心态。

背景，他／她是否值得信赖、是否称职、是否具有同情心等等。这相当于说服者的剖析。同样，也不会自动接受或是拒绝事情处理的方式，或是对待新建议的态度。"对持有不同意见的人及其观点要有开放的心态。"[16]

做到反应敏锐（Be Responsive）：提供语言和非语言反馈给对方，使他们能够了解您的需求、限制，以及对正在发生的事情的看法。从访谈的开始到结束要积极地参与其中，约翰内森写道，"说服可以被看作是一种交易过程，作为说服者和被说服者的双方共同承担这一参与过程的责任。"[17]

清楚地知道了伦理问题和责任，现在我们开始讨论说服者和被说服者的角色，以及双方如何为参与说服性访谈而做的准备。

第1部分 说服性访谈中的访谈者

选择访谈对象

在许多说服性情景中，你的访谈对象是预先确定的，如家长、老师、雇主、一个团队的成员、熟人。你必须说服这个人，因为这个人可以满足你的一个愿望、解决一个问题、完成一项任务，或者满足你经济的需求。

在其他情况下，你必须从潜在的访谈对象中选择你的说服对象，或者定位在你的大学、社区、城市、省份或者国家范围内选取。专业的说服者称这个过程为**勘查**。你可以从自己过去通过联系建立起良好关系的人脉网开始勘查。他们可能是家庭成员、朋友、校友、客户、同事、教会成员、顾客、投稿者和粉丝。联系你人脉网中的人，他们并一定成为你的潜在访谈对象，但是他们可以帮助你找到好的选择。

勘探是一个数字游戏，因为你可能需要寻找数十位甚至是上百位的访谈对象，但是尽量避免给你从未接触过的陌生人或人脉网中从未有过联系的人来一个**"电话推销"**。有消息统计说，在100个电话推销中只有5至10个人会接听，两三个人对于你"售卖"的东西感兴趣，且只有一个人会"购买"。[18] 这种高失败率让人沮丧，所有的劝说者面对拒绝的时候，必须学会处理它。埃里克·亚当斯（Eric Adams）建议，"将拒绝视作流程中一个不可避免的阻碍并准备好继续前进。或者这样想，一个快速回复的'不'，通常比存在不确定性或故意拖延要好，因为在这一个提案上没有浪费更多的时间和金钱。"[19] 达雷尔·扎霍尔斯基（Darrell Zahorsky）警告说，预约成功并不意味着这位即将到来的访谈对象会准时赴约或是会有一个很好的访谈结果。有些人"更容易同意约会，而不是说他们不感兴趣"[20]。

下一个步骤是清除你潜在客户的列表。质量远远比数量重要。虽然不能保证在任何说服性访谈中都能成功，但是如果你的访谈对象符合以下的五个标准，那么你的成功率将会大大提高。

1. 你的提议将会产生或涉及访谈对象的需求、欲望或动机。如果没有需求、欲望或动机，就不会有接下来的说服。

2. 你(包括你的专业和组织)和你的提议都应与访谈对象的价值观、信仰和态度保持一致。缺少兼容、信任和尊重都将导致说服的失败。

3. 你的提议必须是可行的、实用的或是访谈对象力所能及的。可能性在劝说中最为关键。

4. 你的提案对于访谈对象来说必须益处远大于其坏处。你必须确认且中和既定及未阐明的异议。

5. 针对访谈对象没有比你的建议更可行的做法。你的建议就是最好的选择。

如果你已经调整好你的访谈对象的名单，那么开始为这次访谈做分析，对每一个访谈对象前景作准备。

解析说服对象

尽你所能地去了解说服对象，这样你就能够给出适合这个人的信息，而不是创建一个通用的"模式"进行改编。寻找以下四个问题的答案。访谈对象的个人特征是什么？访谈对象有着怎样的教育、社会以及经济背景？访谈对象的文化差异是什么？访谈对象的价值观、信仰和态度是什么？访谈对象的感受是怎样的？

人口特征

考虑对方的人口特征，如年龄、性别、种族、身材、健康、残疾、外表和智力等，这些特征的任何一种或组合都可能影响一个人能够做到或想要做的事。避免常见的社会刻板印象，如老人们行动缓慢且容易上当，金发碧眼的人是愚蠢的，西班牙裔都是非法移民，女性在技术上受到质疑，以及健康状况不佳导致不健康的生活。我们每一个人都是人口特征的复合体，这是不可能去刻板印象的。研究表明，高智力者更容易被证据和有逻辑性的论述所影响，但因更具有批判眼光而难以被说服。[21]

> "量体裁衣"的前提是了解情况。

教育、社会以及经济背景

> 对某群体的隶属关系可能是强大的外部力量。

受教育程度的水平是影响访谈对象的重要方面。例如,研究表明,更多地参与公共事务、科学文化活动的大学毕业生,往往有收入不错的工作,并且他们很少持有成见和偏见,更为关键的是他们思考灵活,拥有独立的态度。[22] 说服对象及其身边的人的社会经济背景是十分重要的,这是因为他们的态度在很大程度上受到他们所在团体的意识的影响。说服对象与群体的隶属关系越紧密,就越难以被与群体规范相悖的尝试说服。查尔斯·拉森(Charles Larson)写道,行为意向的两个主要因素之一就是"对个人规范性的影响,以及它对个人的重要性。**规范性影响**力是一个人的信念,重要的个人或团体认为执行或不执行某些行为是可取的。"[23] 了解访谈对象的职业、收入、业余爱好、上级/下级关系、婚姻状况、家属、工作经验和地理背景,因为这些因素涉及访谈对象的参照系——他们看待人、地点、事物、事件和问题的方式。

文化

你需要明白的是文化差异可能会影响你的访谈。例如,西方文化,如美国,倾向"自我",强调个人修养、领导能力,以及奖励和积累的重要性。其他人,特别是亚洲,倾向"我们",强调小组或团队的重要性,看到那些强调自我、声称个人成就的人,会对其产生厌恶情绪甚至对其进行攻击。有些文化认为行贿受贿是企业的正常组成部分。其他人觉得有必要送礼物作为流程的一部分。在许多文化中谈判是说服的重要组成部分,通常优于在晚餐或茶歇建立的关系。在美国,"时间就是金钱",所以美国人希望别人能守时。在英国,迟到5至10分钟被认为是"正确的",而在意大利一个人可能会迟到两个小时,他却不明白你为什么不高兴。[24]

价值观 / 信仰 / 态度

每一种文化都有一套普遍接受的**价值观**。这是一种基本信仰,它关乎存在的理想状态,关乎特殊方式激励人们去思考、感受或行动的行为模式。[25] 价值观,通常被高校的招聘人员、销售代表和政治家称为"敏感问题",是信仰和态度的基础。下面的价值观列表包括美国价值体系的核心,敏感问题驱使访谈者在特定时间以特定的方式思考、感受或行动。确定哪些价值观和你的访谈对象最相关。

生存价值观	
和平与安宁	健康保护
个人魅力	安全与保障
社会价值观	
友爱、受欢迎	慷慨
整洁	爱国主义和忠诚
服从、效仿	好交际与归属
成功价值观	
积累和拥有	物质享受
进取心	自豪、声望和社会认同
竞争	成就感
幸福	
独立价值观	
平等、个人价值	无约束的自由有能力、有权威
脱离权威控制的自由	
进步价值观	
改变与进步	量化
教育与知识	科学与现实理性
效率和实用	

> 价值观是说服性访谈中一触即发的敏感问题。

当你回顾这份价值观列表时，回想一下你最近的经历，是什么价值观促使你为人类家园作贡献，比如帮助洪水中的受害者，或者改善医疗计划。

在说服性访谈中的劝说者常常围绕以下价值观进行呼吁：声望、慷慨、体贴、安全、归属、和平和救赎。要判定在何种情况下哪些价值观与说服对象最相关。

> 价值观是我们信仰体系的基础。

政治、经济、社会、历史和宗教信仰根据价值观生发而来，在进行说服谈话时，你要确定这里面哪一些**信念**与你的话题和建议有关。对于说服对象来说，如果公平和个人价值是很重要的价值观，那么说服对象很可能会支持女性、非裔美国人、拉美裔美国人平等的权利和机会。如果教育和知识是重要的价值观，一个人很可能会支持更多的资金用于学校，为大学举行筹资运动，并对书籍和电脑数据库有浓厚兴趣。

> 从态度可以预言行为。

态度是相对持久的信念的表现，它使我们偏向于以特定的方式对某些人、组织、地点、想法和问题作出反应。如果你是一个持保守观念的人，可想而知你会对那些认为是自由主义的事物作何反应，反之亦然。态度来自信仰，信仰源自于你所珍视的价值观。要确定说服对象对于你将要展开的需求或期望、要提出的建议持何种态度，可以借助一个虚拟线性量表来判定。沿着下图的 1 至 9 的假想刻度考虑对方可能的态度，其中 1、2、3 表示强烈支持；4、5、6 表示中立或不确定；7、8、9 表示强烈反对。

强烈支持			不确定或中立			强烈反对		
1	2	3	4	5	6	7	8	9

> 要清楚哪些可能性大，哪些有可能，哪些不可能。

沿着这个虚拟线性量度表，你从何了解说服对象？他/她的态度可能处于量表的哪个刻度？如果在位置 1 或 2，说明你不需要付出多少即可说服成功。如果在位置 8 或 9，说服基本是不可能的。如果态度在 4、5、6 的位置，从理论上讲，你应该能够改变他的思考、认知或行为方式，或采取有说服力的行为方式。但是，若说服对象顽固地想要保持中立的或不确定的态度，结果就很难说了。

> 可信度低可能破坏说服性访谈的效果。

> 双方的相似之处会增强兴趣和注意力。

亚里士多德（Aristotle）的劝说理论从古希腊时期到今天都宣称，说服对象对访谈者的态度是成功的最重要因素。[26] 你必须预估说服对象对你本人、你的职业和你代表的组织的态度。可从以下几个方面判断你的可信度，包括可信赖的/安全的（诚实、诚恳、可靠、公平），能力/专业性（聪明、知识、良好的判断力、经验丰富），善意（爱心、以他人为中心、灵敏、理解力），镇静（泰然自若、放松、平静），以及有活力/精力充沛（果断、坚强、勤奋、积极的）。[27] 想想你以前和这个人打交道的经验，如果说服对象不喜欢你，不信任你的组织，或者认为你的职业是不诚实或不值得信任，你必须在访谈时改变这些态度。要想与说服对象建立和保持高可信度，你的外表、态度、声誉、成就、个性、性格必须传达出诚信、能力、体贴、沉着和活力。人们倾向于对那些高可信度的访谈者做出更为积极的反应，因为他们的价值观、信念和态度都是相似的。虽然说服对象希望访谈者和他们在某些方面相似，但他们也希望访谈者更聪明，更勇敢，更有知识，更有经验和更深入。[28] 访谈之前考虑这些因素。

情绪

> 我们的感受可能会决定我们做什么。

情绪，有时也被称为感情或激情，它显著影响人们的思维、感觉和行为。情绪伴随着价值观，如果你希望去说服他人，情感是"热键"，你需要发现和推动它。有些情绪是生存所必需的,包括厌恶、恐惧、愤怒、爱和性吸引力。其他情绪是社会参与所必需的，如骄傲、差耻、内疚、同情、怜悯、幽默、快乐、悲伤。你必须注意到对方的情绪，为什么对方会有这样的感觉以及它如何影响访谈的。访谈的话题、情况和目的需要考虑说服对象的情绪，确定你要在这次面试中所需要的感情。

第十章 说服性访谈

那么，在说服性访谈中什么是价值观、信念、态度和情感的关系？如图10.1所示，这个过程首先从价值观开始（我们的基本信念是关于存在和行为的），

```
价值 } 信念 } 态度 } 价值/情感 } 判断/行动 } 个人/地点/事物/想法/行为
```

图 10.1 价值、信念、态度和情感的关系

这会导致特定的信仰（判断什么是真实的或可信的），进而形成态度（使我们以特定的方式回应与组织相关的信念），这可能导致对人、地方、事物、想法、建议和行为的判断或行动。特定的价值观和情感诉求作为判断和行动的触发装置。改变或增强说服对象的思维、感觉或行动是一个复杂的过程。

考虑情境

访谈情境是人、关系、动机、事件、时间、地点和对象等的总语境。

气氛

仔细研究即将发生的访谈的气氛。知道为什么访谈在这个时候出现。访谈是一个定期的活动、一个紧急情况、一个机会、一个重大事件，还是一个常规的互动，气氛是敌对的、友好的，矛盾的，还是冷漠的？

> 访谈中的"为什么"可能会在双方间发生很大改变。

时机

■ 说服的情景是关于人、关系、事件、时间、地点以及对象的总语境

时机的选择在说服谈话中通常非常关键。何时是一个理想的进行访谈的时间？什么时候会太早或太晚？提前几个月就为年度募捐活动与联合捐赠者联系，并试图说服对方作出承诺，似乎太早了，但如果在活动结束后的第二天再联系对方，又太晚了。在这次访谈之前，有哪些事情你的竞争对

> 时间的选择可能决定一切。

手已经访谈过了？你不会想成为当天第四个要求加薪的员工，而老板刚刚发现了一个严重的财政问题。什么活动将出现在随后的访谈中，比如竞争筹款的年收入还是预算会议？一年中的特定时间（假期时间、纳税时间、圣诞季）对一些访谈者来说很好，对其他人来说很糟糕。

自然场景

> 谈话在谁的地盘上进行？

如果由你负责的话，就设法安排一个私密的、不受干扰的谈话空间,特别注意不要有电话干扰。因为经常难以断定谈话会进行多长时间，所以可能的话要事先订好约会，这样你就能从容地安排或预订一个合适的自然环境。

谈话在你的办公室或住所进行，在对方的办公地点或住所进行，还是在某个第三方地点（如会议室、饭店、旅店、俱乐部等）进行？如果你想为你的大学招募学生，你更倾向于让说服对象到访校园，在一个美丽的秋日，叶子已经变成红色或金色，或是在庆祝足球比赛胜利的时刻让说服对象到访。如果你正在卖人寿保险，你可能想让访谈发生在说服对象的家里，在这里有这家人想要保护的家庭成员、家具和有价值的财产。

外部力量

> 外部影响可能会发动反说服的力量。

要考虑到可能影响说服对象的**外部力量**。举例来说，可能会有组织规范或专业指南来规定你在一个销售面谈中什么可以做，什么不能做。当你设法说服一位朋友进入你所在的大学时，另一所大学正在通过提供全额奖学金来吸引他，他的父母希望他能去他们的母校，而一位德高望重的人物则想让他去当地的一所学校。要警惕影响你以及对方的外部力量，它决定着你如何开始谈话，选用何种策略、表达方式、论据，提议何种行动方针以及如何引导反向劝服。

研究议题

在谈话中能发号施令的人通常也是消息灵通人士。因此，你在进行谈话前要调查话题的各个方面，包括促成问题的事件，同意和反对改变的理由，围绕着问题各方面的证据，可能的解决方法等。搜寻有助于说服谈话对象的最新的可靠消息，使他相信你的建议是满足其要求的最佳方案。要谨记：你正在进行一个说服谈话，而不是在对某个听众发表演讲。说服对象可以在谈话过程中随时请求帮助，对你的假设、概括和主张提出挑战，以及要求查看某份原始资料的文档。他们会对那些用事实和文件来回应提问，而不是泛泛而谈回避问题的说服者留下印象。你的建议带来风险越大，许诺越多，说服对象越有可能要求你提供证据，以证明你所说的值得相信和可行。如果证据给人留下深刻印象，证明你准备充分，有见识，有权威，就可以提高你的可信度。

资料来源

不要忽视任何潜在的有价值的信息来源，如互联网、电子邮件、访谈、信件、小册子、问卷、调查、未发表的研究报告、报纸、期刊、专业期刊和政府文件。用你自己的经验和研究判断。仔细检查所有可用于说服对象的资料来源。

> 你必须有证据在手并清楚如何使用。

证据类型

搜寻可以支持你提出的需求和建议的多种证据。收集能阐明你的观点的实例，不管它们是真实的还是假设的，人们喜欢故事，这会让问题看起来更真实。收集相关领域的统计数据，如通货膨胀、经济增长速度、费用、福利、保险覆盖范围、利润和亏损、原因和影响等。收集在此问题上公认的权威说法以及那些曾经参与、注意、购买、签名或相信的人出具的推荐书。寻找不同情况、事件、建议、产品、服务之间的对比。赋予关键词或关键概念一个清晰的、有说服力的定义，许多说服性访谈的成功或失败仅仅是由于对某个普通词语的定义。

> 收集并使用多种证据。

区分观点（假设的东西，通常是无法观察到的东西，可以在任何时候形成，或者是暂时可信的）和事实（应该是已经观察到的东西，是可验证的，并且被认为是可靠的确定的）。有效地呈现你的证据，包括完整文件的来源。说服性访谈的实质是，如果说服对象做的不是短期决定的话，那么充足的证据会加强长期效果，这一点十分重要。

> 有充分证据支持的访谈，其效果持续的时间要长于无充分支持的谈话。

设计谈话

分析完说服对象，了解完情况，并研究了主题之后，就可以开始设计谈话了。

确定目的

如果你知道因为价值观、信念和态度的缘故，说服对象难以被说服，那么你可以把目的仅仅定位于一些不那么重要的方面来影响他的想法或认知。对于第一次访谈来说，仅仅让说服对象思考这个话题或者承认可能存在问题就是巨大的成功了。在以后的访谈中你可以进一

> 要现实，但不要成为一个失败主义者。

步说服他发生更多改变，甚至在行为方面发生改变。反过来说，如果一个说服对象主动接触你，告诉你他/她想要变更汽车投保的公司、对投资的兴趣或想要去中国旅游，那么你就有很好的机会获得成功，可以很快从需求阶段到解决方法阶段。

为每个访谈设定一个现实的目标。重大的变化经常是通过多次谈话在逐渐积累的过程中发生的。不要在一次访谈后就认为对方不感兴趣或不会改变。销售主管部门声称在完成一次销售前通常需要五次接触。要保持耐心。

选择主要观点

> 不要让需求太复杂。

选取主要观点来搭建需求。不要依赖一个单一理由或论点，问题会因此看起来太简单或太一元化，从而使说服对象觉得问题不怎么紧急，而且，单一论点也容易被攻击或被拒绝。研究表明更多的要点在一段时间内将会增强说服的效果。[29] 另一方面，六个或八个要点可能使访谈时间过长，并且使每个要点变得浅显。一位说服对象可能对过多的信息和复杂的论证最终困惑或厌烦。

> 知道每个观点的力度并有策略地引入它。

确定可以支撑主要观点的论据，通常理想情况下有三到四个，然后确定每个论据或主要观点的说服力强度。这将决定主要观点的顺序。假设你正在为你的大学招聘顶级的学者，研究表明说服对象选择一所大学有三大标准，按照顺序排列：提供的专业、学术声誉和财政援助。第一个或最后一个介绍你的最强点（可提供专业）效果几乎一样。如果有任何可能的话，你要尽可能在时间耗尽时或被打断前，提出你所有的主要论点和论据，还是要以最强的论点开头更好。

展开主要观点

将每个要点变成说服对象看得到的一个有效的和可接受的逻辑模式。有效的访谈是合乎逻辑和心理的、精心打造的融合。你有选择去做到上述这一点。

从已接受的信仰、假设或命题的角度进行论证，涉及三个明确表示或暗示的断言（你自己相信并明确希望别人相信的陈述）。例如，火灾检查员可能通过这种方式论证：

> 你的断言必然会导致你的结论。

论断1：所有住在公寓的学生都应该有租房保险。
论断2：你住在公寓里。
观点：你应该有租房保险。

你不必说明这种模式的所有三个部分，如果被访谈者有可能提供缺失的断言或结论。无论如何，你的论证建立在第一个断言，它是重要的观点、假设或主张。例如，你可能会空出第二个未说明的主张，让说服对象说明。这涉及鼓励说服对象在这个过程中的自我说服。这个策略在所有的论证模式中也是存在的。

> 论断1：所有住在公寓的学生都应该有租房保险。
> 论断2：（空出不作说明）
> 观点：你应该有租房保险。

你可以说出你的说法，让说服对象得出结论。

> 论断1：所有住在公寓的学生都应该有租房保险。
> 论断2：你住在公寓里。
> 观点：（空出不作说明）

关于状态的论证是基于这样的主张，如果事情发生或不发生，那么其他事情就会发生或不发生。你可以和一个学生这样推断。

> 论断1：如果你继续酒后驾车，你将失去你的驾驶执照。
> 论断2：你会继续酒后驾车。
> 观点：你将失去你的驾驶执照。

仔细权衡条件并能够有效地支持它们。正如从已接受的信仰角度进行论证，你可以邀请说服对象填充缺失的部分。

从两个选择的角度进行论证是基于只有两种可能的建议或行动路线的断言。您可以通过确定一个将无法正常工作或解决问题，删除它，并得出显而易见的结论。

> 论断1：您可以乘坐飞机或开车到费城接受访谈。
> 论断2：驱车700英里到费城将使您错过期末心理学495的考试。
> 观点：你应该飞往费城。

这个论点在于，第一能够限制选择；第二，是使说服对象确信，一个方法不能接受，所以你提出的另一个方法是唯一的选择。

实例的论证是从此示例中概括一整群人、地点、事物或观点。例如，访谈者尝试说服大学校园管理员酗酒的危害，可以从下面这个例子中得到论证：

> 样本：最近，在新墨西哥大学进行的一项调查，500名说服对象中的69%承认至少有过一次暴饮暴食。
> 观点：你的大部分学生参加狂欢饮酒。

> 你的证据必须保证你的结论。

在调查访谈中，样本的质量是十分重要的。

因果关系的论证与例子息息相关，因为访谈者经常使用样本作为因果关系的证据。不同于实例的论证，它直接形成一个概括的说法，而因果关系的论证试图确定造成的具体效果。例如：

> 证据：在100起车祸事故中，近三分之一的事故是由于当时司机正在发信息，这等同于当时司机正在喝含有酒精的饮料。
>
> 观点：开车时发信息造成交通事故和喝含有酒精的饮料造成的事故一样多。

你必须使对方信服证据才是有效的或主要的原因。

用事实本身诠释观点。当调查者试图解释一种现象时，用事实本身来进行论证。

> 小心虚假原因。

> 事实：调查导致两县城区8月5日的风暴破坏程度，我们注意到风暴已经移动，路线近似直线。在开阔地带，没有证据显示草有扭转运动。树木和被拆除的小型建筑也没有扭转。没有人听到有人搬弄是非地将货运火车的声音说成是龙卷风。
>
> 观点：很明显，该风暴的破坏是直线风造成的而不是龙卷风。

不同于实例论证，访谈者在这种情况下，论证的是一系列的事实而非样本。

类比的论证发生在当你指出两件事情（人物、地点、对象、建议、想法）有相同的重要特质并基于这些相似点得出结论。例如，一个教练可能认为是这样的：

> 类比的观点：如同NS队，WLH队中有一位老将，他是优秀的奔跑者和传球手。他们有四个又高大又敏捷的前辈做压队队员。他们的传球防守球员取得了今年的六拦截。同时他们还有一位新手，能够投出超过46码的目标。
>
> 观点：WLH对将很难击败，如同两年前的NS队。

> 相似点有多相似？

显著相似点的数量在展开和抛出论点是非常重要的。

> 当你想到"理论"一词时，用"策略"来代替它。

选择策略

一旦你选定了要点和劝说的模式，那么接下来选择心理策略使它们更有说服力。许多理论阐释你如何做可以带来思维、感觉和行动的改变。这些理论通过仔细观察在现实世界中发生的事情来解释复杂的人类活动，其可作为说服性的策略。

认同理论

肯尼斯·伯克（Kenneth Burke），无疑是20世纪修辞理论家的领头人，他声称你可以通过认同说服对象，来进行劝说。我们必须努力与说服对象结成一体。在第二章提出的模式中，那个代表谈话双方的重叠圈就是基于伯克关于交流或说服的观点，你必须用对方的话语体系与他交流，包括"言语、手势、音调、秩序、形象、姿态"等，使用你的方式与他们达成一致。[30] 这里有一些认同说服对象并与其建立共同点的方法。[31]

- 联系起你们所属的群体、共同的文化传承、共同支持的节目或共同居住地。
- 撇清自己与说服对象反对或脱离的群体、文化、节目和地区之间的关系。
- 可以通过外表或视觉符号实现认同，如服饰、发型、化妆、珠宝、政治观点或宗教符号。
- 共享一套话语体系，如行话、俚语、俗语、群体内部话语。
- 选择那些说服对象认同的内容与价值诉求。

争取真正的认同，而不是去捏造一个虚构的谎言来达到说服的效果。

> 外表对于理解共同基础来说非常重要。

平衡或一致理论

平衡或一致理论基于人类努力与自身（价值观、信仰、态度）达到和谐存在的信念，以及我们对存在失谐或失衡所感到的心理不适（心理失谐）。[32] 当你喜欢某人但讨厌他在某些问题上的立场，或不喜欢某人但欣赏他们的产品或服务时，你可能会遇到"来源—主张的冲突"。当你反对政府参与你的生活，但希望政府取缔仇恨言论，并要求在公立学校祷告时，你会经历"态度—态度的冲突"。你也会经历"认知—认知的冲突"，当你看到墨西哥是一个美丽而危险的度假地，你还会经历"行为—态度的冲突"，当你肯定法律和秩序的重要性，但却用假身份证进入酒吧。

> 并非所有的说服对象都感到和谐带来的快乐。

作为说服者，你可以通过攻击某个信息来源或者指出态度、认知和行为上的矛盾来造成说服对象心理上的不适（心理失谐），然后通过提供信源、认知和行为的改变来告诉说服对象怎样使心理失调重归平衡。假如你发现说服对象正在经受心理不适，你可以帮助他，让他相信不存在失调，或者让他感到失调不重要，或者让他忍受失调，从而给他带来平衡感或协调感。

> 说服者可以建立或解决不协调。

接种理论

> 接种策略可以使说服对象对可能到来的说服免疫。

接种理论基于这样一种信念：阻止不希望发生的说服效果比事后进行伤害控制更有效。[33] 例如，几年前，本书的一位英文作者曾收到来自州警署的电话，警告他说最近有许多自称是州警署主办儿童慈善活动的代表和律师打电话告知有关捐献的事宜。警署希望这通电话能阻止这位作者成为受害者，并保持合法的国家警察慈善机构的公信力。

接种策略对说服对象提出预先警告。有时说服者会给对方展示一小部分其他可能存在的说服者会使用的表达方式、观点和证据，这样说服对象就能够抗拒这种说服努力。假如说服对象已经由某个说服者获得免疫的话，那说服者提供的证据可能会被说服对象用来强化反说服力。

诱导服从理论

诱导服从理论认为，可以通过诱导说服对象参加与其价值观念、信念和态度相悖的活动来改变他们的观点、认知或行为。[34] 参与此类活动可能带来自我说服。在实施这一策略时，很重要的一点是施加足够的压力，既能使说服对象服从你的要求，又不会有别无选择的感觉。如果说服对象感觉被强迫，将不会改变观点、认知或行为。

> 许多方法能引发自我说服。

诱导服从有多种方式。你可以诱导说服对象支持某种与自己固有信念或观点相反的信念或观点，使他们了解到其他人的想法，如自由主义的立场对性别教育或医疗改革的保守立场。你可以诱导说服对象参加他们平时没有做过或没有注意过的活动，比如去进行宗教服务活动或者在无家可归者的收容所帮忙。你可以诱导说服对象扮演一个与平时身份相反的角色，如上级扮演下属，老师扮演学生，父母扮演孩子。你可以诱导说服对象参与一项旨在收获奖励或避免惩罚的活动，如音乐会的门票或超速罚单。

逆反心理理论

> 限制行为可能造成说服。也可能导致怨恨。

根据逆反心理理论，当有人威胁要限制人们的行为，或者已经这么做时，人们会产生出消极的反应。[35] 人们可能会因此更看重受限制的行为，比正常情况下更强烈地想去做这件事。他们还可能会因此低估说服者提供的选择，因为他们会认为这是强加在他们身上的，而不是自己真正喜欢的。许多机构发行限量版书籍、邮票、钱币和汽车，反而刺激了对它们的需求。NCAA 篮球四强赛的门票价格很高，原因在于数量少。如果说服对象感觉自己被强迫，就可能不太赞成给大学提供发展基金或加入他们的体育俱乐部。尽可能避免对说服对象施加真实的或想象的压力，这会使他们的思考、感受或行动变得不同。尽可能让你的建议吸引人；提前告知短缺情况或截止时间，而不是放狠话威胁；提出适度的需求，需求不宜过高，以免说服对象畏惧；同时还可以多提供一些选项供说服对象选择。

展开访谈

保持灵活的、适应性强的、谨慎的假设。你是在与人交谈而不是做演讲。规划如何使说服对象参与整个访谈过程。

开始谈话

设计的谈话开头要能引起对方的注意和兴趣，有助于建立融洽的关系并调动说服对象参与交流。相对于面向公众的说服来说，这种访谈的最大好处就是能针对某个人或某一方调整你的信息。调整开头使其适合于每个说服对象，不要拘泥于某个标准或传统的公式。当可用信息不足或你没有机会提前了解说服对象，用访谈前的几分钟去发现你如何能最好地适应这个人。留意说服对象的衣着、外貌和举止。问几个问题去发现说服对象的背景、兴趣和对这次访谈来说非常关键的态度。从语言和非语言的层面听说服对象说了什么。如果对方是不止一个人，找出谁是领导者或代言人。

大多数劝说型的互动在最初几秒钟内就失败了，所以，在开场的过程中仔细选择你的语言和非语言行为。[36] 想想打到你家的销售电话是如何开场的，以及你是如何回应的。那些试图说服你给慈善机构捐款的说服者，通常经过事先培训，只会背诵一套规定好了的开场方式，而不管你的年龄、性别、收入、背景或感兴趣的程度如何。你可能不喜欢这个慈善机构，但说服者对此无动于衷。不难想象这些模式化的劝说很难成功。

回顾在第四章中讨论过的开始谈话的技巧和原则。选择一种或多种适合你的说服对象和情境的方式，从称呼说服对象的名字，热情地打招呼开始。如果说服对象是一个陌生人，注意不要让你的问候听起来像个问句："晚上好，威尔士太太？"这表明你不确定对方的姓名或身份，或者缺乏自信，或者没有准备好。

如果你对说服对象非常了解，当时的情境和你们的关系也允许的话,那么可以直接称呼他的名字。一条通行的规则是,对陌生人和上级,或者在正式场合打招呼时，不要用名字或昵称，除非说服对象要求你这么做。

很有必要进行自我介绍（姓名、职务、职称、背景）、介绍所在的机构（名称、地点、性质、历史、产品、服务）和说明访谈的目的。

> 不要使用程式化的开头，即使是在程式化的谈话中。

> 假如开头失败了，就不可能会有主体和结尾。

> 对于谈话的开始部分，既不要一带而过，也不要拖得时间过长。

当双方以前从来没有任何联系，也没有任何提前预约或安排时，帮对方熟悉情况非常关键。一定要简短。

> 使说服对象立刻并不间断地参与谈话，以减少他的沉默状态。

你可以从对家人或共同朋友的诚挚的问候开始，也可以从谈论天气、体育、高速公路建设或校园设施的闲谈中开始。别把这个建立亲和关系的阶段拉得太长。要搞清楚说服对象的情况和喜好。如果对方在寒暄过后直接说："有什么我可以为你做的吗？"这可能表示他有别的要事或者谈话的时间有限。

不同的文化可接受的闲谈和社会行为也存在不同。大部分美国人希望首先"接触观点"，然后听你"说出意图"，最后"完成任务"。日本和其他文化的人则首先要相互熟悉，然后遵循某种"交往仪式"，按部就班地做出承诺或者决定。[37] 不要把建立亲和关系的阶段拖得过长，但也要确保时间长度合适。

> 开场应该非常契合整个谈话过程。

从一开始就让所有的其他成员都参与到谈话中来，这样每个人都会在互动中扮演积极的角色。美国的说服者和说服对象，尤其是男性，在交流中发言比较自由，在每回合的交流中发言长度往往不均匀。而日本和其他文化中的人则习惯于一问一答地轮流发言并且措辞简短。

在访谈的开场营造双方共同的兴趣并建立信任的关系。双方应该搞清楚谈话的目的，明白双方要如何分享控制。

确立需求或期望

准备阶段中，你选择了三四个论点来确立需求或期望。按顺序介绍它们是最有效的，最有力的点放在开头或结尾，最薄弱的点放在中间。

一次提出一个论点

详细地解释论点。提供充分的证据，这些证据必须是有事实依据的、权威的、最新的、备有完整证明文件的。使用多种证据（实例、故事、权威说法、统计数据、对比、定义等），这样说服对象既不会被大量数字淹没，也不会因为故事单调或一堆又一堆的数字而感到厌烦。配合运用逻辑推理和情感因素，包括对说服对象来说很重要的价值观、信仰和态度等。

促进互动

> 要交谈，不要演讲。

这是在做访谈，不是在做演讲。当说服对象能活跃地加入到交流过程中，你就更有可能说服成功。要着重强调每个论点如何影响说服对象的需求和期望的。

在一个论点没有达成共识之前，不要进行下一个论点。一个论点展开和达成一致后，进而进行第二个，然后是第三个。如果说服对象

第十章　说服性访谈　315

提出异议或问题，不要急于略过或跳到下一个要点的讨论。当说服对象似乎准备继续探讨时，保持耐心并坚持不懈。

提问

虽然说服者很少会在谈话时拿着一份设计好的问题清单，但提问在说服性访谈中的确起着多种作用。一些销售专家认为，只要能"问"，就不要"说"，因为这可以使说服对象作为一名参与者投入到谈话中，而不只是一名被动的接受者。但是你不能仅仅依靠提问，尤其是说服对象没有看到任何需求，或者当需求或期望建立后，说服对象对可选择项没有任何意见时。

> 提问在说服谈话中起着独一无二的作用。

收集信息式提问

通过提问来确定说服对象的知识水平，并引出其未说出的担心和反对意见。仔细倾听他们的回答，并且细究准确性和细节。下面是一些典型的搜集信息式提问：

> 借用提问来分析说服对象。

- 请告诉我，你涉及你的责任保险中的什么？
- 你知道关于安装风车的补偿方案吗？
- 你经常在匹兹堡和费城之间旅行吗？

确定式提问

反馈式、镜像式和信息交换式提问在说服性访谈中发挥着重要作用，可以核实你的假设、印象、在谈话前或谈话中获得的信息的准确性，还能够证实说服对象是否理解了你的话并抓住了论据或观点的重点。说服对象的沉默可能暗示着迷惑或不同意，也可能意味着了解和同意。下面是一些典型的确定式提问：

> 提问能澄清和确定双方的相互影响。

- 这是否回答了您对我们的 MBA 课程在企业战略管理方面时长的顾虑？
- 你似乎最关心的是为你女儿提供的奖学金？
- 我们是否赞同一台笔记本电脑将为您的需求和财务状况提供最好的服务？

鼓励互动式提问

在刚开始谈话时可以使用提问来暖场和确定基调，让说服对象的提问、谈话和回答能自然而然地进行。互动气氛可以鼓励说服对象在谈话中扮演一个活跃的角色。一旦他们作为活跃的一方参与交谈，并且清楚你希望他们这么做，他们就会在提问时感到更自由，并能提供更有意义的反馈。通过提问来发掘某个沉默、不表态的说服对象的反应。一个面无表情的人可能不发出任何反馈，除非为了应对说服者的直接

> 提问能增强互动。

提问。下面是一下互动式提问的例子:
- 你参观生产设施后的感觉如何?
- 你觉得新的广告大片怎么样?
- 你对全年校历有什么想法?

吸引兴趣和注意力式提问

> 提问可以维持关注力和兴趣。

吸引兴趣和注意力式提问可以使说服对象始终处于接受状态,并对你所说的一切保持警觉。许多说服对象忙于或者着迷于其他的关注点,他们的思路可能跑题,所以你要用有趣的、有挑战性的、引人思考的问题来使他们保持兴趣和注意力。例如:
- 如果保险公司拒绝赔付你的天生有生理缺陷的孩子,你的感觉如何?
- 你是否记得2002年的冬天独自外出六天?
- 如果你的公司突然倒闭了,你会怎么做?

达成共识式提问

> 通过提问可以获得对方的同意和承诺。

通过提问来达成一些小的一致,可以引向更多的一致。例如,同意每一个论点,最终将会就需求达成一致,然后就可以建立解决方案的评判标准。不要在你尚未充分地展开或支持某个观点之前就要求对方的同意或承诺。许多说服者罗列连珠炮似的概念和声明来证明一个观点或需求,但实际上并不起作用。你可以用一个含有肯定答复的提问(通常是用陈述句的形式)来控制谈话。例如提问时机合适,也就是说是在充分地展开一个或多个观点并达成共识后进行的提问,将会赢得对方的同意。例如:
- 随着市场的反弹,这是一个最好的进行投资的时间,你同意吗?
- 我知道你明白削减今年的资金是应对经济衰退的最佳途径。
- 我敢肯定你不敢拿孩子的未来冒险。

表达异议式提问

> 不要试图用提问来代替实质内容。

使用表达异议式提问来富有技巧性地回复说服对象的反对意见,并且引出他们隐而未发的问题和反对意见。使用这一提问技巧的目的是使问题能够在合适的时机摆到桌面上。这样提问也可以发现说服对象对问题了解多少、反对意见的重要性以及背后的理由。例如:
- 你说成本是购买混合动力SUV的一个主要问题,但在接下来的五年你将要购买一个标准的汽油动力的SUV?
- 你似乎对你的中国之行犹豫不决,你最担心的是什么?
- 你需要什么信息来消除对这项建议的怀疑?

假如提问巧妙,策略得当,那它在说服谈话中会是很有价值的工具。因此，要针对特定的时机和需求选择合适的提问。不要在时机不成熟时提问，也就是说，在要达成共识的问题未建立任何基础时，你就要求对方同意。谨慎使用倾向性的和诱导性的问题，因为访谈对象会对高压策略感到厌烦。一连串的问题不易使人信服，你需要用信息和论据来佐证你的理由。要清楚你的主题并提供合适的需求和解决方案。

适应说服对象

把说服性访谈的各部分调整得与说服对象的价值观、信念和态度相容。确定说服对象可能的性格并选择适当的战术和策略。

举棋不定、不感兴趣的说服对象

如果说服对象举棋不定、不感兴趣或不确定，帮助这个人看清现实和问题、事件或需要的紧迫性。使用开场的技巧吸引说服对象的关注，产生对问题的兴趣。率先亮出你的最强有力的观点，并提供各种用于告知和说服的证据。用问题来引出说服对象的感受和看法。

> 说服对象可能觉得没有个人需求或相关性。

强调这个问题的紧迫性，现在采取行动的必要性。使用适度的恐惧诉求唤醒说服对象对自我、家人或朋友的危险意识。呼吁价值观，如保护健康、安全与保障、自由的约束、所有权和个人价值。展现说服对象如何能有所作为。

敌对的说服对象

如果说服对象可能是敌对的，要确保你的印象是准确的。请勿将正当关切或反对、或粗鲁的举止当作敌意。如果一个人是真正的敌意，确定原因；再考虑一个基于共同立场的切入点。

> 不要假定对方会有敌意。

- **"赞成—但是"解决法**，是从双方一致或相近的领域开始谈话，然后慢慢地引出不一致的观点。这一策略通过提早建立共同基础来减轻敌意和后面的不一致。
- **"赞成—赞成"解决法**，让对方习惯于表示同意，这样在遇到明显不同时也会继续表示同意。
- **暗示法**，不明确说出目的或意图，以避免说服对象产生下意识的负面反应。说服者指望说服对象能自己听出话中的深意，或许意识到说服者已提出相关问题和解决方案。这种拐弯抹角的方法对谈话技巧要求很高，做得不好的话说服对象可能会感到困惑不安。

不管采取上述的哪一种方法，在与不友好的说服对象交流时要注意倾听、保持礼貌，避免产生抵触或愤怒情绪。敌意往往是由于缺乏信息、错误信息或谣言所致。用事实、专家证据、例子、故事和比

> 你必须在适宜的时间内切入正题。

较进行回应，澄清、证明并解决双方之间的问题。愿意接受在一些不重要的观点上的不一致，勇于承认自己的建议并非完美无缺。使用缓和语气词以减少关键问题带来的心理上的不悦，如"很多居民有跟我一样的感觉，然而……""这是一个很好的问题，但是当你考虑……""我很高兴你能那样想，因为……"

偏执、专制的说服对象

> 选择最适合于各方的证据。

偏执的、专制的说服对象有依赖权威的倾向，他们更关心"谁"支持这个建议而不是建议本身。只有事实，特别是统计数字，并不能对说服发生作用。你必须能够证明说服对象接受的权威们支持你的说法。偏执的、专制的人有着强烈的、不可改变的核心价值观念及信念，你必须使自己提出来的建议与这些价值和信念相容。

用正式的、规定的方式进行说服谈话，不要绕过等级渠道，也不要改变规定方式。如果说服者表现得没有分寸，专制的说服对象就会产生负面反应，还可能要求对看起来违反了公认的价值规范的行为进行责难或处罚。[38]

疑心重的说服对象

> 形象或可信度可能是失败的主要原因。

如果说服对象心存疑虑，那么就从阐述说服对象持有的一些观点开始谈话，这采取的是"赞成—但是"解决法或"赞成—赞成"解决法。要一直使用正面的非语言信号，如有力地握手、友好的目光接触、热情而友好的语调、得体的外表和衣着来传递信息。如果说服对象觉得你还年轻、缺乏经验，巧妙地暗示你的资历、经验和素养，并提供大量权威的证据来证明这一点。要表现得准备充分，富有经验，不要自夸，避免不得体的随意举动，避免过于自信、自我本位的态度。如果说服对象觉得你是好辩的，就避免争论、攻击及要求。如果说服对象觉得你是个自以为无所不知的人，那么在当提到专业资料、经验和成果时要谨慎小心。如果说服对象关注过你的组织，你可以隐瞒其名称直到你与说服对象建立起友好关系之后。如果在访谈中说服对象早已知道组织的名称的话，尝试把自己与所在机构拉开一定距离（而不是否认你是其中的一员），或者解释机构发生了怎么样的变化，或者试着提升所在机构的形象。

货比三家的说服对象

> 对说服对象面对反说服的情形有所准备。

许多说服对象在进行大宗购买或做决定之前会货比三家，这意味着他们将会面对来自其他说服者的反说服。你在与某位顾客或某个尚未做好决定的说服对象会面时，要对他预先警告使其有所准备。针对其他说服者可能提出的问题或观点，给说服对象提供支持性的论据、证据和回答。可以向说服对象提供一点反方向的证据来展示两面各有利弊（这运用的是说服的接种理论）。必要的话，可以用正面的、摆事实讲道理的态度来谈论竞争，但主要应详述你的观点和建议的有效性。

智力水平高、教育程度高的说服对象

由于知识水平、判断能力及挖掘证据和建议背后含义的能力等原因，智力水平和教育程度高的人不太容易被说服。有研究显示，这类说服对象"更有可能注意和理解讯息中的观点，但被说服的可能性更小"[39]。举例来说，他们很可能看穿在许多推销情境中使用的"好人-坏人"说服技巧，比如推销员想要与你达成协议必须从上级或经理那儿征得同意的情况。

在说服高智商和高教育程度的人时，要充分构建对你所有观点的支持，合乎逻辑地展开论据，运用两面说的方法对问题的两方面进行权衡。尽量不要诉诸情感，尤其在说服对象持中立态度或者一开始就不同意你的观点和建议时。鼓励说服对象发问、表达不同意见，充当一名活跃的参与者。

> "两面说"就是把问题的两方面都说出来。但并不是两方面都支持。

如果说服对象的智力水平或教育程度较低，就采用简单的、一面说的方法来尽量减少困惑，加强理解。复杂的、两面说的方法，或者被多种证据支持的难以理解的观点可能会使说服对象感到困惑。多使用实例、故事和对比，而不是专家证言和统计数据作为论据。

解决方法

当你摆明了需求，讲清了主要观点，并与说服对象达成一致后，那么你已经准备好了解决方案。

设立评判标准

任何解决方案应该满足所设立的评判标准。如果你还没有展示完所有的观点，但说服对象显然已经准备好进入设定标准的阶段，就请转入这一阶段。

与说服对象一起设立评判标准，以此来评估所有可能满足需求的解决方案。对我们来说，这个过程是很自然地进行。例如，在选择大学专业时，你可能已经考虑课程、核心要求、专业、职业、教师、实习时的可用性和毕业时的市场价值。简单的决定，如选择吃饭的地方，你心目中的标准，如食物和饮料的种类、价格、距离、位置、气氛、音乐，大屏幕是否能用于观看一场足球比赛和其他人的喜好。在说服性访谈中使用这一直觉。

> 建立标准是自然而然的但通常又是无意识的。

当你在谈话之前思考评判标准，然后在谈话中对说服对象展开时，

要意识到并不是所有的标准对说服对象来说都是同等重要的。例如，州立大学的招生部主任发现，学校的质量是外州的申请人认为最重要的标准，而对于本州学生来说，成本是第一位标准而质量是第二位的标准。这种情况会影响标准。举例来说，在经济衰退期间，成本可能会压倒一切其他标准。

> 所有评判标准并不同等重要。

与说服对象建立一套标准，就是要使说服对象参与到这一过程中，而且你要让他看出，你正在尝试调整你的提议以适应他的需要、期望和能力。有了这一设立评判标准的阶段，便可以使谈话从需求阶段过渡到解决方案阶段，减少了你迫不及待推销观点的印象。商定的标准使你能够在一个协议的基础上，提供一种有效的手段，比较和评估解决方案，并处理反对意见。

> 标准用于评估和说服。

提出解决方案

详细介绍你的解决方案。不要假设说服对象会明白你心目中解决方案的细节和性质，除非在访谈过程中清楚地展示出来。宁愿信息太多，也不要信息太少。

> 眼见为实。

如果考虑了多个解决方案，要一个一个地来。详细地阐释你的解决方案，使用适当的视觉辅助工具，如小册子、图纸、图表、图形、字母、图片、幻灯片、打印的文本、素描垫、材料、实物和模型样本。说服对象可能记得大约只有 10% 的听到的东西，却记得 50% 的他们做的东西，以及 90% 的他们既看又做的东西。[40]

用更加积极的、具有建设性的和热情的态度来阐释解决方案。相信你所展示的和表现出来的。强调你的建议的优点和有效性，而不是竞争对手的短处。避免这种"负面推销"，除非在竞争中出于自卫迫使你这样做。说服对象很可能会更感兴趣的是和别人的缺点相比你的建议中的优势之处。

帮助说服对象做出此时最有利于他们的决定。鼓励说服对象提问并积极参与谈话。不断重复，正如某个研究者所说的"推销的核心"，以增进了解、辅助记忆、获得并保持注意力，使说服对象知道什么是最重要的。[41]告诉说服对象可选的选项、需求条件、时间限制和新功能是什么，让他们心里有数。

处理异议

也许没有什么比说服对象提出出人意料或难以反对的想法更具威胁的事情了。鼓励说服对象表达异议，这是透露说服对象的担忧、恐惧、误解和误传的好做法。不要因为说服对象没有提出问题或异议就假设他同意。留意非语言线索，如烦躁、坐立不安、不佳的眼神交流、扬眉、

> 一个人无法处理自己未曾听到的反对意见。

迷茫的表情、无聊的迹象或沉默，找出为什么会这样的原因。

异议很多，通常是事件、目标、情况或说服对象举出的问题。

- 拖延：明明可以今天完成非要拖到明天做。
  让我想一想。
  距离提交论文的时间我还有三周时间。
  我的旧卡车干得不错，我得等上一段时间。
- 金钱：这个需要好多钱。
  苹果手机对我来说太贵了。
  我没想到重新装修会花费这么多钱。
  这个为期两天的会议相当昂贵。
- 惯例：我们一直都是这样做的。
  这就是我们一直在做的业务。
  在伊格尔里弗我们一直有聚会。
  我的祖父选择了服装行业，他展开业务的时间是在1924年。
- 不确定的未来：谁知道明天会发生什么。
  我现在的工作是前途未卜。
  经济不景气，所以我不愿意雇用新员工。
  在我这个年纪，我是不会买青香蕉的。
- 需求：有什么问题吗？
  我们已经得到了很好的投资，所以我们不需要人寿保险。
  目前的绩效考核系统运转得很好。
  我们这里没有太多的犯罪行为，所以我们并不需要一个报警系统。

> 预估常见的异议。

如何处理异议

对反对意见有所预见可以减少意外。思考用一系列的步骤应付反对意见。

计划如何应对，以减少意外。

仔细地、完全地、客观地聆听，在你听到异议之前不要假设你了解对方的观点或疑虑。

明确的异议，在你回应前确保你了解它到底是什么及其重要性。

应对得体、委婉并认真。如果异议对说服对象来说很严重，回应必须严肃认真。有四种处理异议的常见策略。

> 解决反对意见需要思考、理解、行动和实质内容。

异议最小化

异议最小化是通过重述反对意见，使其听起来不那么重要，或者通过与其他更重大的事作比较，将反对意见降到最低。提供证据可以减少反对意见的重要性。

> 减少反对意见的重要性。

1. **说服对象**：我们一直认为，能住在大城市的市区里，住在一间像这样的阁楼里很棒，但是担心市中心的犯罪率太高。
2. **访谈者**：几年以前确实是这样的，但是现在，城市中心的犯罪事件在减少，而转移到警察较少的城郊地区。例如这个地区，过去的三年中，抢劫和盗窃已经下降了23%，袭击减少了43%，而枪击事件几乎全部消失。同时，在这个城市的边缘地区，抢劫增加了27%，盗窃增长了15%，枪击事件上升了15%。

利用异议

> 利用反对意见。

你可以利用反对意见来澄清你的观点，重申该建议的优点，提供更多的证据，或隔离反对意见背后的动机。实际上，你是把缺点转换成了优点。

1. **说服对象**：我们想购买房子，而不是继续租房子，但住房市场似乎真的不好，取消了所有的抵押品赎回权，并且现在银行是不愿意提供购房贷款的。
2. **访谈者**：其实，现在的确是一个投资住房的好时机。近50年的抵押贷款利率在3%，是最低的；市场上充斥着性价比高的房子，而政府也为首次购房者提供特别计划。但所有这一切都将在未来数月内改变，因为经济衰退减轻和更多的买家进入市场。

反驳异议

> 如果你试图反驳说服对象的意见，就要证明它是错误的。

你可以通过提供新的或更准确的信息，或通过介绍你的建议的新特色，通过展示情况的新变化，来直接或间接地反驳对方的反对意见。但是，你不能仅仅为反驳而反驳，你需要证据来支持这些反驳。

1. **说服对象**：我听说过你的团队——优质教育父母协会——要提高25%的房产税，并反对学校教育券计划，这使我们许多人不得不将自己的孩子送去宗教学校。
2. **访谈者**：实际上，我们建议增加2.5%的房产税，用于防止损失高水平的教师、用校车接送学生、引进先进的课程，帮助我们的孩子在争取大学奖学金上更有竞争力。我们原则上不反对教育券计划，但都关心公平性，宗教学校可以免除国家对公立学校的许多规定。如果全社会都认为学校系统之间应该公平竞争的话，我们相信这应该是一个公平竞争的领域。

肯定异议

> 不要试图反驳不可反驳的意见。

你可以通过对说服对象表示同意或者回应来肯定他的反对意见。诚实、勇于承认问题所在，比无力的抵御要好。

1. **说服对象**：我一直在寻找一些电子阅读器，特别是Nook，但它们很昂贵。

2. **访谈者**：当你只看初始成本的时候，这款电子阅读器的确是挺贵的。低端的 Nook 售价约 99 美元，顶级版大概 200 美元。这看似很贵，但通过电子阅读器看书，与纸质书相比，还是相当便宜的。如果在未来的几年你读十本书，你的节省超过你的 Nook 的成本，甚至是顶级版的。

结束谈话

结束谈话时要表现得积极自信。不要对说服对象进行加压访谈，也不要在访谈中显得过于急切。说服者可能会犹豫是否收场，担心说服对象可能没有被说服，同时说服对象担心他们会做出错误的决定。比如，销售的专业人员会列举犹豫是销售失败的主要原因。[42]

收场分为三个阶段：（1）尝试结束场；（2）签署合同或协议；（3）告别。

尝试结束

尽可能早地进入到结束阶段，假如说服对象已经接受了你的建议，就不要再继续谈话，此时你可以讲出协议的内容。

解决方案阶段快要结束时一定要感觉敏锐，要仔细观察并倾听说服对象在作出决定时表现出来的语言和非语言的信号。语言信号包括问题和陈述，如"新软件多快可以使用？""你的想法很好。""你的想法听起来像一个伟大的旅行。"非语言暗信号包括热情的语调、点头、微笑。两个说服对象之间的眼神交流，以求证对方是否感兴趣，或者两个人是否看法一致。说服对象也可能开始整理宣传册、图片和书面报告。

你可以提一个需要肯定回答的问题，或者一个具有引导性的问题，来验证说服对象是否已经准备结束，如"我相信你可以看到这是最好的方法。""你想要这公寓，不是吗？""你想面临被起诉吗？"当你提出一个尝试结束的问题，一定要保持安静！给说服对象时间去思考和自我说服。沉默给说服对象传达了信心，并且给他机会提出那些尚未说出或未得到充分回答的问题和异议。

假如你尝试结束的提问得到一个否定答案，就要试着去发现为什么会这样。也许你需要重新审视评判标准，与现行的方案进行优劣比较，或者提供更多资料。说服对象可能还没有准备好采取行动，或者对可能的后果产生恐惧，以及其他人如何反应可能战胜了他的需要或欲望。

在你要提出尝试结束的问题得到一个肯定的回答后，就紧接着提下一个问题，引入签订合同或协议阶段，如"我们今天可以签署""我

> 双方可能都担心收场。

> 清楚何时结束谈话。

> 对于否定回答要富有洞察力而谨慎地探查究竟。

们可以在两周内安装这样的设备""做出这个决定是一种解脱"。

签订合约或达成协议

前一阶段结束后，就可以进入签订合同或协议的阶段了。在说服谈话中，这是一个关键时刻，因为说服对象知道要结束谈话，需要作出承诺，会感到害怕或不安。所以说服者要保持自然，令人感到愉悦，并保持良好的沟通。想一想适用于这个阶段的结束技巧。

■ 合同或协议阶段十分关键，因为说服对象作出的承诺已经迫在眉睫。

- 假设式结束法，针对部分协议用短语实现，如"我假设你更喜欢……"
- 总结式结束法，总结协议作为决策的基础。
- 消除单个反对意见结束法，站在协议的角度回应单一的反对意见。
- 非此即彼结束法，限制了说服对象的选择，然后表明你提倡的解决方案拥有最多优点和最少的缺点。
- 重新考虑结束法，确认说服对象考虑决定的愿望，尝试发现他们感兴趣的以及说服对象犹豫的原因。
- 紧迫感结束法，强调为什么说服对象现在就应该采取行动。
- 价格结束法，强调的是报价的底线。

> 选择对访谈和对象来说最合适的技巧。

告别

当合同或协议完成，或者发现没有达成任何协议或合同，或者发现需要再进行一次访谈，就干脆而又令人感到愉快地结束这次谈话。不要让**告别**太过**生硬**或**突然**。如果你传达给说服对象的是这样的信息，如他们只有在成为潜在客户时才有价值，那就会破坏你们之间好不容易建立起来的友好关系和信任。

第四章讨论的语言和非语言的告别技巧可以调整或组合使用，以适合于每个谈话。最重要的是，在这一最后的结束阶段，要表现得真诚。不要做出任何由于个人或职权限制、机构政策、法律或时间限制等因素使你无法履行或无法坚持的承诺。

> 告别应该能够强化已得到的一切。

总结大纲

下面的大纲总结了说服访谈的框架组成部分，其中包含需求/期望和解决办法阶段。

I. 开始访谈
   A. 根据第四章选择最合适的技巧。
   B. 根据关联和情景建立联系。
   C. 提供恰当的情况介绍。
II. 确立需求或期望
   A. 恰当地陈述目的、需求或问题。
   B. 以最大程度参与和谨慎适应对方来逐点展开需求。
      1. 使用恰当的论证模式。
      2. 提供各种不同的证据。
      3. 使用有效的策略。
      4. 对重要价值和情感的诉求。
      5. 继续推进以签属公开协议，同时一定要向说服对象指明如何参与以及必须关注的地方。
   C. 总结需求或问题以及从说服对象处获得公开的协议。
III. 建立评判标准
   A. 提出你想到的标准，简要解释每条标准的基本原理和重要性。
   B. 鼓励说服对象补充标准。
   C. 使说服对象参与到标准的讨论之中。
   D. 总结并在所有标准上达成一致。
IV. 提出解决方法
   A. 一个一个地提出解决方法。
      1. 在可能的情况下使用视觉辅助工具详细解释解决方法。
      2. 用彼此同意的标准评价解决方法。
   B. 应对预期的和口头的反对意见。
   C. 在解决方案的恰当性、质量和可行性上达成一致。
V. 结束访谈
   A. 一旦觉得恰当就尽快开始尝试收场。
   B. 当尝试收场成功了，转移到和说服对象签属协议或合同的阶段。
   C. 使用在第四章和本章探讨过的恰当的告别语。

不必在进行每个谈话时把大纲中的所有环节都展开。如果说服对象在谈话前就认可了这一需求或期望，那仅仅在开头总结一下就可以直接进入评判标准阶段了。如果说服对象已经看到了某种需求，但不同意你的解决方法，或者认为采取任何行动都是不可能的，那么灵活性就会成为你们谈话中的一个核心关注因素，而不是需求或者某个特定的提议。

> 所有说服谈话共用的固定的模式是不存在的。

第2部分：说服访谈中的说服对象

本章中两个关键的原则是：（1）说服完成，且不需要下一次；（2）双方都要负责使访谈成功。考虑到这些原则，我们现在把我们的重点放在说服访谈中访谈对象一方。

做知情的参与者

与访谈者不同的是，说服对象在如何改变人们思考、行为和感觉的方式上很少或者说根本没有接受过说服训练，而且可能会因为说服失败而留下创伤。本章的余下部分将介绍业界技巧让你的说服更有竞争力。

心理策略

> 我们可能在说服性访谈中自动地采取行动

访谈者可以使用策略，旨在制造心理不适——不合谐，以改变你的思维方式、感觉和行动。[43] 例如，**标准/熟知的原则**可能会自动引导你的行动或决定。你可能相信，例如：

一分钱一分货。
如果它很贵，它必须是好的。
销售省钱。
如果一位专家这样说，那一定是真的。
如果它符合行业标准，它是安全的。

> 寻找真正的差异。

高档零售商依靠这些标准/熟知的原则推出昂贵的高品质产品，从珠宝到汽车。

在**对比原则**中，访谈者知道，如果第二个项目在吸引力、成本或规模上与第一个项目比都有很大的不同，那么这会使得第二个项目看起来与实际情况很不一样。如果我想租给你公寓，我可以先展示一个稍微破旧的，然后再展示一个稍微好一些的公寓。你可能觉得第二个公寓的整体上舒适度更好。如果一个销售人员先卖给你一套昂贵的西装，相比之下昂贵的领带、衬衫、皮带似乎便宜了。

> 我们觉得有义务偿还人情。

互惠原则在向你灌输一种义务感，要以实物形式偿还别人提供的信息。举例来说，如果一个人给你买了饮料，然后要你买给他彩票，即使它可能耗资超过饮料，你也觉得有义务购买。这就好比在工作中每次打开你的邮件，总会发现另一个个性化地址标签的数据包。即使你没有提出要求，你也可能会花钱使用或不使用标签。研究表明，如果你使用标签却没有花钱，当有人发现你这种行为时你可能会遇到心理上的不适感到恐惧和羞耻。

在**相互让步**策略中，你觉得有义务以让步去回应对方的让步。例如，当一方在医疗保健问题让步，而另一方则觉得有义务在退休福利问题上让步，在劳资谈判中双方常常采用这种心理策略。在日常交往时你会遇到这样的策略，室友同意在郊游时提供汽车，你觉得自己有义务支付汽油费。

拒绝然后撤退策略的出发点在于，第二次建议更易接受。这个想法是，在你拒绝了第一次，你会感到有义务同意第二次。一项研究发现，如果童子军要求人们购买5美元的马戏团门票被拒绝，同样的人可能会接受购买一个1美元的巧克力条的建议。童子军无论得到哪种方式的同意，被劝说者都会感觉良好，因为帮了一个小忙。销售人员通常先从最高级别开始，然后在必要时再撤退到一个后备选项的位置。然后在如果必要的情况下撤退到最后的退路上。

在**秘密或隐形营销**中，两个或两个以上的说服者假装友好、公正无私的人，而不是销售代表。例如，两个人看来是游客或访客询问一个路过的人是否能帮他们拍一张照片。合作的路人同意了并恰好看到这对情侣有一个非常有趣的具有吸引力的数码相机。她向对方询问照相机的情况，而照相机的主人正是这台照相机公司卧底的销售代表，欣然答应为她解释。销售说服在被劝说者不知情的情况下发生。

做关键的参与者

语言策略

伍德沃德（Woodward）和丹顿（Denton）写道，语言"是远不止文字和规则的正确用法集合。语言是人的动作和表情的载体"[44]。熟练的访谈者都敏锐地意识到了语言符号的力量和操作手法，但是我们当中的很多人只是把这些符号看作是单词和规则。拉森（Lavson）警告说，"作为接收者，我们需要抵达说服意义的深层次；仔细分析说服者使用或误用的符号可以帮助我们到达那里。"[45] 在这个分析中重要的第一步是确定共同的语言策略。[46]

框架与重构

说服者使用语言去框架或建构你看人、地点和物体的方式。例如，术语是替代普通词语中的特殊词汇。然而一些术语看似无害（航班延误时间表的不规则性），但是其他人可以利用其隐藏真相（用语不准确的

> 有一次让步就会有第二次，应该不给任何让步。

> 说服者要求得很多，满足得很少。

> 寻求符号的含义。

> 术语并不是无害的。

> 歧义说得少但听起来很多。

> 用图像替代经验。

> 委婉说法替代话语的实质。

> 话语可能会改变事实。

谎言），使某些事情听起来比它本身更具有技术性或比其本身更具有价值，或不太严重。伍德沃德和丹顿警告，说术语可能"需要特别的解释，使我们依赖于律师（医生,工程师,教授,顾问）的帮助、建议和行动"[47]。

策略歧义是所用词语带有多重或模糊的含义。说服者假设你会根据他们的需求或观念解释词语而不问尴尬的、消极或有见地的问题。如果一个政治家声称自己是保守的或温和的，那么究竟这是一个什么人？什么是终身保修或有限保修？什么是经济适用的公寓或什么是顶薪？什么是自由放养的家禽，或传统饲养家禽的方式是什么？研究表明，我们往往在减肥食品、纯天然或低碳水化合物产品上支付高价，却不知道这些有何不同。

图像——文字图片——包含多种感觉的词语为你已经经历的、即将经历的、可能经历的或间接经历的事情着色。一家旅行社的代表，通过传单、海报、网站，将帮助你可视化俯瞰瑞士、分分钟参观墨西哥的阿兹特克、在夏威夷冲浪、看到肯尼亚的野生动物或在纽约剧院享受一番。在另一方面，如果你投票给一个政治对手、购买竞争对手的产品、加入不同的宗教团体、接受另一所学校提供的奖学金或前往埃及而非肯尼亚，说服者可能会采用相同的手法描绘出消极的画面和可怕的预测。

委婉的说法是用那些好听的话替代常用语。凯迪拉克是第一个用"二手车"的说法替换"旧车"的说法的，其强调所有权而不是使用权。你可能会找到一套便宜的面试服装但不是廉价，以及从一名销售人员那里而不是一个职员那里购买它。一个逼真的圣诞树听起来比假的或人工的更好。在商场里"女士的尺寸"是替代大码的常见的委婉表达，而在男士用品专卖店里你不会发现有"小巧尺寸"这样的说法。你可能在你喜欢的校园聚会场合点一种清淡啤酒，但你会点那种叫作节食的啤酒吗？我们都会被好听的话、名称和标签吸引。

差异化并不是试图找到一个更好的词语，而是要改变你如何看待现实的方式。例如，当一个动物权利倡导者想要你成为一个动物的监护人，而不是动物的主人时，这个人想要改变的是你与你的宠物的关系。称呼一个组织的女性成员为"女性"，不是出于"政治上的正确性"的考虑——一种委婉的说法——而是为了与"女生"这一称谓相区别，改变人们对女性在技能、能力和成熟度的观念。委婉的说法和差异化的目的有很大的不同，前者希望事情能听起来更好，而后者试图改变你对现实的看法。

呼吁人们

访谈者会呼吁你相信历史规则和先哲的智慧，林肯的一句格言这样说道，"你可以一时骗过所有的人，也可以永远骗过一些人，但不可能永远骗过所有的人。"**诉诸公众**策略声称代表人民说话——所谓的大多数——如选民、学生、员工、大学生运动员、消费者和小企业主。这是"普通百姓",当然不是精英、政府、行政部门或高管。例如,当一个律师声称他"为人民服务",人民是谁?

跟风策略驱使你随波逐流,做别人宣称正在做的购买、穿着、出席会议或投票。它唤起你趋同跟风的欲望,往往伴随的是紧迫感,如"我的课程很快就被填满了""音乐会的票被抢购一空"。

留神听那些重要的限定词如几乎、大概、差不多和大多数。询问已经签署了请愿书、同意变更或者加入组织的人的电话号码或名字。请谨慎使用诸如:经验丰富的投资者、知情人士和那些旨在施压和奉承的人的短语。

> 对我们许多人来说的大多数规则。

> 要有探究精神。

简化复杂

访谈者要试图减少复杂的问题,将问题、争议、情况以简单的元素呈现。**连锁反应**,也被称为**多米诺效应**或**滑坡效应**,声称接连不断的决策、行动或法律会带来灾难性的后果。跟一个反对审查制度、枪支管制或同性婚姻的人交谈,你可能会听到公立学校是如何从书籍审查制度一步步走向审查所有阅读材料,枪支登记制度也是取缔乃至没收所有枪支的又一步骤,而同性婚姻也是破坏婚姻和家庭的危险斜坡。寻找相关的引发多米诺骨牌效应、导致产生或滑下危险边坡的证据。

> 对于连锁反应的担心会扼杀行动力。

口号是用于概述立场或目标的巧妙的词语或短语。它们是模糊但功能强大的手段,可以改变你的思考、感觉或行动方式,因为它们朗朗上口,并诱使你填上含义并自我说服。访谈者靠口号来吸引顾客、员工、贡献信息者和忠诚者,并且可能会改变他们传递出不同的信息。例如,当美国普渡大学改变自己的口号从"今天感动明天"到之后的"发现普渡",再到现在的"普渡:它发生在这里",校长马丁·伊斯切克(Martin Jischke)解释说,"校园里有很多令人兴奋的地方。我认为这个主题是想让我们从中涉取到普渡大学的能量、动力和自豪感。"[48] 如果口号真正代表一个人、组织、活动或解决方案,那么一定要询问口号的意义。

> 口号是巧妙的短语。

访谈者可能会**极化**人、组织、立场或行动路线,声称你只有两个选择,如保守或自由、朋友或敌人、雪佛兰或福特、风力发电或核发电、支持枪支管制或反对枪支管制。这是一个简单的对世界的看法,但是往往有说服力。是否真的只有两个选择?举例来说,你可以不是保守派或自由派,而是混合物或其他事物吗?

> 极化限制我们的选择或我们的想法。

回避问题

说服者可能会试图回避关键事件、问题或异议。**人身攻击(个人)**

> 攻击来源不能解决问题。

以年龄、文化、性别、种族、从属关系、过去的立场、声明或抹黑来源来躲避不必要的挑战。当孩子遇到所谓姓名/称呼或信仰的挑战时，家长可以告诉孩子"只考虑来源"。一个熟人可能会怂恿你忽略熟知的保守派或自由派、政府机构或企业协会、宗教或世俗组织进行的研究。坚持让访谈者解决问题、观点或研究内容。

> 分享罪责但不移除罪责。

你肯定使用过**你也一样**策略，在小时候通过把问题或反对意见到反对者或提问者身上来回避问题，如"你也是""大家彼此彼此""你也一样"。这些都是典型的你也一样的回应。如果你问一个政治候选人关于从特殊利益集团获取资金的问题，这个人可能会回答"所有的政客都从特殊利益集团获取资金"，或者是"你的候选人已接受工会组织和辩护律师的钱"。

> 责备他人是企图逃避责任。

说服者可能会通过将**罪责转嫁**他人的方式，使原告、受害者或者提问者成为有罪的一方，以此来回避问题。在考试中作弊是教授的错；漏报所有收入的税款是国税局的错；违法停车是大学的错，因为没有提供足够的停车位。辩护律师把罪行的受害者变成犯罪者，特别是在强奸或虐待案件中。切勿在还没有处理好问题、顾虑和反对性意见时就将罪责归因于他人。

逻辑策略

> 逻辑与心理不可分离。

如前所述，说服者将争论变成似乎是有效的和可以接受的模式。认识到和挑战这些共同的逻辑模式是重要的。[49]

实例推导模式（argument from example）是以一类中的某个例子为基础来推及整个类别，可以是人、地方或事物等。它是基于此类的一个样本。如果你能识别出这一模式，请提问：

> 经常查询归纳的样本。

- 样本总量是什么？
- 此类样本的实质是什么？
- 什么时候取得的样本？
- 访谈者从这个样本中主张了什么？

谨防以偏概全，说服者要谨防从一个或几个样本中概括这一类人、地点或事物。例如，一个朋友可能会提醒你不要在一个特定的餐厅用餐，因为他在那里有过一次用餐不愉快的经历。

> 要当心将巧合看作成因。

因果推导模式（arguing from cause-to-effect）解决是什么原因造成的影响。此类提问如下：

- 这种原因能够产生这种效果吗？
- 这是唯一可能的原因吗？
- 这个原因是主要原因吗？
- 建立这种因果关系的证据是什么？

第十章 说服性访谈 331

- 这是个巧合吗？

注意**事后**（post hoc）或**干扰因果**（scrambling cause-effect）的谬误，认为仅仅因为 B 在 A 之后，就认为 A 导致 B 的原因。举例来说，我在打了流感疫苗之后得了流感，所以是疫苗把流感传染给我的。

事实或假设推导模式（arguing from fact or hypothesis）能为一系列事实提供最好的解释，这也是调查者在离奇谋杀案中常常使用的一种推理类型。例如，一个足球教练可能会说因为他有一个具有三年经验的资深的四分卫，有一个经验丰富的防守队员，有三个突出的后卫，并且有一个在全美季前赛场踢球的射门球员，今年将是球队的突破年。在访谈过程中当需要论证事实时，提问如下：

- 假设与事实一致的频率是多少？
- 事实充分吗？
- 哪些事实会使主张或多或少令人信服？
- 这个假设是简单的还是复杂的？

符号推导模式（arguing from sign）认为，两个或两个以上的变量以这样一种方式产生关联，即一个变量在场与否是另一个变量在场与否的指示。例如，您可能会注意到，邮局降半旗的原因是某个重要人物的去世。当听到有关符号推导论证时，提问如下：

- 变量之间的关系是什么？
- 是否可以验证在场或不在场？
- 符号的可信度和可靠性是什么？

类比或比较论证模式（arguing from analogy or comparison）是基于这样的假设，如果两个人、两个地方或两件事情有许多相似之处，那么他们的其他重要方面也有类似之处。例如，销售人员可能会认为，由于价格适中的 SUV 和豪华型 SUV 有许多相同的特性（V8 发动机、可以容纳 6 个成年人、同等载货空间、后排乘客的视频系统、真皮座椅和四轮发动机），你应租用相对便宜的 SUV，因为它具有相同的质量。请问这些问题：

- 相似之处有多相似？
- 有足够的相似之处吗？
- 相似之处对于主张来说关键吗？

公认的信念、假设或命题论证模式（arguing from accepted belief, assumption, or proposition）是基于一份被认为是普遍接受或证实的声明，该争论的其余部分遵循这一论断。例如：吸烟致癌，你是一个抽烟者，因此，你会得癌症。请问这些问题：

- 你接受基本的说法吗？
- 其他断言跟这种断言的逻辑一致吗？

> 不能只是因为 B 在 A 之后，认为 A 导致 B。

> 遇到假设时做一个超级侦探。

> 一个符号可能有很多意义或者无意义。

> 寻找重要的区别还有重要的相似之处。

> 仔细权衡论证依据的实质内容。

- 主张一定要遵循那些断言吗？

考虑到论证是基于所谓的不证自明的真理，其不能被质疑或有争议，因为它们是"事实"。

在条件论证模式（in argument from condition）中，一个访谈者断言，如果事情发生或不发生，别的事情就会发生或不发生。核心要点是这个词"如果"。请问这些问题：

- 条件可以接受吗？
- 这是唯一的条件？
- 这是主要的条件？

证据

仔细看看访谈者提供（或不提供）的证据以获得关注和兴趣，建立可信性和合法性，支持论点，制定需求并提出解决方案。[50] 证据可以包括例子、故事、当事人或证人、比较和对比、统计数据和关键定义。用这些问题来评估访谈者提供的证据的可接受性。

- 证据是否可信？被传唤的说服者、个人及组织公正、可靠吗？证据的来源（报纸、报告、互联网、出版物）公正和可靠吗？
- 证据是否权威？被传唤的当事人或证人是否经过培训，是否具有经验以及是否有信誉？这是他们在所处位置上观察到的事实、事件或数据吗？
- 证据是最新的吗？最新的证据就是可用的吗？较新的统计信息或发现是否可用？当事人是否已经改变了主意？
- 记录在案的证据是否足够？你是否知道统计和结果是在哪里以及如何确定的？
- 证据在传递中是否准确？你能否发现在报价的统计数据或文档上有修改或删除的痕迹？被引用的证据的上下文是什么？
- 多少数量的证据是足够的？引述当事人的足够吗？给定的例子足够吗？比较点足够吗？事实显示得充分吗？
- 证据的质量是否足够？观点被表述为事实了吗？用于概括和因果论证的样本是否足够令人满意？举证的证据（事实说明、统计数据、权威、详细的比较）是否胜过澄清的证据（假设的插图,有偿的个人鉴定,比喻、类比和隐喻）？

要积极参与到访谈之中。每个访谈都会改变或强化你的思考方式、感觉或行为，包括你花的钱，你投的票，你建立或维持的关系，你维持的财产，你做的工作和你主导的生命。

在每次访谈过程中，询问各种各样的问题。信息性的问题，例如，使你获得足够的信息和解释，探讨含糊不清的话语和意见，揭示那些撒谎隐藏或仅仅是建议的情感和态度。没有愚蠢的问题，只是你提问的方式愚蠢。

开场

从每场访谈的第一刻开始保持警觉和主动。如果访谈发生在没有时间做准备的电话推销中，使用仔细措辞的问题就能发现访谈者的身份、地位和资历发现访谈的真实目标和意图。在访谈中利用开场发挥一个积极的、重要的和明智的作用。这一切都始于开场。

大多被说服者通常在开场处于被动。下面是我们班的访谈中的一个典型例子。被劝说者是一家医院的外科主任，他坚信外科医生应遵循严格的等级制度，认为是医生而不是护士会发现和处理可能实际问题和所有业务。

说服者：斯莫利医生，我是莉莉·麦克道尔（Lilly McDowell），外科护士监督员之一。

被说服者：你好，莉莉，请坐。

说服者：我想和您谈谈我们手术的病人离开医院之后的问题以及解决这个问题的办法。

被说服者：好的。

说服者：嗯，我们已经发现……

说服对象没有表现出个性或态度，对这次访谈的目的、它所花费的时间，或者问题的性质了解甚少。但是他还是允许访谈者毫无疑问地开始说服，尽管说服对象似乎是使访谈者进入他的权威和地位、专长和职责范围内，并且没有说明问题的性质以及是如何被确定的。

需求或期望

如果访谈者尝试进行没有明确目的的访谈，其中的需求也仅仅是一个模糊的要求的集合，要坚持一种分要点发展的方式，这种方式的每一点都要精心设计，以及有逻辑、有充分的证据支持，且与你的价值观信念和态度一致。当心回避你的问题和反对意见的战术和谬论。访谈者也许会尝试引入另一点，而不是解决你的问题。在探讨下一个要点前坚持找到你问题和异议的答案并达成协议。

> 提出问题、质疑论证并要求确凿的证据。

仔细推敲证据以及建立心理防范策略，这旨在处理你的反应，让你觉得有义务回答。不要容忍消极销售或恶意中伤。坚持在达成协议之前先进行标准或解决方案的制订。

标准

建立与访谈者提出的任何解决方案相符合的标准是说服过程中的

> 标准使你能够衡量解决方案。

一个重要组成部分。一位访谈者可能会用访谈的标准列表，这有助于整个访谈过程顺利进行并展示访谈计划。你是否可以在制定标准中发挥积极作用？制定的标准清晰吗？你是否希望修改某些标准？标准当中最重要的是哪一项？你是否希望添加一些标准？

解决方案

> 要确保解决方案能够满足需要且是最佳的。

访谈者可能会声称只有一个明显的需求或期望达成一致的解决方案。任何问题很少只有唯一的解决方案。坚持对每一个可能的解决方案做详细的介绍，提出问题并提出异议。要确保标准同样适用于每个解决方案，以确定哪种解决方案最适合你现在的情况。如果可能的话，坚持看、感觉、听，或体验产品，或建议。

当你已经同意一个解决方案或行动方案的时候，要注意限定词或"附加项"，如担保、退税、配件、加工费和承诺。究竟什么是"终身"保修或保证？说服者可能希望，一旦你做出了"大"的决定，你会同意"小"决定——前面讨论的对比原则。你得到的就都是"免费"吗？

结束

> 做最后的决定时多花些时间。

不要匆忙做出决定或承诺。太过匆忙意味着你会一无所获并失去更多东西。一个常见的策略是通过声称审查的可能性或产品的稀缺性来制造一种心理反应。某个机构可能会生产一些限量版的书籍、纪念币、汽车或位置，以增加人们对该产品的需求，在还没有太迟之前促使你迅速行动，或是一个代理机构介入来阻止你的行动。

花时间去思考一个决定；再想一晚。确保您所有的问题和异议都得到了满意的答复。清楚了解你所做出的决定的后果。斟酌一下第二人或第三人的意见。和有相关专业知识或经验的人交谈。看看竞争对手的产品、候选人、提议和方案。当来到一个新的社区的时候，在买房或租房之前多看看几个居民区；在决定去哪里攻读研究生或专业学位之前多参观几所大学；在决定购买之前多试用几台笔记本电脑。

> **网络资源**
>
> 假设你打算毕业后购置一辆新车。你希望跟销售代表联系时你已经获得了全面的信息并做好了充足的准备，以便做出明智的决定并交易成功。使用互联网获得由汽车行家提供的品牌、型号、性能、价格比较和评估等信息。汽车生产商的网站有丰田（http://www.toyota.com）, 阿库拉（http://www.acura.com）, 马自达（http://mazdausa.com）, 别克（http://www.parkavenue.com）和克莱斯勒（http://www.chryslercars.com）。互联网上的哪些信息是现成的，这是为什么呢？互联网上不包括哪些信息，这是为什么呢？互联网上常有的说服策略是什么？研究中的什么问题将驱使你在访谈中寻求答案？

本章总结

成功的说服访谈是双方都积极参与,而不是只有访谈者在说,被说服者只是被动地听,像单向传播的演讲一样。在人际交往中,双方都必须发言,并有效地聆听。其指导原则是对另一方不作说服。

成功的说服访谈是根据基本的伦理准则进行的诚实的努力。其指导原则不是游戏中的不择手段或是买方当心。上述的要求应该铭记于心,不要让一时的情感冲动替代了批判性思维和决策。

成功的说服访谈是经过仔细研究,有计划且结构完整的,但其依然具有足够的灵活性以应对无法预料的反应、反对和争论。成功的访谈者要根据说服对象来调整自己的说服策略和努力方向;成功的访谈者要发展、鼓励并记录下说服对象在思想、感觉和行为方面发生改变的重要原因;并且提供详细的解决方案满足双方的要求。说服往往需要几个触点使劝说者和被说服者的共识增多。

成功的说服访谈把说服对象当作一个负责任的、知情的、关键的和积极的参与者,说服对象在访谈中扮演的是核心角色而不是处于被动的地位。说服对象的行为要合乎伦理,会仔细倾听,询问具有洞察力和挑战性的问题,提出重要的异议,能质疑证据和理由,识别常见的说服策略是什么,并且根据标准的一致性衡量解决方案。

关键术语和概念

人身攻击 ad hominem	诉诸公众 ad populum
协议问题 agreement questions	公认观念论证 arguing from accepted belief
类比论证 arguing from analogy	因果论证 arguing from cause-effect
条件论证 arguing from condition	示例论证 arguing from example
事实论证 arguing from facts	两项选择论证 arguing from two choices
符号论证 arguing from sign	注意力和兴趣问题 attention and interest questions
态度—态度冲突 attitude-attitude conflict	态度 attitudes
平衡或一致理论 balance or consistency theory	跟风策略 bandwagon tactic

行为—态度冲突 behavior-attitude conflict	信念 beliefs
买家当心 buyer beware	偏执、专制的说服对象 closed-minded or authoritarian interviewee
电话推销 cold calls	同质 consubstantiality
契约或协议的收场 contract or agreement closing	对比原则 contrast principle
标准 criteria	文化 culture
分化 differentiation	多米诺效应 domino effect
失调 dissonance	鼓励互动问题 encouraging interaction questions
伦理 ethics	证据 evidence
假二分法 false dichotomy	框架 framing
轻率的归纳 hasty generalization	敌对的说服对象 hostile interviewee
识别理论 identification theory	含蓄的方式 implicative approach
举棋不定的说服对象 indecisive interviewee	诱导合规理论 induced compliance theory
智力水平高、教育程度高的说服对象 intelligent interviewee	相互关联的条件 interrelated conditions
动机 motives	中伤 name-calling
规范性影响力 normative influence	异议的问题 objection questions
异议 objections	"一面说"法 one-sided approach
思想开放 open-minded	极化 polarization
事后归因谬误 post hoc fallacy	勘探 prospecting
心理不适 psychological discomfort	逆反心理理论 psychological reactance theory
心理策略 psychological strategies	相互让步 reciprocal concessions
拒绝然后撤退 rejection then retreat	互惠规则 rule of reciprocation
匆忙因果 scrambling cause-effect	自明的真理 self-evident truths
缓和语气词 shock-absorber phrases	"货比三家"的说服对象 shopping-around interviewee
好怀疑的说服对象 skeptical interviewee	滑坡 slippery slope
口号 slogans	社会经济背景 socioeconmic background
解决方案 solution	源认知冲突 source perception conflict

标准/熟知原则 standard/learned principles	隐形营销 stealth marketing
策略歧义 strategic ambiguities	连锁反应 thin entering wedge
罪责转嫁 transferring guilt	你也一样 tu quoque
尝试结束 trial closing	"两面说"法 two-sided approach
卧底营销 undercover marketing	价值观 values
验证问题 verification questions	"赞成—但是"解决法 yes-but approach
"赞成—赞成"解决法 yes-yes approach	供讨论和分析的说服性访谈案例

供讨论和分析的说服性访谈案例

这次访谈在县议会成员乔什·莫林斯基（Josh Molinsky）和商会主席苏珊·道森（Susan Dawson）两人间进行，其中乔什试图说服苏珊实施一个极具争议的地方选择高速公路用户税，一般称为车轮税。苏珊已经表示担心这种税的必要性和这种税的负面影响将会影响企业来县城做生意，尤其是如果周边县不采用车轮税。乔什认为苏珊的支持对于向社会其他部门抛售想法是十分重要的并希望这次访谈将是改变她想法的第一步。谁都不希望采取行动。

访谈者的准备工作是否做得很充分，包括对说服对象的分析、党派关系是如何影响双方关系的，以及访谈的开始、需求和结束有多好？劝说改变的支撑性证据有多令人满意？劝说者对疑问和异议的回应是否有效？既然说服访谈是双方互动而不只是单向针对说谈对象，那说服对象是否使这一双向互动变得有效？说服对象在访谈的开始阶段、必要的步骤、对论点和论据的分析、解决方案标准的制定上，对解决方案的优缺点权衡考虑，以及结束访谈等方面表现得是否很积极？

1. **访谈者**：早上好，苏珊。（开心和微笑）孩子们怎么样？
2. **说服对象**：嗨，乔什。他们很好，谢谢。（握手）杰米将在几周后高中毕业。
3. **访谈者**：太棒了。我的孩子在学校表现也很不错。双胞胎已经上八年级了，朱莉上五年级。我上次见你是不是几个星期前在纳什维尔举行的商务部会议上？
4. **说服对象**：是的。那真是非常好的机会，分享关于影响企业因素的见解，特别是像我这样的小公司。
5. **访谈者**：我一直觉得在会议上分享想法是有帮助的。我发现有时候同舟共济可以得到很多帮助。

6. **说服对象**：确实如此。（看了一眼她的表）我能为你做什么？
7. **访谈者**：在您主持的会议期间，是否有提到地方高速公路用户税？
8. **说服对象**：是的，的确如此。（皱眉）在商会成员和他们所在的社区它不是很流行。这是你想跟我说的吗？你要知道县议会正在考虑之中。
9. **访谈者**：是的，这就是为什么今早我来到这里的原因。我知道所谓的车轮税不得人心。反对此想法的人在给立法委写信和给当地电台节目打热线电话的人中占 3/4。如你所知，我们几个人在县议会上的感觉是两害相权取其轻。
10. **说服对象**：嗯嗯，但这与我或者商会有关吗？
11. **访谈者**：嗯，坦率地说，我们觉得这是必要的！如果我们要把它卖给商会领袖和雇主，你就和这个议题有关了。
12. **说服对象**：想改变商会成员现在的想法，是不可能的。你要知道……
13. **访谈者**：（打断）我很乐意解释为什么我们在过去一年改变了想法，也许你应该重新考虑一下它。
14. **说服对象**：我觉得我们社区现在需要这笔钱，而不是像你一样作为商会领袖反对采取任何指定的道路维修或建设项目的联邦经济刺激资金。其他社区已经享受到了这笔钱带来的益处，然而我们却在寻找新的税种。
15. **访谈者**：正如他们所说的，桥下的洪水让我们面临一些重大的决定。
16. **说服对象**：嗯，他们还说，这些钱用在大坝上可能会阻止一些重大决策。
17. **访谈者**：我听到了，但我仍然反对采取任何所谓的来自联邦政府的经济刺激资金，这是一个原则问题。
18. **说服对象**：我也认为不增加新税是一个原则问题。
19. **访谈者**：当时，我们希望国家立法机关提供补充拨款，也许燃油税的略有增加能够提供所需要的高速公路资金。因为反对任何形式的增税，然后在过去三年灾难性经济衰退的日子里，立法机构削减了资金。我们现在的新项目和必要的维修费用，远超过可用的资金。
20. **说服对象**：我认为，在这样的时期，所有机构都必须量入为出，即使这么做似乎在某些方面很痛苦。我记着这是你在选举县议员时候提出的观点，它帮助你打败了长期反对你的立法会成员。
21. **访谈者**：我想这取决于谁正在经历痛苦，或者可以这么说"骑牛被牛角撞伤"。

22. **说服对象：** 我不懂其中的隐喻。我们都在经历着经济衰退期，我们所有人都能感受到削减预算带来的痛苦。隐喻很有趣但是它证明不了事情。

23. **访谈者：** 由于南部的迅猛发展，商会一直在推动全县使用卡伯路四车道代替原来的双车道。这项改善工程的成本包括了必要的路缘石、人行道和下水道，每条车道每英里的成本将超过 100 万美元。这项工程每年都把我们限制到一条四车道卡伯路的四分之一英里路段上，这将需要很长时间才能完成急需的五英里的路段。

24. **说服对象：** 联邦经济刺激资金的目的是为雇佣数十甚至上百的失业工人的项目而设的。过去我们县必须忍受它的负责人基于原则的操作。我认为是时候对项目进行优先次序的排列，我们当中经商的人就不得不一直那样做。

25. **访谈者：** 我们做这些是基于政府的立场。问题是许多项目看来都应该被排到优先进行的行列。例如，卡伯路项目非常重要，但是政府要求我们对该地区的 15 座桥梁进行替换或维修，一座桥的成本超过 100 万元只是为了完成修复。

26. **说服对象：** 很多的刺激资金用于桥梁维修和更换，尤其是在灾难过后的明尼阿波利斯。这些应该排在项目优先次序的顶部。

27. **访谈者：**（声音有些愤怒）苏珊……过去的是过去，辩论过去的决定不能解决任何问题。柏油路的平均寿命大约是 15 年，许多县里于 20 世纪 90 年代新修的道路都达到这个寿命。你知道修一条路需要花多少钱吗？

28. **说服对象：** 不知道（笑），但是你会告诉我的。

29. **访谈者：** 没错。（严肃）去年重铺路面 1 公里的成本是 5 万美元而不需要任何维修。因为我们修路的主要材料是石油沥青，今年油价上涨导致成本可能会超过 5.5 万美元 1 英里，还不包括运行修路设备的天然气上涨的价格。

30. **说服对象：** 我能理解这个事实，但你只需要推迟一些需要重新铺设直到经济的恢复和税收的提高。或者……你可以申请联邦政府的拨款申请。这个州的许多县都在做这件事。

31. **访谈者：** 这听起来（声音强调）像是个不错的主意，直到你在一段恶化的道路上计算修复它所增加的成本，成本可能增加到每公里 7.5 万美元，在整个县的道路修复上我们将花费超 65 亿美元。

32. **说服对象：** 乔什，再次强调一下重点是将优先考虑的重要项目减少并消除其他费用。你可以这样做，直到你得知政府同意配套资金拨款申请。

33. **访谈者：** 这听起来像是很好的主意（声音强调）。我们可以通过消除涵洞的维修，护栏的改进，积雪清除，结冰道路的处理，夏季绿化物的修建，捡死动物和修补坑洼来做到。在第一场雪过后因道路坑洼造成轮胎和悬架严重损坏，你和县居民还会赞成这种做法吗？

34. **说服对象**：我并没有提出消除你所提的那些项目（声音强调）。你轻而易举地忽略了我申请联邦拨款的建议，这将是用于必不可少的桥梁和道路工程的配套资金。

35. **访谈者**：我不会放弃我的原则，我们也不会向联邦政府申请政府基金，政府和我们一样需要量入为出。

36. **说服对象**：你似乎并不觉得要我放弃我的原则有问题，车轮税将增加我们县的居民的负担，但不是周边县的那些人。

37. **访谈者**：（听起来不可思议）你是商会主席，你不关心那些能把他们的生意和他们的钱带到这个县的人吗？

38. **说服对象**：当然不是（听起来有点不耐烦）。我们有很多计划鼓励人们在这里工作和购物。我只是关心公平。当大家都恳求你和委员会接受政府的刺激资金，你告诉我们不能牺牲自己的原则。那么，我的原则就是不会出现新的税种，然而现在你却要我来牺牲我的原则来弥补你的原则所造成的问题。

39. **访谈者**：我听到你说的也能体会你在说什么，但如果在每条路上减少设立收费站，就没有办法对外来人口收取道路税，我们都同意并且我们希望他们能够继续进入。

40. **说服对象**：这不是我的想法，它太可笑了。

41. **访谈者**：真实或想象的收费站将不再需要，因为我估计周边县很快就会有一个属于自己的地方期权公路使用者税。事实上，在今天秋天我们西边的杰斐逊县和亨利县会制定这样一个税！像我们一样，他们别无选择。

42. **说服对象**：嗯，我现在还没有抛出新税种的想法，但是我会认真思考，然后和你谈谈你所倡导的税收计划的性质，如日落条款，三年后结束它。

43. **访谈者**：这就是我今天早上想做的事，鼓励你去思考你的理念与我们面临的问题。我们能否在周四上午 9:00 左右见面？

44. **说服对象**：那个时间是可以的，但是我想在看今年高速公路预算明目之前，想知道修路的钱都花到哪里去了。

45. **访谈者**：县郡议会委员会在星期三晚上会就期权税的事宜开会，在下次见面的早晨我可能会有一些想法来分享。我会给你带来一份预算。

46. **说服对象**：好的，到时见。我们确实要为我们的原则付出代价，不是吗?

47. **访谈者**: 是的,我们确实付出了,但是我们还需要做些什么呢?

说服性访谈角色扮演案例

获取通勤航空服务

访谈者是由一所大学经营的机场的经理,这座机场自1950年以来就为该地区提供商业客运服务。不幸的是,每两小时一班的便利且豪华的轿车服务能将旅客载到只有65公里远的一个国际机场,以及通勤机票的成本导致多家航空公司缺少旅客长达数年。夜鹰航空是唯一的航空公司继续提供两个早上和两个下午的飞往底特律的航班。目前该航空公司已经宣布将在12月1日停止服务。访谈者计划安排访谈一些通勤航空公司,努力说服他们在12月开始通勤服务。

说服对象是东南方航空公司(Eastern-Scuthem)的运营总监,该公司为特拉华州、马里兰州、弗吉尼亚州、北卡罗来纳州提供了四年通勤服务。其长期计划是将服务延伸到宾夕法尼亚州和俄亥俄州。与大型航空公司竞争,燃料费用的急剧上涨,以及严重的经济衰退使这项计划付诸行动变得渺茫。她愿意接受来自航空公司未来服务领域访谈者的访谈,因为这关乎该航空公司的未来。但是她很清楚地知道那些属于他们航空公司来去匆匆的飞机数量,必须有合理的乘客数量和一些财务激励。访谈者要有在航空业方面的背景,也可以有一些管理经验,能成功将通勤服务卖给他所在的学校或社区。

采用新式服装生产线

访谈者,24岁,是一家名为艾比的女性服装店经理助理,这家店位于一所大学旁边的购物中心内。三条服装和饰品生产线提供的商品类型吸引了20世纪30年代后期的"成熟"女性,不是大学生客户而是他们的母亲。访谈者想要劝说老板/经理关闭至少一个生产线,替换成吸引青少年和年轻人的生产线,这样饰品在选择时将具有不同的吸引力。访谈发生在说服对象的办公室上午8点,店铺9点半营业(访谈时间只有一个半小时)。

说服对象拥有艾比女装店近20年,取得了满意的销售额,吸引了众多的回头客。说服对象亲自挑选店里的服装品牌和珠宝,前往芝加哥、旧金山和纽约进货。她认为艾比提供了一个独特的选择,是在这片区域保留下的极少数中的一家,当所有服装店都是"新潮男女"服装店没有为超过 30 岁的女性服务的服装店时填补了本地的服装市场。访谈者被看作是一个非常努力的人，拥有良好的沟通技巧，对符合自己品位的服装和饰品方极其感兴趣。她虽不属于成熟女性但是这并不妨碍她参与互动，并将商品卖给比她年龄大很多的女性。

抗旱玉米种子

访谈者是 Millennium Hybrids 公司的销售代表，其所属公司研发了新的抗旱玉米种子，且在中西部各州和科罗拉多州的干旱地区测试后证明非常成功。它的研发基于 2012 年的夏季干旱灾害，大范围的干旱减少了约 53% 的玉米产量。它比传统的杂交品种更昂贵，但预测在未来的几年里有更多的像 2012 年那样发生旱灾的夏天。说服者第一次见到说服对象，当时他正在爱荷华州立大学做玉米种子的研究，访谈对象是一个爱荷华西部拥有占地 3 000 英亩的谷物农场场主。

说服对象过去使用的是千年杂交种，但是 2012 年他损失了 80% 以上的收成，从那以后他便改用国王杂交种。他认为国王玉米种子更抗旱。虽然他很愿意谈新千年杂交种，但是他一直满意国王杂交种以及和销售代表在过去两年里的密切合作。

保留带有历史的故居

哈里森故居始建于 19 世纪 50 年代初的美国西部新歌珊地，直到 1932 年杰斐逊县历史协会同意许多原有的家具留在故居里。从那时起，它成为了一个历史景点，房子的一处用于展览具有较高社会价值的文物，一处作为办公室。许多用于建造房屋的材料从意大利、瑞士和德国进口，然后运往密西西比河和俄亥俄河，沿河而下，再被装上马车运往距离新歌珊地 7 英里远的建筑工地上。最近历史协会宣布，哈里森故居现在太小了以至于摆放不下所有的展品，而且没有足够的资金维护老化的建筑物，所以计划将其出售，然后搬迁到前杰弗逊城学会的一个更大的建筑之中，也能彰显其历史价值。访谈者是一位退休的大学历史老师，希望说服国家历史古迹保护部门负责人提供资助，能够让历史协会将哈里森故居留在原地。

国家历史古迹保护部门负责人阅读了访谈者的详细的计划，也对此事抱有同情心。然而她所在的机构忙于处理请求保留古老的家庭建筑、学校建筑和遍布整个国家的各种各样的建筑。每一个请求似乎都有充分的依据，但由于资金有限，而且联邦政府财政预算的缩减，使得政府取消或大大减少了用于保护建筑的资金投入。该负责人对于说服访谈者能够投入多少资金来保留哈里森故居似乎更感兴趣，同时也想知道访谈者为筹集资金愿意做出怎样的努力。

学生活动

1. 找到一位经常进行说服谈话的专业人士（如销售代表、征兵人员或募捐者），他/她能够在说服性访谈上给予你基本的规律性常识；这位专业人士工作时和他/她待上一天。观察他如何为每一次访谈做准备，如何选择访谈策略，如何开始访谈，如何展示需求和解决方案，如何结束访谈，以及如何调整访谈方式以适应说服对象。
2. 选择三位身处不同领域（如销售、医学、体育、游说、招募/辩护）的工作者，他/她在说服性访谈方面一定要有丰富的经验。深入调查他/她们如何准备和尝试说服下列类型中的三位被访谈者：犹豫不决的人、怀有敌意的人、具封闭性心理的人、多疑的人、热衷购物的人和高学历人士。他们发现在访谈时哪一种类型的人很难对付？针对每一种类型的被访谈对象他们运用了哪些最行之有效的策略？他/她们最常用哪种价值和情感诉求，为什么？
3. 找出一位在讨价还价方面很厉害的熟人或者家庭成员。和这个人一起进行说服性访谈，访谈不必是一个销售的场景。观察这个人在开场中的作用，这个人如何处理需要和欲求，信息的获取，反对意见和问题的解决方案以及这个人如何商议最后的决定。如果说服对象威胁说要去找你们的竞争对手公司或者机构的高层，访谈者是如何回应的？
4. 持续记录超过两周的电话通话内容和广告电子邮件，看这些内容是如何与你作为一个个体、你的需求、你的欲想和你的动机相调适的。哪种价值和情感被他们用作触发装置？哪些伦理是他们的策略？哪种类型的论据被他们采用？当你提出问题或反对意见时他们如何应对？他/她们是如何结束访谈的？

注释

1. Roderick P. Hart, "Teaching Persuasion," in *Teaching Communication: Theory, Research, and Methods,* John A. Daly, Gustav W. Friedrich, and Anita L. Vangelisti, eds. (Hillsdale, NJ: Lawrence Erlbaum, 1999), p. 133.
2. Isocrates, "Against the Sophists," in *The Rhetorical Tradition: Readings from Classical Times to the Present,* Patricia Bizzell and Bruce Herzberg, eds. (New York: Bedford/St. Martins, 2001), pp. 72–75.
3. "Honesty/Ethics in Professions," http://www.gallup.com/poll/1654/honesty-ethics-professiona.aspx, accessed September 7, 2012.
4. David Callahan, *The Cheating Culture: Why More Americans Are Doing Wrong to Get Ahead* (New York: Harcourt, 2004).

5. Richard L. Johannesen, "Perspectives on Ethics in Persuasion," in Charles U. Larson, *Persuasion: Reception and Responsibility* (Belmont, CA: Wadsworth/Cengage Learning, 2013), p. 41.

6. Herbert W. Simons, *Persuasion in Society* (Thousand Oaks, CA: Sage, 2001), p. 374.

7. Johannesen, p. 41.

8. Kenneth E. Andersen, *Persuasion: Theory and Practice* (Boston: Allyn and Bacon, 1971), p. 327.

9. Gary C. Woodward and Robert E. Denton, Jr., *Persuasion and Influence in American Life* (Long Grove, IL: Waveland Press, 2009), p. 350.

10. Simons, p. 374.

11. Johannesen, p. 43.

12. Omar Swartz, *Persuasion as a Critical Activity: Application and Engagement* (Dubuque, IA: Kendall/Hunt, 2009), pp. 321–322.

13. Woodward and Denton, p. 361.

14. James Price Dillard and Michael Pfau, eds., *The Persuasion Handbook: Developments in Theory and Practice* (Thousand Oaks, CA: Sage, 2002), pp. 4–14.

15. Johannesen, p. 43.

16. Woodward and Denton, p. 361.

17. Johannesen, p. 46

18. Charlie Lang, "Making Cold Calls Enjoyable . . . Impossible?" *Articlebase*, http://www.articlebase.com/business-articles/making-cold-calls-enjoyable-impossible-46, accessed October 17, 2009.

19. Eric J. Adams, "The Art of Business: Client Prospecting for Creative Pros Who Hate Prospecting," http://www.creative pro.com/article/the-art-of-business-client-prospecting-for-creative-pros, accessed October 15, 2009.

20. Darrell Zahorsky, "Myths of Sales Prospecting," *About.com*, http://sginformation.about-com/cs/sales/a/prospect.htm?p=1, accessed October 15, 2009.

21. Deirdre Johnston, *The Art and Science of Persuasion* (Madison, WI: Brown & Benchmark, 1994), p. 185; Sharon Shavitt and Timothy Brock, *Persuasion: Psychological Insights and Perspectives* (Boston: Allyn and Bacon, 1994), pp. 152–153.

22. "College and Its Effect on Students: Early Work on the Impact of College, Nine Generalizations, Later Studies, Pascrella and Terenzini," http://education.stateuniversity.com/pages1844/College-its-Effect-on-Students.html, accessed September 10, 2012.

23. Larson, p. 91.

24. Michael Argyle, "Intercultural Communication," in *Intercultural Communication: A Reader*, Larry A. Samovar and Richard E. Porter, eds. (Belmont, CA: Wadsworth, 1988), pp. 35–36.

25. Milton Rokeach, *Beliefs, Attitudes, and Values* (San Francisco: Jossey-Bass, 1968), p. 124.

26. Aristotle, *Rhetoric*, W. Rhys Roberts, trans. (New York: The Modern Library, 1954), Bk. I, Chap. 2, p. 25.

27. Robert H. Glass and John S. Seiter, *Persuasion, Social Influence, and Compliance Gaining* (Boston: Pearson, 2007), p. 77; Larson, pp. 276–277.

28. Woodward and Denton, Jr., pp. 107–119; Swartz, p. 207.

29. Daniel J. O'Keefe, *Persuasion: Theory and Research* (Thousand Oaks CA: Sage, 2002), p. 150.

30. Kenneth Burke, *A Rhetoric of Motives* (Berkeley: University of California Press, 1969), p. 55.
31. Burke, pp. 21–45; Charles J. Stewart, Craig Allen Smith, and Robert E. Denton, Jr., *Persuasion and Social Movements* (Prospect Heights, IL: Waveland Press, 2012), pp. 144–148.
32. Woodward and Denton, pp. 143–146; Larson, pp. 218–219.
33. Kathleen Kelley Reardon, *Persuasion in Practice* (Newbury Park, CA: Sage, 1991), pp. 54–55; O'Keefe, pp. 246–250; Erin Alison Szabo and Michael Pfau, "Nuances of Inoculation: Theory and Applications," in *The Persuasion Handbook: Development in Theory and Practice,* James Price Dillard and Michael Pfau, eds. (Thousand Oaks, CA: Sage, 2002), pp. 233–258.
34. O'Keefe, pp. 88–94.
35. Michael Burgoon, Eusebio Alvaro, Joseph Grandpre, and Michael Voulodekis, "Revisiting the Theory of Psychological Reactance," in *The Persuasion Handbook: Development in Theory and Practice* (Sage, 2002), pp. 213–232.
36. "Opening Statements," *JUSTSELL*, http://www.justsell.com/opening-statements, accessed September 14, 2012.
37. William B. Gudykunst and Tsukasa Nishida, *Bridging Japanese/North American Differences* (Thousand Oaks, CA: Sage, 1994), pp. 68–73; Judith N. Martin and Thomas K. Nakayama, *Experiencing Intercultural Communication* (New York: McGraw-Hill, 2011), pp. 261–262 and 321–322.
38. Stewart, Smith, and Denton, pp. 200–208; Robert N. Bostrom, *Persuasion* (Englewood Cliffs, NJ: Prentice Hall, 1983), pp. 181–182.
39. Shavitt and Brock, pp. 152–153.
40. Larson (2007), p. 295.
41. Tom Hopkins, *How to Master the Art of Selling* (Scottsdale, AZ: Champion Press, 2005).
42. Lee Iacocca, *Iacocca: An Autobiography* (New York: Bantam Books, 1984), p. 34.
43. Kelton V. Rhoads and Robert B. Cialdini, in Dillard and Pfau, pp. 514–517; Robert B. Cialdini, *Influence: Science and Practice* (New York: HarperCollins, 1993), pp. 19–44.
44. Woodward and Denton, p. 50.
45. Larson (2004), pp. 103–104.
46. Woodward and Denton, pp. 69–73; Larson (2013), pp. 120–142; Swartz, pp. 273–291.
47. Woodward and Denton, p. 72.
48. West Lafayette, IN, *The Exponent*, August 22, 2003, p. B1.
49. Woodward and Denton, pp. 85–95; Larson (2013), pp. 238–243.
50. Simons, pp. 167–171.

资料来源

Cialdini, Robert B. *Influence: Science and Practice*. Boston: Allyn and Bacon, 2008.

Dillard, James Price, and Michael Pfau, eds. *The Persuasion Handbook: Developments in Theory and Practice*. Thousand Oaks, CA: Sage, 2002.

Johannesen, Richard L., Kathleen Valde, and Karen Whedbee. *Ethics in Human Communication*. Long Grove, IL: Waveland Press, 2008.

Larson, Charles U. *Persuasion: Reception and Responsibility*. Belmont, CA: Thomson/Wadsworth, 2013.

Swartz, Omar. *Persuasion as a Critical Activity: Application and Engagement*. Dubuque, IA: Kendall/Hunt, 2009.

Woodward, Gary C., and Robert E. Denton. *Persuasion and Influence in American Life*. Long Grove, IL: Waveland Press, 2009.

第十一章

咨询性访谈

> 要帮助而不是替其解答。

本章重点介绍的咨询性访谈是最为敏感的一种访谈,因为这种访谈发生在当事人感到没有能力或是不确定能够处理某项个人问题时。所涉及的问题可能是工作表现、成绩、资产、人际关系、健康状况或者其他问题。咨询性访谈的目的在于帮助个人深刻地认识到问题的本质所在并且找到处理的方法,而不是代替求助者去解决问题。最终咨询者必须自己解决问题。这就是许多资料把咨询性访谈称作"给予帮助的访谈"的原因。

极少有人是训练有素的咨询师或治疗师,但是当同事、朋友、家人、邻居或者组织成员遭遇困难,需要我们倾听,提供一些建议,或帮助他们应对状况时,几乎所有人都会伸出援手。你可能没有接受过关于咨询的正式培训,或者只有在培训班或工作坊中短短几个小时的培训,但这并不妨碍你能成为一个像牧师、医生、教师、律师或丧葬承办人那样的助人角色。危机管理领域的专家认为在某一危急时刻,"每个人都能成为资源"[1]。幸运的是,事实表明那些很少接受专业培训的非职业型咨询者(lay counselor)同样也是相当成功的。一部分原因是人们在求助时更容易相信与自己具有相似性的人,而且坦率、富有同情心、善于倾听的人更有吸引力。[2]例如,几乎每个州有一个CASA(法庭指定特别辩护人)项目,该项目把仔细挑选出的自愿者进行几个小时培训,然后他们会成为那些长期遭受虐待和歧视的儿童的辩护人。辩护人在这个过程中要全面地了解受虐待的儿童,并且在法庭上为这些孩子发声。[3]

本章的目的是介绍咨询性访谈的基本原则,包括当你同意帮助他人时需要具有的道德责任感、筹备一次咨询性访谈的主要步骤、非导向性和导向性的访谈方式、访谈的结构提纲以及一次成功的咨询性访谈的重要因素。本章将指导你如何对那些在日常生活工作中遭遇困难并向你寻求帮助的人进行有效的咨询性访谈。但却不能让你速成为一个精神病专家，或者速成为一个可以解决诸如吸毒、嗜酒、严重心理疾病或违法犯罪等棘手问题的专业治疗师。

咨询性访谈的道德标准

> 懂得什么时候说"不"。

道德标准是咨询性访谈的核心所在。咨询人员面临道德困境的现象是普遍存在的，比如，怎样维持跟下属的界限和清楚什么时候应该拒绝他人的求助。美国心理咨询协会（ACA）在《道德标准的代码》序文中提出，"在选择道德标准实施决策和对事情来龙去脉进行评估的过程中：咨询师应该被赋予做出有利于他人成长和发展的决定的权力。"[4] 大量有关心理咨询方面的知识能为决策过程提供指导。[5] 接下来将着重关注咨询性访谈中十分重要的七个方面。

建立和保持信任

> 信任是实现有效咨询的基础。

你必须和你所帮助的对象建立信任感，美国心理咨询协会（ACA）认为信任感是"咨询关系建立的基石"[6]。雪莉·科米尔（Sherry Cormier）和她的同事对 ACA 的说法表示赞同，他们认为，"拥有良好人际关系所具有的潜在价值是不容忽视的，因为人际关系是沟通中重要的一环，它能够传达咨询师对于咨询对象感兴趣的程度和接受的程度，以及为最终自我表达和自我启发的实现而建立有效的信任。"[7] 所有的关系维度在本书的第二章进行了讨论，信任感/安全感是非常重要的，因为它是咨询性访谈的"核心特征"或者说是必不可少的因素。没有相互信任，沟通就不能进行。[8] 一项调查表明，观念陈旧的人比观念与时俱进的人更加难以对咨询员产生信任和依赖。[9]

为了建立和保持信任，你必须表现出你是值得信赖的。对于你真正有意愿帮助的人，向他证明你会尊重他的隐私。只有在严格保密且双方信任的互动中受访者才会坦诚他内心深处的想法和观点，并且不必恐惧你会将访谈的内容告诉他人。遵守所有你做出的承诺。

站在受访者的立场上

> 给予他人尊重和肯定。

你为提供帮助而做的所有努力的前提是必须使他人利益最大化。了解受访者是否可以做出正确的选择和决定。鼓励受访者在自己的信仰、态度和价值观之内做出决定。在你为他人提供帮助时，也请尊重对方。一些心理咨询的权威专家认为，访问者讲述自己的经历和背景能够换来受访者的自我表达或得到新的信息，因为这是一种平等的关系，将心比心。¹⁰ 另一方面，一些人则强调，在分享自己故事的时候可能会产生负面的影响，这些故事可能会造成受访者对于自身经历的误读。¹¹

你提供的信息对受访者做出合理的抉择是非常必要的。因此要求你对这位受访者的相关信息了解透彻，包括他的社会经济地位、受教育水平、工作经验、家庭背景、组织关系、病史、测试结果和过去处理问题的行为方式。与熟悉受访者的人（导师、雇主、咨询师、家人、朋友和同事）交谈，可以深入地了解受访者的情况，从而为咨询性访谈提供辅助。

仔细地斟酌来自他人的信息。他们有撒谎和夸大事实的动机吗？我们所有人对他人都持有消极、自卫或谨慎的态度，因为我们发现，只有当和对方直接接触的时候，我们才能觉察出对方所说的常常和事实有出入。要警惕先入为主，不要预先判断受访者或者制定一个防御性甚至敌对性的策略。特别是在跟孩子交谈时要谨记这一点。

> 谨防先入为主的观念。

清楚自己的局限

认清自己的沟通能力和局限，不要妄图处理你既没有接受过训练也没有经历过的事情。雪莉·科米尔、保拉·纽瑞尔斯（Paula Nurius）和辛西娅·奥斯本（Cynthia Osborn）写道："自我分析是能力的一个重要方面，它包括对我们自身的优势和局限的综合评价。"¹² 知道在合适的时机把受访者介绍给他人，这需要更好的沟通能力和专业知识。例如，当某个学生因为心理或生理问题向老师寻求帮助时，这位老师应该保持敏感性。

> 了解自身的局限。

资深的咨询师是虚心而乐观、自信而放松、灵活而有耐心的。他们是以人为中心而不是以问题为中心。他们能够敏锐地察觉到他人的需求，并在交流过程中说话易于理解，给人温暖舒服的感觉，使人安心。他们目光专注，仔细倾听受访者的诉说。他们在适当的时候使用语言和非语言符号回应受访者，他们是优秀的倾听者。《咨询技巧简要入门》（*A Brief Primer of Helping Skills*）的作者杰弗里·科特勒（Jeffrey Kottler）写道："我再一次强调：倾听是最重要的帮助技巧。"¹³

> 倾听是最重要的技巧。

当有人抛出令你为难的疑问或者表达出悲伤、焦虑、恐惧，甚至愤怒等强烈的情感时，你会感到不适吗？社会上出现了阴部、乳房、阴茎、手淫、性交，甚至强暴等词语的委婉说法。对于某些情景、行为和身体部位你需要使用这些特有的术语和名称时，你也会感到不适吗？如果你将不满带入访谈中，那么可能会妨碍谈话的深入。

不要强加你的信仰、态度和价值观

> 你能说一说你的动机和要解决的事情吗？

咨询性访谈会带入你的全部自我，包括你的性格、信仰、态度、价值观和经验。例如，你需要意识到你和受访者价值观念的不同可能会影响到咨询性访谈的各个环节。揭穿你的目的和公开你的计划，你会感到舒服吗？在没有任何命令规定和劝告的条件约束下，你能够引导访谈的方向和节奏吗？换句话说，你能保证约束个人信仰、需求、态度，来避免双方产生争辩、防御心理，而且还不把个人意愿强加给受访者吗？你要尽可能和受访者一起制订计划和行动方案。

海伦·卡梅隆（Helen Cameron）警告，"任何认为自己能操纵价值观的人都犯了严重的错误。"[14] 你通过自己的着装、外表、眼神、习惯和语言传达价值观。虽然保持价值观中立或许是不可能的，但是你必须努力明确和尊重受访者可能与你截然不同的价值观。为了咨询性访谈取得成功，你能够"暂且搁置"你的价值观或者"暂缓评判"别人的价值观吗？

尊重差异

> 努力融入而不是固执己见。

你必须理解和尊重受访者的文化背景，不同的文化背景可能会给咨询性访谈带来一定程度上的影响。然而，仅仅从文化的角度来看待这个问题还不太全面。保罗·佩德森（Paul Pedersen）认为，"文化控制我们的生活，文化为我们定义现实，无论有没有经过我们的许可和授意。"[15] 当想到"文化"一词时，你可能会聚焦于性别、种族、国家，但是科米尔、纽瑞尔斯和奥斯本"建议帮助者把和所有咨询对象的访谈都看做'跨文化'"[16]。在访谈考虑因素列表中还要添加性取向、社会经济阶层、地理位置、宗教信仰或者精神信念、体能和心智以及家庭等因素。

> 我们都要尊重每个人的价值观。

当面对跨文化的咨询性访谈时，你如果准备不充分、感觉吃力，那么就向资深心理咨询师寻求帮助吧。一项在咨询性访谈中对白种人身份的研究表明，"要使访问者消除对人种的歧视必须接受全方位培训，才能拥有理解多元文化的能力。"正如培训应该"强调种族和文化的自我意识，并且在人际互动的情境下了解其他民族和文化圈层（例如，咨询关系），技能进步在于使用恰当的文化方式影响访谈对象"[17]。因此要提高个人文化修养，避免概括性思维和刻板印象，例如亚洲学生学习成绩都很好、西班牙裔都是非法移民、贫穷的人都懒惰、女人必须要生养。对于差异的理解认知也存在着分歧。尝试站在他们的角度考虑问题，而不是以偏概全。不要以自己的文化视角来假设"正确的观念"。研究表明，当访问者和受访者的价值观念匹配度高的时候有利于良好关系的建立,因为受访者能得到更多的理解。文化背景不同是一种不可调和的矛盾,可能会阻碍关系的良性发展,特别是当咨询对象是美籍亚裔时。[18] 另一方面,不要因为文化背景的差异而推翻其他因素在咨询性访谈中的重要作用。研究表明,一些品质和心理,比如个人能力、态度、访问者的非语言行为,甚至比性别差异或者种族身份等因素对于咨询性访谈的影响更大。[19]

保持关系界限

你必须和受访者维持一种适度的关系,特别是当你扮演了一个管理、监督,或者评判的角色时。在你帮助一个学生、异性或下属的时候一定要注意这个问题。例如,作为一个老师、哥哥或姐姐、CASA,你的目的是辅助孩子们处理学业、社会、家庭中遇到的问题,而不是代替孩子父母的角色。避免做或说任何可能被理解为窥探隐私或发布命令的行为或话语。尊重咨询对象,还应该意识到任何过分亲昵的举动都可能会造成彼此的困扰。

保持情感距离。一些资料显示从情感介入到发生性行为仅一步之遥。我们也经常看到一个男老师或女老师性侵未成年学生的新闻。2001年9月11日,数千人帮助罹难者的家人、朋友和同事驱除"9•11"的创伤。在一些案例中,为情感和两性之间受到创伤的人或家庭提供帮助时,帮助者投入太深,反而在一定程度上伤害了自己的家庭。

> 明确底线。

不伤害他人

从某种现实意义上来说,我们一直秉承着不伤害他人的道德规范,这种道德规范适用于每一个人。在帮助他人时要有危机意识和自知之明,在你力所能及的范围内提供帮助,避免给出糟糕的或不成熟的建议。不管你给出什么建议,都可能因结果不尽人意而受到责备。在任何时候都要遵纪守法、保持高尚的情操。合时宜地向受访者,提供更加成熟的咨询并展现出专业化技能。全国认证心理咨询师委员会提出的行为规则特别适用于最近在一些组织、学校、公司、剧院和购物中心发生的暴力袭击和性骚扰等犯罪行为,以及妨碍心理咨询或者向其他人透露计划等行为。不仅是针对专业的心理咨询师,这一明智之举对于我们也十分受用,"当意识到咨询对象会与他人发生冲突的可能性时,认证心理咨询师必须采取合理的行动了解其潜在的犯罪动机或者和相关责任机构取得联系。"[20]

> 不要伤害他人!

咨询性访谈的准备

预设问题和答案

在开始之前，需要对咨询性访谈双方进行详尽的分析。你可以针对下面一些常见的问题和态度做出预先的假设和答复。

> 做好提供咨询被拒绝的准备。

如果我需要帮助，我会让你知道。
我能照顾自己。
我需要继续工作。
为什么我要和你讨论个人问题。
你不会理解的。
不要告诉爸妈。
你只用告诉我该怎么做。
没有人了解我的感受。
你不知道作为一名学生（父母、病人、青少年）的感受。
不要嘲笑我。
我不能请假。

> 要听而不是说。

越全面地分析受访者，越能了解其特别的反应，越能获得有效的反馈。在没有观察了解、掌握他人关系背景的情况下，如果受访者寻求帮助就只能依赖于你所受过的培训和自身经历，去发现什么使他困扰，你能提供什么样的帮助。不要主观臆想一个人打电话、出现在你的门口、提出某个话题的原因。访谈进行到最后，提一些开放性问题，可以促使受访者主动谈谈本次咨询性访谈需要达成什么目标。帮助他人的前提是仔细倾听和甄别信息。

选择一种咨询性访谈的方式

面对不同的受访者、身处不同情境之中，该选择何种访谈方式这在第二章中有详细介绍。每种访谈方式都有它的优点和缺点。在访谈中，人类会暴露敏感和潜藏的本性，因此需要掌握一些科学的方法。

导向型方式

运用这种方式，访谈者控制着访谈的结构、主题的取舍、交流的节奏和访谈长度。是你在收集和分享信息，阐述和分析问题，提出和评价解决措施，并且为行动提供指导。总而言之，在导向性访谈中，访谈者担任着分析问题、提供行动建议的顾问专家角色。

而受访者更像一个被动的反应者而不是访谈中平等的一方。导向型访谈开展的前提是访谈者要比受访者更了解问题所在，更有能力提出解决问题的方案，并且比受访者考虑周全，逻辑清晰、应对自如。当然，这种方式的可行性取决于访谈者的个人能力、受访者的实际情况和所处的情境。

> 掌控全局并收放自如。

非导向型方式

在非导向型访谈方式中，受访者控制着访谈的结构，确定访谈的话题，决定了访谈的时机及方式以及如何谈论这些话题，并把握访谈的节奏和长度。访谈者扮演了一个被动的助手的角色而不是作为一个专家或者顾问。访谈者帮助受访者收集信息，获取对问题的认知，阐明并分析问题，并且发现和评估解决方案。访谈者倾听、观察、鼓励，但是并不把自己的想法强加给对方。[21] 大多数访谈者更倾向于非导向型访谈方式，而且呼吁访谈实施者要善于倾听、适当鼓励、充分理解，以及肯定对方，而不是作为一个带有威胁和对抗性的专家来下达命令。

> 受访者是否有能力或意愿进行控制？

开展非导向型方式的前提是受访者要比访谈者更加善于分析问题、评估解决方案以及做出正确的决定。毕竟最终得由受访者自己贯彻各种建议和解决方案。这种方式的可行性，就像导向型方式那样，也需要视访谈双方和环境等具体情形而定。

受访者也许对问题或者潜在的解决方案一无所知，更糟糕的是，他可能会误解信息。受访者的问题可能并不是缺乏信息而是欠缺预测现在和未来将会出现问题的能力或者做出正确决定的能力。访谈者作为客观中立的裁判员，要发挥权衡利弊、明辨是非的作用。区分你在什么情况下应当扮演一个咨询专家的角色，在什么情况下你又能够巧妙而不露痕迹地展示个人偏好。

> 不要假设问题是由信息匮乏引发。

受访者往往更容易接受导向型方式。一项对亚裔美籍学生的研究表示，这些学生认为采用导向型方式的职业咨询师会让人觉得更有同情心、能力更强、更加值得信赖，并且能够提出相对正确的意见和对解决问题有帮助的意见。[22]

■ 提供一个安静、舒适、私密性好、免于干扰的沟通环境，有利于提高沟通的有效性

©Digital Vision

综合的方式

很多咨询性访问者发现综合导向型和

非导向型这两种方法很有必要。比如，在开始的时候你可以使用非导向型方法鼓励受访者多说，以便了解问题所在及其背后的原因，而后你在讨论解决问题方案和行动方法的时候更多使用导向型方式。导向型访谈是获得事实真相、得到重要信息和作出判断的最好方式，然而非导向型访谈适用于打开思路和收集潜意识里存在的信息。

设计框架结构

> 在选择和改变方法时要灵活。

虽然咨询性访谈不存在标准的结构性的格式，但是哈特索（Hartsough）、艾赫特里（Echterling）和扎尔（Zarle）提出的连续性模式却适用于绝大多数咨询性访谈。[23] 他们最先提出这个模式是为了处理打到学校和急救中心的电话。图 11.1 描述了该模式。

图 11.1 咨询性访谈的阶段

情感的	认知的
1. 建立帮助的氛围 　A. 进行接触 　B. 定义角色 　C. 发展关系	2. 评估危机 　A. 接受信息 　B. 鼓励信息 　C. 重申信息 　D. 提问以求得信息
3. 发挥整体影响 　A. 接纳各种感受 　B. 鼓励表露感受 　C. 对感受的反省 　D. 要求提供进一步的感受 　E. 根据感受进行下一步程序	4. 解决问题 　A. 提供信息或解释 　B. 产生替代方案 　C. 做出决定 　D. 调动资源

情感或者情绪阶段位于第一区和第三区，包含了受访者对于咨询人的信任、对自己的感觉、对问题的认识。非导向型方式最适用于访谈的情感或情绪阶段（affective phase）。认知或思考阶段位于第二区和第四区，包含了对问题的审视，对行动的采取。导向型和综合型方式最适用于访谈的认知或思考阶段（Cognitive phase）。

一次典型的访谈以建立信任的和谐关系为开始（第一阶段），接下来发现受访者问题的特征（第二阶段），进一步探究受访者的感受（第三阶段），最后得出进行行动的结论（第四阶段）。除了一些特别情况，一般不要不假思索地从第一阶段直接跳到第四阶段，或者忽略第三阶段。如果你没有深入了解受访者的感受的话，那么就无法深入理解问题本身，也无法找到解决问题的办法。

也不要指望在每次访谈中都经历四个阶段或者不受干扰地按照顺序进行。你可能需要在第二阶段和第三阶段、第三阶段和第四阶段之间多次反复，在这一过程中问题的各个方面都会得到揭示，感受的强度也会有起伏，各种解决方案也需要进行考察衡量。除非受访者需要特定的信息，比如在哪里得到理疗护理和住房补助、怎样注销和重新选择课程、如何得到短期紧急贷款等，否则不应当跳过第二阶段和第三阶段，直接跳到第四阶段。等到第二阶段和第三阶段完成之后。一定要保持耐心！

选择与设置

对访谈中的气氛和语气也需要仔细考察。其中任何一个方面都会影响到访谈双方自我表露情感和态度的意愿以及交流的水平层次。

提供一种有利于咨询交流的气氛——安静、舒适、私人场所、不受干扰。如果还有很多其他雇员、学生、工人或者客户在场的话，那么受访者就不太可能进行开放和坦诚的交流。你可以选择一个中性场合，比如餐馆、休息室、公园或自助餐厅让受访者感到轻松自在、不受威胁的。有的受访者只有在自己的熟悉的地方才有安全感，所以也可以考虑选择对方的房间、客厅、办公室或者办公场所。

> 不要低估位置和座位的重要性。

可能的话也要对位置进行调整，以便受访者和访谈者都感到舒适，便于交流。许多学生表示，如果访谈者处于桌子后面会令人惴惴不安，好像在接受审讯。他们更喜欢离桌子远的地方放置椅子，与访问者成一个直角，或者访谈时两者的椅子之间不摆放桌子。所以，对于访问者来说，一个好的访问角度是这样的。

家具的摆放也很重要，因为它可以营造或破坏非正式的谈话氛围。很多访问者发现，一张圆桌可以营造出一种餐厅的气氛，在此没有任何权威或者领导的感觉。访问者喜欢这种布置的另一个原因是，他们自己往往也就是在餐桌旁讨论家庭事务的。

> 圆桌是解决问题的传统设计。

咨询性访谈的实施

当你进行访谈时，在头脑里一定要谨记一些重要的原则。你需要意识到你是在给人们做一种"投资"，人们可能因此而改变、成长、提高。你必须要接受一个事实，就是不能把咨询性访谈当作一个可以把他人改造成你所喜欢的样子的机会。访谈对当事人双方都是一个学习的过程，不能一蹴而就。[24]

开场

开始的几分钟决定了整个访谈的基调，不管是语言上还是心理上。以一种自然、友好、热情的方式和受访者打招呼。向对方表明你愿意提供帮助的诚意。不要表现得过于谦卑，也不要过于傲慢。作为一个咨询人，你可以说："该是你表现的时候了。"或者"这次你又做了什么？"不要有任何挫败感和愤怒。首先要接受对方最真实的一面，并试着理解"咨询对象的世界来自于他自己内心的参照系"[25]。

> 要表明你帮助对方的诚意。

初始的评论和反应

不要预测受访者约见访谈或顺便来访的原因。我们难免会用到这样一些陈述：

> 你现在仍然和你的室友发生争吵吗？
> 我猜你想要再次获得室友的原谅。
> 我认为这是关于钱的问题。
> 我知道你为什么在这儿。

一个人可能根本不是因为这些来找你的，但如果你这样问了，对方会感到压力，感到必须符合你的猜想一样。至少，你的话可能会破坏受访者原本做好的开场准备以及对方的主要目的。

避免引入太多生硬无用的我们平时和家人、朋友、助手们说的话。我们总是在听到这样一些话时会想终止访谈：

> 要机敏、中立，但不能漠视。

> 你为什么要在舌头上穿孔？
> 你看起来好可怕。
> 你过去一直不停地换工作吗？
> 你看起来好像又胖了几磅？
> 你什么时候染了红头发？

此类言论和问题不仅会毁掉一次成功的咨询性访谈所必备的气氛和基调，而且还会毁掉受访者的自信和尊严。

和谐关系与情况介绍

> 要接受看起来不相关的开放性评论。

咨询性访谈经常需要耗费大量的时间让访谈双方互相熟悉以建立一种工作关系。即使你和受访者已经拥有长时间的良好关系，这种时间投入也是必需的。和别的访谈相比，咨询性访谈有很多不同点也更具威胁性。一个求助者的开场白很可能是关于建筑、你的办公室、书架上的书、墙上挂的照片、窗外的风景、天气、近期发生的事情或者运动这些与访谈的主题和目的毫不相关的事情。对此你需要保持耐心。

受访者正在对你、对环境、对场合进行考察，而且也许正在为说出自己关心的问题而鼓足勇气。

和谐互动阶段是体现你对受访者的关心、兴趣、公平、倾听的意愿和强烈自信心的最好时机。换句话说，这是建立受访者信任的关键阶段。你可以发现受访者对你、你的职位、你所在的机构以及整个访谈的期许和理解，也能感受到他对你的态度。

当交流和情况介绍完成时，让被访问者开始谈谈自己最关注的问题。这是准确地找到受访者束手无策的问题的第一步，不要越过这个过程。观察非语言的线索可以挖掘潜在情绪的强烈程度。

鼓励自我表露

对信息、信仰、态度、关注点以及情感的表达是否充分，往往是咨询性访谈成功与否的关键，也是受访者决定寻求或者不寻求帮助的重要因素。[26] 研究表明，"自我表达是一个非常复杂的过程，其中包括复杂的决策过程。"[27] 在互动交流的开始，良好的环境氛围有益于自我表达的进行。研究表明，情境因素在自我表达的决策阶段成为了最重要的变量。如果在一个积极的氛围中，它会创造一个值得信赖的关系和使人产生"安全感、自豪感、真实感"。

受访者封闭自我会阻碍帮助进程，反之，表露自我会使他们身体和精神的紧张感得以缓解[28]。在这一阶段，聚焦于优点和成绩而不是弱点和失败，把焦点放在最需要关注的地方。这种方式会建立起自信和一种敢于自我表达信仰、观点和情感的安全感。

鼓励受访者进行自我表达，可以通过分享你自己的情感、观点、秘密并带有幽默感。[29] 完全的自我表达是理想的目标，会减轻受访者的紧张感，更有助于谈论受访者不好的方面。[30]

在咨询性访谈开始阶段，你需要清晰地陈述、老实地说明想要获取的信息。如果有专门的时间分配给对方的话，显然你能够在其中找到有用的信息，受访者也将会对谈话时间的把控更加放心。对受访者而言，谈话质量比谈话长度更重要。[31]

受访者的穿着打扮、角色习惯很大程度上影响了他对吸引力和专业水准的认知，还决定了与他人的亲近程度、吸引他人的程度，以及进行自我表达的程度。

你可以利用合适的回应和答复来推进自我表达。认真准备，规避意外情况发生，切莫对你的所见所闻感到惊讶。通过穿插一些小幽默来缓解紧张，但是不要低估受访者所遭遇的困难。尽量少说少打断，全身心地投入倾听之中。确保你的声音、面部表情、眼神接触、手势交流展现出自信、温暖和关怀。在建立起一个亲近的、良好的关系前，

> 要在一个可控的时间框架内工作。

避免直接回答，而是在基于诚信的基础上灵活应答。

在咨询性访谈中，文化背景是影响自我表达程度的一个主要的因素。一项关于非裔美国人在社区健康机构从事咨询服务的研究发现，非裔美国人一直处于"一个不间断的评估过程"的设置中。事实上，他们评估咨询对象/咨询师的匹配度［白/黑］，受到三个因素的影响：黑人身份特征、法院介入因素，以及咨询双方在思想观念上的相似度。然后，这些咨询对象会评价他们在治疗中的安全感和对咨询的好感度。他们利用这些信息监控评测一次连续性自我表达的等级。[32] 另一项研究认为，在跨文化心理咨询中，咨询师的自我表达非常重要，特别是当他们回应人种歧视、迫害经历时。某些咨询师的自我表达明显增进了谈话双方的关系并且使咨询对象更加明白。[33] 也有研究认为，文化背景的差异决定了咨询师的权威性。在一些东方的文化观念中，人们把咨询师看作是权威的代表，可能会发现咨询师使用非导向型谈话方式会使咨询对象感到不安，原因是谈话中权威的一方移交给了咨询对象。[34] 咨询师使用指导性的、以访问者为中心的谈话方式会使咨询对象感到更舒服。

性别在自我表达的过程中也扮演了一个决定性的角色。女性往往比男性更容易坦诚，特别是隐私话题，比如性生活。在其他的谈话中，咨询对象自我表达的历史遭遇也常影响揭露效果。[35] 男性经常有很强的心理防御，并且会自我设防，压抑情感的表达。[36]

倾听

> 聚焦受访者和他们的问题。

倾听是咨询者需要掌握的最重要的一项技巧。倾听有助于移情，所以你要令人安心、使人慰藉、传递温暖并且学会设身处地为受访者着想。倾听有助于包容，所以你要保持耐心、接受差异、懂得理解并且准确、完整地进行记忆。避免公开评价、判断、批评你所听到的信息。直接或间接的说教、责备、质疑和反对都会成为影响咨询性访谈效果的主要障碍。[37] 要抓住问题的关键，你就必须认真倾听受访者的每一句话和每一个暗示，甚至包括有意无意间没有提及的东西。真诚地倾听别人所说的话。

不要打断别人的话或者强行插入话题。谨防掺入个人的意见、经验或者问题。经常发生的情况是，受访者要诉说关于父母的严重病情，而咨询者接过话题开始大谈自己或自己家人的病情。

如果受访者在谈话中间暂停一会儿的话，那么也不要仅仅为了避免冷场而喋喋不休。静默有多种功能，其中之一就是鼓励受访者自己继续说下去。瑞贝卡·莱纳德（Rebecca Leonard）提出几种有利于加强倾听意愿的非语言交流的行为：

身体前倾，直面对方；
保持良好的目光交流；
通过面部表情表达自己的关注。[38]

受访者会倾向于把微笑、专注的姿势以及相关的手势看作是关心和关注。

观察

观察受访者的坐态、手势、小动作，并和对方保持目光交流。注意对方谈话中的高声、胆怯、紧张的表现以及变化。这样的观察可以提供关于问题严重性的信息以及受访者的心理状态。对方表现出不安还是放松的状态？和你在一起对方是否感到舒服？欺骗性的回答调子往往会拖长，显得犹豫不决，中间还有很长的停顿。人在撒谎的时候，眼睛会不知道看哪。

如果你要在访谈过程中进行记录或者录音的话，要和对方解释清楚，一旦发现这种行为对访谈产生了负面影响，就需要及时停止。很多人是不太愿意留下有可能让别人听到自己谈话的录音带的。他们愿意信任你，而不是别人。

> 仔细寻找非语言符号，对其做出判断时要谨慎。

提问

提问在咨询性访谈中起着重要的作用，但问得太多是人们经常会犯的一个错误。提问会打断访谈，过早地改变话题，改变对方自我表露的话题走向。过多的问题，特别是快速提出的问题，会减少受访者的回应和他们自己的提问。

> 不要询问太多的问题。

开放性的问题，无论是主要的还是次要的问题，都可以让受访者得以表达自己的感情。两者在第二阶段和第三阶段都很重要。开放式问题能够鼓励受访者去谈论和传达情感，而且对于表达情绪、重复声明、探知真相起到了鼓励、互动、排疑的重要作用。[39] 一次只问一个问题，因为过于复杂的问题会导致不清楚和不完整的模棱两可的回答。使用鼓励性的提示，例如：

> 保持问题的开放性。

还有？
我明白了。
嗯？
继续。
接下去发生了什么？
然后呢？

信息收集类的问题旨在分类和阐释，增进交流的深度。

> 为什么你这样想这件事？
> 她是怎样反应的？
> 你的意思是他"反应过度"？
> 告诉我更多关于你和巴杰教授之间的冲突。

信息挖掘类问题能确保你掌握事件发生的所有关键信息。

> 在那之后发生了什么？
> 这些都是重要的细节吗？
> 还有什么你想要说的吗？
> 我已经答复你所有的疑惑了吗？

一些提问能够让受访者感觉处于一个有意义的情境中，斯蒂尔（Steele）和艾赫特里（Echterling）给出了一些例子：

> 现在你最担心的是什么？
> 你觉得你从这件事上了解到了什么？
> 你现在最害怕的是什么？

他们还提供了一些可以通过提问来帮助受访者管理他们情绪的例子。[40]

> 你是怎么度过的？
> 你怎么找到度过这个家庭危机的办法的？
> 做些什么能让你感觉状态更好？

> **表述问题要仔细小心。**

避免猎奇似地探究涉及个人感觉和让人尴尬的事情，特别是在受访者看上去并不打算详谈的时候。警惕不要提一些令对方不赞同、不满或者不信任以及任何导致受访者降低开放度的问题。避免诱导性提问，除非处于特殊环境中。例如，和孩子进行访谈时可能就要通过"寻找文字"这样的强化训练、项目来达到诱导性提问的目的。不要问"为什么"这样的问题，因为这样会让受访者感到你在强迫他进行合理性的解释，也会让受访者变得更加防范。试想一下，如果面对下述一些问题，受访者会有怎么样的反应："为什么烦心？为什么偏偏是那样呢？为什么不遵守规定？为什么不早点儿来？为什么要那么做？"

回应

找到合适的方式回应质疑、答复咨询是一件不容易的事。本章的重点是采用以咨询对象为中心的方式来进行咨询性访谈时，要关注受访者的言语交流、非言语交流和个人感受。这种方式表明合适的答复有利于引发共鸣，感同身受，增强受访者对访问者的信任。[41]

访谈者可以采取不同方式答复受访者的咨询、问题、评论和感触。从高度非导向性到非导向性、再到导向性，最后到高度导向性，这其中的答复均具有连贯性。

高度非导向性的反应和回答

高度非导向性的反应和回答鼓励受访者依靠自身力量继续自己的评论，分析各种观点和解决方案。访问者不提供信息、帮助，也不发表关于受访者、受访者观点的评价或者做出任何积极的行动。

你应当保持安静，这样就可以鼓励受访者继续话题并且进行自我解答，就像下面这样：

> 1. **受访者**：我正在考虑退出这个团队。
> 2. **访谈者**：（保持安静）
> 3. **受访者**：晚上我需要学习，以至于没有太多时间去玩耍和锻炼。

用口语化的词句鼓励受访者继续陈述。

> 1. **受访者**：不管我做什么都无法使我的上司开心。
> 2. **访谈者**：嗯哼。
> 3. **受访者**：她总是找我茬，即便我准时上下班并且很少和朋友们去聚会。

在高度非导向性反应和回应的过程中，要注意你的非语言性行为。面部表情、口气、语速以及姿态必须向对方传达出你真诚的兴趣和同情心。受访者会时时关注各种表明赞同或不赞同、感兴趣或不感兴趣的细节表现。鲁斯·普提罗（Ruth Purtilo）讨论了五种微笑的含义，运用不当便会传递错误的讯息：

> 我知道一些你不知道的事情；
> 可怜，你真是可怜；
> 不要告诉我；
> 我比你更聪明；
> 我也不喜欢你。[42]

握手或者一个简单的触碰可以让一个人放心，而且能表现出你的对他的关心和理解。

客户导向型方式将受访者作为访谈的焦点。

将受访者作为访谈的中心，而不是他人。

高度非导向性的反应将控制权完全交给受访者。

■ 在访谈前，访谈者温习受访者的有关资料有利于在访谈中全身心投入

一些简单的非语言性反应，比如转眼睛、扬眉毛、叉胳膊、往前坐等都可能对一个受访者产生负面的影响。也不要长时间地保持沉默，那会让双方都感到很尴尬。如果访谈的任何一方都感到无法继续下去的话，那么就转换一种回应的方式。

很多提问的技巧都可以用到高度非导向性回应中，比如沉默、轻推、大扫除式的全面提问都很实用。你可以重申或者复述受访者的问题，但不要主动提供答案、信息、观点、评价或解决方案。目的在于让对方自己详述问题或者观点。

你可以反问而不是直接回答，这样可以鼓励受访者自己去分析问题，然后从中找出可行的解决方法。反问的示例如下：

1. **受访者**：我应该为法语成绩得到 D 而提出再次确认成绩的申请吗？
2. **访谈者**：你觉得呢？

如果发现受访者提供的信息是不充分、混乱、错误、矛盾，甚至无法帮助判断时，不要轻易做出决定，及时停止。

邀请受访者讨论一个问题或想法：

1. **受访者**：我现在开始怀疑我是否能处理好它？
2. **访谈者**：想谈一下吗？

提出邀请性的问题要看受访者是否愿意参与，或对当前的讨论、对话和吐槽有兴趣。不要追问对于受访者来说更高要求的问题，例如"告诉我这件事。"或者"比如呢？"避免提出某些问题，原因在于这些问题可能带有批评的意味或显得不礼貌。

反思性问题可以确保你明白受访者刚才说了什么，或他是否同意你的观点。这种做法的目的是澄清和确认问题及叙述，避免造成先入为主的观念。

> 利用提问来确认个人情况和没有提及的事情。

1. **受访者**：我这个学期似乎没有什么学习动力。
2. **访谈者**：你是说你这学期的课不像上学期那么有挑战性？

反思性问题经常是以"准确地说……""我觉得你在说……""我想你的意思是不是在说……"以及"让我看看我是否理解你所说

的……"等语句开头的。他们渴望细心的倾听者能很好地把语言与非语言紧密结合起来,而不是对受访者指手画脚。

非导向性反应和回应

非导向性应答主张态度中立,不将个人意愿强加于他人。

1. **受访者**:我要做什么选择?
2. **访谈者**:学期一开始,学校就给你提供了两个选择。如果只需成绩达到等级C,你可以选择参加或放弃我的课程,倘若你想要一个及格分的话,那么至少要上到期中考试以后。

> 要做一个讲述者而不是劝说者。

时刻注意回答中的细节。如果你没有获得充分信息的话,那么一定要获取到或者从受访者那里询问到更好的信息来源。通过观察受访者的情绪、反应、症状是合乎常理还是出人意料的,再给予激励和抚慰。

1. **受访者**:我从阿富汗回来已经六个月了,可是当听到嘈杂的噪音时,我仍然会习惯性躲避或卧倒在地。我的家人会感到很尴尬,特别是在公众场合发生这种状况。
2. **访谈者**:我在伊拉克待了两年,回来后也出现过类似的情形。缓解克服这种情况是需要时间的,然而你会在这个过程中逐渐适应和意识到这只是噪声。

失去一个正处于困境的受访者的信任和尊重是很容易的。你可能向受访者做出一些不切实际的保证,比如"没有什么可担心的。""我保证所有的事情都会好起来的。"或者"每件事都朝着最好的方向发展。"你也可能向受访者念叨"过去的好日子"之类的评论,比如"你认为你顽强地守住了它?当我像你这么大的时候,我曾经……"或者"我们刚结婚的时候,我们面对的是……"避免使用"天有不测风云"这样的陈词滥调。例如,

> 一两句欠考虑的评论能摧毁访谈双方的关系。

> 守得云开见月明。
> 我们每个人总有一天都会离去。
> 黎明前最黑暗。
> 一分辛苦一分收获。

当心陷入"我们"陷阱。回想一下你所经历过的来自所有的建议者、老师、医疗保健人员以及父母的"我们主义":

我们今天下午做好吗？
我想我们做到了。
我们必须一步一步来。
我们为期末考试做好准备了吗？

你也许想要大声喊叫："你用的'我们'到底是什么意思？你根本没办法感同身受，这一切都是我一个人独自经受的（中弹、接受治疗、挺过悲痛）！"

导向性应答反应和回应

> 导向性反应提供建议和做出评估，但没有命令。

导向性反应和回应超出了给予信息和鼓励的范畴，并带有一些建议和评估或者判断。在下面的交互活动中，访问者赞成受访者的观点并支持后者化为实际行动：

1. **受访者**：我的数学很糟糕，我认为自己不能通过涉及定量研究方法的必修课。
2. **访谈者**：我理解你的担心，那你为什么不试试难度为200的课程，看看它怎么样的？

导向性回应对于受访者的评论或者观点提出些许疑问。在采用这些技巧的时候需要做到机智得体并保持谨慎：

1. **受访者**：上司让我周末加班，如果那样我就不能去看望养育我的祖母。
2. **访谈者**：为什么不和祖母说明情况呢？

访问者在被问及的时候会提供信息和个人的看法，比如：

1. **受访者**：如果你是我，你将怎么做？
2. **访谈者**：我将完成我的高中学业，然后在当地的社区大学学习，为就业做准备。

导向性回应会对受访者的行动、观点或者判断构成挑战，或者促使一个人去选修一门特定的课程或者接受不同的信息和观点。一般只有在非导向性回应不起作用的时候才会采用导向性回应的方式。

高度导向型反应和回应

> 要首先把所有非导向性的方法用完。

在一些特定的环境下可以使用高度导向性反应和回应方式。轻微适度的建议和意见将让位于强硬的最后通牒和忠告。以下是高度导向性反应和回应的例子：

1. **受访者**：我认为我戒不了酒；可以少喝一点但不能立刻戒掉酒瘾。
2. **访谈者**：那么，你还盼望你孩子回来吗？
3. **受访者**：我可以做一个好母亲，少喝酒。
4. **访谈者**：你已经证明几次了，你并不能兼顾好这两方面。你唯一的选择是参加一对一帮扶组织，戒除酒瘾。否则，你将永远失去你的孩子。

高度导向性回应主要适用于简单的行为性问题，最不适用于基于长期的习惯和坚定的信仰态度之上的问题。努力成为一个提供帮助者而不是一个独裁者，因为任何的改变都来自受访者本身。

研究表明，受访者如果接收到了正面反馈的话就会更加配合访问者的要求和建议，也会更早更愿意再次回来寻求咨询。通过这些发现，研究者得出结论，即"访问者的回应所起的作用是十分重要的"[43]。另一项研究表明，当执行措施与出现的问题之间存在着很好的对应性，而建议的执行又不是十分困难，并且是基于受访者的能力基础之上的话，那么受访者执行建议的可能性就会大大增加。[44]

结束访谈

良好的结束对于整个访谈的成功也是非常重要的。如果受访者感觉自己受了你的欺骗或者像一个流水线上的产品被送出了门，那么访谈取得的任何成果，包括访谈过程中培养起来的良好关系，都将付诸东流。

第四章里讨论过的语言和非语言性告别行为解释了访谈是如何结束的。哪种方式适合你和参与者需要你自己综合考虑。

受访者应该得知谈话已经接近尾声。不要开启一个新话题或者提出新的问题。不要妄想能达成所有期望或给出一个完美妥善的解决方案。要知足懂进退，你已经帮受访者打开思路，使他能够去讨论问题和表达感情。为下一次更加深入地互动留足余地。

> 在访谈尾声让受访者保持积极活跃。

评估访谈

认真仔细地反思一下你参与过的那些访谈。只有不断进行全面的分析，才能够提高你通过访谈帮助别人的能力。更现实一点来说的话，就是你不可能在所有的访谈中都取得成功，毕竟访谈是在复杂多样的人与人之间进行的，至少其中一方存在着某种严重的问题，并且对此问题可能还不了解或者根本就不愿意承认。

当你回顾咨询性访谈的过程时，问自己一些问题，比如：

> 回顾所有你做过的、没有做过的和已完成的任务。

> 你为这次咨询性访谈做过哪些准备?

谈话之前,如何充分掌握受访者的信息和了解咨询对象的困扰所在?

如何使谈话的地点和气氛有利于咨询对象超预期地坦诚内心、自我表达?

如何适当切换导向性和非导向性应答方式?

如何娴熟地保证提问的数量和质量?

如何使自己有敏锐的洞察力?

如何有效地帮助受访者洞悉问题所在,进而做出决定?

我是否过于轻率地表达赞同或反对?

为了提升受访者遵从建议性行为的概率,我都做了什么?

网络资源

针对特定受访者所选择的咨询方式与回应方式对于访谈的结果是非常重要的。各种不同的咨询人和代理机构的指导思想和实践各不相同。上网查询一下当下最盛行的研究者、实践者和代理机构针对各种客户和问题所采用的访谈方式。以下是一些有用的网址:宣传页面 Pamphlet Page(http://uhs.uchicago.edu/scrs/vpc/virtulets.html)、咨询中心机构 the Counseling Center Village(http://ub-counseling.buffalo.edu/ccv.html)、普渡大学心理咨询服务站 Counseling and Psychological Services at Purdue University(http://www.purdue.edu/caps)。

谈话深入到什么程度、对受访者产生了什么影响,你对于这两点的自我感知可能会夸大甚至出现偏差。在尝试帮助他人的过程中,你会收获成功的欣喜,同样也会为失败而懊恼。但好在这些感受只是暂时的。

电话访问

许多咨询性访谈是通过电话或手机完成的,比如可能会出现一方或双方在上课途中、上班开车、吃晚餐、在办公室里工作、课间休息或者度假的情形。实际上,危机处理中心已经使用电话访问这种方式多年了。

电话访问是常见的,因为它们成本低廉、快捷方便、可以匿名(可能比面对面互动更加"安全"),让人感觉获得了谈话控制权(可以随时挂断电话),而且不受时间、空间、距离的限制。然而,在办公时间有的时候电话访谈出现得非常不合时宜,比如咨询师太忙而没时间聊天,或是双方时区不同,又或是他正在为别人作咨询。电话访谈的方式可以实现"多项任务"同时进行,因为在"听电话"的过程中还能做其他事情。

最近,一项关于电话访谈的调查表明,受访者认为"无论整体来说还是细节方面,电话访谈对他们都是有帮助的,对接受电话访谈的体验感到非常满意。在测量态度的研究中，访谈者表示在电话访谈中，人际关系的建立、影响力的发挥与面对面进行咨询性访谈相差无几。"[45] 调查报告的撰写者指出，在电话访谈中缺少了视觉接触，建议对咨询人员进行培训，使他们能够用声音来代替谈话场所、服饰，以及目光接触、手势、相貌等非语言符号。

本章总结

无论何时，一旦你试图帮助别人认识身体上的、思想上的、感情上的或者社会性问题以及发现解决办法，那么你就参与到一次咨询性访谈中了。咨询性访谈是最敏感的一类访谈，因为只有到了一个人感觉无法解决一个问题或者咨询者认为必须提供帮助的时候才会发生咨询性的访谈。

充分的准备可以帮助访谈者确定如何倾听、提问、建议、解释、回应，这也和受访者密不可分。没有任何两次访谈是一样的，因为没有哪两个受访者是一样的。因此对于如何选择访谈方式、回应类型、问题以及结构，总是根据具体情形做出诸多建议而很少有固定的套路。

关键术语和概念

客户导向型方式 client-Centered approach
非职业型咨询者 lay counselor
认知阶段 cognitive phase
遵从 compliance
猎奇 curious probes
定位 orientation
导向型方式 directive approach
非导向型方式 proachnondirective approach
导向型反应 directive reactions
非导向型反应 nondirectivereacions
连续性模式 sequential phase model

供讨论和分析的咨询性访谈案例

一名大学生和上学年教她宏观经济学的教授进行咨询性访谈。目前这名学生选修了该教授妻子主讲的政治经济学课程，而教授的妻子是一个高度活跃在地方和国家层面的共和党人。随着总统选举的全面展开，政治经济学的课程内容经常转向总统候选人以及他们的经济地位、政治观点。这名学生认为教授妻子的政治倾向和政治活动致使她经常发表评论，公然地支持共和党的候选人，而贬低民主党和自由党的候选人和其政党地位。这名学生担心，其个人对于民主党候选人的明显偏好将对她的期末成绩产生不利影响。于是，她向以前教过自己的教授寻求帮助。

访谈者如何遵守咨询的道德规范？访谈的地点和氛围对这次访谈会产生怎样的影响？访谈者会采用哪些咨询性访谈方式？你如何评估双方的关系以及其对访谈的影响？这个访谈是如何安排谈话的顺序阶段的？访谈者应如何正确看待学生面临的危机，调整学生的情绪，帮助学生解决问题？当学生的求助涉及到他的妻子时，访谈者该如何处理显而易见的利益冲突？

1. **访谈者**：你好，艾米丽！进来，坐吧，需要喝茶吗？
2. **受访者**：不用了，我刚吃过午餐。谢谢！
3. **访谈者**：你这个学期过得怎么样？
4. **受访者**：在大多数情况下还不错。
5. **访谈者**：很好。听到教过的学生聊聊自己的近况，我感到很高兴。10月份放假期间，你是不是得到了出去交流的机会？
6. **受访者**：是的，我有个问题想和您讨论。
7. **访谈者**：好的。不必担心你课程研究项目的成绩。
8. **受访者**：没有，我认为你是对的。
9. **访谈者**：你来这里是为了被取消的宏观经济学课程吗？
10. **受访者**：不是的。我现在正在申请伦敦经政治济学院的学术奖学金。
11. **访谈者**：太棒了！就成绩和所修课程难度而言，你理应获得奖学金。
12. **受访者**：但是我有一个问题。
13. **访谈者**：好的，告诉我怎么了。
14. **受访者**：嗯，我不确定自己是否应该来这儿，因为牵涉到麦克维尔特（McWerter）教授和她教授的政治经济课程。
15. **访谈者**：我明白了。对于我妻子的课程你有疑问，是吗？
16. **受访者**：是的。
17. **访谈者**：与课程的任务量或理论本身有关系吗？
18. **受访者**：没有，那些使课程充满挑战性。
19. **访谈者**：那是你成绩上的问题吗？

20. **受访者**：也不是。

21. **访谈者**：那发生了什么？

22. **受访者**：嗯……坦白来讲，我担心如果我们不赞同您妻子在课堂上直言不讳的政治偏见，那将会对我们的课程成绩产生不利的影响。

23. **访谈者**：哦，我认为这种事情是不会发生的。她是一个坚定的共和党人，而我是一个坚定的民主党人，但是我们已经在一起生活30年了。她的观点虽然具有倾向性但是不会影响到你的成绩。

24. **受访者**：这与我从参加过政治经济学课程的同学们那里听到的说法不一样。一名在去年春天总统初选时选修了政治经济学课程的同学正把他的成绩递交到大学成绩诉讼委员会。并且，该委员会已经同意听取他的上诉。

25. **访谈者**：这名学生控告我妻子的原因之一是因为她的政治倾向性影响了他的成绩？

26. **受访者**：我不确定，但是我想是的。

27. **访谈者**：好吧，这和今天的谈话没有多大的关系。想一想，无论出于什么原因，有哪一次你取得的成绩是不公平的？

28. **受访者**：没有，至今都没有，我们大部分成绩都来自公开考试。

29. **访谈者**：我很高兴你能来找我，即使你意识到你反映问题的教授是我的妻子。

30. **受访者**：我明白，但是我需要找人诉说，而你又总是鼓励我们来找您。

31. **访谈者**：你做得很好，我很乐意提供帮助。你需要和玛拉贝丝（Marabeth）约谈，告诉她你的忧虑。

32. **受访者**：我想她会拒绝承认她的政党偏见会影响她的评分，如果和她提出这个问题，我担心我的成绩可能会变得更差。

33. **访谈者**：她已经教书很多年了，的确很喜欢争论政治，但是我从未见过她在专业上妥协。所以，去见她，并告诉她由于她个人的政治态度，使你在课堂上感到不舒服，甚至受到威胁。问问她你能做点什么。

34. **受访者**：您可以和她说说这个问题吗？

35. **访谈者**：恐怕这样做有点越线了。我没有亲自参与到她开设的课程中，不能干涉她的教学方式以及她所需要处理的质疑。

36. **受访者**：哦，如果我去找她谈话后，却感受到更多的威胁，又该如何是好？我曾经想过去找系主任或院长。还有一些同学也有这样的想法，特别是民主党的青年主席。

37. **访谈者**：这种做法对她不公平。在你去找她的上级之前，她有权知道你的顾虑。先去和她谈谈吧，如果不见成效，你再进行下一步的打算。当你遇到问题的时候，试着自己解决它。我怀疑她有意识到你的一部分想法，那就让她知道你的全部感受吧。
38. **受访者**：好的。我会约她见面的。可能和一两个同学一起去，表示这已经不是我一个人的问题了。
39. **访谈者**：这是个好主意。人多力量大，只要你们不是联合起来对付她。
40. **受访者**：谢谢沃尔什（Walsh）教授。请不要告诉您的妻子我来找过您。
41. **访谈者**：当然不会。我保证只有我们俩知道。尽快妥善解决好问题，这样你就能继续完成好这学期的学业了。值得庆幸的是，总统选举过几周就结束了。

咨询性访谈角色扮演案例

换工作

受访者丹尼斯（Denise）是 4 个孩子的母亲，最近刚刚离婚。她已经在梅西百货公司工作了 5 个月。丹尼斯的主管对她的工作赞赏有加，已经对她进行培训并且把百货店的一部分工作交接给她，包括管理货物的装卸。丹尼斯非常满意目前的工作，对于来自主管和经理的支持信任也感欣慰。几天前，一位邻居推荐她去一家小型建筑公司办公室任职。不仅职位的薪水比她在梅西百货公司的更多，还可能获得完整的福利。她正在思考工资福利的大幅度直线增长所带来的利益是否会超过长期任职于梅西百货这样的大公司。

她已经决定找她哥哥杰克（Jack）谈谈，杰克曾在规模不一的建筑公司工作多年，看杰克会建议自己怎么做。他们之间关系良好，丹尼斯很重视来自哥哥的意见，关键是她的潜意识里是愿意按照杰克的建议去做。杰克不得不非常认真地给出建议。他必须成为一个优秀的倾听者而不是问题的解决者，然后帮助丹尼斯找到符合自身和孩子利益的最优方案。

约会和宗教

这位受访者今年 24 岁，毕业于南达科他州立大学，和自己同校的男朋友已经约会交往几个月了，双方都开始认真考虑将来是否在一起。她是天主教徒，她男朋友是犹太人，他们的宗教信仰对各自而言都非常重要。然而，他们既没有把宗教信仰不同当做两人之间的主要矛盾，也不愿意改变自己的信仰，也不争辩在什么样的宗教传统中抚养他们将来的孩子。他们表示，"偶尔"会参加对方的礼拜。

这位受访者已经决定回家去见她的邻居雪莉（Sheri），在感恩节休息期间去询问一些建议。雪莉已经结婚了，并育有3个孩子，而她的丈夫是犹太人。她和她的丈夫似乎很好地解决了他们的宗教差异矛盾，因为他们依然各自活跃在自己的教会和教堂中。他们允许孩子们自己决定遵循哪一个宗教信仰传统。

性骚扰的案例

受访者马丁（Marty），34岁，是一个非常有魅力的新车销售员，他在西海岸通用汽车公司的经销商手下工作。在一年半的时间里，他取得了非常好的业绩，3次成为当月最佳销售人员。直到前几周，他都很满意他的职位，而且和销售经理莎莉（Sally）建立了一个良好的工作关系。可最近几周，莎莉一直要求他带她出去，并给发他具有暗示性的电子邮件，而且在他们独处的时候，还具有挑逗性意味地抚摸他。而已经订婚的马丁对莎莉没有兴趣，然后一直都尽量避免和她独处。马丁犹豫着要不要去找上司，因为他不想失去他的工作，同时他又担心老板会认为一个男人自称遭受性骚扰是一件滑稽、荒唐的事情。

这位受访者决定去找教堂的女牧师伊丽莎白·茨威尔（Elizabeth Zwier），她曾经处理过教堂、学校和宗教团体组织里出现过的性骚扰事件。访谈者伊丽莎白必须小心措词，不能因为莎莉的求爱而直接或间接地责怪马丁。如果责怪了马丁，将摧毁帮助他的可能性，不利于维持访谈者与受访者的关系。

在寄养家庭中的孩子

一名刚刚宣誓从事保护儿童工作的访谈者，他被分配到的案子是关于一个10岁的孩子乔伊·斯皮策（Joey Spitzer）的。乔伊在两年前被迫离开自己的母亲，由于他母亲的毒瘾问题导致她屡次从和她男朋友、乔伊一起住的公寓里被带走。访谈者已经回顾熟悉这件事情的相关材料，正要与乔伊和他的养父母进行第一次见面。

乔伊从来没有见过他的父亲，他已经被寄养到第三个家庭，搬离前两个家庭是因为和寄养父母发生争吵。一个月前，他从第三个寄养家庭离家出走，3天后被警察找到。如今情况似乎慢慢好转，他的养父母是一个大型奶牛场的农场主，正努力地为乔伊在乡村提供舒服自在的生活。在搬来和第三家养父母居住之前，乔伊从未见过奶制品的生产制作过程，他对机械和计算机驱动的挤奶操作非常感兴趣。这次访问的目的是亲近乔伊，告诉他保护儿童工作者和他的关系。访问者尤其要致力于发现乔伊对于自己目前的生活状况和养父母是一个怎样的感受。

学生活动

1. 拜访你所在社区或校园的危机管理中心。和咨询师们聊聊他们的训练技巧及其对自身的评价。请教他们在谈话中遇到道德危机和伦理问题时，他们所遵循的道德评判标准是什么。他们认为哪种直接或间接的方法是最有用的？提问在咨询性访谈里充当了什么角色？他们怎样才能把焦点一直放在受访者和受访者遇到的问题上？观察作为志愿者的咨询人员处理电话咨询的方式。询问电话咨询和面对面咨询的区别在哪儿？

2. 采访三个不同类型的咨询人员，比如已婚的咨询员、学生咨询员、财务咨询员或法律咨询员。他们运用的咨询方法和技巧有着哪些相同和不同之处？他们参加过哪些形式的培训？他们认为需要进行多少次培训是必要的？就他们而言，什么因素促使人们成为一个合格的咨询员？

3. 选择一个咨询角色扮演的案例，做出一套完整的方案，从设定和安排环节开始。你会如何开始你的访问？你会提出什么问题？你会在何种程度上公开讨论自己的培训、背景、经验等？你会使用哪种反应和回应方式？你会提出什么样的解决方法？你会做些什么事情或者避免什么行为来增强受访者对你的配合度？你会如何结束本次咨询性访谈？

4. 采访一名经验丰富的法庭指定特别辩护人（CASA）/诉讼监护人（GAL）。探寻成为一名法庭特定辩护人需要经历的培训内容。志愿者处理了哪些类型的案例？哪一个事件被证明是最困难的？法庭特定辩护人与分配给他们的孩子之间是如何尝试建立联系的？有什么因素会威胁到他们之间的关系？他们如何与不同年龄的孩子们进行交流？他们如何去适应与自身文化认同存在差异的孩子们？他们所学习的关于咨询最重要的技巧是什么？

注释

1. William Steele, "Crisis Intervention: The First Few Days—Summary of Dr. Lennis Echterling's Presentation," reprinted from *Trauma And Loss: Research and Interventions* V4 N2 2004, http://www.tlcinst.org/crisisint.html, accessed July 5, 2010.
2. Donald R. Atkinson, Francisco Q. Ponce, and Francine M. Martinez, "Effects of Ethnic, Sex, and Attitude Similarity on Counselor Credibility," *Journal of Counseling Psychology* 31 (1984), pp. 589–591.
3. GAL (Guardian Ad Litum) in some locations.
4. "ACA Code of Ethics" (American Counseling Association, 2005).
5. "Code of Ethics" (National Board of Certified Counselors, 2005); "Ethical Tips for School Counselors" (American School Counseling Association), http://www.schoolcounselor.org/content.asp&sl=136&conteid=166, accessed October 17, 2012; "Ethical Standards School Counseling," http://www.slideshare.net/cailhubert/ethical-standards-school-counseling," accessed October 17, 2012.
6. "ACA Code of Ethics."
7. Sherry Cormier, Paula S. Nurius, and Cynthia J. Osborn, *Interviewing and Change Strategies for Helpers: Fundamental Skills and Cognitive Behavioral Interventions* (Belmont, CA: Brooks/Cole, 2009), p. 5.
8. Cormier, Nurius, and Osborn, p. 82; Helen Cameron, *The Counseling Interviewing: A Guide for the Helping Professions* (New York: Palgrave Macmillan, 2008), p. 23; Jeffrey A. Kottler, *A Brief Primer of Helping Skills* (Thousand Oaks, CA: Sage, 2008), p. 53.
9. William A. Satterfield, Sidne A. Buelow, William J. Lyddon, and J. T. Johnson, "Client Stages of Change and Expectations about Counseling," *Journal of Counseling Psychology* 42 (1995), pp. 476–478.
10. Sarah Knox, Shirley A. Hess, David A. Petersen, and Clara E. Hill, "A Qualitative Analysis of Client Perceptions of the Effects of Helpful Therapist Self-Disclosure in Long-Term Therapy," *Journal of Counseling Psychology* 44 (1997), pp. 274–283.
11. Kottler, p. 58.
12. Cormier, Nurius, and Osborn, p. 17.
13. Kottler, p. 73.
14. Cameron, p. 14.
15. Paul B. Pedersen, "Ethics, Competence, and Professional Issues in Cross-Cultural Counseling," in *Counseling Across Cultures*, Paul B. Pedersen, Juris G. Draguns, Walter J. Lonner, and Joseph E. Trimble, eds. (Thousand Oaks, CA: Sage), p. 5.
16. Cormier, Nurius, and Osborn, p. 25.
17. Madonna G. Constantine, Anika K. Warren, and Marie L. Miville, "White Racial Identity Dyadic Interactions in Supervision: Implications for Supervisees' Multicultural Counseling Competence," *Journal of Counseling Psychology* 52 (2005), p. 495.
18. Bryan S. K. Kim, Gladys F. Ng, and Annie J. Ahn, "Effects of Client Expectation for Counseling Success, Client-Counselor Worldview Match, and Client Adherence to Asian and European American Cultural Values on Counseling Process with Asian Americans," *Journal of Counseling Psychology* 52 (2005), pp. 67–76.
19. Barbara Goldberg and Romeria Tidwell, "Ethnicity and Gender Similarity: The Effectiveness of Counseling for Adolescents," *Journal of Youth and Adolescents* 19 (1990), pp. 589–603.
20. "Code of Ethics."
21. Steele p. 355; Cameron, pp. 2, 45–49; Kottler, pp. 40, 57.

22. Lisa C. Li and Bryan S. K. Kim, "Effects of Counseling Style and Client Adherence to Asian Cultural Values on Counseling Process with Asian American College Students," *Journal of Counseling Psychology* 51 (2004), pp. 158–167.
23. Lennis G. Echterling, Don M. Hartsough, and H. Zarle, "Testing a Model for the Process of Telephone Crisis Intervention," *American Journal of Community Psychiatrists* 8 (1980), pp. 715–725.
24. "Effective Counseling," http://www2.ku.edu/~coms/virtual_assistant/via/counsel.html, accessed October 12, 2006; "Counseling Interviews," http://www.uwgb.edu/clampit/interviewing/interviewing%20lectures/counseling%Interviews%.html, accessed October 12, 2006.
25. Cameron, p. 23.
26. David L. Vogel and Stephen R. Wester, "To Seek Help or Not to Seek Help: The Risks of Self-Disclosure," *Journal of Counseling Psychology* 50 (2003), pp. 351–361.
27. Earlise C. Ward, "Keeping It Real: A Grounded Theory Study of African American Clients Engaging in Counseling at a Community Mental Health Agency," *Journal of Counseling Psychology* 52 (2005), p. 479.
28. Barry A. Farber, Kathryn C. Berano, and Joseph A. Capobianco, "Client's Perceptions of the Process and Consequences of Self-Disclosure in Psychotherapy," *Journal of Counseling Psychology* 51 (2004), pp. 340–346.
29. Bryan S. K. Kim, Clara E. Hill, Charles J. Gelso, Melissa K. Goates, Penelope A. Asay, and James M. Harbin, "Counselor Self-Disclosure, East Asian American Client Adherence to Asian Cultural Values, and Counseling Process," *Journal of Counseling Psychology* 50 (2003), pp. 324–332.
30. Anita E. Kelly, "Clients' Secret Keeping in Outpatient Therapy," *Journal of Counseling Psychology* 45 (1998), pp. 50–57.
31. Paul R. Turner, Mary Valtierra, Tammy R. Talken, Vivian I. Miller, and Jose R. DeAnda, "Effect of Session Length on Treatment Outcome for College Students in Brief Therapy," *Journal of Counseling Psychology* 43 (1996), pp. 228–232.
32. Ward, p. 471.
33. Alan W. Burkard, Sarah Knox, Michael Groen, Maria Perez, and Shirley A. Hess, "European American Therapist Self-Disclosure in Cross-Cultural Counseling," *Journal of Counseling Psychology* 53 (2006), p. 15.
34. Cormier, Nurius, and Osborn, p. 73.
35. Timothy P. Johnson, James G. Hougland, and Robert W. Moore, "Sex Differences in Reporting Sensitive Behavior: A Comparison of Interview Methods," *Sex Roles* 24 (1991), pp. 669–680; Judy Cornelia Pearson, Richard L. West, and Lynn H. Turner, *Gender and Communication* (Madison, WI: Brown & Benchmark, 1995), pp. 149–152.
36. James R. Mahalik, Robert J. Cournoyer, William DeFranc, Marcus Cherry, and Jeffrey M. Napolitano, "Men's Gender Role Conflict and Use of Psychological Defenses," *Journal of Counseling Psychology* 45 (1998), pp. 247–255.
37. Cameron, pp. 45–49.
38. Rebecca Leonard, "Attending: Letting the Patient Know You Are Listening," *Journal of Practical Nursing* 33 (1983), pp. 28–29; Ginger Schafer Wlody, "Effective Communication Techniques," *Nursing Management,* October 1981, pp. 19–23.
39. Echterling, Hartsough, and Carle, pp. 715–725.
40. Steele and Echterling.
41. Sherry Cormier and Harold Hackney, *Counseling Strategies and Interventions* (Boston: Pearson, 2008), pp. 136–141; Cameron, pp. 51–58; Kottler, pp. 86–89.

42. Ruth Purtilo, *The Allied Health Professional and the Patient: Techniques of Effective Interaction* (Philadelphia: Saunders, 1973), pp. 96–97.
43. Peter Chang, "Effects of Interviewer Questions and Response Type on Compliance: An Analogue Study," *Journal of Counseling Psychology* 41 (1994), pp. 74–82.
44. Collie W. Conoley, Marjorie A. Padula, Darryl S. Payton, and Jeffrey A. Daniels, "Predictors of Client Implementation of Counselor Recommendations: Match with Problem, Difficulty Level, and Building on Client Strengths," *Journal of Counseling Psychology* 41 (1994), pp. 3–7.
45. Robert J. Reese, Collie W. Conoley, and Daniel F. Brossart, "Effectiveness of Telephone Counseling: A Field-Based Investigation," *Journal of Counseling Psychology* 49 (2002), pp. 233–242.

资料来源

Cameron, Helen. *The Counseling Interview: A Guide for the Helping Professions*. New York: Palgrave Macmillan, 2008.

Cormier, Sherry, Paula S. Nurius, and Cynthia J. Osborn. *Interviewing and Change Strategies for Helpers: Fundamental Skills and Cognitive Behavioral Interventions*. Belmont, CA: Brooks/Cole, 2009.

Hill, Clara E. *The Helping Skills: Facilitating Exploration, Insight, and Action*. Washington, DC: American Psychological Association, 2009.

Kottler, Jeffrey A. *A Brief Primer of Helping Skills*. Thousand Oaks, CA: Sage, 2008.

Pedersen, Paul B., Juris G. Draguns, Walter J. Lonner, and Joseph E. Trimble, eds. *Counseling Across Cultures*. Thousand Oaks, CA: Sage, 2008.

CHAPTER 12
第十二章

医 患 交 谈

本章的重点是医患交谈，可以说是最敏感的交谈，因为它涉及受访者的心理与生理健康。访谈者有各种各样的医学训练、实践、专长、能力和经验，他们与患者互动的范围可以从常规体检，询问健康问题，治疗小病，小手术到那些严重损害了患者有效沟通能力的危急的、威胁生命的情况。医患交谈的目的是评估一个人的心理或生理健康，提供此人相关的准确信息，并开出满足人的健康需求的处方。

> 每一次医患交谈都有种各样的目的。

无论你是否打算在**医疗服务行业**工作，在这一生中你都已经并将继续以不同程度的严肃态度参与医患交谈。随着人们对预防性医学越来越重视，这无疑会增加这些交谈的频率，你就有可能与大批的医疗服务专业人员建立长期的关系，其中一些人还有可能是你的邻居或同事。

本章的目的旨在向您介绍医患交谈中访谈者的道德责任，对以患者为中心的医疗护理（PCC）的日益重视，在医疗交谈中创造协作关系的方法，患者对于访谈者沟通与能力的认知的关键作用，收集和分享信息的原则，以及建议、说服达成协议并激励受访者遵守约定的方法。

道德伦理与医患交谈

> 道德伦理与医患交谈是相互缠绕的。

努里·格特曼（Nurit Guttman）写道："道德问题涉及大多数，如果不是全部，至少会是关系到目标、规划、决策实施，以及任何对医疗服务心理干预的评价的决定。"而"这些道德问题，"他总结道，"往往是隐含和嵌入到细微的决策过程中的，对它们的界定需要对意外影响进行评估。"[1] 干预和评估医疗服务是复杂的，它涉及不同个体的具体需求、问题，具体情况下的能力，还涉及具体的医疗服务者，包括临床护士、急救医务人员以及神经学、肿瘤学和精神病学方面训练有素的专家，因此，给它创造、应用一套单一的道德规范是一件困难的事情。努力发展一套合适的道德规范是重要的，正如格特曼所言，"对于道德问题体察入微的（医疗服务）干预，更容易获得目标人群和配合者的信任和尊重。"[2] 通过各种**医疗服务**协会建立起来的规范为我们提供了适用于医患交谈的道德原则的核心或标准。[3]

古老的谚语：做好事，不要伤害（do good and do no harm），被认为"是医疗服务提供者最重要的道德格言，包括生理、心理、社会、文化等危害因素"，这是有益的。[4] 不幸的是，想做好事却有可能会造成危害，例如，推荐的物理康复疗法或药物治疗可能导致受伤或并发症。要做好事，同时避免伤害，囊括以下原则：保持医疗服务提供者的竞争优势，在你的能力范围内保持自我，真诚沟通，为个人和专业的行为负责，并报告医疗服务专业人员中谁似乎在性格或能力上有所欠缺。格特曼写道："真诚的沟通还要求应提供所有的相关信息，正如道德标准的完整度"和准确度。[5]

医疗服务者必须尊重每个患者的权利和尊严。例如，急诊医师职业道德规范声称，美国的公共政策和医疗伦理承认，"获得优质的紧急护理是个人的权利，应该是提供给所有的寻求者。"[6] 患者的脆弱性值得特别关注。德雷赛尔大学高级护理实践的临床教授和主任维基·拉克曼（Vicki Lachman）写道，"关爱定义为护理，正如治疗定义为药。护士照顾到患者的脆弱性，这主要是因为患者的需要有可能会产生依赖性。"[7] 医疗服务提供者必须维护患者关于秘密和隐私的权利，并应"只有在患者的同意下，或者被一个压倒一切的责任例如保护他人或遵守法律要求时，才能披露机密信息"[8]。

> 不要伤害他人。

医疗服务者应尊重患者的多样性，避免任何排斥、隔离，或贬低患者的尊严的行为。例如，急救人员道德规范表示，其医疗服务提供者必须"提倡紧急医疗护理的质量和均等可用性"[9]。他们必须提供"基于人的需要的服务，尊重人的尊严，不受国籍、种族、信仰、肤色，还有地位的限制"。其他规范包括种族、年龄、社会经济地位和性取向。[10] 在满足标准时，这些规范有可能内置在问题里。例如，格特曼警告，"通过鼓励他们采取健康促进行为来促进人们健康的义务可能会与尊重他们的自主性相冲突。"[11] 人"具有内在的为自己作决定的权利"，"医疗服务提供者可能来自不同的民族，他们的价值观念和生活方式"与他们的患者不同。[12] 莫汉·杜塔（Mohan Dutta, 2007）主张"以文化为中心"的方法，提供了"被边缘化的群体有机会参与重要对话，并发出自己的声音让他们的群体听到。"

> 尊重每个患者的权利与尊严。

医疗服务提供者必须在医疗服务提供者—患者的关系上保持适当的边界。美国精神病学协会的"医学伦理原则"声明，"精神科医生应时刻对他的行为已经超越医患关系的边界所引起的影响保持警惕"。[14] "医患关系固有的不平等可能导致（医生）对患者的利用。"医疗服务提供者和患者的关系是医患交谈的关键，因此我们将继续相当深入地对待这种关系。

以患者为中心的护理

> 以患者为中心的护理既是新事物，也是古老的。

21世纪以来，随着医疗服务从业者和患者倡导合作伙伴关系，共同参与医疗服务，人们对于医疗服务的看法与实践正在发生显著变化。以患者为中心的护理（PCC）强调患者和护理医疗服务提供者"是解决问题情况下的合作者"[15]。这种新的趋势（也有一些消息来源认为此可追溯至古希腊）保证了患者的"需求、偏好和信仰总是受到尊重"[16]。德布拉·罗特（Debra Roter）和朱迪思·霍尔（Judith Hall）写道：

> 建立伙伴关系的沟通帮助患者在医疗对话中承担更加积极的角色，无论是通过患者信息的主动登记（例如，询问患者的意见和期望，利用兴趣线索，意译和解释患者的陈述来检查［医生］的理解，并明确询问患者的意思）或被动地承担关系中不太主导的立场（比如说，口头上较少占主导地位）。[17]

联合机构的倡导者声称，当患者更积极地作为合作伙伴参与，而不是被动的旁观者，他们更满足于护理者的照顾，得到更多以患者为中心的医疗服务，如医疗信息和支持，更致力于治疗方案和管理健康问题，对于自己的健康有更强烈的控制感，并且恢复得更好。[18]

> 一种互惠关系是关键所在。

在美国，如果双方共同控制，并积极寻求缩小关系距离的话，以患者为中心的医疗服务会有所发展。尽管双方在医患交谈中在某些方面是独一无二的，但他们有许多共同的看法、需求、价值观、信念、态度和经验。双方都应努力维护（彼此的）尊严、隐私、自尊和舒适性。医疗服务互动交流的目标是"发展互惠关系，其中的信息交换、问题识别和解决方案进展是一个互动的过程"[19]。患者和医疗服务提供者之间的关系，可能是"医疗服务过程中最重要的组成部分"[20]。建立合作关系趋向于确保关于健康的决策能够尊重患者的期望、需求和偏好，以及患者获得信息和支持，做出有效决定来参与他们的医疗服务。[21] 患者如何看待他们与医疗服务提供者的关系，

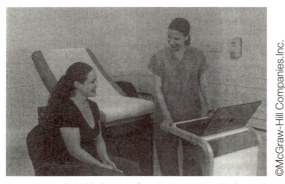

■ 医疗服务提供者和患者积极正面关系的发展对有效的交流和健康护理至关重要

影响着他们如何参与医患交谈。[22]

虽然对于以患者为中心的护理来说，拉近访谈双方关系的距离是核心，任何一方都不应贸然推进这段关系。每一方都必须努力认识和了解彼此，因为相互了解有助于拉进关系的距离。双方当事人可以通过尝试放轻松和自信，彼此间展示作为独特个人的兴趣，保持客观，真挚诚实，相互尊重，注重语言和非语言信息，保持灵活性，并保持适当程度的控制欲来提升彼此间的关系。[23]

> 访谈双方必须努力缩小关系距离。

尽管这需要双方形成富有成效的关系，医疗服务提供者和患者仍然认为医疗服务提供者背负着使关系运转的工作责任。[24] 该发现使胡尔曼（Hullman）和戴利（Daily）推论出，医疗服务提供者的"灵活与适应能力，在医疗冲突中是极其重要的"[25]。而另一方面，美国医学协会称，"当他们及时地引起他们的医生对其身体问题的注意，尽可能地提供相关的医疗状况，并在相互尊重中与他们的医生共同合作，医患关系对患者而言能发挥最大的益处。"[26] 这将是合作的最高水平。

共享控制

共享控制是形成协作关系的第一步。相较传统而言，在医患交谈中权力和权威已经严重失衡。穿着套装或制服的护理医疗服务提供者训练有素，把情况视为常规，讲只有很少患者能理解的科学术语和缩写，似乎是在控制自我和形势，不牵涉情感。这种控制吸引着医疗服务提供者，因为控制方能够选择并控制访谈的设定、时机和结构。封闭式问题、有限的反应、不断变化的主题，以及打断交谈等都在预示谁控制着交谈场面。当患者挑战这种情况，医疗服务提供者可能会很快重申自己的"著者立场"或视而不见。[27] 近期一项有关患者在医患交谈中介绍互联网研究成果的研究表明，医生可能会对此选择逃避，认为这种研究"威胁到面子"，而要维护自己的权威。尤其是男性患者会认为，他们提到互联网研究时，医生"感觉失去了控制"，也许是因为他们担心会被证明是错误的或者知道的不够多。[28]

> 双方都必须共享控制。

患者往往是不知情的，他们通常把情况视为危机，投入感情，医学知识甚少，对于在一个陌生而危险的环境中发生的事情几乎没有控制，有可能是部分赤裸的，接受高度药物治疗的，或处于剧烈疼痛中。对于交谈中有可能出现的"亲子关系"，患者需要承担部分责任，因为他们温顺地扮演着关系中的次要角色，并保持顺从态度。[29] 虽然大多数的患者，尤其是年轻的，希望积极参与过程，有些人更喜欢医疗服务提供者掌握主动权的"家长式医疗服务"[30]。交谈中，他们可能未能在关键时刻提出问题。当采用巧妙的控制策略，如改变话题，询问大量问题，对开放性问题给出简短的、隐藏性的回答，隐瞒重要信息，

> 患者须积极，并有所反应的。

或唠叨时，患者可能会表现出顺从。患者可通过沉默表现出关系权力，而不是对话的主导地位，或在访谈时同意医疗服务提供者，随后忽略处方、治疗方案和之后的建议。

（人们）对于什么组成有效的医生沟通有着相当一致的看法，但却很少知道是什么构成有效的患者沟通。某一项研究表明，"从医生的角度来看，健谈的患者是有备而来的"，"以先验知识看待医学问题"，培养自我疾病知识，带着计划来交谈（并保持专注于它），提供了"关于他的病史、症状，以及其他有关事项的详细信息"，并通过询问有关诊断和治疗的问题来获取寻求信息。"[31] 本次研究中，患者的角度如实反映了医生的视角。虽然这些结果令人鼓舞，这项研究还发现，"能力认知与患者的实际话语之间没有一个显著的相关性"，即"交谈中的能力认知并不是必须与实际所说相匹配的。"医生和患者他们看到和听到的往往与现实不符。

双方必须协商和共享控制权，"因为合作伙伴追求共同的目标"[32]。作为一名医疗服务提供者，通过对患者的生活方式感兴趣，问一些非医学问题，关注患者的身心健康，来增强医患关系的融洽氛围。支持性谈话包含着安慰、支持和同情，表明护理者对患者作为一个普通人的人际关系敏感与真挚的关注。

同情是"医生与患者关系的一个重要组成部分"，同情的展现增加了患者的满意度，并减少时间和费用。卡玛·拜兰（Carma Bylund）和格雷戈瑞·玛卡尔（Gregory Makoul）写道，"同情心不仅仅是医生'给予'患者的。相反，事务性沟通的视角告诉我们，互动过程中医生与患者相互影响。"[33] 他们发现，有一些患者会对富有同情性的反应提供重复的机会，其他人则提供很少或没有。而当患者这样做了，研究表明，医生"明显会趋向于确认，追问，并确认患者的情感置入"。这是医患互动的积极态势。

> 这需要双方努力形成一段积极的关系。

作为医疗服务提供者，要鼓励患者表达思想、期望、恐惧和对医疗问题的看法，重视患者的专业知识。我们的目标是把彼此看作是平等的。作为患者，充分了解健康问题，并尽可能诚实而准确地提供详细信息，表达顾虑，积极回答医疗服务提供者的问题，说出你的意见、建议或偏好。

理解多元性

患者和医疗服务提供者之间的多元性是双方都必须认可承认的事实。我们本能认为，患者，特别是那些来自其他文化背景的，对医患交谈有不同的体验和反应，但很少人意识到，医疗服务提供者在面对不同类型、文化背景的患者也感到压力和焦虑。[34] "医生的族别和他们对患者的看法之间可能存在显著的关联。"[35]

性别

女性比男性更加关注健康，在互动中更具有语言表达能力。这可能是一个后天的差异，因为媒体上的医疗服务信息更多的是针对女性而非男性。在这些交谈中，女性花更多的时间与医疗服务提供者交流，是更为积极的沟通者，但她们的医疗服务提供者不会那么严肃地对待她们所关心的问题。另一方面，不论面对的医疗服务者是男是女，男性患者往往比女性更强势，喜欢发号施令。[36] 更多的女性医务者进入妇产科领域导致了副作用的出现——女性患者选择女医师的百分比显著增加，这使得男性医生需努力提高自己的人际沟通能力。[37]

年龄

随着平均寿命的延长和婴儿潮时期出生的人到了退休年龄，年龄逐渐成为影响医患交谈的因素。相比年轻患者，老年患者更不愿意去挑战医生的权威，这在情理之中。大部分 55 岁以下的医疗服务者"明显不太主张平等，更没有耐心，不那么尊重老年患者"，这也许反映了社会对"老龄化"、老年人智慧的态度变化。医疗服务者"不太可能唤起老年患者对心理问题的关注"。[38] 年轻患者与"烦人的"医疗服务提供者在一起会感觉更自在，对权威和证书少些敬畏。如果患者通常因年龄而丧失行为能力，找一个代理人（配偶或子女）或一个也许有重要信息与医生沟通，并能够在对患者的护理上（与医生）协作的医疗服务代理者，这也许是明智的。[39]

> 年龄与性别影响沟通与治疗。

文化

在美国，大约有 4 700 万人在家里讲英语以外的其他语言，这还不包括每年数以百万计前来美国的国际旅客。[40]

全球化和与之配套的文化差异影响着人际沟通的许多方面。非洲裔和波多黎各的患者都表示，他们的人种、种族和较低的经济状况对他们的信息搜索（尤其是艾滋病毒有关的信息）和医疗服务带来消极的负面影响。[41] 较低社会阶层的患者可能会不愿意公然质疑医生，所以他们试图控制二者间的关系。[42] 阿拉伯文化中男性之间关系亲近，还会相互亲吻是惯例；而在欧美地区的医疗服务关系中这是非常无礼的行为。美国印第安文化和亚洲文化重视非语言沟通，而美国和德国文化喜欢语言沟通。拉丁裔非常适合以患者为中心的医疗服务提供者，因为他们比欧洲人和非裔美国人更注重与医生之间的互动。[43] 许多群体，尤其是亚洲人，性格不那么外向张扬。

> 地球村里的健康传播大不相同。

克瑞普斯（Kreps）和桑顿（Thornton）发现不同国家的医疗理

念有所不同，认为它们可能会给非本地医疗服务提供者和患者带来困难：[44]

- 法国医生往往会认为数据不重要，而强调逻辑。
- 德国医生喜欢权威主义的"浪漫"。
- 英国医生有家长主义的作风。
- 美国医生往往是有进取心的，总想"做些什么"。

这些差异会影响医患交谈中的交际角色与控制共享。不同患者在汇报疼痛、理解医疗同意书、恰当运用语言，以及透露基于文化知识、谦虚和舒适性的信息方面存在着许多不同之处，医疗服务者对此要保持文化上的敏感。陈艾丽（Alice Chen），在一篇题为《行医跨越语言鸿沟》的文章中提到一个例子，她让一个穆斯林妇女做X射线治疗，来评估其关节炎情况。一位男性的X射线技术人员想要掀起这位内心恐惧的女患者的面纱，以便他能固定设备。在接收到患者需要一名女技术人员的信号后，陈带她去用了另外一套不同的设备。[45]

刻板印象

> "好"患者得到更好的照顾。

刻板印象影响医疗服务提供者看待和治疗患者的方式。谦逊的态度和成人之间婴儿般的方式使患者表现出如孩童般的感知。一项研究表明，在疗养院20%的员工互动看起来像是模仿儿语（baby talk），"语速缓慢，语调夸张，音调和音量增加，多次重复，词汇和语法更为简单"[46]。面对年长者时，医疗服务提供者会使用老年人的交谈方式（elderspeak），比如，"嗨，亲爱的，该锻炼了。""好女孩，你吃完晚餐了。""早上好伙计，准备好洗澡了吗？"这种"不适当的、亲密的、孩子气的"婴儿式沟通会"损害患者自尊心，使其抑郁、孤僻"，并导致"对患者孩子气的依赖行为的假设与对体弱年长者的刻板印象相一致"的结果。

符合刻板印象的好患者是合作、安静、温顺、充满感激、平和、体贴以及冷静的。好患者往往会得到比不懂得配合的患者更好的治疗。被视为低层次的患者易得到更悲观的诊断和预测。超重的患者被认为是不太讨人喜欢的、不吸引人的、没受过什么教育，需要帮助，比较情绪化，防御心强，并可能后续问题不断。

创建和维护信任

> 保密与信任密切相关。

信任在医疗服务互动中是必不可少的，因为处理的是私密、敏感的个人信息，必须最大限度地进行自我揭露。当双方都把对方看作是知识与认知的合法代理人时，信任就产生了。[47] 违反保密条款可能导致遭受歧视，经济受损，打上社会烙印。信任被破坏后，再建立或者保持一段良好的医患关系基本上是不怎么可能的了。泄密可能是有意或无意的，发生在许多地方，比如电梯、走廊、食堂、医疗服务提供者的办公室、病房、鸡尾酒会，或者是通过电话，特别是无处不在的手机。玛丽亚·布莱恩（Maria Brann）和玛丽范·马特森（Marifran Mattson）讲述了一个实例：因某个原因，患者试图让她的医疗服务者在一份书面说明上签名，来保证对其预约保密；而医疗服务提供者坚持要患者把说明大声读出来。在另一种情况下，患者试图悄悄地回答机密问题；医疗服务提供者继续大声地询问与病情相关的情况。[48] 解决方案包括温和地对话和回答问题，只与必须了解情况的医疗服务提供者交换信息，并在安全的场所私下进行互动。

当一方确认对方这是他可以信任的人时，信任会在交谈刚开始的几分钟内便建立起来。双方进一步协商"制定行为"，建立"对信任关系的共同期望"。[49] 比如幽默，可以"促进患者-医疗服务提供者间的良好互动"，并"创造一个以患者为中心的环境"来影响"患者积极的态度和幸福感"。[50] 结果是对护理人员形成一种积极的认识态度，增强对他们的信任，带来更好的健康结果，提高了患者对医疗服务者意见的遵从，并减少医疗事故诉讼。[51] 自发的幽默是最有效的。医疗服务提供者增加患者对其的信任有两种办法：一是使用提高患者参与度的支持性对话，二是引发充足的信息披露，澄清信息，并评价关乎疾病的社会因素和心理因素。[52]

> 医疗服务提供者与患者携手共创彼此间的信任。

就以患者为中心的医疗服务，以及建立医疗服务者和患者之间的良好关系来说，医患沟通显然是最核心的。然而，可观察到的沟通技巧，可能不足以满足前述二者的要求。在总结对"以患者为中心的护理对医疗结果的影响"的研究中，他们提醒道："交谈技巧的差异不一定与患者的反应相联系。当医生不理解这对于真正关注和积极响应的听众来说意味着什么时，医生可以尝试挖掘以患者为中心的交谈的动机。"[53] 她们写道，"关于沟通的教育应超越技能培训，去深入了解一个积极的搭档对患者而言意味着什么"，搭建交谈双方之间有意义和有见地的共同点。马修·斯韦德隆德（Matthew Swedlund）和他的同事们研究医患关系和满意度之间的关联，"确定了这种不间断医患关系与满意度显著相关联的四个具体方面，即家长和医生之间的关系，孩子和医生之间的关系，父母轻声询问医生问题，以及父母对医生的信任。"[54]

> 技巧训练是第一步。

开始访谈

医患交谈的开端，发生的地点、时间以及组织者对交谈的后续部分有着显著的影响。任何一方都不应习以为常。

增强气氛

> 开端奠定了整场访谈的基调。

医疗服务提供者应创造一个患者认为能够自由地表达观点、情感和态度的氛围。双方在很大程度上都依赖于交谈去获取和提供信息,但往往把过程看作是理所当然的。双方皆没有认识到,合作对于信息的分享以及对计划方案的态度至关重要。

> 场所与设置能促进协作的关系。

选择一个舒适的、有吸引力的、安静的、没有威胁的私密成人场所,在这里没有干扰,互动也将严格保密。让我们来看看典型的儿科区和成人区。前者是为年轻患者和家长精心设计每一个细节(图片、水族馆、玩具、植物、书籍),尽量减少恐惧和焦虑,最大限度地提高合作与交流。后者则是候诊室里突兀地摆放着电视机和几本杂志。成人患者则通常被叫到治疗室,做一些不痛不痒的测试,被要求换上病号服(在后面的通风处换上),然后独自与检查台、各种医疗工具、人类内脏结构图待在一起。这些装置不可能减少焦虑和紧张。

建立亲和关系

使你的开场白个性化。在对医疗服务提供者-患者满意度的研究中,莫汉·杜塔-伯格曼(Mohan Dutta-Bergman)发现,"坦率的医患沟通风格不是一个通用的满足患者需求的方案。相反,该研究发现一个基本信息:有必要根据患者的需求来调整医疗服务提供者的交流风格。"[55]

> 利用开场来减少不安。

如果你不了解病患者或家属,可以通过愉快的问候,介绍自己开始交谈。如果你称呼患者的名字(嗨,莎莉),而介绍自己的头衔(我是珀西菲尔德医生),那么你从一开始就确立了上级对下级的关系。如果你熟悉患者,作为个人身份向他打招呼,从而开始访谈,患者肯定会报之以问候,并在访谈中更积极主动。

> 开场既不能过短也不能过长。

使用闲聊、幽默或自我表露方式来让患者放轻松,对患者的问题感兴趣,才能增强患者对医生的信任并增进医患关系。以患者为中心的方法提高了患者的满意度。[56]通过仔细说明流程,周到而轻松地平等对待患者,让他们穿着自己的衣服开始交流,而不用统一穿着医院的病号服,借此来减少患者的不安。如果医疗服务提供者在进入测试室前仔细检查了患者档案表,友好关系的建设与导向会得到加强,访谈就可以在个人的、对患者多方面了解的层面上开始了。除非信任度低,否则交谈的开场既不能仓促完成也不能过长,因为双方都喜欢在建立个人联系后才切入正题。

如果患者因你迟到而等待了一段时间,要为此道歉,并解释原因。以你希望被对待的方式对待别人,简单的礼貌和礼节能化解一次令人生气或不耐烦的访谈，并告诉你要重视患者的时间，并对患者的认知和需求保持敏感。朱迪思·斯皮尔（Judith Spiers）展示了礼貌理论与它如何能够改善医患交谈的互动交流的关联性。她写道：

> 礼貌主要是通过提供口头互动的仪式形式，减轻许多如请求、命令或质疑的严峻性，以使人际互动自在放松。在因为自身或他人反应的原因而导致诉说这些情绪处于劣势的情况下时，礼貌能够掩盖尴尬、愤怒或担心。[57]

这是帮助医疗服务接受者在他们无法控制的受到威胁的情况下"保留面子"的绝佳建议。

研究表明，对时间带来的压力和医学术语的感知不仅影响患者的参与，也影响着医疗服务中友好关系的发展。[58]当"专业医务人员在会诊中花更多的时间，且较少使用专业术语时，患者更愿意征求更多信息，因为他们认为一段良好的医患关系已经建立起来了"。医疗服务提供者问的开场问题以及访谈开始后他们的询问速度，对于建立关系，保持友好，获得充足的和有见地的信息是很重要的。当患者没有任何说明地开始访谈时，医疗服务提供者的开放问题很有可能成为一个"普通询问"，例如，"今天早上为什么过来？""有什么问题吗？"或者"我能为你做些什么？"如果预约时患者已经说明了缘由，或者告诉了医生助理或护士他的问题，医疗服务提供者的开放问题很可能是一个"验证性"的问题，例如，"我明白你今天鼻窦炎发作了？""你的膝盖怎么了？"或"告诉我你正遭受的压力。"有一些医疗服务者会在进行面对面交谈之前通过网络途径询问患者。患者在医疗投诉列表中勾勾画画，然后回答一系列用他们能够理解的语言来描述的问题。当医疗服务提供者进入治疗室进行面对面的访谈，他已经仔细看过资料了，医疗服务提供者和患者双方准备开始访谈。一名医生说："我关注的是患者，需要我看电脑是不正常的。"[59]

验证性问题的第二种类型集中在具体的病症，如："主要是你头部左边痛吗？"或"当你快速注视远处物体，然后再次换到近距离物体时头晕最常发生？"约翰·赫里蒂奇（John Heritage）和杰弗里·罗宾逊（Jeffrey Robinson）发现，基本的问题会发现更多的问题，其中包括最近的症状。验证性问题的第二种形式是更严格的封闭式问题，是引导问题呈现的一种方法，清晰表明了医生执行交谈的意愿，并实施交谈下一阶段的开始：信息收集。[60]医生控制并决定交谈的走向。

如果医疗服务提供者开始访谈，刚开始的问题可能是开放式的，比如"过去一年里你的身体健康如何？"或具体的，如"吃了胆固醇的药物有没有什么副作用？"开场问题之后会发生什么取决于产生这

> 礼貌滋生礼貌。

> 以患者为参照。

次访谈的原因。如果这是年度的例行检查，医疗服务提供者很可能根据患者的反应来判断接下来会发生什么，然后通过问题和检查开始进入交谈的关键环节。如果是后续治疗，医疗服务提供者可能会采用一系列针对前期治疗中某一具体难题或治疗效果的问题展开交谈的核心部分。

在医患交谈中获取信息

医疗服务提供者和患者投入相当多的访谈时间来获取信息。信息交换是医患互动能力的主要组成部分。这不是一件容易的事，让我们从识别共享信息障碍，然后对有效地收集信息提供建议开始。

获取信息的障碍

> 不要认为患者会提供准确的信息。

生物和心理因素往往致使患者难以回忆或者准确而完整地表达信息。他们关注的是为什么他们生病，而不是他们能做些什么。担惊受怕而焦虑的患者常会遗漏病史的重要部分，他们可能会通过讽喻式语句，例如"你知道青少年是如何的"，来掩饰真正的问题。患者说，他们不希望因为吸烟、体重问题或所用的处方药而被贴上各种标签，所以他们讲一些"无伤大雅的小善意的谎言"，也不会特别在意潜在的后果。[61] 有些患者会高估问题的风险。举个例子，研究表明，"许多女性高估患乳腺癌比例的风险，即使他们从医疗服务的专业人士那里得到了仔细的判断"。她们会抵制接收到的信息。[62] 减轻这种问题的一种方法似乎是一个"社会比较策略"，患者被要求与他人比较患病的风险。然而，即使使用这种策略，当实际风险接近14%时，女性继续认为她们患病风险达到50%。[63]

> 尽快地问明显相关的重要问题。

自我披露（Self-disclosure）是信息收集过程中的关键。照顾者与患者的沟通互动须达到3级，而非不完整的、肤浅的1级和2级。研究表明，患者隐瞒信息或提供不那么真实的信息，以避免出现尴尬、不舒服的感觉、听到坏消息，或受到医疗服务提供者的训斥，这样的情况实在是太常见了。最近的一项研究显示，医生的5个特征特性能显著提高自我披露和诚信度。这些特性包括："医师性别、有条不紊、使用名字来介绍、采用开放式问题以及友善。"[64] 这项研究还发现，"问患者一些开放式的问题能给这段关系划分优先顺序，促使双方成为拥有共有权的沟通合作伙伴。"他们"促进信任并使患者感到舒适，因为他们鼓励患者问问题，表现出作为医师的听力技巧。"另一项研究发现，患者发现难以告诉别人坏消息，比如疾病正在发展或者"因病受到蔑视",认为分享这样的消息可能会"对他们获得支持产生更多的负面影响。"[65] 查克顿（Checton）和葛林妮（Greene）发现，"不确定性在人们的信息披露决策中起重要作用。"[66] 他们评估"在分享前他们很可能会收到什么反应，如果无法确定可能的反应或结果，（人们）会考虑这个因素，来决定是否要披露信息。"一个解决方案是在愿意分享全部前，为患者"分享一小块信息来评估接收方的回应"，投石问路。[67]

医患交谈的病史采集部分往往比诊断和预后问题的讨论时间还要长。方式往往是客观的，有很多问题甚少或者没有与患者目前的问题或关注相关。一名患者说，"他花了这么长的时间在我没有问题的事情上（两页的清单），这让我觉得访谈与我的病毫无关系。"[68] 痛得厉害或者心理不适的患者可能会因为被一个研究员称之为"消极弱化（negative weakening）"的数不尽的封闭式问题弄得愤怒或麻木不已。在佛罗里达州一间养老院探访一位家人时，其中一位作者见证了这一消磨过程。一位困惑、愤怒的年老患者刚刚与作者的岳母住进同一间病房。不久后，进来两名医务人员，开始问一长串问题。许多问题可能都会消耗着健康人的精力，这些很快就让患者感到筋疲力尽和迷惘。访谈单调沉闷地拖下去，即使其中一个提问者对另一个说，"我不知道为什么我们不用两三天来做这个。看起来她不会去任何地方。"访谈继续，收益递减。

一系列的快速封闭式问题明确规定了医患关系的基调，即交谈由医疗服务提供者主持，只需要简短的回答，时间仓促，而对患者关于病情的解释不感兴趣。一项研究显示，87%的问题是封闭式或适度封闭的，而80%所提供的答案是不自愿的、被征求得来的信息。[69] 医疗服务提供者通过封闭式问题、内容选择和主题更换来控制着互动。他们经常问这样的问题：你有没有正常排便？你感觉疲惫吗？你是否曾经气短？有没有胸口痛？常规意味着什么？谁不觉得累？谁不曾呼吸急促或偶尔胸口痛？对于上述任何一个问题的是或否的答案对于医疗服务提供者来说意味着什么？

> 医疗服务提供者的地位会减弱彼此间互动。

许多医疗服务提供者认为，熟悉医学术语和缩略语只有与其他医疗专业人士互动才是有用的。一项研究发现，20%以上的受访者不知道这些常用术语如脓肿、缝线、肿瘤及宫颈的含义，并且对于生僻词语如水肿和甘油三酯的了解，该百分比会增加。65岁以上的患者比45岁至64岁的见识要少些，同时，受过教育的患者更熟悉医学术语。[70] 患者很少要求说明或重复问题、术语。他们觉得这是医疗服务提供者作为专家和负责方的责任。[71]

> 解释医学术语和医疗程序。

研究人员开始关注"健康素养（health literacy）"及其对信息提供

和处理的潜在不利影响。对于使用结构化访谈患者的一项研究发现,"低健康素养预示低自我效能感,从而预示感觉无法充分知情,事先准备不足,对过程及其危害感到更加困惑,并需要更多有关风险的信息"[72]。同样,玛丽亚·达姆(Maria Dahm)"对时间的叙述、术语故事,以及患者信息搜索行为"的研究揭示,患者对访谈中的医疗术语的印象与推广使用非专业语言、更详细解释的准则一致。[73] 她发现,与这些准则相反,"医生经常试图通过采取话题控制策略,如利用封闭式问题或使用延伸的经历来解释(半技术)术语。"这些策略限制了"患者发言的机会,因此影响着伙伴关系的建立,继而影响着医患关系"。

增进信息获取的方法

> 鼓励患者说话。

医患交谈中双方都可以提高信息的获取量;关键在于想方设法地培育、创造一次共同努力的交谈。医疗服务提供者应促进话轮转换(turn-taking),因此患者能随意发问,提供更多的细节,并对他们说的话作出反应。非语言线索如停顿、眼神接触、点头和言语信号引发互动,而不是独白。要注意那些常用的口头语言,它们容易使患者以为是时候进行话轮转换了。其中包括"好吗?""对吗?"和"嗯",其出现只是用来引起互动的。患者会把它们作为引出同意,而不是问题或竞争观念的假线索。

研究表明,积极参加医患交谈的患者提供更多关于他们症状和病史的详细信息,获得更详尽的回答,并促使医疗服务提供者主动提供详细信息,并使用"明显支持的说话方式"[74]。唐纳德·希格拉(Donald Cegala)和他的同事们认为,患者的高度参与"帮助医生更准确地了解患者的目标、兴趣和关注,从而使医生能够更好地将双方沟通与患者的议程相结合"[75]。

询问与回答问题

用一个漏斗序列,从开放性问题开始到交流兴趣,鼓励患者作详尽的描述,回应患者,并信任患者作为合作者提供重要的信息,包括你可能不会想到要询问的信息。开放性问题没有面谈者的偏见,并且是谆谆诱导的,而非强硬要求患者回答,这样的问题给患者更高的控制感。

> 漏斗序列给人共享控制的感觉。

请小心使用倒置的漏斗序列,因为在交谈早期便提出封闭式问题可能会设定一个上级对下属的基调,并传达了医疗服务提供者寻求简单答案同时保持控制的愿望。患者将给予简短的回答,仅揭示少许信息且隐藏起恐惧、感觉和症状。开放性问题随后出现,患者可能无法或者不愿意去适应这种倒序的方式。

认真、积极地倾听患者或藏在背后或浮于表面的请求和反应。注意听患者在哪里展示了他困惑、犹豫、恐惧和不确定性的情绪。应该在交谈前准备问题清单，这样患者就可以在没有交谈压力的情况下思考问题。直截了当地要求对方重复不明确的问题，或者换一种方式重述。如果你不明白被问了什么，你就无法充分回答。哥伦比亚大学医学院临床教授南希·贾斯珀（Nancy Jasper）医生阐明了探究答案的必要性，尤其是当患者都"对事实敷衍了事"时。

> 使倾听的方式多元化。

> 我总是问我的患者是否吸烟……很多女人会说："没有，但我是一个社交抽烟者。"我说："你必须给我一个准确的解释，因为我不知道那意味着什么。"她们会说，她们只在周末吸烟。但当你问"一周抽几根烟时"时，你会发现更多信息。[76]

在进行访谈前双方都必须认真倾听，了解彼此真正的意思。

讲故事

患者最需要的是一个机会来讲述自己的故事，而这些叙述"对诊断过程而言都是必不可少，也是征求必要信息最有效的方法。加里·克瑞普斯（Gary Kreps）和芭芭拉·桑顿（Barbara Thornton）写道：

> 鼓励讲故事并认真倾听。

> 故事是患者用来向医生或护士解释其疾病，以及他们对这些健康问题的感受的……通过倾听患者讲述他健康状况的故事，医疗服务提供者可以更加了解这个人的文化取向，健康信仰体系，以及针对病情的心理倾向。[78]

苏珊·伊格莉（Susan Eggly）写道，双方必须共同设计病情的叙述，使他们能够相互影响并如实形成故事。[79] 她确定了三种类型的故事："一种是按时间顺序共同构建关键事件的年表，一种是共同构建的对于关键事件的重复和阐述，以及共同构建的对关键事件含义的解释。"讲故事时合作是重要的，因为患者经常从他们认为是不重要的叙述中省略了有价值的信息，感觉讲述故事没有安全感，或认为医疗服务提供者不会对此感兴趣。[80] 罗特（Roter）和霍尔（Hall）写道，"从患者的角度来看……能够讲述疾病的故事，并反映过往经历、观点，对症状和情况的说明的机会或许对治疗有价值。因而，患者诉说的内容，尤其是在心理领域的，可以被看作访谈中以患者为中心的焦点的一个指标。"[81]

叙述和答复时避免中断，尤其是当患者变得情绪化且不知所措时。交谈的成功可能是由于医疗服务提供者没说多少话或没有问多少问题。一些研究人员使用"移情机会终结者"这短语来命名改变访谈话题的作用，并切断患者担忧情绪的进一步蔓延。[82] 在下面的第一次互动中，医生改变了主题。

> 你们交谈的越少，你们能说的越多。

患者：我正在退休……
医生：你多大了？
患者：嗯，我 2 月份就要 73 岁了。
医生：你的后背怎么样了？

在这种互动中，医生将话题转移到一个更少情感的关注的主题上。

患者：而现在我是真正的恶心，不舒服。我在六天之内瘦了 10 磅。
医生：噢，你瘦了 10 磅。
患者：我觉得自己越来越差劲了。我没有得到任何改善。
医生：好……现在你说你吃不下任何东西，是吗？

与年轻患者相比，老年患者往往会有着明显更长的介绍和叙述，但他们没有透露更多的目前症状。他们是提供了更多的有关症状的信息，"忙着更痛苦的自我披露"，揭露更多看似不相关的事项，如家庭经济状况。[83] 医疗服务提供者必须有耐心，用心探究相关的细节和解释。卡皮昂（Caplan）、赫斯莱特（Haslett）和伯利森（Burleson）写道："理解沟通过程是如何发生变化，老年人如何表达他们的关注和感受，是特别关键的。"[84] 他们发现，当老年患者讨论以后生活的损失时，他们常常"从一个主要的事实模式（损失是什么，损失如何发生等）转换到聚焦这方面的损失对他们生活的影响（例如，处理新的任务和情感的表达）。"

聆听，观察和交谈

> 要耐心，坚持不懈。

作为医疗服务提供者，要有耐心，推动、鼓励患者继续进行叙述或回答问题。避免刺激性的感叹词，如 right、fine、okay 和 good。避免猜谜游戏。应该这样问："你的背部什么时候受伤的？"而不是"你第一次站起来时便受伤了吗？你站很久的时候呢？坐一会儿的时候呢？"避免双管问题，例如"你家里，有人曾患过高血压或中风吗？糖尿病或癌症呢？"用能够反映情况的问题去检验信息的准确度和含义，注意听答案中的重要线索，患者会在言辞上或非语言表明或暗示。明确告诉在场的父母、配偶、亲戚或朋友，如果身体和精神上支撑得住，患者必须自己回答问题。

> 谨慎使用诱导性问题。

诱导性的问题，如"你仍在节食，是吗？"暗示着你想得到同意，一个肯定的答案，那很可能也是你将会得到的内容，即使它是假的。有时，你可能需要使用诱导性问题来说服患者遵循治疗方案并正确服药。安妮特·哈勒斯（Annette Harres）讨论"标签问题"在获取信息、总结和确认信息、表示同情并提供积极的反馈方面的重要性。[85]"你可以弯曲你的膝盖，对吗？""你以前来过这，是吗？""我相信，自从你的丈夫保罗去世后你一直难以调整过来。"

解决语言障碍

医护人员很早就认识到，"**沟通**故障是危害患者健康的**医疗过失**（health errors）中最常见的根本原因"。一个词的误解，比如"刺激"，可能会导致护理延迟和医疗过失。

医疗服务提供者已经尝试了多种解决方案，有的成功，有的失败。例如，家人和朋友会说患者的母语或者是英语更流利，但他们可能不会重复医疗服务提供者的所有问题或解释，不能准确地用患者的母语或者基于患者的理解水平来翻译或解释医学术语。[86]孩子充当翻译会带来问题，因为他们对父母母语的掌握可能是最少的，"他们对医疗概念的理解往往过于简单化"，或者"父母不好意思或不愿意向孩子透露重要的症状和细节"。[87]

成功的项目包含了如西班牙语等语言的综合口译服务，开设课程，教导医疗服务专业人士学习西班牙语，使用西班牙语的特定短语来评估患者的急性疼痛。当然了，这不应被限制于一种语言。一些大型医疗机构包含许多精通经常遇到的语言的口译员。口译员精通多国语言，并培训其医疗服务知识，这样才是理想的。

在医患交谈中提供信息

重要的是，双方在医患交谈中提供有见地的、准确的、足够的信息是必不可少的,能够带来诊断和预后方案,解决患者关心的健康问题。提供信息看起来似乎很简单，一方发送信息另一方接收，但是，这个过程是在现实生活中貌似很艰难。无论那是多么充分、准确的信息，如果接收方不能以类似的方式重新回忆，那还是徒劳无益的。患者发现，"难以记住在医患交谈时讨论的信息。"[88]一项研究发现，平均而言，交谈几分钟之后患者只能回忆大约52%的治疗建议。第二个研究发现，10至80分钟内，不到25%的患者能想起他们被告知的所有信息,同时，记得大多数内容的患者仅接收到两条信息。另一项研究发现，在很短的时间内，10名患者表现出明显的信息失真，信息失真最少有4名患者。[89]

> 患者记性不好，照做的更少。

信息缺失和曲解的原因

有三个根本原因导致患者未能准确地给予、回忆信息,即医疗服务提供者的态度、患者自身原因和无效的传输方式。

医疗服务提供者的态度

> 双方都对信息缺失和曲解负有责任。

相比起提供信息,医疗服务者更加重视从患者那里获取信息,尽管患者的满意度来自医疗服务者提供了多少关于健康状况和疗法的信息。在一个典型的20分钟交谈里,花在提供信息的时间不到2分钟。医疗服务者可能不愿意提供信息,因为他们不想被牵涉在内,担心患者的反应,认为他们(尤其是非医生的医疗服务者)不应该提供信息,或者害怕提供的信息不正确。例如护士,通常不确定医生希望患者知道什么,或者已经告知患者什么内容。

> 注意错误的假设。

医疗服务提供者低估了患者对信息的需求或渴望,高估了他们提供的信息量。另外,患者把不充足的信息视为医疗服务的主要不足,求助于互联网的人数迅速增加。[90] 关于癌症患者的研究表明,在那些希望得到定量的疾病预测诊疗的患者中,只有50%的患者达成所愿,而在那些不想要定性预测结果的患者中却有超过60%得到了所患疾病的定性预测。[91] 许多医疗服务提供者认为患者了解他们所说的话,包括含有医学术语和缩略词的细微建议和信息。[92] 例如"我们拐了一个弯""在隧道的尽头是亮着的""中央医院为您提供帮助"等隐喻要求患者去补全隐含的比喻物,其结果可能是混乱和焦虑,而不是安慰和信心。医疗服务提供者往往会向受过教育的年长女性患者提供更多的信息和详细的解释。

由于患者越来越多地转向互联网寻求信息,医疗服务专业人士感到不安,72%的患者相信他们在互联网上阅读的全部或绝大部分信息,不管其信息来源。[93] 这一点尤其适用于所谓的具有更高教育和收入、更为年轻,并积极参与人际网络寻求信息的患者。他们"对健康很在意",喜欢积极"参与信息处理"。[94] 而对于所谓的年长的,受教育程度较低的以及来自低收入群体的非探索者来说并非如此。他们"故意避开可能会带给他们焦虑和压力的信息。"[95]

患者自身的问题

患者常常夸大自己记忆信息的能力,认为自己不做笔记,不用其他辅助工具,便能准确、完整地回想起信息,如果无法记起信息(他们认为这是一个简单的任务),他们可能不好意思承认自己做不到。[96]

而另一方面，他们可能会选择保护自己不去回忆不愉快的经历，拒绝倾听，再者或许会根据自己的性格解读信息和说明。例如，如果一个医疗服务提供者说，"你只有半年到一年的时间了。"悲观主义者可能会告诉朋友，"我活不过半年了。"而乐观主义者可能会乐呵呵地表示，"医生说我还能活好几年呢。"

患者可能只听到他们想听的内容。

患者可能不理解医生提供的信息，因为他们未曾在医疗情况下受过训练，经验不足。他们会被相互矛盾的报告、研究和媒体弄糊涂。在 2009 年秋季，美国预防服务工作组建议，超过 40 岁的女性应该每两年做一次乳腺钼靶摄影成像检查，而不是传统的一年一次检测。这导致了健康专业人员和机构的主要争议，他们通过媒体陈述彼此相互矛盾的观点。这种争议尤其给一些老年患者带来了问题，因为他们关于医疗情况的知识和理解较少，在提供信息方面存在更大的困难。[97] 患者被陌生的缩写（IV、EKG、D&C）和术语（粘连、挫伤、结节、囊肿、良性肿瘤）轰炸。有些药品的名字几乎无法念对，更谈不上了解。哈吉哈拉（Hagihara）、塔鲁米（Tarumi）和那不拓摩（Nobutomo）研究调查了常见的现象，医生和患者对医疗检查结果和诊断的理解明显有差异。他们建议，"为了避免患者未能理解医生的解释，或患者误解医生的解释，医生应更关注正在讨论的话题、患者的提问以及医生的态度"[98]。

谨慎使用缩写词。

权威的光环可能阻止患者寻求说明或解释。不明白"结节"是什么意思的女人没有提出问题，"因为他们全部看起来都很忙，我真的不想给他们添麻烦……反正她[护士]看起来期待我知道，我不想让她难过"[99]。患者希望能有一个对于疾病的良好预测，导致患者把复杂的情况过于简单化，或者误解信息。其他人则担心，如果他们询问关于词语、解释、问题或程序的问题，会显得他们很愚蠢。由于各种原因，"患者经常放弃，或者主动'拒绝'对'疾病的性质、严重程度或未来的发展方向'的询问"[100]。

权威和背景可能会抑制合作。

我们许多人依靠**世俗观念**进行沟通和解释健康问题。常见的"理论"包括全天然的产品是健康的；如果我不再不舒服，我就不需要再吃药了；如果一点点药能起作用，那吃多一点会好得更快；如果这种药物帮助了我，它也会帮到你；辐射和化学物质是不好的。凯瑟琳·罗万（Katherine Rowan）和米歇尔·胡佛（Michele Hoover）写道，"与这些以及其他强大的世俗观念相矛盾的科学概念往往难以被患者理解，因为患者自身的非专业的选择似乎是无可辩驳的常识。"[101]

一知半解是很危险的。

一些信息丢失或者扭曲，是因为它的提供和接收方式。医疗服务提

避免信息超载。

供者或许依赖于单一的媒体，如口头提供信息，但研究显示，约有三分之一的患者记得口述的诊断，而 70% 的患者能回忆起书面的诊断。[102] 口头的交流往往是如此简短而含糊不清的，它们令人困惑或者毫无意义。有医疗服务提供者给出这样的意见："布朗先生，现在你会有好几个星期都容易感到疲累，但你必须进行足够的运动。"[103] "几个星期"是多久？"容易疲劳"是什么意思？到底多少运动量才是"足够的"？医疗服务专业人员通常说处方药物要每天四次，但没有告诉患者那意味着什么：每六个小时，每四小时，24 小时内最多四剂，或者根据需要一天不超过四次。医疗服务提供者增加了患者对数据、细节和解释的负担，远远超出了患者理解与回忆的能力。莱伊发现，几个小时内，有 82% 的患者能记得两项信息，但三或四个项目时百分比下降到 36%，五或六项时为 12%，七个或更多个项目时为 3%。[104]

更有效地传播信息

也许帮助患者回想信息和治疗建议的最有效的手段是，发展一段他们在医患交谈中充当积极的而不是被动角色的关系。玛丽•波利蒂（Mary Politi）和理查德•斯特里特（Richard Street）提醒我们，"医学决策远不止是一个认知过程。这也是一项社交活动，本质是临床医生和患者/家庭之间的沟通。"[105] 患者和医疗服务者双方皆提供与该患者相关的信息，这种努力不仅有助于患者回想信息，也更好地遵守治疗建议。[106] 非语言沟通在调查研究中经常被忽略，但它可以更有效地帮助提供信息。[107] 当口头提供信息时，要强调很重要的词语、日期、数字、警告和指示。这是一个在印刷材料使用的下划线、粗体字、突出和斜体的替代物，表明什么是最重要的。

> 一个好询问的患者是知情患者。

如果你发现患者坚持前面提到的**世俗观念之一**，帮助他们认识到自己的理论及其明显的合理性，并显示出其谬误和潜在的危险后果。通过创造暂停并邀请询问来鼓励患者提问，而不是在漫长的单方面演示结束后。寡言少语的患者可能会感到害怕，绝望迷茫，或认为提供充分和清晰的信息是医疗服务提供者的责任。让患者重复或解释你所说的话，然后寻找信息扭曲、缺失的内容以及误解。

避免加重患者的信息负载。发掘他们所知道的，并从该点继续，去除不必要的材料，减少对常见和简单术语的解释的信息。定义技术术语和程序，或把它们翻译成患者理解的文字和体验。通过两次或两次以上的交谈来提供信息，而不要试图用一次冗长的交谈便完成所有信息的提供、获取。作为一项规则，只提供足够清晰的相关信息，以满足患者和应对局面。

第十二章　医患交谈

让其他人加入到这个过程中，包括家庭成员和朋友，使他们能够帮助记住和解释信息，并帮助患者遵守指示。对主治医生来说，通常的做法是填写处方订单，并解释它是什么，它为了什么，应该如何使用，以及其潜在的副作用。然后，按照药方抓药的药剂师重复相同的信息。在这个过程中还有护士、技术员、患者代表和接待员。确保医疗服务系统中的所有参与者都完全了解患者，每个人都要了解患者知道了什么，需要知道什么，又能够被告知什么。

> 参与的人越多，情况越好。

系统地整理信息，以帮助记忆。首先说出重要的指示，这样患者就不会对诊断结果迷茫困惑。互动期间有策略地重复重要信息两次或更多次，以致它们能被强调，并且容易回想起来。

利用各种媒介，包括小册子、宣传单、图表、图片、幻灯片、DVD 光盘、互联网、模型和录音。例如牙医用牙齿和下颌的模型来解释牙齿问题，用 DVD 来显示牙线和经常刷牙的好处。急救医务人员使用人体模特传授心肺复苏（CPR）。千万不要发一本小册子或传单给患者说，"这将回答您的所有问题。"患者表示它们是有用的，但自己很少会看。

> 运用多种资源。

电话，特别是广泛使用的手机，在所有患者-医疗服务提供者的互动中占了将近 25%。[108] 集评估、咨询和预约系统为一体的护理呼叫中心正在迅速增加，从"护理意见"已经转变到"电话风险评估"。如果护士和其他从业人员能满足患者和医生，成为作为医疗服务三位一体一部分的有效信息中转人，其结果将是能够提供及时、准确、大量且有用的信息。当电话服务者被视为提高患者满意度的因素时，患者对于信息的准确性和可靠性，即信任的感知是最好的。[109] 电话医疗服务者必须记录好病患案例的时间、日期、信息和治疗建议，然后给其他医疗服务提供者传递信息。

> 有四分之一的医患交谈是电话采访。

咨询与说服

医疗服务提供者往往是**任务导向**的，期待患者遵循他们的建议，因为他们专业权威且进行过培训。不幸的是，患者的顺从性一直是很低的，对处方药的遵从低至 20%，而对于长期治疗方案上则高达 50%。伴着这些问题以及越来越多的重视整个人的治疗，医疗服务提供者必须远不止充当信息渠道的角色。他们还必须作为**顾问**，帮助患者认识和处理问题，作为**说服者**使患者准确、忠实地遵循建议。

> 信息提供并不能保证患者遵从。

有效咨询与说服的障碍

> 要注意有关真正问题的暗示和线索

患者可能对身体问题保持沉默，避而不谈，或者抱怨身体哪里出现了问题，而不肯承认心理问题，这样会使得医疗咨询更为困难。我们的一位学生报告说，她因为患有癌症已经错过了一次考试和几节课。后来我们从别处得知，该学生长期以来患有严重的抑郁症并且有自杀倾向。这位学生觉得身体的病患比精神问题更容易让人接受。医疗服务提供者可能会用压力、紧张或过度的想象力诊断来打发患者。

医疗服务提供者可能会花很少的时间与患者交谈，因为实在是有许多任务要执行了，交谈是一种社交而不是一个医疗活动。可以预见的是，医疗服务提供者无法察觉患者希望谈论一个不平常的、更严重的医疗问题的细微线索和暗示。

> 医疗服务提供者会试图躲避不愉悦的交流。

医疗服务提供者利用各种**阻断策略**避免咨询和说服。研究人员和从业者已经确定了几个常用的战术。

医疗服务提供者可能会尝试通过使用幽默寻求甚少威胁的对话路线，提供最低限度的鼓励，否认问题的严重性，假装信息不足，或否认患者从互联网或流行杂志上获取的信息，来回避问题。而另一方面，医疗服务提供者可能会试图通过假装没听到问题或意见，或者忽视患者的提问或评论，或者改变话题，或者全神贯注于某个身体方面的问题，或者用医院规章做挡箭牌，或者把责任推给另一医疗服务提供者，或者离开房间来完全避开问题。在下面交流中护士表现出常用的阻挡战术。[110]

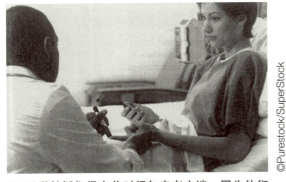

■ 医学教授们很少花时间与患者交谈，因为他们常常是任务导向，而不是以人为本

护士：亲爱的，这是你的。（给患者片剂）

患者：谢谢。你知道吗，我的手指感受不到任何东西了现在？

护士：真的吗？（最小的鼓励）

患者：是的，我准备捡起一把刀，刚把我的手拿开，它就不在那里了。

护士：哦，我的铅笔坏了！（走开）

患者迫切想告诉护士一个可怕的、日益恶化的状况，但护士决心不参与或讨论问题。

有效的咨询和说服

回顾在第十章和第十一章提出的与医疗服务设定高度相关的原则和指导方针。双方应从五个关系因素计划每次访谈，即同情、信任、诚实、相互尊重和关怀。来源的公信力早已被公认为咨询和说服过程中的关键成分，保罗思（Paulsel）、麦科罗斯基（McCrosky）和里士满（Richmond）的研究发现，"患者对他们所接受的护理以及医生的满意度，与他们对医生、护士和其他人员的能力与关心的看法相关。"[111]

选择适当的交谈方式

传统上，医疗服务提供者尝试了两种方法。第一个是家长式的做法，医疗服务提供者认为患者会看到提供建议中显现出来的专业性与智慧，然后相应地改变态度和行为。二是建议和教育的方法，就是向患者解释医学上的原因，并希望得到最佳结果。没有一种方法能带来超过 50% 的顺从结果。在患者并不想这样做时去告诉患者要做什么，这种方式不会激励患者采取有效的配合治疗行为，重复不被认可的建议可能反而会疏远他们，并使患者心理上产生抵触情绪。德博拉·格兰迪内蒂（Deborah Grandinetti）建议，"改变不是一个事件；是一个过程。"[112] 让我们专注过程。

> 传统并不总是最好的。

这次选择一个协作的、最适合该患者的方法。芭芭拉·沙（Barbara Sharf）和苏珊妮·波里尔（Suzanne Poirier）使用精神科医生萨斯（Szasz）和霍伦德（Hollender）提出的理论框架来指导医学生们如何选择合适的访谈方法。[113]

> 没有哪种方法永远奏效。

- 当患者是被动的、难以参与访谈时，建议使用积极的（指示性的）方法。
- 当患者因急性疾病而依从，无法全力进行交谈时，建议使用提供咨询（非指导性）的方法。
- 当收集数据、解决问题和管理能够充分参与的患者的病情时，建议使用共同参与（指示性 - 非指示性组合）方法。

不管何种方法，尊重患者待解决的问题，鼓励彼此间的体谅，为争取访谈中的**协作**而努力。当医患沟通达到最理想状态时，坚持服药和听从指令是最有可能发生的。患者常有不遵守医嘱的合乎逻辑的理由：太尴尬，痛苦，昂贵，危险的副作用，不起作用，或耗费时间。发现这个逻辑，准备好的相反理由，并采用委婉的反驳，以提高遵从性。

> 为团队成果而工作。

营造适当的谈话氛围

患者应该设定互动的步骤。随着时间的推移，并通过一系列的阶段，显著的变化就会发生。任何一方准备就绪前，不要一直往前推或者跳过一些阶段。烟民、酒徒，或体重超重的人是不可能一大步就改变的。请注意你的声音和态度如何影响患者。

研究员发现，当一个医生强调说直接、急切地吞咽药物容易导致口腔溃疡时，患者没有按照处方吃药。另一名医生采用自嘲、幽默而

> 幽默是一个有效的促进因素。

轻柔的语调开痤疮药时，患者则会好好遵照医嘱服药。[114] 幽默的效果是有据可查的。幽默有助于形成一个开放的、个人的、有爱心的氛围；帮助患者忘记他们患者的角色；使各方在没有威胁性的和富有成效的方式中表达想法和感受。但如果对幽默不敏感或者不能有效使用幽默，它可能会使得另一方感到尴尬、受伤害或被嘲笑。

鼓励患者反馈

> 共享与关怀最重要。

鼓励患者交谈。如果你分享你的经验和感受，患者更有可能与你倾诉。这促进了自我表露。使用非语言交流，以显示你的关心，以及想听的欲望。带着理解去倾听，你能明白患者正在说或者暗示什么。带着同情心去倾听，你可以看到患者的状况。不要问太多问题。理查德·博特略（Ridard Botelho）使用如下所示的问题序列，让受访者谈论问题及其严重性。[115]

> 让每一个问题都有价值。

访谈者：如果你引发了吸烟的并发症，比如肺部疾病，你觉得你会戒烟吗？
受访者：是的，我认为会。
访谈者：你想等到你的并发症来了才决定改变？
受访者：不，我不这么认为。
访谈者：那为什么还要等？

使用一系列反应回应从高度非指令性到高度指令性以应对患者。只有在当患者缺乏信息、被误导、对指令性弱的方式没有反应，或质疑信息和建议时，医疗服务者才提供建议。避免责备或判断，这可能会产生敌对关系。恐惧诉求可能会导致患者拒绝或回避方案、药物治疗和健康检查。古特曼（Guttman）和其他研究人员声称，恐惧诉求"主要是吓唬那些已经受惊的患者"，不会产生"期望的保护性做法或规范"[116]。认可患者过去的表现与对医嘱的遵从。

考虑解决方案

当患者愿意倾听和遵守时，已靠近解决方案了。只有 10% 的医疗服务提供者认为他们是成功的，"帮助患者改变任何与健康有关的"行为。[117]"当指示是'预防性'的，患者没有症状，而当治疗方案持续很长一段时间时，患者对医嘱的顺从性低。"[118]

> 双方合作促使改变增加。

共同制定行动计划，认识到社会、心理和财政方面的制约因素。考虑患者的背景提出治疗方案；分享医疗决策背后的逻辑；让患者自行叙述其健康问题；鼓励患者为自己的决定负责；确定短期目标；命名资源上合作，研究可替代方案。[119] 丽莎·马赫（Lisa Macher）写道，医疗服务提供者应该"让患者说出自己改变的理由。是患者而不是医生，必须阐明做出或不做出改变的理由"[120]。这些建议促进**自我说服**。

提出具体的说明，并演示其易操作性。表达希望，回想患者过去曾遭遇过的挑战。目标是鼓励患者，给他们希望，并为遵守双方商定的建议提供充分的理由。你可能必须说服患者，建议将起作用，是可行的，也是有效的。你不能解决患者的问题；只有患者自己能做到。

结束访谈

在医患交谈结束时，双方都必须完整、准确地理解他们所讨论的，已经交换的信息，提出的建议和达成的协议。以下的问题可以作为结束的信号："今天你还想讨论其他事情吗？""有没有一些事情我们没有提到？"

虽然开场可能集中在一个单一问题上，患者可能会隐瞒信息或疑虑，直到交谈结束的最后几分钟。当医疗服务提供者正忙于写药方、信息或方案，较少关注患者时，他们可能会在最后几分钟问问题。患者与医生进行交谈的真正目的可能被埋没在这些问题里。

交谈的总结阶段"不仅要在患者那讲得通，而且在医生能够提供的医疗护理方面也必须讲得通。"[121] 尽可能详尽，但不是压倒性的。提问患者来确定患者理解发生了什么，已同意了什么，接下来会发生什么，尤其是患者的职责和任务。让患者用他们自己的话告诉你这些，以便释放患者的困惑、误解以及他们的意图，进行成功的信息交流。

以积极而富有成效的记录结束这场医患交谈，传达理解、同情、信任和关怀。各方如何结束交谈将增强或削弱关系，并影响下一次互动的性质，不管是否有下一次互动。最近一项研究表明，"患者对与医生沟通的访后满意度是非常重要的，因为它与客观测量医师的业务熟练程度、患者对医疗建议的遵从、患者接受服务的持续性正向相关。"[122]

> 访谈的结束必须是一个双方共同的努力。

> 结束时重要的问题和意想不到的事情出现。

本章总结

医患交谈难度高，而且困难复杂。交谈情境多种多样，有日常性交谈，也有生命危急时刻的交谈，双方对彼此的看法影响访谈的性质与成功。要使医患交谈能成功，医疗服务提供者和患者之间必须协同努力，这需要建立在高道德标准、信任、尊重、分享控制权、平等治疗和相互理解的基础上的关系。协作而富有成效的关系会减少时常伴随着医患交谈的焦虑、恐惧、敌意和沉默寡言。医疗服务提供者和患者必须为成为有效的信息获取者、信息给予者和咨询者—说服者而努力。

这些医疗服务提供者(从接待员到医生)和患者(包括家人和朋友)都必须认识到,良好的沟通对有效的医疗服务至关重要,而交流沟通能力不是与生俱来的,也不是仅凭经验就可以获得。沟通技巧需要培训和练习。每一方都必须学会如何发言以及聆听、理解和告知,做出承诺以及寻求问题的解决。没有承诺的沟通是徒劳的。双方必须遵循协议、规定的治疗方案和药物摄入。

关键术语与概念

假设 Assumptions	老人的讲话方式 Elderspeak
礼貌理论 Politeness theory	婴儿式讲话 Baby talk
面子威胁 Face threatening	关系距离 Relation distance
抑制性策略 Blocking tactics	基本探究性问题 General inquiry question
自我说服 Self-persuasion	气候 Climate
信息超载 Information overload	刻板印象 Stereotypes
共同力量 Co-agency	术语 Jargon
故事/叙述 Stories/narratives	协作 Collaboration
世俗观念 Lay theories	任务导向型 Task oriented
确认性问题 Confirmatory questions	以患者为中心的护理 Patient-centered care
信任 Trust	咨询师 Counselors
说服者 Persuaders	

供讨论和分析的医疗服务咨询案例

参与交谈的是一名护士和一名19岁学生。该学生凌晨3点30分从校园附近的酒吧舞会返回住处途中被抢劫。他的室友把他送到大学健康中心的急诊室。患者擦伤,他的前额上有一个大肿块,但似乎骨头没有断裂。他有一些疼痛,然后被送往治疗室。

评估医疗服务提供者和患者之间的关系。这种互动是如何合作的?医疗服务提供者和患者如何有效地获取和提供信息?医疗服务提供者如何有效地询问和说服患者?指示性与非指示性反应和回答的混合使用是否恰当?医疗服务提供者和患者如何有效地利用问题?患者的朋友如何帮助或阻碍访谈过程?

1. **医疗服务提供者:** 是山姆·帕克威(Sam Perkowitz)吗?

2. **患者**：是的。
3. **医疗服务提供者**：你发生了什么事？
4. **患者**：我被抢劫了。
5. **医疗服务提供者**：在校园里？
6. **患者**：可以说是。
7. **医疗服务提供者**："可以说是"是什么意思？
8. **患者**：嗯，在我的公寓附近，校园的南边，在体育场街边。
9. **医疗服务提供者**：你是学生吗？
10. **患者**：是的，我是航空技术二年级的学生。
11. **医疗服务提供者**：你的学生 ID 号码是什么？
12. **患者**：707-765-695。
13. **医疗服务提供者**：你之前来过大学健康中心吗？
14. **患者**：有来过几次。
15. **医疗服务提供者**：因为什么呢？
16. **患者**：流感和重感冒。
17. **医疗服务提供者**：你有告知警察你被抢劫了吗？
18. **患者**：还没有。
19. **医疗服务提供者**：为什么不呢？
20. **患者**：我真的受伤了，所以决定先来这里。
21. **医疗服务提供者**：好的，我们立即通知警方。
22. **患者**：好的。
23. **医疗服务提供者**：这是什么时候发生的？
24. **患者**：大概 3：30。
25. **医疗服务提供者**：有人跟你一起吗？
26. **患者**：不，我是独自一人。
27. **医疗服务提供者**：凌晨 3:30，你自己一个人在那里走？
28. **患者的朋友**：他头上有一个肿块，可能有一些肋骨断了。
29. **医疗服务提供者**：我正在和患者交谈。
30. **患者的朋友**：我知道，但他需要一些医疗帮助。
31. **医疗服务提供者**：你是独自走吗？
32. **患者的朋友**：是的，他早就离开派对了。
33. **医疗服务提供者**：所以你一直是自己一个人。你头痛吗？
34. **患者**：嗯。
35. **医疗服务提供者**：你觉得恶心吗？
36. **患者**：有点。
37. **医疗服务提供者**：头晕吗？
38. **患者**：是的，尤其是当我弯腰时。

39. **医疗服务提供者**：好的。首先，我们先来看肿块，清理伤口。它们看起来很脏。视力模糊吗？

40. **患者**：刚开始会，现在不怎么模糊了。我有点头晕。

41. **医疗服务提供者**：你喝过酒吗？

42. **患者**：嗯，是的，有一点。

43. **患者朋友**：何止一点！就像是刚结束一场大型足球比赛的星期六晚上一样，他喝得摇摇晃晃的。

44. **医疗服务提供者**：你现在感觉如何？略微恶心？有点头晕？分不清方向？

45. **患者**：可以说是，也许吧。

46. **医疗服务提供者**：你不确定吗？

47. **患者的朋友**：他总是这样的。

48. **医疗服务提供者**：好吧，我准备为你清理肿块和伤口。

49. **患者**：我需要缝针吗？

50. **患者的朋友**：他害怕缝针。

51. **医疗服务提供者**：或许需要。这让你很烦恼吗？

52. **患者**：是的，因为我从来没有缝过针。

53. **医疗服务提供者**：没什么；你几乎感觉不到的。

54. **患者的朋友**：嘿，伙计，我缝过很多次。那不是开玩笑的。

55. **医疗服务提供者**：（对朋友说）你为什么不坐在等候室里？山姆很快就出来了。

56. **患者的朋友**：谢谢，但是我想陪着我朋友。

57. **医疗服务提供者**：好的。你对什么药过敏吗？

58. **患者**：没有。

59. **医疗服务提供者**：好的。我会给你一些止痛药，你要一天吃四次。

60. **患者**：什么时候都可以吗？

61. **医疗服务提供者**：不是的，每隔四至六小时吃一次。然后每隔几小时用冰块敷在头上。

62. **患者**：我住在离校园几条街的地方。而且10点钟我还要去参加一个历史课考试。

63. **患者的朋友**：他可以去我的化学实验室。那里有冰。

64. **医疗服务提供者**：我希望他能留在这观察一个小时左右，直到我们肯定他没有什么问题。我们需要做 X 射线，检查你有没有任何碎裂的肋骨。深呼吸，告诉我你感觉如何。

65. **患者**：喔！这里很痛！

66. **医疗服务提供者**：好的，我们一个工作人员会带你做一个 X 射线检查。然后，他会带你回到这里，我们就可以给你一些冰袋，等待 X 射线的检查结果。
67. **患者**：我能自己走。
68. **患者的朋友**：是的。他自己走到这里来的。
69. **医疗服务提供者**：我知道你认为自己可以走，但我们不会让你再摔倒一次。带着这份表去 X 射线区域，很快又会见到你了。
70. **患者的朋友**：这样好，因为他的父母都是律师。
71. **医疗服务提供者**：嗯。几分钟之后再见啦。现在你只需去做 X 射线检查，还不需要律师。

医疗服务咨询角色扮演案例

一次自行车事故

下课后，格洛里亚·泰勒（Gloria Tyler）在校园内骑着她的自行车回她的住所。路过一辆停着的车时，司机突然打开车门，格洛里亚撞到了门，她越过车把倒在路上。司机叫了 911 之后，急救人员在几分钟内赶到。格洛里亚的背部很痛，左手臂可能摔伤了。急诊医生询问她背部的疼痛情况如何，和她手臂的问题。有一名校园警局工作人员到达现场，意欲询问引发事故的原因。实际上，格洛里亚同时参加了两场访谈。

一名枪伤受害者

该患者正和一个朋友狩猎兔子，他朋友一直在转悠试图射中一只兔子。他没有看到同伴走到他的左边，仅有 25 码的距离。患者的脸至少被射击了十几次，有一次射中他的左眼。尽管他的伤口被清洗了，子弹已被清理出来。在眼睛手术前，护士必须了解他的病史，确认他有否对任何药物或麻醉过敏。该患者目前十分痛苦，希望能马上做手术。

一次可能发作的心脏病

柯克·艾博特（Kirt Abbott）已经工作很长时间了，大多数周末都在设法解决公司的一个设计问题。下午 9 点左右，当他试图赶在年幼的孩子们上床睡觉前回家时，他的下巴开始感到疼痛，疼痛逐渐发展到他的手臂。他的家庭有心脏病历史，他的父亲在 32 岁时死于心脏病，他的祖父 40 岁出头便做了心脏大手术。柯克自己开车来到附近医院的急救室。

一次年度检查

患者，48岁，与他的长期护理者约定了一次年度检查。他们是大学室友，在患者成为一个著名的航空工程师、护理者成为一个得到广泛认可的内科专家时仍保持联系。患者有家族心脏病史，他的父亲和叔叔在他们50多岁时就死于心脏病。数年来，医生一直敦促患者进行大量的体育锻炼来减肥。因为获得政府对航天航空项目资助的难度不断增加，导致压力产生，开始对患者产生影响。

学生活动

1. 临床护士在医疗服务中越来越常见，看护患者的往往是他们，而不是医生。采访经验丰富的护士，讨论她如何与患者，以及医疗服务机构的其他成员如接待员、技术员、看护和医生建立并保持关系。临床护士如何处理那些希望看到一个医生而不是一个"看护"的患者？她如何应对医生认为她侵犯了自己的地盘？
2. 采访三个不同的医疗服务者（如急救人员、看护、临床护士、内科医生、外科医生、验光师）关于在给予患者信息时所遇到的问题。哪些技术起作用了，哪些失败了？他们如何向不同文化、年龄、性别、教育程度和健康状况的患者提供信息？什么样的信息最容易丢失或被误解？为什么这些问题会发生？
3. 参观一家医院的儿科病房。观察儿童生活专家如何称呼年轻患者，并与他们互动的。和他们交流与小孩子沟通的训练。对于不同年龄的孩子而言他们经历过什么独特的沟通问题？
4. 你们的校园，和美国大多数的学校一样，很可能会有来自不同国家的学生和家庭。访问校园健康中心或当地医院，并讨论他们如何有效地与那些甚少说或不说英语的患者进行交流。他们使用什么类型的翻译者，家庭成员、医院提供的翻译、志愿者，还是电话翻译员？他们最常使用的是哪一种？在与译员接触沟通时他们遇到了什么问题？

注释

1. Nurit Guttman, "Ethics in Communication for Health Promotion in Clinical Settings and Campaigns," in Teresa L. Thompson, Roxanne Parrott, and Jon F. Nussbaum

(eds.), *The Routledge Handbook of Health Communication* (New York: Routledge, 2011), p. 632.

2. Guttman, p. 633.
3. "AAMA Medical Assistant Code of Ethics," http://www.aama-ntl.org/about/code_creed.aspx?print=true, accessed October 31, 2012; "Principles of Medical Ethics," AMA, http://www/ama.assn.org/ama/pub/physician-resources/medical-ethics/code-medical-ethics, accessed October 31, 2012.
4. Guttman, p. 633; "*The Principles of Medical Ethics*" (Arlington, VA: American Psychiatric Association, 2009), p. 3.
5. Guttman, p. 634.
6. "Code of Ethics for Emergency Physicians," http://www.acep.org/Content.aspx?id=29144, accessed October 31, 2012.
7. Vicki D. Lachman, "Applying the Ethics of Care to Your Nursing Practice," *MDSURG Nursing* 21 (March–April 2012), p. 113.
8. "Code of Ethics for Emergency Physicians."
9. "EMT Oath and Code of Ethics," http://www.naemt.org/about_us/emtoath.aspx, accessed October 31, 2012.
10. "*The Principles of Medical Ethics.*"
11. Guttman, p. 633.
12. Guttman, pp. 633–635.
13. Mohan J. Dutta, "Communicating about Culture and Health: Theorizing Culture-Centered and Cultural Sensitivity Approaches," *Communication Theory* 17 (August, 2007), pp. 304–328.
14. "*The Principles of Medical Ethics.*"
15. Amanda Young and Linda Flower, "Patients as Partners, Patients as Problem-Solvers," *Health Communication* 14 (2001), p. 76.
16. Bruce L. Lambert, Richard L. Street, Donald J. Cegala, David H. Smith, Suzanne Kurtz, and Theo Schofield, "Provider–Patient Communication, Patient-Centered Care and the Manage of Practice," *Health Communication* 9 (1997), pp. 27–43; Silk, Westerman, Strom, and Andrews, p. 132; "Opinion 10.01—Fundamental Elements of the Patient-Physician Relationship," http://www.ama-assn.org/ama/pub/physician-resources/medical-ethics/code-medical-ethics/opinion1001.page?, accessed October 25, 2012; Moira Stewart, Judith Belle Brown, Anna Donner, Ian R. McWhinney, Julian Oates, Wayne Weston, and John Jordan, "The Impact of Patient-Centered Care on Outcomes," *The Journal of Family Practice* 49 (September 2000), pp. 796–804.
17. Debra L. Roter and Judith A. Hall, "How Medical Interaction Shapes and Reflects the Physician-Patient Relationship," in *The Routledge Handbook of Health Communication*, p. 57.
18. Richard L. Street, Jr., and Bradford Millay, "Analyzing Patient Participation in Medical Encounters," *Health Communication* 13 (2001), p. 61; Christina M. Sabee, Carma L. Bylund, Rebecca S. Imes, Amy A. Sanford, and Ian S. Rice, "Patients' Attributions for Health-Care Provider Responses to Patients' Presentation of Internet Health Research," *Southern Communication Journal* 72 (July–September 2007), pp. 265–266.
19. Young and Flower, p. 71.
20. Laura L. Cardello, Eileen Berlin Ray, and Gary R. Pettey, "The Relationship of Perceived Physician Communicator Style to Patient Satisfaction," *Communication Reports* 8 (1995), p. 27; Rubin, p. 107.
21. Kami J. Silk, Catherine Kingsley Westerman, Renee Strom, and Kyle R. Andrews, "The Role of Patient-Centeredness in Predicting Compliance with Mammogram

Recommendations: An Analysis of the Health Information National Trends Survey," *Communication Research Reports* 25 (May 2008), p. 132.
22. Chas D. Koermer and Meghan Kilbane, "Physician Sociality Communication and Its Effects on Patient Satisfaction," *Communication Quarterly* 56 (February 2008), p. 81.
23. Marie R. Haug, "The Effects of Physician/Elder Patient Characteristics on Health Communication," *Health Communication* 8 (1996), p. 256; Hullman and Daily, p. 317; Ashley P. Duggan and Ylisabyth S. Bradshaw, "Mutual Influence Processes in Physician-Patient Communication: An Interaction Adaptation Perspective," *Communication Research Reports* 25 (August 2008), p. 221.
24. Diana Louise Carter, "Doctors, Patients Need to Communicate," Lafayette, IN *Journal & Courier,* February 22, 2004, p. E5.
25. Hullman and Daily, p. 321.
26. "Opinion 10.01—Fundamental Elements of the Patient-Physician Relationship."
27. Kandi L. Walker, Christa L. Arnold, Michelle Miller-Day, and Lynne M. Webb, "Investigating the Physician-Patient Relationship: Examining Emerging Themes," *Health Communication* 14 (2001), p. 54.
28. Sabee, Bylund, Imes, Sanford, and Rice, pp. 268, 278–282.
29. Walker, Arnold, Miller-Day, and Webb, pp. 51–52; Merlene M. von Friederichs-Fitzwater and John Gilgun, "Relational Control in Physician-Patient Encounters," *Health Communication* 3 (2001), p. 75.
30. Sabee, Bylund, Imes, Sanford, and Rice, p. 266; Silk, Westerman, Strom, and Andrews, p. 139.
31. Donald J. Cegala, Carmin Gade, Stefne Lenzmeier Broz, and Leola McClure, "Physicians' and Patients' Perceptions of Patients' Communication Competence in a Primary Care Medical Interview," *Health Communication* 16 (2004), pp. 289–304.
32. Walker, Arnold, Miller-Day, and Webb, p. 56.
33. Carma L. Bylund and Gregory Makoul, "Examining Empathy in Medical Encounters: An Observational Study Using the Empathic Communication Coding System," *Health Communication* 18 (2005), pp. 123–140.
34. Kelsy Lin Ulrey and Patricia Amason, "Intercultural Communication between Patien and Health Care Providers: An Exploration of Intercultural Communication Effective ness, Cultural Sensitivity, Stress, and Anxiety," *Health Communication* 13 (2001), pp. 454 and 460.
35. Donald J. Cegala, "An Exploration of Factors Promoting Patient Participation in Primary Care Medical Interviews," *Health Communication* 26 (2011), p. 432.
36. Haug, pp. 253–254; Anne S. Gabbard-Alley, "Health Communication and Gender," *Health Communication* 7 (1995), pp. 35–54; von Friederichs-Fitzwater and Gilgun, p. 84.
37. Carma Bylund, "Mothers' Involvement in Decision Making During the Birthing Process: A Quantitative Analysis of Women's Online Birth Stories," *Health Communication* 18 (2005), p. 35.
38. Haug, pp. 252–253; Connie J. Conlee, Jane Olvera, and Nancy N. Vagim, "The Relationship among Physician Nonverbal Immediacy and Measures of Patient Satisfactio with Physician Care," *Communication Reports* 6 (1993), p. 26.
39. G. Winzelberg, A. Meier, and L. Hanson, "Identifying Opportunities and Challenges to Improving Physician-Surrogate Communication," *The Gerontologist* 44 (October 2005), p. 1.

40. Michael Greenbaum and Glenn Flores, "Lost in Translation," *Modern Healthcare,* May 3, 2004, p. 21.
41. Karolynn Siegel and Victoria Raveis, "Perceptions of Access to HIV-Related Information, Care, and Services among Infected Minority Men," *Qualitative Health Care* 7 (1997), pp. 9–31.
42. von Friederichs-Fitzwater and Gilgun, p. 84.
43. Silk, Westerman, Strom, and Andrews, p. 140; Mary Politi and Richard L. Street, Jr., "Patient-centered Communication during Collaborative Decision Making," in *Routledge Handbook of Health Communication,* p. 410.
44. Gary L. Kreps and Barbara C. Thornton, *Health Communication: Theory and Practice* (Prospects-Heights, IL: Waveland Press, 1992), pp. 157–178. See also Gary L. Kreps, *Effective Communication in Multicultural Health Care Settings* (Thousand Oaks, CA: Sage, 1994).
45. Alice Chen, "Doctoring Across the Language Divide," *Health Affairs,* May/June 2006, p. 810.
46. Kristine Williams, Susan Kemper, and Mary Lee Hummert, "Improving Nursing Home Communication: An Intervention to Reduce Elderspeak," *The Gerontologist,* April 2003, pp. 242–247.
47. Young and Flower, p. 72.
48. Maria Brann and Marifran Mattson, "Toward a Typology of Confidentiality Breaches in Health Care Communication: An Ethic of Care Analysis of Provider Practices and Patient Perceptions," *Health Communication* 16 (2004), pp. 230 and 241.
49. Walker, Arnold, Miller-Day, and Webb, p. 57.
50. Juliann Scholl and Sandra L. Ragan, "The Use of Humor in Promoting Positive Provider–Patient Interaction in a Hospital Rehabilitation Unit," *Health Communication* 15 (2003), pp. 319 and 321.
51. Jason H. Wrench and Melanie Booth-Butterfield, "Increasing Patient Satisfaction and Compliance: An Examination of Physician Humor Orientation, Compliance-Gaining Strategies, and Perceived Credibility," *Communication Quarterly* 51 (2003), pp. 485 and 495.
52. Taya Flores, "Humanistic Medicine: Compassion and Communication Vital to Patients," Lafayette, IN *Journal & Courier,* March 31, 2009, p. D1.
53. Stewart, Brown, Donner, McWhinney, Oates, Weston, and Jordan, pp. 796–804.
54. Matthew P. Swedlund, Jayna B. Schumacher, Henry N. Young, and Elizabeth D. Cox, "Effect of Communication Style and Physician-Family Relationships on Satisfaction with Pediatric Chronic Disease Care," *Health Communication* 27 (2012), p. 503.
55. Mohan J. Dutta-Bergman, "The Relation Between Health Orientation, Provider–Patient Communication, and Satisfaction: An Individual-Difference Approach," *Health Communication* 18 (2005), p. 300.
56. Koermer and Kilbane, pp. 70–81.
57. Judith Ann Spiers, "The Use of Face Work and Politeness Theory," *Qualitative Health Research* 8 (1998), pp. 25–47.
58. Maria R. Dahm, "Tales of Time, Terms, and Patient Information-Seeking Behavior—An Exploratory Qualitative Study," *Health Communication* 27 (2012), pp. 682 and 688.
59. "Improving Care with an Automated Patient History," Online CME from Medscape, *Family Practice Medicine* (2007), pp. 39–43, http://www.medscape.com/viewarticle/561574 + 3, accessed December 2, 2008.
60. John Heritage and Jeffrey D. Robinson, "The Structure of Patients' Presenting Concerns: Physicians' Opening Questions," *Health Communication* 19 (2006), p. 100.

61. Delthia Ricks, "Study: Women Fudge the Truth with Doctors," *Indianapolis Star*, April 1, 2007, p. A21.
62. Amanda J. Dillard, Kevin D. McCaul, Pamela D. Kelso, and William M. P. Klein, "Resisting Good News: Reactions to Breast Cancer Risk Communication," *Health Communication* 19 (2006), p. 115.
63. Dillard, McCaul, Kelso, and Klein, p. 123.
64. Cara C. Lewis, Deborah H. Matheson, and C.A. Elizabeth Brimacombe, "Factors Influencing Patient Disclosure to Physicians in Birth Control Clinics: An Application of the Communication Privacy Management Theory," *Health Communication* 26 (2011), pp. 508–509.
65. Kathryn Greene, Kate Magsamen-Conrad, Maria K. Venetis, Maria G. Checton, Zhanna Bagdasarov, and Smita C. Banerjee, "Assessing Health Diagnosis Disclosure Decisions in Relationships: Testing the Disclosure Decision-Making Model," *Health Communication* 27 (2012), p. 365.
66. Maria G. Checton and Kathryn Greene, "Beyond Initial Disclosure: The Role of Prognosis and Symptom Uncertainty in Patterns of Disclosure in Relationships," *Health Communication* 27 (2012), p. 152.
67. Greene, Magsamen-Conrad, Venetis, Checton, Bagdasarov, and Banerjee, p. 366.
68. Allen J. Enelow and Scott N. Swisher, *Interviewing and the Patient* (New York: Oxford University Press, 1986), pp. 47–50; A. D. Wright et al., "Patterns of Acquisition of Interview Skills by Medical Students," *The Lancet*, November 1, 1980, pp. 964–966.
69. Kelly S. McNellis, "Assessing Communication Competence in the Primary Care Interview," *Communication Studies* 53 (2002), p. 412.
70. Carol Lynn Thompson and Linda M. Pledger, "Doctor–Patient Communication: Is Patient Knowledge of Medical Terminology Improving?" *Health Communication* 5 (1993), pp. 89–97.
71. Julie W. Scherz, Harold T. Edwards, and Ken J. Kallail, "Communicative Effectiveness of Doctor–Patient Interactions," *Health Communication* 7 (1995), p. 171.
72. Erin Donovan-Kicken, Michael Mackert, Trey D. Guinn, Andrew C. Tollison, Barbara Breckinridge, and Stephen J. Pot, "Health Literacy, Self-Efficacy, and Patients' Assessment of Medical Disclosure and Consent Documentation," *Health Communication* 27 (2012), p. 581.
73. Dahm, pp. 686–687.
74. Donald J. Cegala, Richard L. Street, Jr., and C. Randall Clinch, "The Impact of Patient Participation on Physician's Information Provision during a Primary Care Interview," *Health Communication* 21 (2007), pp. 177 and 181.
75. Cegala, Street, and Clinch, p. 181.
76. Ricks, p. A21.
77. Susan Eggly, "Physician–Patient Co-Construction of Illness Narratives in the Medical Interview," *Health Communication* 14 (2002), pp. 340 and 358.
78. Kreps and Thornton, p. 37.
79. Eggly, p. 343.
80. Young and Flower, p. 87.
81. Roter and Hall, p. 57.
82. Marlene von Friederichs-Fitzwater, Edward D. Callahan, and John Williams, "Relational Control in Physician–Patient Encounters," *Health Communication* 3 (1991), pp. 17–36.
83. Heritage and Robinson, p. 100.

84. Scott E. Caplan, Beth J. Haslett, and Brant R. Burleson, "Telling It Like It Is: The Adaptive Function of Narratives in Coping with Loss in Later Life," *Health Communication* 17 (2005), pp. 233–252.
85. Annette Harres, "'But Basically You're Feeling Well, Are You?': Tag Questions in Medical Consultations," *Health Communication* 10 (1998), pp. 111–123.
86. Greenbaum and Flores, p. 21.
87. Chen, p. 812.
88. Patrick J. Dillon, "Assessing the Influence of Patient Participation in Primary Care Medical Interviews on Recall of Treatment Recommendations," *Health Communication* 27 (2012), pp. 62–63.
89. P. Ley, "What the Patient Doesn't Remember," *Medical Opinion Review* 1 (1966), pp. 69–73.
90. Sabee, Bylund, Imes, Sanford, and Rice, pp. 265–284.
91. Stan A. Kaplowitz, Shelly Campo, and Wai Tat Chiu, "Cancer Patients' Desires for Communication of Prognosis Information," *Health Communication* 14 (2002), p. 237.
92. Silk, Westerman, Strom, and Andrews, p. 141.
93. Sabee, Bylund, Imes, Sanford, and Rice, p. 267.
94. Mohan Dutta-Bergman, "Primary Sources of Health Information: Comparisons in the Domain of Health Attitudes, Health Cognitions, and Health Behaviors," *Health Communication* 16 (2004), p. 285.
95. Shoba Ramanadhan and K. Viswanath, "Health and the Information Seeker: A Profile," *Health Communication* 20 (2006), pp. 131–139.
96. Dillon, p. 63.
97. S. Deborah Majerovitz, Michele G. Greene, Ronald A. Adelman, George M. Brody, Kathleen Leber, and Susan W. Healy, "Older Patients' Understanding of Medical Information in the Emergency Department," *Health Communication* 9 (1997), pp. 237–251.
98. Akihito Hagihara, Kimio Tarumi, and Koichi Nobutomo, "Physicians' and Patients' Recognition of the Level of the Physician's Explanation in Medical Encounters," *Health Communication* 20 (2006), p. 104.
99. Patricia MacMillan, "What's in a Word?" *Nursing Times*, February 26, 1981, p. 354.
100. Jeffrey D. Robinson, "An Interactional Structure of Medical Activities during Acute Visits and Its Implications for Patients' Participation," *Health Communication* 15 (2003), p. 49.
101. Katherine E. Rowan and D. Michele Hoover, "Communicating Risk to Patients: Diagnosing and Overcoming Lay Theories," in *Communicating Risk to Patients* (Rockville, MD: The U.S. Pharmacopeial Convention, 1995), p. 74.
102. Carter, p. E5.
103. F. S. Hewitt, "Just Words: Talking Our Way through It," *Nursing Times*, February 26, 1981, pp. 5–8.
104. Ley, pp. 69–73.
105. Politi and Street, p. 400.
106. Dillon, p. 62.
107. Rotter and Hall, p. 58.
108. Thomas K. Houston, Daniel Z. Sands, Beth R. Nash, and Daniel E. Ford, "Experiences of Physicians Who Frequently Use E-Mail with Patients," *Health Communication* 15 (2003), p. 516.

109. Gerald R. Ledlow, H. Dan O'Hair, and Scott Moore, "Predictors of Communication Quality: The Patient, Provider, and Nurse Call Center Triad," *Health Communication* 15 (2003), pp. 437 and 457.
110. Jill M. Clark, "Communication in Nursing," *Nursing Times,* January 1, 1981, p. 16.
111. Michelle L. Paulsel, James C. McCroskey, and Virginia P. Richmond, "Perceptions of Health Care Professionals' Credibility as a Predictor of Patients' Satisfaction with Their Health Care and Physician," *Communication Research Reports* 23 (2006), p. 74.
112. Deborah Grandinetti, "Turning No to Yes: How to Motivate the Reluctant Patient," *Medical Economics*, June 15, 1998, pp. 97–111.
113. Barbara F. Sharf and Suzanne Poirier, "Exploring (UN)Common Ground: Communication and Literature in a Health Care Setting," *Communication Education* 37 (1988), pp. 227–229.
114. Roxanne Parrott, "Exploring Family Practitioners' and Patients' Information Exchange about Prescribed Medications: Implications for Practitioners' Interviewing and Patients' Understanding," *Health Communication* 6 (1994), pp. 267–280.
115. Grandinetti, pp. 97–111.
116. Guttman, p. 637.
117. Lisa Maher, "Motivational Interviewing: What, When, and Why," *Patient Care*, September 15, 1998, pp. 55–60.
118. Shelley D. Lane, "Communication and Patient Compliance," in *Explorations in Provider and Patient Interaction*, Loyd F. Pettegrew, ed. (Louisville, KY: Humana, 1982), pp. 59–69.
119. Young and Flower, pp. 69–89.
120. Maher, pp. 55–60.
121. Manning and Ray, p. 467.
122. Jeffrey D. Robinson, Janice L. Raup-Krieger, Greg Burke, Valerie Weber, and Brett Oesterling, "The Relative Influence of Patients' Pre-Visit Global Satisfaction with Medical Care on Patients' Post-Visit Satisfaction with Physicians' Communication," *Communication Research Reports* 25 (February 2008), p. 2.

资料来源

Kar, Snehendu B. *Health Communication: A Multicultural Perspective*. Thousand Oaks, CA: Sage 2001.

Murero, Monica, and Ronald E. Rice. *The Internet and Health Care: Theory, Research and Practice*. Mahwah, NJ: Lawrence Erlbaum, 2006.

Ray, Eileen Berlin, ed. *Health Communication in Practice: A Case Study Approach*. Mahwah, NJ: Lawrence Erlbaum, 2005.

Thompson, Teresa L., Roxanne Parrott, and Jon F. Nussbaum. *The Routledge Handbook of Health Communication*. New York: Routledge, 2011.

Wright, Kevin B., and Scott D. Moore, eds. *Applied Health Communication*. Cresskill, NJ: Hampton Press, 2008.

译者后记

访谈，在媒介技术发展的驱动下，依托不同媒介平台的连接，如此绵密地编织进我们的生活，正像原书作者说的，"访谈每天都在发生"。我们去商场购物、去医院看病、与客户用 email 和 Skype 沟通，都在不经意地进入访谈场景，实践着不同类型的访谈。访谈已变得如此重要，在现实时空，在虚拟世界，时时牵系着我们的人际沟通、社会交往与信息传播。

继 1974 年出版第 1 版，到 40 年后的第 14 版，原书作者查尔斯·J.斯图尔特和威廉·比尔·凯什带领读者穿越时空，跨越地域，以全球化的视野让我们领略形形色色的访谈，同时鞭辟入里地阐释访谈牵涉的诸多原理、道德和法律，以及其中相互关联而又相互作用的变量，使我们在实践中，不论是实施访谈还是研究访谈，都有了更深刻、更宏观的维度。

从本质上说，访谈是一种人际传播，是一种双向的、二元的交流过程，其中涉及人际交往理论、人内传播理论、媒介技术论、跨文化传播、品牌传播等诸多理论，访谈是一个诸多因素综合发生作用的立体动态的过程。原书作者对访谈应遵守的原则并没有仅限于学理上的研究，同时还就访谈双方在访谈过程中的道德伦理角色展开探讨，譬如，关于如何尊重受访者的隐私与信息安全，如何秉持"诚实"的原则及其在访谈中的重要性等。作者还反复强调访谈双方还应遵守相应的法律法规，书中多次提及美国《平等雇佣法》(EEO)，并进行逐条细致的解读，同时辅以案例与练习，力图将访谈应遵守法律法规这一观念根植于每位读者心中。

对于访谈的实践的总结，本书仍沿用旧版的写作思路，按照访谈的功能及实施场景划分为七种具体的访谈形式。但是在具体解析每种访谈类型时，又着重强调技术在实施该访谈类型时日渐增长的作用，不厌其烦地罗列技术如何改变着访谈发生的具体场景及实施样式。但是无论访谈的实践形式在技术的驱动下发生怎样的变迁，访谈的实施原则似乎拥有一个不变的精神内核，即尊重受访者，获得信息。

本书作为教材，具有很强的操作性，每个章节后面都设有访谈案例和说明、学习活动、阅读推荐及研究发现，给课上和课外活动提供思路、经验和信息收集，使操作变得简单可循。考察原作不同的版本可以发现，原作者不断对内容进行增删修改，如最新学术理论的援引，最新研究方法的运用，以及具体访谈案例的更新等。作者不仅在具体写作内容上做到与时俱进，同时在书籍的体例设置上也合时而动，如增加学生网上学习中心，将技术进步的优势应用到本书的写作与使用预想中。这使得书作富有鲜明的时代感，而且也体现出原书作者严谨的学术态度，精益求精的写作精神，以及对读者的尊重。

翻译是与原作者精神对话的过程。虽然之前有过笔译及口译的经历，但是翻译此部学术著作如此耗费心力体力智力与耐力，却远远超出我的预想。我在两种完全不同的语言符号体系中穿梭，同时还要在原作所建构的学术王国中思索与揣摩，常常为了一个学术概念翻阅好几本字典，或是向专业人士请教，方敢惴惴落笔。多重的压力与频道转换，让我刻骨铭心地感到翻译工作是如此繁重，每天都像在刺绣，绵密精细一笔走千针，抑或像背负重壳的蜗牛，呕心沥血地缓慢爬行。

译作终于付梓，但仍心中惶恐，仍觉还可尽善尽美，仍觉还没有达到理想状态，仍觉还可以再校译再润色。译作得以完成，首先感谢暨南大学新闻与传播学院的执行院长支庭荣，组织翻译此套书系，并不时地督促指导，使我有此机会阅读走近对待学术如此虔诚的原书作者。同时还要感谢四川外国语大学的宋建华，她是我的闺蜜与毒舌诤友，译作的前言、第一章与第二章都是英语专业出身的她亲自校译并首肯通过，乃敢惴惴然奉于读者。值此长舒口气之际，也要郑重感谢支持我的家人，我的父母从千里之外赶来广州，承担几乎所有家务，使我能够全身心投入翻译工作。先生和女儿也给予我莫大的精神支持，尤其女儿很乖巧懂事，在我凝神忙碌时，不时地探进小脑袋张望，甚而也手捧一本书坐在一旁安静的阅读，手指敲击键盘的啪啪声，点缀着我们彼此别样的陪伴。最后感谢清华大学出版社的纪海虹老师，她为本书的出版付出很多时间与精力，指导我的创作，宽容我的拖延。暨南大学新闻与传播学院的几位研究生也帮助我完成部分章节的初译工作，其中宋建华（第二章）蔡敏喻（第三章），任悦（第四章），张伶聪（第十章），文莎（第十一章），覃海叶（第十二章），我本人翻译了第一、二、五、六、七、八、九章，同时校译了全部章节，每个章节都校译打磨三四遍才敢付印。

翻译此书历时近三年，暨南园火红的木棉花也花开复落已三载，花开花落应有时，韶华逝去难觅踪。所幸，此部译书记载了这段时光，见证着我的努力，我的挣扎，我的狼狈，我的坚忍。在这部融注了我的辛劳与心血的译书中，读者若能在字里行间读出我对待翻译此书的一份真诚与敬畏，足以告慰我心。

2019 年 10 月暨南园